근현대 부산잡지
해제집
(1900~1980)

일러두기

1. 이 책은 2022년 대한민국 교육부와 한국연구재단의 지원을 받아 수행된 연구(2022S1A5C2A02093507) 성과의 공유 차원에서 기획되었다.
2. 이 책의 구성 체제는 표제어, 서지사항 표, 해제, 잡지사진의 차례로 이루어져 있다. 표제어의 순서는 가나다순으로 하였다.
3. 이 책에 수록된 잡지의 소장처와 소장자를 여기에 밝혀둔다.
   귀한 자료의 촬영을 승낙해주신 여러 관계자분들께 깊이 감사드린다.
   1) 소장기관 : 부산대학교 도서관, 부산광역시립시민도서관, 이주홍문학관, 대구문학관, 원광대학교 도서관, 우석 대학교 도서관, 고하문학관, 일제강점기 군산역사관
   2) 소장가 : 서상진, 종걸
4. 표제어는 잡지의 제목이다. 제목과 권호수를 표기할 때는 발표 당시의 표기를 그대로 밝혔다.
5. 서지사항 표에서는 제호, 판형, 발행일, 발행편집인, 표지화·컷, 간별·정가, 면수, 인쇄소, 발행처, 기타 정보를 제시했다. 서지사항 정보를 표기할 때는 발표 당시의 표기를 그대로 밝혔다.
6. 해제는 서지사항과 목차 내용 외에 해당 잡지가 가지고 있는 다양한 특성과 자료로서의 중요성을 서술했다.
7. 원칙적으로 해제와 본문은 한글로만 표기하였으나 의미상 필요한 경우 잡지 원문에 나온 한자, 영어, 일본어를 괄호 안에 부기하였다.
8. 잡지 원문의 맞춤법과 띄어쓰기는 독자들이 읽기 편하도록 현대어 표기법을 따랐다. 또한 잡지 원문의 외래어는 외래어 표준어 규정에 맞게 현대어로 표기함으로써 가독성을 높였다. 다만 직접 인용한 원문은 될 수 있는 대로 한자(한글) 병기하여 원형을 유지하였다.
9. 작품명은 「」, 코너명은 〈〉, 단행본은 『』, 원문에서 인용한 것은 ""로 묶었다.

이 저서는 2022년 대한민국 교육부와 한국연구재단의 지원을 받아 수행된 연구임
(NRF-2022S1A5C2A02093507)

한국로컬리티총서 4

근현대 부산잡지

해제집

(1900~1980)

신아출판사

근현대사의 격동기를 품은 부산 잡지

일제강점기와 해방, 한국전쟁, 산업화 시기를 거치며 부산은 정치 · 사회 · 문화적으로 커다란 변화를 겪었고, 그 과정에서 잡지는 지역 출판문화의 형성과 발전을 이끈 중요한 매체로 자리했다. 잡지는 시대의 사상과 담론을 담아내며 지역 정체성과 문화적 지향을 보여주는 창구였다.

이번 해제집은 1900년부터 1980년까지 부산에서 발행된 158종의 잡지를 집대성해 그 현황과 특성을 체계적으로 정리한 첫 성과다. 이를 통해 부산 잡지가 걸어온 길과 그 속에 담긴 지역사회의 정신적 · 문화적 풍경을 조망할 수 있기를 기대한다.

부산 잡지의 역사는 한국 잡지사의 흐름과 궤를 같이하면서도 지역적 조건과 문화적 역동성을 고스란히 담고 있다. 해방 직후와 전쟁기 부산이 피난 수도로 부상하며 잡지 발행이 급증했지만, 환도 이후 출판 환경의 변화는 다시 부산 잡지의 정체성과 역할을 재정립하게 했다. 특히 1960~70년대에 등장한 다채롭고 전문화된 잡지들은 부산 출판문화의 자생적 기반이자 문학과 학술 담론의 중심이 되었으며, 편집인 · 발행 단체 · 문학동인 · 대학생 문인 등 다양한 주체의 긴밀한 협력 속에 성장했다. 한 잡지가 다른 잡지의 창간을 이끌고, 세대와 세대를 잇는 문학 네트워크를 형성하며 부산 문학 전통은 단절 없이 이어졌다. 청년학생 문인들이 주도한 문예지와 교지 역시 부산 잡지 문화의 중요한 축이었고, 특히 『윤좌』는 반세기 넘게 부산 문학의 정체성과 기억을 이어온 상징적 매체로 자리매김했다.

이번 해제집은 부산 잡지의 시대별·유형별·학문 분야별 분포와 변화를 체계적으로 정리해 지역 출판문화 연구의 기초 자료를 제공하고자 한다. 다만 개별 잡지에 대한 심층 분석과 종합적 연구는 여전히 과제로 남아 있다. 앞으로 자료 발굴과 분석이 이어진다면 부산 잡지의 역사적 가치와 문화적 의미는 더욱 풍성하게 복원될 것이다. 이 해제집이 부산 잡지의 역사를 넘어 한국 출판문화사 확장의 토대가 되길 바라며, 그 속에 깃든 창조성과 연대의 정신이 오늘날 새로운 문화운동과 학술 연구의 밑거름이 되길 기대한다.

끝으로 인문사회연구소사업으로 네 번째 해제집이 발간되기까지 사업 전반을 기획하고 이끌어온 황태묵 박사와 잡지 수집과 자료 제공에 늘 도움을 주신 서상진 선생님, 학생연구원을 지도하며 자료 수집과 보정 작업을 수행해 온 이지혜 연구원, 해제집 발간을 위해서 고생한 정훈 박사와 김기성 박사, 양재훈 박사 등 전임연구원의 열정에 깊은 감사의 말을 전하며 발간사를 갈음한다.

2025년 11월
국립군산대학교 인문도시센터장 오원환

목차

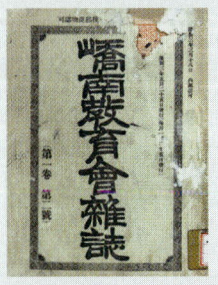

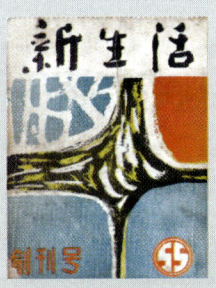

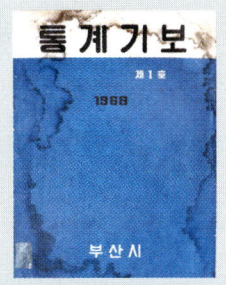

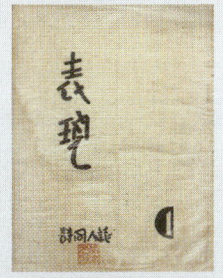

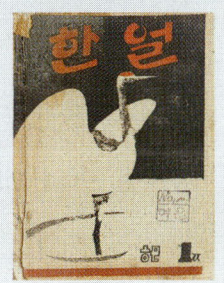

총론 : 근현대 부산 잡지의 지형과 특징[*]

황태묵

1. 서론

이 글은 근현대 시기 지역 잡지의 현황과 특징을 살펴본 앞선 논의의 후속 연구이다.[1] 이 글은 그 일환으로 부산 지역을 중심으로 지역 잡지의 형성 및 발간 양상을 종합적으로 살펴보려고 한다. 근대 초기 부산 지역 잡지의 태동은 1876년 개항의 흐름과 궤를 같이 하고 있다. 개항장 부산에서 근대적인 잡지가 최초로 발행된 것은 재조일본인들에 의해서였다. 1892년 9월 부산에 자리를 잡은 재조일본인들이 창간한 『계림(鷄林)』은 최초의 일본인 발행 잡지이자 지역 잡지로 기록된다. 반면 한국인이 발행한 부산 지역 최초의 잡지는 1907년 10월 일본 동경에서 경상도 출신 유학생 단체가 창간한 『낙동친목회학보(洛東親睦會學報)』[2]로 평가받고 있다. 이어

---

* 이 글은 『비평문학』 제97호, 한국비평문학회, 2025에 개제된 황태묵, 「근현대 부산 잡지의 지형과 특성」 논문을 재수록한 것이다.

1) 황태묵, 「근현대 제주 잡지의 지형과 특성」, 『어문논집』 101, 민족어문학회, 2024 ; 황태묵 · 이지혜, 「근현대 광주 · 전남 잡지의 지형과 특성」, 『국어문학』 78, 국어문학회, 2021 ; 하채현 · 이지혜, 「근현대 전북 잡지의 지형과 특성」, 『열린정신과 인문학연구』 21(2), 원광대학교 인문학연구소, 2020.

2) 낙동친목회(洛東親睦會)의 기관지로, 문내욱, 윤정하, 이은우 등의 회원이 집필진으로 참여하였다. 내용은 연단(演壇), 학해(學海), 문원(文苑), 잡찬(雜纂), 회보(會報)로 구성되었으며, 교육을 통한 실력배양에 목적을 두고 신교육으로 전환할 것을 주장했다. 1908년 1월 30일 통권 4호를 낸 후 대한학회에 통합했다.

1909년 4월 경성에서 경상도 중심 학회 잡지인『교남교육회잡지(嶠南敎育會雜誌)』의 발간과 함께 근대계몽담론이 전파, 확산되면서 부산에서도 다양한 지역 잡지들이 발간되기 시작했다.

『낙동친목회학보』와『교남교육회잡지』를 기점으로 한 부산의 지역 잡지는 100년의 역사를 넘겼다. 이 과정에서 지역 관련 잡지의 발행은 지속적으로 이어져왔으며, 지역사회 내에서 여론 형성과 사회 변동을 주도하는 주요 매체로 기능해왔다. 특히 근현대 부산에서 발행된 잡지들은 한 세기가 넘는 시대 변화를 수용하며, 지역 담론을 구축하는 데 핵심적인 역할을 수행하였다. 이 과정에서 부산 지역의 잡지들은 중앙 잡지의 영향을 받으면서도, "文化의 中央集中主義는 나라의 文化를 절름발이로 만드는 폐단"[3]임을 경계하고 "부산에서도 精神文化 秩序의 健全한 成長과 鄕土文化와 民族文化의 새 歷史 創造에 寄與하는 로컬 雜誌"[4]의 필요성을 주창하면서 서울 중심의 잡지사와는 다른 방식으로 지역 문화의 발전을 이끌어 왔다. 일례로 부산의 문학사회는 중앙집권석인 한국문단의 남론을 쫓기보나는 지역적인 특성이나 민중의 삶을 중심으로 한 문학적 담론을 만들어 가며, 서울 중심의 문학계와는 다른 방향으로 문학을 발전시켜 왔다. 이 과정에서 지역 문학의 독립성과 정체성을 지키려는 문학잡지(예, 50년대『현대문학』· 60년대『부산문학』· 70년대『오늘의 문학』)을 창간하고 집단적 문학 운동(예, 50년대 전위시 · 6~70년대 동인지 · 80년대 무크지)를 전개하면서 부산문학만의 독자적인 문학적 색깔과 방향을 확립해 왔다. 부산 지역 문학잡지의 주요 형태가 동인지인 것은 이러한 운동성과와 밀접한 관계가 있을 것이다. 이는 부산이 서울과는 다른 문학적 환경에서 발전해 온 결과로, 잡지 매채가 근현대 부산 지역 사회의 형성과 발전을 견인한 주요 매개였음을 보여준다. 최근의 연구들이 잡지 매체를 통해 부산의 시대적 · 사회적 배경을 조명하는

---

3) 김정한, 「창간사」, 『문필』 제1집, 부산문학가협회, 1957, 16쪽.

4) 조동환, 「창간호를 내면서」, 『월간 뉴부산』 제1집, 뉴부산사, 1969, 13쪽.

것은 이러한 학문적 관심을 반영하는 결과로 볼 수 있다.[5]

　그럼에도 그간의 잡지 조사와 연구 작업은 서울에서 발행되었던 중앙 잡지에 우선적으로 관심이 모아져 왔던 것이 사실이다. 그로 인해 지역에서 발간된 잡지에 대한 연구는 아직까지 본격화되지 못하고 있는 실정이다. 물론 분야 별로 일부 성과가 쌓인 곳도 있으나 그럴 경우에도 지역문학의 관점에서 연구가 이루어지다보니[6] 지역에서 발간된 잡지에 대한 전체적인 조사나 연구는 제대로 진행되지 않은 상태이다. 이것은 근현대기 지역에서 출판된 잡지에 대한 종합적 목록화가 아직 구축되지 못한 때문이기도 하다. 이는 부산 잡지의 경우도 마찬가지이다.

　이를 위해 국립군산대학교 인문도시센터는 2019년 9월부터 〈근현대 로컬리티 잡지 수집·발굴·해제 및 DB화〉 프로젝트를 수행하고 있다. 이 프로젝트의 핵심 목표는 1900년부터 1980년까지 호남·제주와 영남 지역에서 발간된 잡지들의 원문을 최대한 수집하여 이를 데이터베이스화하는 것이다. 그에 따라 연구진은 2단계 1년차(22.09~23.08)에 부산 지역 잡지 총 158종의 원문을 1차적으로 수집하였다. 본 연구는 이 조사의 내용을 바탕으로 부산 지역 잡지를 종합적으로 살펴보는 작업의 기초로 삼고자 한다.

　이 글에서는 현재까지 확보된 부산 잡지 158종의 현황과 특성을 개괄적으로 제

---

5) 대표적인 연구로는 박태일, 『한국 지역문학연구』, 소명출판, 2019 : 이순욱, 『근대 부산 지역 문학사회와 매체』, 경진출판, 2014 : 부산대학교 한국민족문화연구소 편, 『(잡지로 보는)한국 근대의 풍경과 지역의 발견』 5-6, 국학자료원, 2013 : 최덕교 편, 『한국잡지백년』 1-3, 현암사, 2004 : 양왕용 외, 『부산문학사』, 부산문인협회, 1997 : 노고수, 『한국동인지 80년사 연구』, 소문출판인쇄사, 1991 등이 있다.

6) 대표적으로 1997년 경남대학교의 박태일 교수와 부산·경남지역 연구자들이 주도하여 창간한 『지역문학연구』가 있다. 『지역문학연구』는 1997년 여름에 창간호를 발행한 후, 2006년 제13호를 마지막으로 종간되었다. 이후 한국지역문학회가 창립되어 2012년부터 반년 간격으로 학술지 『한국지역문학연구』를 발간하기 시작했으며, 2025년 현재 제26집이 발간되고 있다. 그 외에도 개별 연구자들의 논문으로는 이순욱, 「근대 부산·경남 지역의 매체 현황과 지역문학의 양상」, 『국어문학』 64, 국어문학회, 2017과 황국명, 「부산지역 문예지의 지형학적 연구―문학운동론적 관점에서」, 『한국문학논총』 37, 한국문학회, 2004 등이 있다.

시하고자 한다.[7] 이 작업은 근현대 부산 잡지의 전반적인 지형도를 드러내고, 향후 부산 잡지를 종합적으로 살펴볼 수 있는 시각을 제공할 것으로 기대된다.

2. 부산 잡지 현황 개관

상술한 바와 같이 연구진은 2022년 9월부터 현재까지 근현대 부산 잡지에 대한 전면적인 조사를 진행해왔으며, 이 과정에서 약 300여 종[8]의 잡지 목록을 수집하여 부산 잡지 데이터베이스 구축을 위한 기초 작업을 마쳤다. 그러나 조사 중 일부 자료는 소재가 확인되지 않거나 목록만 존재하는 경우가 있었고, 실재 여부를 확인하는 과정에서 국내에 없거나 접근이 용이하지 않은 자료도 있었다. 또한, 기관에서 원문 서비스를 제공하고 있는 자료는 제외하고 수집을 진행하였다.[9] 그 결과

---

7) 연구 과정에서 대학 및 기관의 보고서와 요람, 일선장병 정훈 문도 작품집 등은 수집의 범위에서 제외하였다. 자료 촬영을 허락해주신 모든 관계자분들께 감사의 말씀을 전한다. 수집된 잡지의 소장처와 소장자는 아래와 같다.

구분	내용
대상	(소장기관) 부산대학교 도서관, 부산광역시립시민도서관, 이주홍문학관, 대구문학관, 원광대학교 도서관, 우석대학교 도서관, 일제강점기 군산역사관, 고하문학관 (소 장 자) 서상진, 종걸

8) 박태일 교수는 국립군산대학교 인문도시센터에서 주관한 2단계 3년차 학술발표 자료집에서 2차 문헌 등으로 밝혀진 부산 잡지의 총량을 302종으로 논의하고 있다. 이에 대해서는 박태일, 「부산 지역 근현대 잡지 출판의 줄기」, 『근현대 로컬리티 잡지의 특성과 연구방향』, 국립군산대학교 인문도시센터 2단계 3년차 학술발표 자료집, 2025, 6~48쪽 참조.

9) 부산광역시립시민도서관에서 원문 DB를 구축한 『부산상업회의소월보(釜山商業會議所月報)』, 『부산(釜山)』, 『부산일본인상공회의소연보(釜山日本人商業會議所年報)』, 『부산교육(釜山教育)』, 『부산공립고등학교 일람(釜山公立高等學校 一覧)』, 『부산시립도서관소장본 도서해제(釜山市立圖書館所藏本 圖書解題)』, 『학창(學窓)』, 『경북산업지(慶北産業誌)』, 『제주도とその경제(濟州道とその經濟)』, 『부산の산업(釜山の産業)』, 『경상남도보(慶尚南道報)』 등을 들 수 있다.

총 158종의 부산 잡지가 수집 마무리됐다. 여러 차례의 자료 조사에도 불구하고 부산 잡지의 전체적인 모습을 파악하는 것은 현실적으로 매우 어려운 과제이며, 이는 향후 계속해서 보완해야 할 중요한 작업이다.

그럼에도 불구하고 현재까지 수집된 158종의 부산 잡지는 근현대 부산 잡지의 현황을 분석하는 데 중요한 기초 자료로 활용될 것이다. 이 장에서는 시기별, 종별, 지역별로 수집된 158종의 부산 잡지 자료를 분석하여 그 변화 양상과 특성을 종합적으로 검토하고, 이를 통해 부산 잡지의 전반적인 존재 양상을 파악하고자 한다. 이를 위해 지금까지 수집된 부산 잡지의 발행 현황을 〈표 1〉과 같이 정리하였다.

〈표 1〉 부산 잡지 158종 목록 현황

순번	잡지명	발간일	발행처	호수	종별	간별	언어	지역
1	가락(駕洛)	1956.01.25	김해김씨경남종친회	5호	회지	부정기	국한문	부산
2	경남교육(慶南敎育)	1955.03.25	경남교육회	2호	기관지	부정기	국한문	부산
3	경남공론(慶南公論)	1952.04.01	경상남도	27호	기관지	월간	국한문	부산
4	경상학보	1959.12.20	경남상업고등학교	21호	교지	연간	국한문	부산
5	경영부산(經營釜山)	1968.06.13	아성출판사	1호	기관지	부정기	국한문	부산
6	경우(警友)	1952.12.01	경우사	송년호	수험지	월간	국한문	부산
7	경해(經海)	1961.07.15	부산수산대학생경제학회	1호	학회지	부정기	국한문	부산
8	고시(考試)	1952.07.01	고시학회	6호	수험지	월간	국한문	부산
9	교남교육회잡지 (嶠南敎育會雜誌)	1909.04.25	교남교육회사무소	1호	학회지	월간	국한문	경성
10	교육문화(敎育文化)	1953.08.01	한국교육문화협회	1호	회지	부정기	국한문	부산
11	구덕	1961.06.27	경남상업고등학교 우취반	5·6 합병호	회보	격월간	국한문	부산
12	국어국문학 (國語國文學)	1952.11.01	박문출판사	1호	학회지	월간	국한문	부산
13	국어국문학지 (國語國文學誌)	1959.07.15	부산대학교 국어국문학회	1호	학회지	부정기	국한문	부산
14	군봉(群蜂)	1954.07.01	동래고등학교 문예부	4호	교지	격년간	국한문	부산

순번	잡지명	발간일	발행처	호수	종별	간별	언어	지역
15	금련(金蓮)	1935.02.03	부산제2공립상업고등학교우회	19호	회지	부정기	일문	부산
16	금성(錦城)	1955.02.22	금성중고등학교학도호국단문예부	1호	교지	부정기	국한문	부산
17	기독교문예(基督敎文藝)	1969.09.01	부산기독교문인협회	1호	기관지	격년간	국한문	부산
18	낙동강(洛東江)	1979.07.25	낙동강보존회	1호	회지	부정기	국한문	부산
19	난(蘭)	1977.11.29	남성여고 문우회	1호	동인지	부정기	국한문	부산
20	남고	1958.03.25	부산남고등학교	1호	교지	부정기	국한문	부산
21	남부문학(南部文學)	1977.03.10	남부문학사	1호	문예지	계간	국한문	부산
22	남부의 시(南部의 詩)	1974.10.09	아성출판사	1호	문학지	부정기	국한문	부산
23	뉴부산	1969.07.01	뉴부산사	1호	교양잡지	월간	국한문	부산
24	다이제스트	1950.01.01	다이제스트사 부산사무소	1호	시사잡지	월간	국한문	부산
25	대신(大信)	1955.01.25	대신학회	1호	종교지	계간	국한문	부산
26	대한약업월보	1949.03.01	대한약업무역공사	1호	기관지	월간	국한문	부산
27	덕형회보	1960.11.12	경남덕형우취회	5호	동호회지	부정기	국한문	부산
28	도덕(道德)	1953.06.15	도덕사	588호	종교지	월간	국한문	부산
29	도정공론(道政公論)	1965.03.15	대한도정공사	1호	기관지	월간	국한문	부산
30	동명(東明)	1956.10.07	동래중학교	1호	교지	연간	국한문	부산
31	동방시보(東方時報)	1947.08.25	동방문화협진회	2호	기관지	부정기	국한문	부산
32	동심	1966.06.31	부산공전 기계과	1호	회지	부정기	국한문	부산
33	동아(東亞)	1967.01.20	동아대학교 총학생회 학예부	7호	교지	부정기	국한문	부산
34	동아시집(東亞詩集)	1966.02.25	동아대학교학생국어국문학회	1호	학회지	부정기	국한문	부산
35	문교월보(文敎月報)	1951.10.31	문교부	1호	기관지	월간	국한문	부산
36	문리대학보	1959.12.25	부산대학교 문리과대학 연합학회	2집	학술지	연간	국한문	부산
37	문리대자연학보	1961.12.25	부산대학교 문리과대학 자연학부	3집	학술지	연간	국한문	부산
38	문예(文藝)	1953.05.01	문예사	17호	문예지	월간	국한문	부산
39	문필(文筆)	1957.10.10	부산문필가협회	1집	기관지	부정기	국한문	부산
40	문학시대(文學時代)	1966.03.01	태화출판사	1호	문예지	계간	국한문	부산
41	문학제	1961.10.07	동아대학교 문리과대학 국어국문학회	2회	회지	부정기	국한문	부산

순번	잡지명	발간일	발행처	호수	종별	간별	언어	지역
42	문화세계(文化世界)	1953.07.01	문화세계사	1호	종합잡지	월간	국한문	부산
43	민속문화	1978.04.30	동아대학교 문리과대학부설 한국민속문화연구소	1호	연구소지	부정기	국한문	부산
44	민주경찰(民主警察)	1951.10.30	내무부 치안국	5권2호	기관지	월간	국한문	부산
45	백양회보	1960.12.20	백양우취회	1호	회보	월간	국한문	부산
46	법률학보(法律學報)	1958.11.10	동아대학교 학생법률학회	1호	학술지	부정기	국한문	부산
47	법정(法政)	1951.09.01	법정사	54호	법률지	부정기	국한문	부산
48	법학연구(法學硏究)	1956.05.00	부산대학교 법과대학	1권1호	학술지	반년간	국한문	부산
49	별	1951.11.25	신소년사	1호	아동잡지	월간	국한문	부산
50	볍씨	1976.12.10	부산시조문학회	1호	시조잡지	연간	국한문	부산
51	부대문학(釜大文學)	1973.09.15	부산대학 총학생회 학예부	1호	교지	부정기	국한문	부산
52	부대사학	1961.04.15	부산대학교 사학회	1호	학술지	부정기	국한문	부산
53	부대학예(釜大學藝)	1963.02.20	부산대학교 문리과대학 학생회	1호	학생회지	부정기	국한문	부산
54	부산경제	1974.01.00	부산상공회의소	1·2 월호	기관지	격월간	국한문	부산
55	부산교단동인	1973.02.14	부산교단동인회	1호	동인지	부정기	국한문	부산
56	부산교육	1960.07.15	부산시교육위원회	104호	기관지	월간	국한문	부산
57	부산문예(釜山文藝)	1964.12.20	한국예총 부산지부	1호	기관지	부정기	국한문	부산
58	부산문학(釜山文學)	1967.12.25	한국문인협회 부산지부	2호	기관지	부정기	국한문	부산
59	부산수필(釜山隨筆)	1978.09.01	민석문화사	1978· 하호	기관지	계간	국한문	부산
60	부산시론(釜山時論)	1954.06.01	부산시시론발행위원회	1호	기관지	월간	국한문	부산
61	부산시정(釜山市政)	1965.12.10	부산시	1호	기관지	부정기	국한문	부산
62	부산아동문학	1973.09.10	친학사	1호	기관지	격월간	국문	부산
63	부산의대잡지 (釜山醫大雜誌)	1965.09.30	부산대학교 의과대학	5권2호	학술지	반년간	국문	부산
64	부산의대학보	1959.00.00	부산대학교 의과대학	1권1호	교지	부정기	국한문	부산
65	부은조사(釜銀調査)	1979.09.30	주식회사 부산은행	33호	기관지	월간	국한문	부산
66	사대학보(師大學報)	1972.10.00	부산대학교 사범대학	1집	교지	부정기	국한문	부산

순번	잡지명	발간일	발행처	호수	종별	간별	언어	지역
67	사상(思想)	1952.08.21	사상사	1호	종합잡지	월간	국한문	부산
68	사상계(思想界)	1953.04.01	사상계사	1호	종합잡지	월간	국한문	부산
69	사회스케치	1952.08.18	중앙정경비판사	2집	시사잡지	월간	국한문	부산
70	산정(山井)	1979.01.10	부산진여자고등학교	1호	교지	부정기	국한문	부산
71	상(象)	1975.07.15	세명출판사	1975	문학지	부정기	국한문	부산
72	소년문학	1979.09.01	상아출판사	1호	문예지	부정기	국문	부산
73	수대(水大)	1958.10.30	국립부산수산대학 학예부	1호	교지	부정기	국한문	부산
74	수도평론(首都評論)	1953.06.01	수도문화사	1호	종합잡지	월간	국한문	부산
75	수련(垂蓮)	1966.04.01	부산여자대학 학생회	1호	학생회지	부정기	국한문	부산
76	수련문학(睡蓮文學)	1973.10.15	부산여자대학 국어교육과	1호	문예지	부정기	국한문	부산
77	수련통보(水聯通報)	1952.10.15	대한수리조합연합회	농토전시판	연합회지	부정기	국한문	부산
78	수산경영연구(水産經營研究)	1967.12.09	부산수산대학 수산경영학회	5호	학회지	연간	국한문	부산
79	수필인(隨筆人)	1975.05.25	아선출판사	1호	동인지	부정기	국한문	부산
80	수험생(受驗生)	1953.01.01	수험사	2권5호	기관지	월간	국한문	부산
81	수험연구(受驗研究)	1952.06.05	수험연구사	6호	기관지	월간	국한문	부산
82	시로(詩路)	1978.04.15	시로동인회	2호	동인지	계간	국한문	부산
83	시문(詩文)	1954.10.25	남광문화사	1호	동인지	부정기	국한문	부산
84	시연구	1956.05.31	산해당	1호	문학지	부정기	국한문	부산
85	시작업(詩作業)	1978.02.05	동아대학교 시작업동인회	2호	동인지	부정기	국한문	부산
86	시조연구(時調硏究)	1953.01.05	시조연구회	1호	시조잡지	격월간	국한문	부산
87	신사조(新思潮)	1953.01.01	신사조사	7권1호	종합잡지	월간	국한문	부산
88	신생공론(新生公論)	1951.10.01	신생공론사	1권1호	종합잡지	월간	국한문	부산
89	신생활(新生活)	1960.01.25	신생활사	1호	종합잡지	월간	국한문	부산
90	신시대(新時代)	1953.05.16	문화신보사	1권1호	종합잡지	월간	국한문	부산
91	신앙생활(信仰生活)	1952.12.01	신앙생활사	11권6호	기독교지	월간	국한문	부산
92	신어(新語)	1965.05.20	가자출판사	1호	시동인지	부정기	국한문	부산
93	신작품(新作品)	1954.03.01	자유문화사	7집	동인지	부정기	국한문	부산

순번	잡지명	발간일	발행처	호수	종별	간별	언어	지역
94	신조(新潮)	1951.06.01	신조사	1호	문예지	월간	국한문	부산
95	신조문학(新潮文學)	1948.05.01	신조문학사	1호	문예지	월간	국한문	부산
96	신지대(新地帶)	1955.09.01	자유장	1호	시동인지	부정기	국한문	부산
97	십자군(十字軍)	1952.01.15	교계춘추사	5호	기독교지	월간	국한문	부산
98	십자기(十字旗)	1952.07.01	국방부 군목실	1호	군종지	부정기	국한문	부산
99	씨씨씨(C.C.C)	1931.02.10	コレクヌークラブ	4권2호	수집잡지	부정기	일문	부산
100	약학연구지 (藥學研究誌)	1975.12.31	부산대학교 약학대학	9권1호	연구지	연간	국한문	부산
101	어문교육논집 (語文敎育論集)	1976.12.30	부산대학교 사범대학 국어교육과	1집	학술지	부정기	국한문	부산
102	어업기술연구 (漁業技術研究)	1965.10.20	부산수산대학 어로학회	1권	학술지	연간	국한문	부산
103	어우(漁友)	1930.04.15	경상남도청 내 경상남도어업조합연합협회	22호	협회지	월간	국한문	부산
104	어화(漁火)	1956.11.25	부산수산대학 부설중등교원양성소 수산교육연구회	1호	연구회지	부정기	국한문	부산
105	언어연구	1978.12.30	부산대학교 어학연구소	1집	연구소지	부정기	국한문	부산
106	역사학보(歷史學報)	1952.09.15	역사학회 임시사무소	1,2집	학회지	부정기	국한문	부산
107	연구(研究)	1955.11.30	부산대학교 학도호국단 학예부	1집	교지	부정기	국한문	부산
108	열린시	1980.09.09	신한출판사	2호	시동인지	부정기	국한문	부산
109	열매	1962.10.05	부산교육대학신문사	1호	학생회지	부정기	국한문	부산
110	영락	1964.12.20	부산영락교회 청년회	1호	종교잡지	부정기	국한문	부산
111	오늘의문학	1977.09.10	부산교육대학교신문사	1호	문예지	계간	국문	부산
112	와이(Y)부산	1958.07.05	부산 YMCA	1호	기관지	월간	국한문	부산
113	외무통보(外務通報)	1952.11.30	대한민국 외무부 정보국	1호	기관지	부정기	국한문	부산
114	우취보급(郵趣普及)	1965.05.25	부산우표수집회	1호	회보	월간	국한문	부산
115	우취회보	1961.08.04	O.F.C. 우취회	7호	회보	부정기	국한문	부산
116	운석(隕石)	1956.07.10	한글문예사	5호	동인시집	부정기	국한문	부산
117	웅계(雄鷄)	1955.03.00	부산고등학교 문예반	?	교지	부정기	국한문	부산
118	원의벗	1970.01.25	원불교 부산 학생 연합회	1호	회지	연간	국한문	부산

순번	잡지명	발간일	발행처	호수	종별	간별	언어	지역
119	윤좌(輪座)	1966.02.25	태화출판사	1호	동인지	부정기	국문	부산
120	20세기	1952.04.01	20세기사	1호	종합잡지	부정기	국한문	부산
121	일신(日新)	1938.07.10	동래일신여학교교우회	10호	교우회지	부정기	국일문	부산
122	자유세계(自由世界)	1952.01.25	자유세계사	1호	종합잡지	월간	국일문	부산
123	자유예술(自由藝術)	1952.11.05	자유예술인연합	1호	문예지	부정기	국한문	부산
124	자유평론(自由評論)	1951.09.01	구국총력연맹	1호	종합잡지	월간	국한문	부산
125	자정(子正)	1974.04.14	동아대학교 자정문학동인회	1호	동인지	부정기	국문	부산
126	전시과학(戰時科學)	1951.08.15	전시과학연구소	1호	과학잡지	격월간	국한문	부산
127	전우(電友)	1953.03.10	남선전기주식회사	1호	사외보	부정기	국한문	부산
128	절대시(絶對詩)	1980.10.15	연곡서관	?	동인지	부정기	국한문	부산
129	정토문화(淨土文化)	1959.04.01	정토문화사	12호	종교잡지	월간	국한문	부산
130	종	1956.07.20	부산사범학교 학도호국단 문예반	9호	교지	연간	국한문	부산
131	종친회회보(宗親會會報)	1954.00.00	부산김해김씨종친회	4호	종친회지	부정기	국한문	부산
132	주간경제(週刊經濟)	1952.09.01	대한상공회의소	7호	상공회지	부정기	국한문	부산
133	중성(衆聲)	1949.04.10	중성사	9호	종합잡지	부정기	국한문	부산
134	천국복음(天國福音)	1935.06.01	천국복음사	13호	기독교지	부정기	국한문	부산
135	청구(靑鳩)	1969.01.05	경남여자고등학교	13호	교지	연간	국한문	부산
136	청문(靑文)	1956.06.10	부산대학교 문예부	1집	사동인지	부정기	국한문	부산
137	청우	1961.10.31	청우회	2호	회보	월간	국한문	부산
138	청조(靑潮)	1953.06.11	부산고등학교	2호	교지	연간	국한문	부산
139	초록별	1968.07.22	남성초등학교 문예부	1호	교지	반년간	국한문	부산
140	출진	1953.09.20	육군하사관학교	2호	정훈잡지	부정기	국한문	부산
141	통계기보	1969.07.20	부산시조사통계과	1호	기관지	부정기	국한문	부산
142	통일논총	1980.02.29	부산대학교 통일문제연구소	2호	학술지	부정기	국한문	부산
143	투쟁지(鬪爭誌)	1953.07.01	민의관철 전국지방의원 대표자 투쟁위원회	?	기관지	부정기	국한문	부산
144	파수군(把守軍)	1951.08.01	고려신학교	8호	종교잡지	월간	국한문	부산
145	표현(表現)	1956.12.00	표현동인	1호	동인지	부정기	국한문	부산

순번	잡지명	발간일	발행처	호수	종별	간별	언어	지역
146	학보(學報)	1958.12.10	부산대학 문리과대학 연합대학	1권1호	학보	부정기	국한문	부산
147	한국은행 조사월보	1952.01.31	한국은행조사부	42호	기관지	월간	국한문	부산
148	한글문예	1956.01.20	한글문예사	1호	문예지	부정기	국한문	부산
	한글문학	1966.11.30	한글문학사	3집	문학지	계간	국한문	부산
149	한얼	1946.05.01	한얼몯음	1호	한글잡지	부정기	국한문	부산
150	한일문화(韓日文化)	1962.09.20	부산대학교 한일문화연구소	1권1호	학술지	계간	국한문	부산
151	항도부산	1962.12.30	부산시사편찬위원회	1호	기관지	부정기	국한문	부산
152	해양(海洋)	1974.01.05	부산해양고등학교	1호	교지	부정기	국한문	부산
153	향나무	1978.12.30	감만중학교	1호	교지	부정기	국한문	부산
154	향토문화	1953.09.25	밀양고적보존회, 부밀양향우회	1호	향우회지	부정기	국한문	부산
155	현대문학(現代文學)	1954.11.12	자유장	1호	문학지	부정기	국한문	부산
156	활화산(活火山)	1980.10.25	도서출판 시로	1집	동인지	부정기	국한문	부산
157	효원(曉原)	1957.10.30	부산대학교 학예부	1집	교지	부정기	국한문	부산
158	희망(希望)	1951.07.07	희망사	1호	대중잡지	월간	국한문	부산

이 158종의 목록은 지금까지 수집된 것에 불과하며, 목록에 포함되지 않은 기관지와 문예지, 교지와 동인지 등이 상당수 존재할 것이다. 실제로 전수 조사 목록에 오른 『대도(大道)』, 『대양(大洋)』, 『만한의 실업(滿韓の實業)』, 『보건조선』, 『부산수산조합보』, 『생리』, 『성빈』, 『신흥시단』, 『실업시보』, 『애급우(愛及友)』, 『자력』, 『조선공론』, 『조선소문』, 『조선의 실업(朝鮮の實業)』, 『취만』, 『통신문학회보』, 『평범』(이상 1945년 이전), 『기인(畸人)』, 『대한민보』, 『문예조선』, 『문화건설』, 『소예군상(小藝群像)』, 『신조선』, 『전선(前線)』, 『주간 중성』, 『철우(鐵牛)』, 『학생동무』, 『학인(學人)』, 『한방의학』, 『흰구름』(이상 해방기), 『KOREA』, 『고향』, 『공우(公友)』, 『교회와 사회』, 『국방』, 『대한행정』, 『모던타임즈』, 『바다』, 『사랑의 세계』, 『사학』, 『산호』, 『새벗』, 『서지(瑞枝)』, 『수산』, 『신천지』, 『어린이 다이제스트』, 『여성계』, 『예술타임쓰』, 『왈취타워』, 『용천(湧泉)』, 『월간

세계정세』, 『월간 스포-쓰』, 『육군화보』, 『전매』, 『전사(戰史)』, 『이북통신』, 『이인(二人)』, 『전환하는 세대』, 『정경』, 『정계공론』, 『정의』, 『정훈주보』, 『제1회 시낭독회 작품집』, 『조방의 벗』, 『주간공보』, 『주간국제』, 『주간문학예술』, 『지방행정』, 『창건』, 『창조』, 『청춘』, 『청포도』, 『체신문화』, 『탑』, 『파랑새』, 『학도』, 『학원』, 『협동』, 『후반기』(이상 전쟁기), 『geiger』, 『Sona 69』, 『교육계』, 『극장문화』, 『문학계』, 『문학』, 『부산경제』, 『부산세관』, 『부흥』, 『빛』, 『샛별』, 『서정시』, 『석천(石泉)』, 『성화(成火)』, 『시영토』, 『신군상』, 『어린이나라』, 『어린이세계』, 『자유노동』, 『죽음의 여운』, 『청아』, 『취미와 영화』, 『향우』(이상 전후기) 등은 추가 발굴이 필요한 잡지들이다. 부산 지역의 근현대 잡지 수집 측면에서 볼 때, 앞으로 자료 수집의 범위를 넓히는 것이 필요하다. 여기서는 현재까지 확인된 158종 잡지의 현황과 특성을 개괄적으로 살펴봄으로써 부산 잡지에 대한 논의를 이어가고자 한다.

1) 시기별 분석

먼저, 부산 잡지 158종의 구성 비율을 10년 단위로 분석하여, 시기별 변화 양상을 살펴보았다. 시기별 발간 현황과 추이는 아래에 〈표 2〉와 〈그림 1〉에 제시하였다.

〈표 2〉는 부산 지역에서 발간된 잡지의 연대별 분포를 보여준다. 수치상으로 보면 1900년대에는 1종(0.6%)이 발간되었고, 1930년대와 1940년대에는 각각 5종(3.2%)으로 소폭 증가하는 양상을 보인다. 이후 1950년대에 들어서는 78종(49.4%)으로 급증하였다가 1960년대 37종(23.4%), 1970년대 28종(17.7%), 1980년대 4종(2.5%)으로 점차 감소하는 추이를 나타낸다.

내용을 분석해보면 근대 초기로 볼 수 있는 개화기부터 1920년대까지 잡지 종수는 전체의 0.6%, 1930년대 역시 3.1%에 불과해 양적으로 매우 미미한 수준임을 확인할 수 있다. 해방기 이전까지 전체 구성 비율도 3.7%에 지나지 않아 그 비중이 상대적으로 낮다는 것을 알 수 있다. 그러나 여기서 한 가지 주목할 점은 위 통계

<표 2> 연대별 현황

연대	종수	비율
1900년대	1	0.6%
1910년대	0	0%
1920년대	0	0%
1930년대	5	3.2%
1940년대	5	3.2%
1950년대	78	49.4%
1960년대	37	23.4%
1970년대	28	17.7%
1980년	4	2.5%
계	158	100%

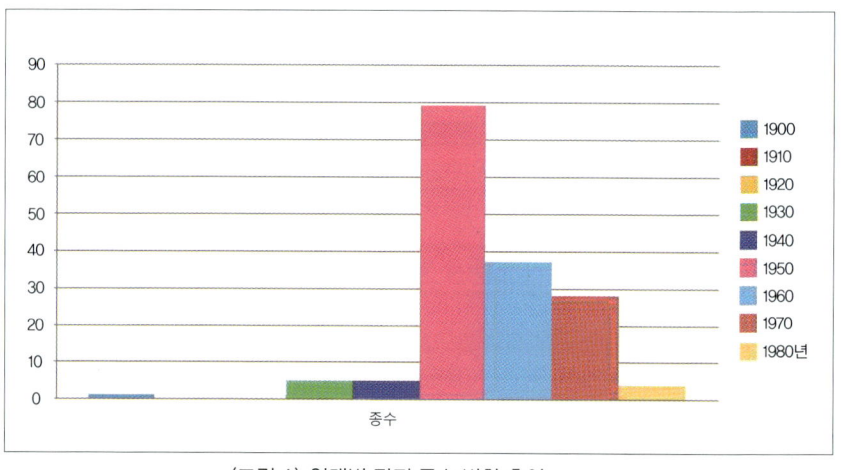

<그림 1> 연대별 잡지 종수 변화 추이

에는 미처 수집되지 못한 부산 지역 잡지들이 누락되어 있다는 점이다. 원문 DB로 구축된 잡지를 제외하더라도 앞의 전수 조사 목록에는 최소 17종 이상의 잡지들이 부산에서 발간되고 있었다는 사실을 잘 보여준다. 이를 감안하면, 개화기부터 일제강점기까지 부산 지역 잡지는 수집 통계 자료보다 발행 건수가 상당히 많았을 것으로 추정된다. 전수 조사 목록에 남아 있는 이들 잡지들에 대해서는 추후 실물

을 발굴하기 위한 조사와 연구가 본격적으로 필요할 것이다.

　한편 해방기까지 유지되던 정체 추이가 1950년대, 특히 한국전쟁기를 거치며 연대별 분포가 49.4%로 급격히 증가한다는 것도 눈에 띄는 부분이라 할 수 있다. 이러한 변화는 한국전쟁 기간 부산이 임시수도이자 피난문단의 중심지였던 때문으로 보인다. 이는 서울에서 발행하던 기관지, 종합지, 문예지, 정훈지의 창간과 속간이나 복간으로 이어졌는데, 전쟁이 지역의 매체 환경에 직접적인 변화를 가져온 경우로 볼 수 있다. 실제로 전쟁기 부산에서 창간하거나 복간, 속간하였던 서울 잡지로는 『경우』, 『고시』, 『교육문화』, 『다이제스트』, 『동방시보』, 『문교월보』, 『문예』, 『문화세계』, 『민주경찰』, 『법정』, 『사상』, 『사상계』, 『수도평론』, 『수련통보』, 『수험생』, 『수험연구』, 『신사조』, 『신생활』, 『신시대』, 『신앙생활』, 『신조』, 『십자군』, 『십자기』, 『역사학보』, 『외무통보』, 『자유세계』, 『자유예술』, 『자유평론』, 『주간경제』, 『출진』, 『투쟁지』, 『한국은행조사월보』, 『희망』 등 33종이 확인된다. 이는 1950년대 전체 수집 잡지의 42%에 해당하는 비중이나.

　물론 이러한 출판지형의 형성은 다수의 부산 지역 잡지를 산출하는 계기가 되기도 하였다. 이러한 상황에서 『가락』, 『경남공론』(『경남공보』 후신), 『경남교육』, 『경상학보』, 『국어국문학』, 『국어국문학지』, 『군봉』, 『금성』, 『남고』, 『대신』, 『도덕』, 『동명』, 『문리대학보』, 『문필』, 『법률학보』, 『법학연구』, 『별』, 『부산시론』, 『부산의대학보』, 『사회스켓취』, 『수대』, 『시문』, 『시연구』, 『시조연구』, 『신생공론』, 『신작품』, 『신지대』, 『어화』, 『Y-부산』, 『운석』, 『웅계』, 『20세기』, 『전시과학』, 『전우』, 『정토문화』, 『종』, 『종친회회보』, 『청문』, 『청조』, 『표현』, 『학보』, 『한글문예』(『한글문학』 개제), 『향토문화』, 『현대문학』, 『효원』 등의 잡지가 창간되거나 발간되면서 전쟁기와 1950년대 부산 지역 출판문화의 전통을 이어나가게 된다.

　이러한 매체 발간의 흐름이 1950년대 이후 급격하게 변화한다는 것도 흥미로운 부분이라 할 수 있다. 1960년대에는 23.4%로 급감하였다가 1970년대로 오면 17.7%로 소폭 감소하는 것을 볼 수 있다. 이 같은 감소추세는 연대별 발간 현황을 그래프로 나타낸 〈그림 1〉을 통해서도 확인된다. 이를 보면 연대별 증감 추이에 상당한 변화가 있음을 볼 수 있는데, 특히 가장 가파른 하향 곡선을 보여주고 있는 1960년대가 매체 발간의 성장 동력이 약화된 시기로 인식된다. 이는 임시수도 부산으로 이동했던 서울의 문화자본과 출판제도가 서서히 환도를 시작하면서 부산 지역의 출판 지형에 적지 않은 변화를 초래한 결과로 보인다.[10] 그러나 비록 일시적인 현상이지만 1950년대 임시수도로서의 경험이 산출한 출판문화의 부흥은 부산 지역 매체의 자생적인 성장 토대를 만드는 계기가 되기도 하였다. 그런 측면에서 1960년대를 전후한 시기는 자생적 지역 잡지의 기반이 형성되고 분화된 시점이라는 점에서 주목을 요한다.

실제로 1960년대 부산에서는 이전 시기 지역 매체 발간의 전통을 이어가기 위한 다양한 노력들이 적극적으로 이루어지고 있었다. 이 과정에서 새로운 분학단체나 동인회가 결성되고 다종다기의 개별 잡지가 등장하면서 자연스럽게 매체 발간이 증대하는 과정을 보여준다. 이는 1960년대 부산 잡지의 총량이 수집 잡지 37종보다 더 많은 사실로 뒷받침된다. 일례로 전수 조사 목록에 오른 『신세대』, 『신성(新聲)』, 『간선』, 『개혁주의』, 『건널목』, 『계간시문학』, 『교육경남』, 『꽃마음』, 『넝쿨』, 『대한도정공론』, 『동아정론』, 『복지사회』, 『부산한의회보』, 『부은 뉴우스』, 『새인물』, 『세기평론』, 『실업계』, 『야성(野聲)』, 『예총』, 『오후』, 『월간 대한공보』, 『월간 민주』, 『월간 유씨』, 『월간 해기』, 『일요문학』, 『적도록』, 『지우(志友)』, 『책임사회』, 『현시대』를 포함하면 총 66종이 된다. 이처럼 1960년대 부산 잡지의 명확한 조망을 위해서는 아직 수집하지 못한 잡지를 두루 살피는 일이 필수적이다. 1970년대 또한 마찬가지이다.

1970년대의 잡지는 28종이 수집되었으나, 전수 조사한 결과 67종이 더 발간된 것으로 보인다. 『가야』, 『갈보리』, 『갈숲』, 『고신대학보』, 『곤두박질』, 『귀성(龜聲)』, 『날

10) 이순욱, 「정전체제의 형성과 부산 지역 문학사회의 동향」, 『지역과 역사』 32, 부경역사연구소, 2013, 37-65쪽 참조.

개』, 『남양어망』, 『녹등』, 『늘보리』, 『대진』, 『도우(道友)』, 『동명』, 『동백문학』, 『동아시단』, 『동의대학보』, 『맥파』, 『모시울』, 『목마』, 『문예부락』, 『미네르바』, 『백지』, 『보리물결』, 『부산보건생활』, 『부산보건』, 『부산상공』, 『부산수필』, 『부산시조문학』, 『부산아동문학』, 『부산약사회보』, 『부산여류문학』, 『부산의사회지』, 『부은노보』, 『빨강에서 보라까지』, 『사보 우성』, 『산호초』, 『삼화』, 『상공시보』, 『석초(石草)』, 『선통회보』, 『소년문학』, 『손금시』, 『수산한국』, 『시대(詩代)』, 『시론』, 『시문학』, 『시세계』, 『시와 의식』, 『시인들』, 『실천문학』, 『씨뿌림』, 『아시체』, 『어린이문예』, 『오브제』, 『우리와 아동』, 『월간 어린이동산』, 『을숙도』, 『재부사천향우지』, 『전원』, 『진양사보』, 『탈』, 『하얀 뱃고동』, 『한국여성시』, 『한롤』, 『해바라기의 합창』, 『회귀선』, 『흙과 비』 등이 그러한 사례라 할 것이다.

이 과정에서 잡지들은 종별(기관지·동인지·문예지·교지·종합지), 지역별(부산·경성), 출신별(예, 시영토동인회 → 운석동인회, 부산대학 총학생회 학예부 → 신작품동인회, 시항문학회 → 시삭업동인회, 백양우취회·경남상업고등학교우취반·경고덕형우취회 → O.F.C. 우취회, 부산아동문학회 → 아동문학연구회, 부산문필가협회 → 한국문인협회 부산지부)로 분화되고 점차 전문화되는 양상을 보였다. 따라서 1960~70년대 부산 지역을 중심으로 이루어진 매체 활동은 단순한 자생적 기반 조성을 넘어서, 지역 정체성을 공고히 하고 사회적 유대감을 강화하는 데 중요한 역할을 했다. 이는 부산 잡지가 지역 문화와 정체성의 형성과 확산에 있어 핵심적인 사회적 매개체로 작용했음을 시사한다.

한편 1980년에는 4종(2.5%)의 비율을 기록하며 1970년대의 성장 동력이 1980년대에도 지속되어질 것임을 보여준다. 실제로 1980년대에 발행된 『통일논총』(1980, 부산대학교 통일문제연구소), 『열린시』(1980, 열린시동인회), 『절대시』(1980, 절대시동인회), 『활화산』(1980, 활화산동인회), 『영지』(1981, 영지동인회·부산약사동인회), 『나무 끝에 이는 바람』(1981, 부산여류문학회), 『목요문화』(1981, 목요학술회), 『청향』(1982, 재부청도군향우회), 『시와 자유』(1982, 시와자유동인회), 『부산문예』(1982, 부산문인협회), 『지평』(1983, 지평동인회), 『여러 갈래로 들리지 않는 여러 마디의 소리』(1983, 백양시동인회), 『공동체문화』

(1983, 도서출판공동체), 『남풍』(1983, 최봉우·운천출판사), 『책소식』(1983, 김두익·부산동보서적), 『모시올』(1983, 영남여성문학회), 『시와 인간』(1983, 시와인간동인회), 『갈매기시조집』(1983, 한국청소년연맹부산연락실), 『소설마당』(1983, 부산소설가협회), 『광안중』(1984, 부산광안중학교), 『토박이』(1984, 김두익·부산동보서적), 『私報 釜日』(1984, 부산일보사), 『가락』(1984, 가락시동인회), 『예술부산』(1984, 예총부산지부), 『전망』(1984, 류명선), 『부산문화』(1984, 최성천·부산문학회), 『오늘 이 땅의 詩』(1984, 류명선·(도)시로), 『사직단』(1985, 사직중학교), 『목필』(1985, 목필동인회), 『부산미술』(1985, 한국미술협회부산지부), 『5.7문학』(1985, 5.7문학협의회), 『행경문학』(1985, 행경문학회), 『부산아동문학』(1985, 부산아동문학협회), 『현장문학』(1986, 한동문·현장문학참여동인회), 『우취와 문헌』(1986, 한국우취문헌동우회), 『문화살롱』(1986, 이경훈·(도)글방), 『부산여류시조』(1986, 부산여류시조문학회), 『한마음』(1986, 부산북구불교연합회), 『동보서적책소식』(1986, 김두일·동보서적), 『미래율』(1986, 미래율연구회), 『月泉文藝』(1986, 부산지방검찰청선동위원회), 『나아가는 문학』(1986, 이은재·(도)그루), 『自然詩』(1986, 이은재·(도)그루), 『문학과 실천』(1987, 이경훈·(도)글방), 『응모문예』(1987, 응모동인들), 『부산정치학회보』(1987, 한국정치학회부산지회), 『수필부락』(1987, 김일택·수필부락사), 『개혁신학』(1987, 박광성·부산장로신학대학), 『풀꽃으로 일어나』(1987, 여류시조문학회), 『마하야나』(1988, 부산불교문화원), 『사회와 예술』(1988, 김숙경·(도)시로), 『지역노동』(1988, 부산·양산노동문제연구소), 『가톨릭사회』(1988, 천주교부산교구), 『시조와 비평』(1988, 시조와비평사), 『한국문화연구』(1988, 부산대학교 한국문화연구소), 『아직 올 사람이 있습니다』(1988, 전원문학회), 『월간 리포트』(1989, 한국리포트사), 『시와 비평』(1989, 시와비평사), 『월간 열린소리』(1989, 월간열린소리), 『부산시조』(1989, 김상훈·(도)해광), 『겨레문학』(1989, 안광성·(도)지평), 『문학과 현실』(1989, 김성배·(도)해성), 『여울』(1989, 류명선·(도)시로), 『실상문학』(1989, 부산불교문인협회), 『문학과현실』(1989, 부소협·부민협), 『부산카톨릭문학』(1989, 부산카톨릭문인협회) 등은 이를 뒷받침하는 구체적인 증거라고 할 수 있다. 1980년대 부산 잡지의 활성화는 지역의 사회문화 운동에 대한 관심 증대와 국내외 정세 변동이 잡지에 적극 반영된 결과로 해석된다.

이와 관련해 〈그림 1〉은 지금까지 살펴본 연도별 잡지 발간 추이의 주요 특징을 종합적으로 나타낸다. 이 그래프는 1950년대를 정점으로, 그 이후 기울기가 변동하는 모습을 보여준다. 이는 부산 잡지 매체가 80여 년 동안 역동적인 성장과 변화를 거쳤음을 시사한다. 이러한 통계적 분석은 이 시기 부산 잡지의 규모와 저변을 파악하는 데 하나의 기준이 될 것이다.

2) 종별 분석

종별 구분은 국립중앙도서관의 연속간행물 대분류 체계를 기준으로 하였다. 이 체계에 따르면 잡지는 일반잡지, 공공잡지, 학술지, 기타로 나뉜다. 이에 따라 잡지 관련 대분류는 4가지로 나누어 진행하였다. 이러한 분류 체계에 따른 종별 잡지 현황은 〈표 3〉에 제시되어 있다.

〈표 3〉 종별 분류 현황

대분류	종수	비율
일반잡지	78	49.4%
공공잡지	59	37.3%
학술지	21	13.3%
계	158	100%

부산 잡지 중 가장 많은 비중을 차지하는 것은 일반잡지로 총 78종(49.4%)이었다. 그 다음으로는 공공잡지가 59종(37.3%)이었으며, 이 중 기관지는 39종, 교지는 20종으로 확인되었다. 학술지는 1909년 4월 25일 교남교육회사무소에서 발간한 『교남교육회잡지』를 비롯하여 『역사학보』(1952), 『국어국문학』(1952), 『대신』(1955), 『법학연구』(1956), 『어화』(1956), 『법률학보』(1958), 『국어국문학지』(1959), 『문리대학보』(1959), 『부대사학』(1961), 『경해』(1961), 『문리대자연학보』(1961), 『한일문화』(1962), 『부산의대잡지』(1965), 『어업기술연구』(1965), 『수산경영연구』(1967), 『약학연구지』(1975), 『어문교육논집』(1976), 『민속문화』(1978), 『언어연구』(1978), 『통일논총』(1980) 등 21종(13.1%)이다.

한편 본 연구는 국립중앙도서관의 연속간행물 수집 지침과 십진법 분류 체계를 바탕으로 앞서 제시한 대분류 체계를 세부적으로 수정하였다. 이 분류 기준에 따른 일반잡지와 공공잡지 137종의 분야별 현황은 〈표 4〉에서 확인할 수 있으며, 〈그림 2〉는 이를 바탕으로 두 잡지의 분야별 발행 동향을 그래프로 비교한 것이다.

〈표 4〉 일반잡지와 공공잡지 분류 현황

대분류	중분류												계
	철학	종교	사회과학	자연과학	기술과학	문화예술	언어	문학	역사	아동	시사종합	기타	
일반잡지	1	7	5	1	1	1	1	39	1	1	12	8	78
공공잡지	0	1	27	2	3	0	0	25	0	0	1	0	59
계	1	8	32	3	4	1	1	64	1	1	13	8	137

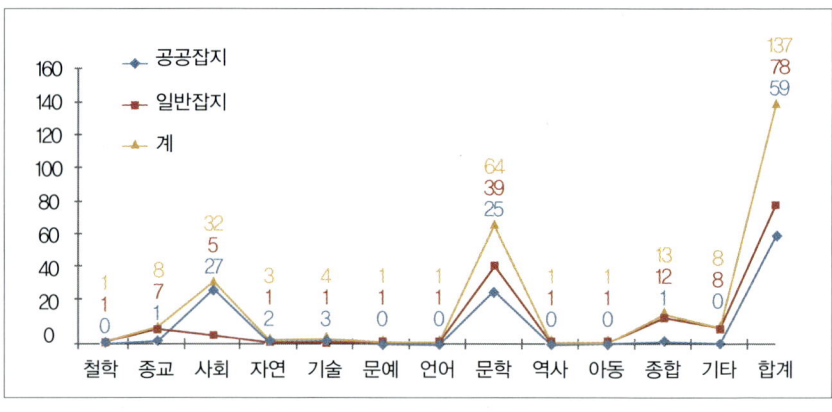

〈그림 2〉 일반잡지와 공공잡지의 분야별 발행 동향

위 표에서 일반잡지의 분야별 발간 추이는 공공잡지의 분야별 추이와 유사한 경향을 보인다. 일반잡지와 공공잡지의 발행 수량과 비율을 분석한 결과, 문학 분야가 각각 39종과 25종으로 전체의 46.7%를 차지하고 있다. 다음으로 사회과학 분야는 32종으로 전체의 23%를 차지하며, 특히 공공잡지가 19.7%의 비율로 일반잡지보다 더 많이 발행된 것으로 나타났다. 이는 한국 사회가 산업사회로 진입하면서 학교와 기관을 중심으로 지역 사회 전반에 대한 이해와 탐구가 활발히 이루어졌기 때문으로 해석된다. 이어서 시사종합, 기타, 종교, 기술과학과 자연과학 분야는 비슷한 비율을 보이며, 철학, 언어, 역사, 아동 분야는 매우 적은 비율을 차지하는 것으로 나타났다.

수집 자료 중 사회과학으로 분류된 잡지들은 주로 행정, 수험, 교육 또는 정치경제관련 기관지들로, 『금련』(1935), 『일신』(1938), 『동방시보』(1947), 『민주경찰』(1951), 『문교월보』(1951), 『경남공론』(1952), 『수험연구』(1952), 『고시』(1952), 『사회스케치』(1952), 『주간경제』(1952), 『외무통보』(1952), 『한국은행조사월보』(1952), 『경우』(1952), 『수험생』(1953), 『투쟁지』(1953), 『교육문화』(1953), 『출진』(1953), 『부산시론』(1954), 『연구』(1955), 『경남교육』(1955), 『Y-부산』(1958), 『부산교육』(1960), 『항도부산』(1962), 『도정공론』(1965), 『부산시정』(1965), 『경영부산』(1968), 『통계기보』(1969), 『사대학보』(1972), 『부산경세』(1974), 『민속문화』(1978), 『부은소사』(1979) 등이 있다. 교육 관련 잡지 중 1955년 경남교육회에서 발행한 『경남교육』은 경상남도의 교육 전반을 다룬 반면, 『부산교육』은 부산이 1963년 정부 직할시로 승격된 이후 부산에 한정하여 발행된 차이가 있다.

시사종합 잡지로는 해방기 중성사(衆聲社)에서 발행한 월간 잡지 『중성』(1949)을 비롯하여 전쟁기 임시수도 부산에서 발행한 『희망』(1951), 『자유평론』(1951), 『사상』(1952), 『자유세계』(1952), 『신사조』(1953), 『사상계』(1953), 『수도평론』(1953), 부산 지역 잡지 『신생공론』(1951), 『20세기』(1952), 『신생활』(1960), 『뉴부산』(1969) 등이 있다. 이 중 부산에서 발간된 중도우파 종합지 『중성』은 주간과 월간으로 각각 발간되었다는 점에서 주목을 요한다. 주간 『중성』의 창간일은 1946년 2월 15일, 발행인은 김환선(金煥善), 편집인은 탁창덕(卓昌悳, 필명 탁소성)이었고, 월간 『중성』의 창간일은 1946년 2월 20일, 발행인은 김환선, 편집인은 천철수(千哲樹, 본명 천세욱)가 이름을 올렸다.

이 가운데 발행인 김환선은 당시 경남피복공장조합장, 중성사 대표를 역임하였으며, 『부산매일신문』 사장, 대한청년단 서부(西部) 이구(二區) 단장, 1949년 부산상의 상임위원을 거쳐 국회의원에 낙선한 인물로 알려져 있다. 또한 편집인 탁창덕은 김환선의 매제로, 천세욱과 함께 1946년 6월 조선청년문학가협회 경남지부 결성에 참여하여 대표로 활동했던 문학인이었다. 이 점에서 『중성』은 조선청년문학가협회 경남지부의 기관지로 기능했던 것으로 보인다. 이는 주간 『중성』 제5호(1946.9.25.)가 '조선청년문학가협회 경남본부 제공판'으로 발간된 사실에서 확인할 수 있다. 반면 월간 『중성』은 1946년 2월에 창간하여 1949년까지 명맥을 이어간 것으로 보이는데, 현재 1949년 4월 10일에 발행한 제9호를 확인할 수 있다. 그런데 『중성』 제9호 목차에 이승욱(李昇旭)이 번역한 「신중국(新中國)의 영도자(領導者) 모택동(毛澤東)」, 이동순(李東淳)이 번역한 「비폭력주의(非暴力主義)와 간디 옹(翁)」 등의 글이 실려 있는 것으로 보아 이 시기 『중성』은 우파에서 좌파 혹은 중도 매체로 재편되고 있었던 것으로 보인다. 이러한 『중성』은 해방기 좌우대립이 극심하던 부산 지역의 사회적 상황과 매체 성격 변화를 살펴보는데 중요한 잡지라 할 수 있다.[11]

한편 1951년 10월 1일에 창간한 『신생공론』은 1956년 4월 1일에 제6권 제1호를 발행한 후 종간된 종합지로, 한국전쟁기와 1950년대 국내외의 시사적인 문제를 조명하기 위한 다양한 글을 싣고 있다. 예컨대 창간호의 〈1951년도 결산〉 코너를 보면 '국내 정계 일년의 회고, 문화 각계의 회고와 단상, 한국의 교육계, 농촌과 정신계발, 한일회담에 임하여, 전시 영양문제, 신생활운동의 검토' 등의 내용이 게재되어 있으며, 제2권 제2호 논설에는 '대일외교의 사적 고찰, 농촌의 재편성과 농업협동조합 문제, 한국의 정세와 세계 여론, 차기 대통령에 관한 사항' 등의 문제가 다루어지고 있다.

문예작품으로는 창간호에 이주홍(李周洪)의 「흘러간 시절」, 설창수의 「나룻배」, 윤

---

11) 이순욱, 「근대 부산·경남 지역의 매체 현황과 지역문학의 양상」, 앞의 논문, 50-54쪽 참조.

『중성』 제9호　　　『신생공론』 창간호　　　『20세기』 창간호　　　『신생활』 창간호

영춘(尹永春)의 「부산항」의 시가 실렸고, 유주현(柳周鉉)의 「슬픈 인연」 외에 김송(金松)의 「방가(放歌)」라는 소설이 연재되었다. 제2권 제2호에는 김규동(金奎東)의 「여백(余白)의 풍경」, 노천명(盧天命)의 「아름다운 얘기를 하자」, 공중인(孔仲仁)의 「초상(肖像)」, 김도성의 「피 한그람」 등의 시와 함께 전후의 혼란한 세태와 현대인의 방황과 좌절을 묘사한 정한숙(鄭漢淑)의 「ADAM의 행로」가 연재되어 있다. 이처럼 『신생공론』은 전쟁기 발간된 부산 지역 종합지로, 당시 부산 지식인들의 경향과 부산사회의 흐름을 파악하는 데 중요한 잡지라 할 수 있다.

다음으로, 기타 잡지로는 『CCC』(1931), 『종친회회보』(1954), 『가락』(1956), 『덕형회보』(1960), 『백양회보』(1960), 『구덕』(1961), 『우취회보』(1961), 『청우』(1961) 등이 있다. 이들은 회지와 동인지의 경계에 있거나 내용상으로 분류 기준이 모호한 점이 있어서 기타 잡지에 포함시켰다. 종교단체의 활동과 종교적 차이에 의한 잡지 분화도 주목할 만하다. 『천국복음』(1935, 천국복음사), 『파수군』(1951, 고려신학교), 『십자군』(1952, 교계춘추사), 『신앙생활』(1952), 『십자기』(1956, 국방부 군목실), 『정토문화』(1959, 정토문화사), 『영락』(1964, 부산영락교회청년회), 『원의 벗』(1970, 원불교 부산학생연합회) 등이 그러하다. 기술과학과 자연과학으로 분류된 잡지들은 기초과학이나 의학, 수산 관련 기관지들로 『어우(漁友)』(1930), 『대한약업월보』(1949), 『전시과학』(1951), 『수련통보』(1952), 『전우(電友)』(1953) 등이 포함된다. 그 외 철학, 언어, 역사, 문화예술, 아동 분야 잡지에는 『도덕』(1953), 『한얼』(1951), 『향토문화』(1953), 『문화세계』(1953), 『별』(1951) 등이 있다.

이러한 일반잡지와 공공잡지 가운데 가장 큰 비중을 차지하고 있는 문학잡지의 현황은 아래의 〈표 5〉와 〈그림 3〉을 통해 확인할 수 있다.

〈표 5〉 문학잡지 현황

중분류	소분류		종수	비율
문학	1	시	18	28.1%
	2	수필	2	3.1%
	3	동화동시	3	4.7%
	4	시조	2	3.1%
	5	기타	39	61%
	계		65	100%

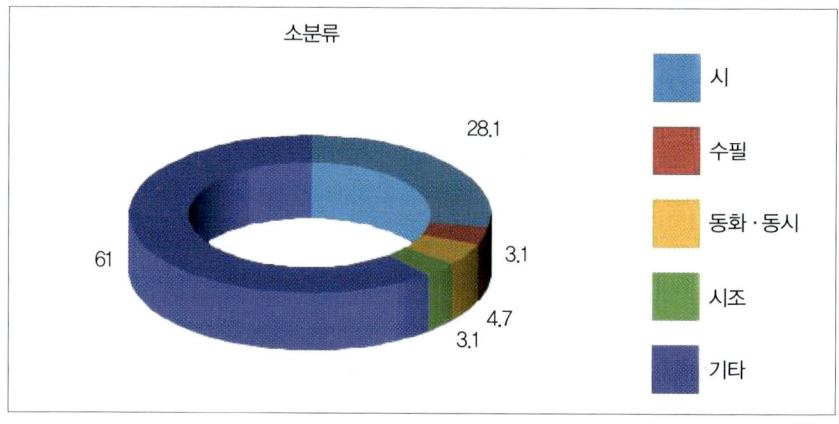

〈그림 3〉 문학잡지 장르별 비율

문학잡지의 장르별 현황을 살펴보면, 기타 항목이 39종으로 61%를 차지하며 가장 큰 비중을 보이고 있다. 기타에는 시, 수필, 창작, 번역, 논단 등의 장르가 혼합된 교지, 문예지, 회지, 기관지가 포함된다. 이 중 교지는 20종이 발행되었다. 『청조』(1953, 부산고등학교), 『군봉』(1954, 동래고등학교 문예부), 『연구』(1955, 부산대학교 학도호국단 학예부), 『금성』(1955, 금성중고등학교 학도호국단 문예부), 『웅계』(1955, 부산고등학교 문예반), 『종』(1956, 부산사범학교 학도호국단 문예부), 『동명』(1956, 동래중학교), 『효원』(1957, 부산대학교 학예부), 『수대』(1958, 국립부산대학 학예부), 『남고』(1958, 부산남고등학교), 『경상학보』(1959, 경상학보社), 『부산의대학보』(1959, 부산대학교 의과대학), 『동아』(1967, 동아대학교 총학생회 학예부), 『초록별』(1968, 남성초등학교 문예부), 『청구』(1969, 경남여자고등학교), 『사대학보』(1972, 부산대학교 사범대학), 『부대문학』(1973, 부산대학 총학생회 학예부), 『해양』(1974, 부산해양고등학교), 『향나무』(1978, 감만중학교), 『산정』(1979, 부산진여자고등학교) 등이 그것이다. 전반적으로 초등학교의 교지는 1곳, 중고등학교의 교지는 10곳, 대학교의 교지는 9곳으로 분류된다. 이 가운데 경남상업고등학교는 1906년 설립된 부산거류민단립(釜山居留民團立) 부산상업학교(釜山商業學校)의 후신이자 현재 부경고등학교의 전신이며, 국립부산수산대학은 1996년 부산공업대학교와 통합한 현 국립부경대학교의 전신에 해당한다.

이러한 교지 외에 동인지, 문예지, 기관지, 동창회지, 향우회지가 날로 증대한 점도 주목할 만하다. 예를 들어, 『신작품』(1954, 신작품동인회), 『부산교단동인』(1973, 부산교단동인회)와 같은 동인지, 『신조문학』(1948, 신조문학사), 『신조』(1951, 신조사), 『자유예술』(1952, 자유예술인연합), 『문예』(1953, 문예사), 『현대문학』(1954, 자유장), 『한글문예』(1956, 한글문예사), 『문학시대』(1966, 태화출판사), 『수련문학』(1973, 부산여자대학 국어교육과), 『남부문학』(1977, 남부문학사), 『오늘의 문학』(1977, 부산교육대학신문사)와 같은 문예지, 『문필』(1957, 부산문필가협회), 『부산문예』(1964, 한국예총 부산지부), 『부산문학』(1967, 한국문인협회 부산지부), 『기독교문예』(1969, 부산기독교문인협회)와 같은 기관지, 『금련』(1935, 부산제2공립상업고등학교교우회), 『일신』(1938, 동래일신여학교교우회), 『동심』(1966, 부산공전 기계과 동심회), 『낙동강』(1979, 낙동강보존회)와 같은 회지들이 그러하다.

이러한 동인지의 구성을 보면 창간사나 권두언, 편집후기 없이 동인들의 작품만을 수록한 경우가 많은데 비해 문예지는 대체적으로 창간사나 편집후기를 통해 발간의 포부를 밝히고 회원들의 창작물을 장르별로 수록하는 양상을 보여준다. 반면 기관지나 회지의 구성은 주로 단체 및 회원들의 '축하의 글', '특집', '좌담', '평론',

'창작' 등으로 이루어지며, 마지막에는 회원 명단과 회칙, 편집후기가 수록되어 있다. 특히 『부산문학』 창간호는 부산문인협회 부산지부에서 주관한 한글 백일장 대회에서 뽑힌 작품들을 중심으로 '한글 백일장 입상 작품' 코너를 마련한 점이 눈에 띈다. 또 제5호에 부산, 경남지역에서 활동한 시인들로서 작고한 홍두표(洪斗杓), 손중행(孫重行), 홍원(洪原), 유치환(柳致環), 염주용(廉周用), 장응두(張應斗), 박영포(朴永浦), 김수돈(金洙敦), 박영한(朴英漢), 이석인(李石人), 구자운(具滋雲), 임하수(林河守), 정정화(鄭井和), 이동섭(李東燮), 장세호(張世浩), 최계락(崔啓洛), 고석규(高錫珪), 안탁준(安卓俊), 김민부(金敏夫)을 기념하는 '작고시인(作故詩人)' 특집을 마련한 것도 주목할 만하다. 이러한 동인지와 문예지, 기관지와 회지를 통해 부산 지역 문인들의 발표 지면이 확보되었다는 점에서 이들 매체는 부산 문학의 태동과 성장에 실질적 기반을 제공한 중요한 매체였다고 하겠다.

기타 장르에 이어 시가 18종으로 28.1%를 차지하고 있는데, 이는 시가 대중에게 폭넓게 수용되고 있는 문학 장르임을 보여준다. 예를 들어, 『시문』(1954, 시문동인회), 『신지대』(1955, 자유장), 『표현』(1956, 표현동인회), 『운석』(1956, 운석동인회), 『청문』(1956, 부산대학교 문예부), 『신어』(1965, 신어동인회), 『동아시집』(1966, 동아대학교 국어국문학회), 『윤좌』(1966, 윤좌동인회), 『남부의 시』(1974, 아성출판사), 『상』(1975, 세명출판사), 『난』(1977, 남성여고 문우회), 『시작업』(1978, 동아대학교 시작업동인회), 『시로』(1978, 시로동인회), 『절대시』(1980, 절대시동인회), 『활화산』(1980, 활화산동인회), 『열린시』(1980, 열린시동인회) 등이 그러하다. 이어서 동화동시가 3종, 수필과 시조가 각각 2종의 비중을 차지하고 있다. 『별』(1951, 신소년사), 『부산아동문학』(1973, 부산아동문학회), 『소년문학』(1979, 상아출판사), 『부산수필』(1978, 부산수필가협회), 『수필인』(1975, 수필인동인회), 『시조연구』(1953, 시조연구회), 『볍씨』(1976, 부산시조문학회) 등이 그러하다. 그 외 소설, 비평 장르는 찾아볼 수 없다. 그러나 이러한 문제는 비평 중심의 2인 동인지 『초극(超劇)』을 포함해 관련 장르의 잡지를 추가로 확보함으로써 일정 부분 보완할 수 있을 것이다. 이러한 부산 지역 문예지에서 두드러진 점은 다음과 같다. 첫째, 부산 지역 문예지는 대체로 동인지나 문인단체의 기관지 형식으로 발행되며, 간별로는 부정기나 연간지가 주류를 이룬다는 것이다. 둘째, 초기 문예지는 시동인지나 시전문지가 대부분을 차지하지만 점차 장르별로 세분화, 전문화, 다양화한다는 것이다. 셋째, 초기 문예지의 체제는 동인 체제를 보여주지만 점차 편집위원 체제로 전환해 나간다는 것이다. 이 과정에서 특정 개인의 헌신과 노력, 문학적 연대, 친소관계와 학맥에 기반한 결합이 두드러진다는 것도 특징적이다.

　부산 지역 잡지에서 문예지와 동인지의 비중이 높은 데는 한국전쟁기 피난문단의 형성이라는 역사적 배경 외에 지역 문인과 언론인들의 헌신과 노력에 기인한 바가 크다. 이주홍을 비롯하여 김정한, 오영수, 김말봉, 유치환, 김상옥, 조향, 권환, 김태홍, 고석규, 김일곤, 박홍길, 안장현, 정진업, 손동인, 손풍산, 홍두표, 염주용, 조유로, 박철석, 한찬식, 추영수, 박돈목, 강경, 이석인, 김민부, 이영찬, 이영준, 성기정, 최계락, 구자운, 김규태, 이동섭, 최해군, 성수익, 고두동, 이영도, 성신재, 서성봉, 김학, 황용수, 정상구 등의 지역 문인과 언론인들이 후진을 양성하고 창작 활동을 지원하며 지역 문학의 태동과 성장을 도왔다. 실제로 부산에서 간행된 문학잡지 가운데 학생동인지는 17종으로 전체의 26%를 차지하는데, 이는 지역 문학계에서 학생동인의 활발한 참여를 보여주는 지표라 할 수 있다. 여기에 학생문사로 활동했던 이들 중 다수가 후일 제도문단으로 진출하게 된다는 사실도 수복할 만하다. 이 또한 선배 문인들의 헌신적인 문학 활동과 무관하지 않을 것이다. 이러한 문학적 배경 속에서 부산 남녀고교생이 연합한 서지문학청년구락부의 『서지(瑞枝)』(1950)를 위시하여 부산대학교 재학생 동인지 『시조(詩潮)』, 『부대문학』, 『산호(珊瑚)』, 『신작품 별책』, 『신작품』, 『청문(青文)』, 『표현』, 『샛별』, 『간선』, 동아대학교 재학생 동인지 『소예군상(小藝群像)』, 『자정(子正)』, 『문학제』, 『동아시집』, 『시작업』, 두 대학 문과생의 연합 동인지 『시영토(詩領土)』, 『운석(隕石)』, 부산사범학교 재학생 동인지 『고향』, 『낙동강』 등이 탄생하게 된다.

3) 지역별 현황

끝으로, 잡지 158종의 발행단체를 대상으로 발행 지역별 매체 분포를 분석하고자 한다. 이를 위해 발행단체의 소재지를 기준으로 지역별 분포 현황을 산출하였으며, 이에 따른 분석 결과는 다음 표에 제시하였다.

<표 6> 지역별 매체 발간 현황

구분	종수	비율
부산	157	99.4%
경성	1	0.6%
계	158	100%

부산 잡지의 지역별 분포를 살펴보면, 부산 지역에서 발간된 잡지가 총 157종으로 전체의 99.4%에 이르며, 압도적 비중을 차지하는 것으로 나타난다. 그 외에는 경성에서 1종이 발간되었다. 이는 부산 지역을 중심으로 잡지 발간이 이루어져 왔음을 보여주는 결과라 할 수 있다. 그러나 과거 전국적으로 다양한 잡지가 활발히 발간되었던 점을 고려하면, 부산 지역 외부에서 제작·발간된 부산 관련 잡지 또한 적지 않을 것으로 추정된다. 대표적인 예로는 지역성과 향토성을 지향한 재외부산인 및 재경부산인의 향우회지, 친목회지, 학우회지, 교우회지 등이 있다.

부산 지역 근현대 잡지 수집이라는 측면에서, 향후에는 자료 수집의 범위를 보다 확대할 필요가 있다. 새로운 지역 잡지가 지속적으로 발굴되지 않을 경우 자료의 양적·질적 편향을 피하기 어렵고, 이는 궁극적으로 연구의 지속성과 확장 가능성에도 부정적인 영향을 미칠 수 있다. 따라서 지역 잡지 전반에 대한 통합적 시각을 갖추기 위해서는 지금까지 수집되지 않은 부산 지역 잡지를 체계적으로 발굴하려는 노력이 병행되어야 할 것이다.

3. 부산 잡지의 특성

이상의 논의를 통해 부산 잡지의 특성을 다음과 같이 정리할 수 있다.

첫째, 부산 잡지의 발전 과정은 한국 잡지사의 전반적인 흐름과 유사한 양상을 보이면서도 부산지역의 지역문화와 정체성 구축에 중요한 차별성을 보이고 있다. 개화기 이후 한국 근현대사는 정치·사회적으로 급격한 변화를 겪었으며, 이러한 변화 속에서 전국 각지의 잡지 매체들은 100여 년에 걸친 시대적 전환을 수용하며 다양한 방식으로 변모해 왔다. 특히 한일병합, 일제강점기, 광복, 한국전쟁 등은 한국 잡지의 매체 지형에 중대한 전환점을 제공하였으며, 이러한 변화는 부산 지역 잡지에서도 명확히 드러난다. 예컨대, 일제강점기 군산과 목포 등에서 발행된 잡지가 각 지역의 구심점으로 기능했던 것과 마찬가지로, 광복 이후 부산에서 발행된 『한얼』, 『동방시보』, 『신조문학』, 『대한약업월보』, 『중성』 등의 잡지도 부산 지역 사회의 구심력으로 작용하였다. 이는 잡지 발행이 지역 사회의 문화 형성과 정체성 구축에 핵심적인 역할을 해왔음을 보여준다.

한편, 전쟁기 피난 중심지로 급부상하였던 부산은 환도 직후 사회문화적 제도와 자본이 서울로 재집중되면서, 새로운 출판 동력을 확보해야 하는 구조적 변화에 직면하게 되었다. 그러나 이러한 출판 환경의 변화는 역설적으로 부산 지역의 매체 지형을 재편하는 계기로 작용하였으며, 지역 중심의 출판문화를 모색하는 동력이 되었다. 이 점에서 1960년대를 전후한 시기는 자생적 지역 잡지의 기반이 형성되고, 서울 중심의 중앙집권적 현상을 비판하는 잡지들이 본격적으로 등장하는 시기로 주목할 만하다. 가령 1954년 창간된 『현대문학』의 창간선언 「MANIFESTO (NO1)」과 조향의 평론 「현대시의 역정 (1)」이 기성문단에 대한 저항과 혁신의 포부를 내세웠다면, 1957년 창간된 『문필』의 창간사에는 문화의 중앙집권 현상을 "나라의 문화를 절름발이 만드는 폐단"이라 비판한 바 있다. 그리고 이러한 인식은 1960년대와 1970년대 들어 중앙집권적인 한국문단에 대항하는 문학운동, 예컨대 "잡지라면 으레 서울일 거라고 생각하는데" "서울 아닌 이곳 釜山에서는 文學雜誌를 만들어 낼 수가 없는 것일까"[12] "地方文學이 中央文壇의 植民地的 隸屬과 處遇"에서 벗어나 독자적인 문학활동을 하려면 "文學誌와 機關誌를 가져야만 한다."[13]라는 대항문예지의 출범으로 구체화된다.

아울러 이러한 지역문학운동의 기반에는 중앙집권적 관점에 대한 비판과 지역적 특수성을 강조하되 지방색에 매몰되어서는 안 된다는 인식, 예컨대 "本誌는 향토를 사랑하는 지방 문인들의 발표의 광장으로서, 지방의 자치적 문인 배출의 기관으로서, 향토 문화 육성의 광장으로서, 안으로는 힘차고 밖으로는 조심스럽게 문을 열 것이다."[14] "洛東文學會란 地方性 때문에 『오늘의 문학』이 地方色에 매몰되어서는 안되는 所以가 여기에 있으며, 中央文學의 安易한 模倣·移入을 피하고, 韓國文學形成의 하나의 重要한 모멘트로서 劇的인 役割을 擔當할 수 있을 뿐 아니라 世界文學에의 발돋움이 이루어져야 할 것이다."[15]라는 주장으로 이어지고 있다. 지역의 특수성에 기반한 실천과 경험의 강조는 중앙집중적 문학 담론에서 벗어나, 지역의 가치를 재조명하고 이를 지역 공동체의 삶으로 환원하려는 시도로 해석될 수 있다. 이와 같은 맥락에서, 부산의 문예지들은 지역적 삶의 특수성과 변별성을 지역 불평등 해소의 토대로 삼고, 지역문학운동의 주체로서 정치·문화적 실천을 선도하려는 태도를 보여준다. 특히 환도 이후 부산 문예지의 특징은 다음과 같은 점에서 드러난다. 첫째, 서울 중심의 중앙문단에 대응하여 지역 문학의 독립성과 정체성을 지키려는 집단적 문학운동이 전개되었고, 둘째, 중앙 잡지와 차별화되는 지역 작가 중심의 대항 문예지가 등장하였으며, 셋째, 중앙문단에의 예속을 거부

12) 김 영, 「산실의 속삭임」, 『문학시대』 제1집, 태화출판사, 1966, 7쪽.

13) 박문하, 「부산문학과 문단의 근황」, 『재부작가론, 작품집』, 문협부산지부, 1974, 146쪽.

14) 김용태, 「남부문단의 종합문예지 지향」, 『남부문학』 창간호, 남부문학사, 1977, 9쪽.

15) 김병규, 「세계문학에의 발돋움」, 『오늘의 문학』 창간호, 낙동문학회, 1977, 4쪽.

하고 문학적 실험과 표현의 다양성을 추구하였고, 넷째, 서울 중심의 시각에서 포착하기 어려운 부산 민중의 삶을 문학적으로 재조명하려는 시도가 이루어졌다는 것이다. 이러한 흐름은 1970년대 이후 부산 문학장의 활성화와 다층화에 일정한 기여를 했다고 평가할 수 있다.

결국 부산 잡지의 태동과 성장은 이와 같은 사회적 조건과 환경의 변화를 반영하는 과정이자 결과이며, 이는 부산 잡지가 당대의 복합적이고 다층적인 사회문화 구조 속에서 능동적으로 적응하고 발전해 왔음을 시사한다. 이러한 맥락에서 중앙정부와 지방정부의 정치·사회적 환경 및 관련 정책이 부산 지역 잡지의 형성과 발전, 나아가 쇠퇴에 어떤 영향을 미쳤는지를 통시적으로 분석하는 작업은 향후 부산 지역 출판문화 연구에서 중요한 과제로 제기된다.

둘째, 부산의 잡지들은 독립적인 매체로 존재하는 것이 아니라 상호 유기적인 연관성을 지니고 있다. 통계적 분석만으로는 이들 잡지가 각각 독립적으로 운영되는 것처럼 보일 수 있으나, 실제로는 다양한 상호작용과 협력이 활발히 이루어지고 있다. 특히 편집인, 발행 단체, 주요 활동 인물들이 서로 겹치는 경우가 많아, 한 잡지가 다른 잡지의 발행에 영향을 주거나 새로운 잡지의 창간으로 이어지는 사례가 적지 않다. 예를 들어 1955년 2월 결성된 부산문인구락부의 해체는 1956년 부산문필가협회의 결성으로 이어지며, 이후 부산문필가협회의 해체는 1962년 6월 한국문인협회 부산지부 창립으로 연결되는 과정을 보여준다. 이어 전쟁기 부산 지역 남녀고교생 연합조직인 서지문학청년구락부의 매체 활동(『서지』)은 1952년 전시연합대학 중심의 신작품동인회와 1952년 부산대학교 중심의 문학동인회 형성과 문학 활동에 영향을 미치고, 1955년 부산대와 동아대 문과 학생들로 구성된 시영토동인회의 해체는 1956년 운석동인회의 결성으로 이어지며, 1950년대 동아대학교 교수 조향이 주도한 후반기 모더니즘 운동의 흐름은 1954년 현대문학연구회의 기관지

『현대문학』과 1956년 Gammas동인회의 동인지『geiger』로 결실을 맺었다.[16]

1950년대 이주홍과 김정한의 문학 활동 또한 주목할 만하다. 이들은 당시 대학에 재직 중인 교수로서, 문학 매체의 편집과 발행을 주도하고 필진으로 참여함으로써 부산 지역 문학사회의 형성과 활성화에 중요한 역할을 수행하였다. 이주홍이 이름을 올린 매체로는『문학시대』,『수대』,『윤좌』(이상 발행·편집·주간),『경남공론』,『군봉』,『금성』,『뉴부산』,『도정공론』,『문필』,『문화세계』,『신생공론』,『신조문학』,『어화』,『웅계』,『학보』(이상 필자),『부산문학』,『부산아동문학』,『수대』,『신생활』,『한글문예』,『금성』,『문필』,『수련』,『신조문학』,『윤좌』,『초록별』,『효원』(이상 삽화·제자·표지화) 등이 있으며, 김정한은『문필』,『부산문학』,『학보』(이상 발행·편집),『경남공론』,『국어국문학지』,『문필』,『오늘의 문학』,『윤좌』,『학보』,『한글문예』(이상 필자),『샛별』,『문리대학보』(이상 지도교수) 등의 매체에 이름을 올렸다.

이러한 사례는 부산의 문학 매체 전통이 단절되지 않고 지역 내 선배 문인들을 중심으로 순환·계승되어 왔음을 방증한다. 이는 잡지의 발행이 단순한 개별적 활동이 아니라, 지역 문학계의 유기적인 네트워크와 협력 구조 속에서 이루어졌다는 점을 시사한다. 이러한 상호작용과 협력의 구조는 부산 지역 잡지들이 지역 사회 내에서 중요한 문화적 역할을 수행해 왔으며, 그 지속성과 발전 가능성 또한 이러한 연대의 기반 위에 성립되었음을 보여준다. 이와 같은 관점에서 부산 지역 잡지의 실체를 체계적으로 발굴하고 복원함으로써 지역 문단의 네트워크 구조와 다양한 문학 활동을 분석하는 작업은 향후 중요한 연구 과제로 설정될 수 있을 것이다.

셋째, 부산 지역에서 청년학생 문인들이 주도하는 매체 발간은 중요한 특징으로 나타난다. 이들 매체는 주로 동인지와 교지 형식으로 구성되며, 그 중심 장르는 문예지가 차지하고 있다. 비록 대부분의 매체들이 단명하는 경향을 보였으나, 일부

---

16) 이순욱,「정전협정 이후 부산 지역 동인지 시문학 연구」,『한국문학논총』69, 한국문학회, 2015, 5-28쪽 참조.

문예지는 오늘날까지도 부정기적으로 발행되고 있다. 그 중 하나가 1965년 6월 5일, 윤좌동인회에서 창간한 『윤좌』이다. 『윤좌』는 2015년 11월 창간 50주년 기념호(제42집)를 발간한 이후, 2017년 제43집까지 발행을 이어가고 있다. 이는 부산 지역 문학사에서 중요한 의미를 지니며, 당시 지역 문학사회의 형성과 활성화에 중요한 기여를 했음을 시사한다.

또한 『윤좌』의 가치는 단순히 발행 횟수만으로 평가할 수 없는 부분이 있다. 이 잡지는 부산 지역 문인과 학인들의 작품과 추억담을 꾸준히 소개하고, 신진 문인들이 등단할 수 있는 기회를 제공하는 등 지역 문학의 성장과 발전에도 큰 기여를 했기 때문이다. 이 점에서 『윤좌』는 부산 문학의 산실이자 지역 문학의 살아있는 역사로 자리매김하고 있다. 따라서 『윤좌』의 지속적인 발행은 부산 지역 문학사에서 빼놓을 수 없는 중요한 의미를 지니며, 이는 당시와 현재의 지역 문단 형성 및 활성화에 중요한 기여를 했다는 점에서 그 가치를 재평가할 필요가 있다. 이러한 사례는 부산 문학의 독특한 생명력과 시속성을 보여주는 중요한 승거로, 향후 부산 지역 문학의 발전과 성장을 위한 중요한 지침이 될 것이다.

4. 결론 : 연구의 과제와 전망

근현대 부산의 지역 잡지는 한국 잡지사의 중요한 부분을 차지하면서, 중앙 잡지와는 다른 방식으로 지역 문화의 발전을 이끌어 왔다. 특히 부산 지역의 문학잡지들은 지역적인 특수성과 민중의 삶을 중심으로 한 문학적 담론을 만들어가며, 서울 중심의 문학계와는 다른 방향으로 문학을 발전시켜 왔다. 예를 들어, 부산의 항구나 바다, 노동 계층, 피난민 등 지역사회의 고유한 경험을 문학적으로 다루면서 부산만의 문학적 목소리를 만들어왔다. 서울의 문학계와 차별화된 이 지역적 문학 정체성은 지역 주민들에게 자부심을 부여하고, 또한 외부 독자들에게는 문학적 차원을 넘어서 사회적, 문화적 차원에서도 새로운 시각을 제공하는 중요한 가치를 지니고 있다.

한편 중앙의 잡지들이 일정한 전통과 권위를 지키는 경향이 있는 반면, 부산의 잡지들은 더 자유로운 문학적 시도와 다양성을 받아들이며 지역의 다양한 사회적 갈등과 문제들을 문학적으로 풀어내는 데 중요한 역할을 했다. 이러한 지역적 실험은 한국 문학에 새로운 스타일과 접근 방식을 제시하였으며, 문학의 다양성을 확대하는 데도 중요한 기여를 했다. 이를 통해 부산의 잡지들은 지역 정체성을 강화하고, 지역 작가들에게 창작의 기회를 제공하며, 사회적 문제를 문학적 담론으로 끌어들일 수 있었다. 이는 부산이 서울과는 다른 문학적 환경에서 발전해온 결과로, 지역 문학의 독립성과 정체성을 위한 집단적 문학운동, 대항문예지 탄생, 다양한 문학적 실험과 표현 추구, 민중문학 활성화는 부산 지역 잡지만의 고유한 가치라 할 것이다.

이러한 관점에서 본 논문은 1900년부터 1980년까지 부산 지역에서 발행된 158종의 잡지를 통계적으로 분석하여 근현대 부산 잡지의 발행 현황과 특징을 파악하고자 하였다. 이 연구에서 다룬 부산 잡지의 발행 현황과 특성은 다음과 같이 요약할 수 있다.

첫째, 시기별 발행 추이를 살펴보면, 부산 지역 잡지의 발행은 시대적 변화에 따라 점진적인 증가 추세를 보였다. 특히 해방기에는 매체 발행이 적었으나, 전쟁 중 피난 중심지로서의 부산의 역할이 강조되면서 발행량이 급증하기 시작했으며, 그 후에는 급격한 감소세를 보였다. 그러나 이러한 변화는 부산 지역 잡지의 자생적인 기반을 마련하고, 잡지의 종류나 성격이 점차 세분화되고 전문화되는 계기를 제공하였다. 이는 부산의 잡지 매체가 당시의 정치적, 사회적 변화에 따라 역동적인 성장을 거듭했다는 것을 의미한다.

둘째, 잡지의 유형별 분포를 살펴보면, 일반잡지가 78종(49.4%)으로 가장 많은 비중을 차지했으며, 공공잡지가 59종(37.3%)으로 그 뒤를 이었다. 공공잡지 중에서는 기관지가 39종, 교지가 20종으로 나타났다. 학술지는 21종(13.3%)으로 상대적으로 적은 비중을 차지했다.

셋째, 학문 분야별로 분석한 결과, 문학 분야가 64종(46.7%)으로 가장 큰 비율을 차지했으며, 그다음은 사회과학 분야가 32종(23%)였다. 사회과학 분야는 주로 공공잡지에서 다뤄졌고, 시사종합 분야는 13종(9.5%), 종교와 기타 분야는 각각 8종(5.8%)에 해당했다. 이는 매체 발행에서 학문 분야별로 큰 차이가 있음을 나타낸다.

넷째, 문학잡지의 장르별 분석에서는 기타 장르가 39종(61%)으로 가장 많은 비중을 차지했는데, 기타 장르는 주로 시, 산문, 논단, 번역문 등을 포함한 교지, 동인지, 회지, 기관지를 포함한 장르였다. 그 다음으로 시 장르가 18종(28.1%)으로 나타났고, 소설과 비평 장르는 상대적으로 전무하였다.

다섯째, 지역별 잡지 발행 현황을 살펴보면, 부산 지역에서 발행된 잡지가 157종으로 전체의 99.4%를 차지하였다. 나머지 잡지는 경성에서 1종이 발행되었으며, 이는 부산에서 잡지 발행이 집중되었음을 보여준다.

이 연구는 부산 지역 잡지의 발행 현황과 특징을 이해하는 데 중요한 기초 자료를 제공하지만, 개별 잡지에 대한 심층적인 분석은 부족하다는 한계가 있다. 또한, 근현대 부산 잡지의 흐름과 현황을 다룬 연구에 있어 자료의 부족으로 제약이 있었다. 향후 연구에서는 자료 수집과 분석을 강화하고, 이를 보완할 수 있는 추가적인 연구가 필요할 것이다.

가락

題　　　號	駕洛 第5號	판　　　형	14.5x20.5
발　행　일	1956.01.25.	발행편집인	金仁和
표지화, 컷	裝幀: 金敬寬, 題字: 金達範	간별, 정가	부정기, 비매품
면　　　수	54	인　쇄　소	
발　행　처	金海金氏慶南宗親會	기　　　타	부산, 宗親會會報 改題, 회지.

『가락(駕洛)』 제5호는 김해김씨경남종친회(金海金氏慶南宗親會)에서 1956년 1
월 25일에 발행한 종친회보이다. 『가락』 제5호의 판권사항을 보면 발행편집
겸 인쇄인은 김인화(金仁和)이고, 발행처는 김해김씨경남종친회, 연락처는 김
달범(金達範, 釜山市 田浦洞 748)이며, 비매품으로 총 54면이다. 제자(題字)는 김
달범이 쓰고 장정(裝幀)은 김경관(金敬寬)이 하였다. 앞표지와 속지에는 김해의
숭선전(崇善殿)과 수로왕릉 전경 사진이 실려 있고, 판권지 뒷면으로는 「김해
김씨 세덕사(世德史) 발간 예고」를 비롯하여 발간을 축하하는 김해 김씨 종친
들의 광고가 실려 있다.

종친회장 김달범은 〈권두사〉를 통해 '종전 부산종친회가 발행하던 본 회보
를 이번에 경남종친회가 인계하게 됨에 따라 제5호부터 『가락』이라는 이름으
로 개제하게 되었다'고 하였다. 목차를 보면 종친회부회장 김규태(金奎泰)의 〈사
감(史感)〉 「가락건국고(駕洛建國考)」를 시작으로 〈논설〉, 〈수필〉, 〈인물평(人物評)〉,
〈일인일언(一人一言)〉, 〈시(詩)〉, 〈사고(社告)〉 등의 코너가 있고, 사이사이에 〈토
막소식(토막消息)〉으로 편집실 편 「표창식거행(表彰式擧行)」, 「지방종친회행사(地方
宗親會行事)」 등의 글이 수록되어 있다.

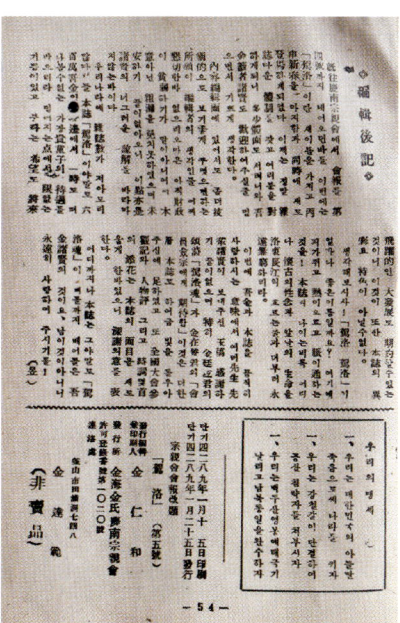

〈논설〉에는 모두 4편의 글이 수록되어 있는데, 이 가운데 김해 김씨가 전하여 온 내력과 종친회의 역할에 대해 다룬 김달범의 「오금(吾金)의 유래(由來)와 종친회의 사명」, 가락성조(聖祖)에 나타난 씨족 혼을 고찰한 김진태(金晉泰)의 「해금혼(海金魂)을 영원히 살리자」 등이 눈에 띈다. 종친회원들의 문예 작품을 다수 배치한 것도 눈에 띄는 대목이다. 〈수필〉 코너에는 김의곤(金義坤)의 「회고와 기대」, 김재욱(金在旭)의 「후예(後裔)된 영예(榮譽)」, 김용세(金龍洗)의 「새해의 각오(覺悟)」 등이 실려 있고, 〈시〉 코너에는 김정현(金廷炫)의 송시(頌詩) 「가락혼(駕洛魂)」, 김임성(金壬聖)의 시조(時調) 「고도(古都)」, 김원태(金沅泰)의 시조 「살대밭」 등이 실려 있다.

이처럼 『가락』 제5호는 김해 김씨 경남종친회가 수행하였던 여러 종친회 사업과 전국 종친회원들의 문예작품을 보여주는 자료로서 의의가 있다. 개인이 소장한 『가락』 제5호를 DB화 하였다.

「駕洛」 第五號
次例

題宇 金達鎬
襞頜 金敬寛

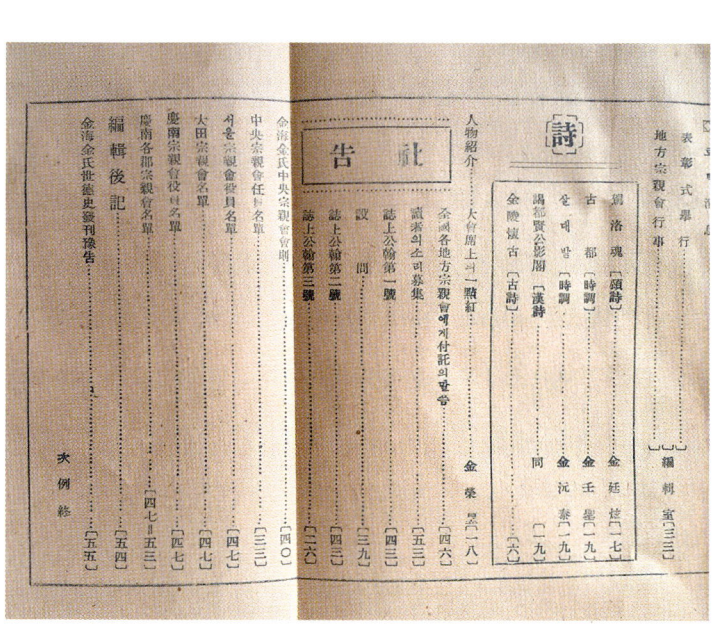

가락

경남교육

題　　　號	경남교육 제2호	판　　　형	19x25.7
발 행 일	1955.03.25.	발행편집인	發行: 尹仁駒, 編輯: 李秀應
표지화, 컷	題字: 菊庭, 裝幀: 湖心	간별, 정가	비매품
면　　　수	73	인 쇄 소	共榮印刷所(釜山市 富平洞)
발 행 처	慶南教育會	기　　　타	부산, 기관지.

　『경남교육』 제2호는 1955년 3월 25일에 경남교육회에서 발행한 기관지이다. 『경남교육』 제2호의 판권사항을 보면 발행인은 윤인구(尹仁駒, 부산대학교총장), 편집인은 이수응(李秀應), 인쇄소는 공영인쇄소(共榮印刷所, 釜山市 富平洞)이며, 비매품으로 총 73면이다. 제자는 명예회장인 국정(菊庭), 장식은 호심(湖心)이 담당하였다. 특별히 2호에는 '도의교육편(道義教育篇)'이라는 부제가 달려 있다. 표지 제목은 등사하였고 가로쓰기와 세로쓰기가 한 페이지 안에 섞여 있으며 조사와 어미를 빼고 모두 한자로 써 있다.

　본문의 구성은 〈권두언〉, 〈인사말〉, 〈도의교육특집〉, 〈교육실천기〉, 〈문예〉 등의 코너로 구성되어 있는데, 전반적으로 전후 미군정기 교육 방향을 가늠할 수 있는 내용으로 채워진 점이 특징적이다. 구체적으로 살펴보면, 윤인구의 〈권두언〉「미국의 교육을 보고서」와 김규진(金奎鎭, 문교사회국장)의 〈인사말〉「교사는 사회의 등불이 되라」를 필두로, 추월영(秋月映)의 「사람의 도덕적 생장과 도의(道義)교육」, 김성태(金性太)의 「교육과정 구성의 재고찰」, 강삼영(姜三榮)의 「도의교육의 지도 요결」, 민영현(閔永賢)의 「신도덕수립에 있어서의 합동론」 등의 글이 앞부분을 장식하였다. 이어 성래운의 「가나다 장학사님께 드리는 공개장」, 정범모(鄭範模)의 「예술과 교육」, 김효순의 「생물학에 있어서의 사상투쟁」 등의 〈도의교육특집〉 글과 박영항(朴瑛恒)이 작성한 〈교육실천기〉 「고도기(孤島記)」가 뒷부분을 장식하였다. 또 〈문예〉를 따로 두어 정영태(鄭永泰)의 시 「삶」과 이선구(李璇求)의 단편소설 「설야(雪夜)」를 실었으며, 코너 사이사이에 700자 앙케트와 '교육제언', '교육신조', '장학수첩에서', '6호 지식', '소화천지(笑話天地)' 등이 수록되어 있어서 읽는 재미를 늘렸다.

한편 페이지 중간중간에 경상남도교육회 사무국 인사 발령과 경남교육회원 일동 명의의 근조의(謹弔意) 광고가 달린 것으로 보아, 협찬기관 이름을 공란에 채운 듯하다. 이외에도 전후 거지와 도둑이 횡행하던 사회적 난국을 타개하기 위한 경상남도의 교육 정책의 모습을 기관지 『경남교육』을 통해 확인할 수 있다.

『경남교육』은 전쟁 직후 부산에서 공립대학 중심의 경남교육회가 발행한 잡지라는 점에서 자료적 가치를 지닌다. 개인이 소장한 『경남교육』 제2호를 DB화 하였다.

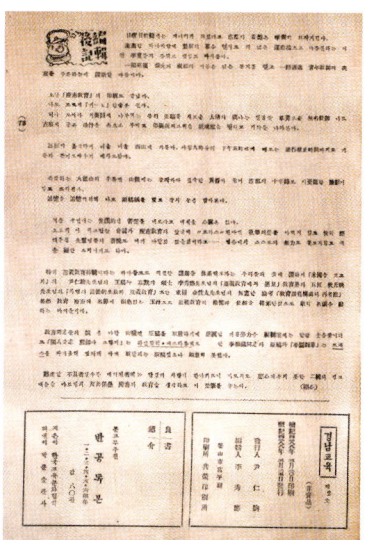

경남공론

題　　　號	慶南公論 第27號	판　　　형	15x20.5
발 행 일	1952.04.01.	발행편집인	發行: 李相龍, 編輯: 鄭麟澤
표지화, 컷	表紙: 韓黙	간별, 정가	월간, 50환
면　　　수	96	인 쇄 소	太和印刷所, 印刷人: 朱以撤
발 행 처	慶尙南道	기　　　타	부산, 主幹: 成壽益, 기관지.

　　『경남공론(慶南公論)』은 경상남도(慶尙南道) 공보실에서 발행한 월간 기관지
로, 당시 경상남도의 도청은 1983년에 창원으로 이전하기까지 부산에 위치
하고 있었다. 창간호를 확보하지 못하여 창간 당시의 상황은 알기 어렵지만
주간지『경남공보』에서 발전한 것이다. 현재 확보한 제27호의 판권사항을 보
면 발행일은 1954년 4월 1일이고, 발행인은 경상남도지사(慶尙南道知事) 이상
용(李相龍), 편집인은 정인택(鄭麟澤), 인쇄인은 주이철(朱以撤), 주간은 성수익
(成壽益), 발행처는 경상남도, 인쇄소는 태화인쇄소(太和印刷所)이며, 총 96면에
정가는 50환(圜)이다.

　　제27호의 〈권두언(卷頭言)〉 「민족정기앙양(民族正氣昂揚)에 대하여」를 보면
"밖으로 自由世界(자유세계)의 反共精神(반공정신)을 強調(강조), 鼓舞(고무)하고
안으로 國事百政(국사백정)에 參劃(참획)하는 李大統領(이대통령)의 英明(영명)한
指導(지도)에서 北進統一(북진통일)에로 邁進(매진)하는 것이니, 우리는 三・一
抗爭(3・1항쟁)과 忠武公精神(충무공정신)에 歸一(귀일)하여 民族本然(민족본연)의
正氣培養(정기배양)으로 오늘의 光榮(광영)에 感謝(감사)하고 國家(국가) 百年大
計(백년대계)를 爲(위)하여 來日(내일)의 統一(통일)에 對備(대비)하는 새로운 態勢

KYONG NAM KONG RON

慶南公論

Hammook.

第二十七號

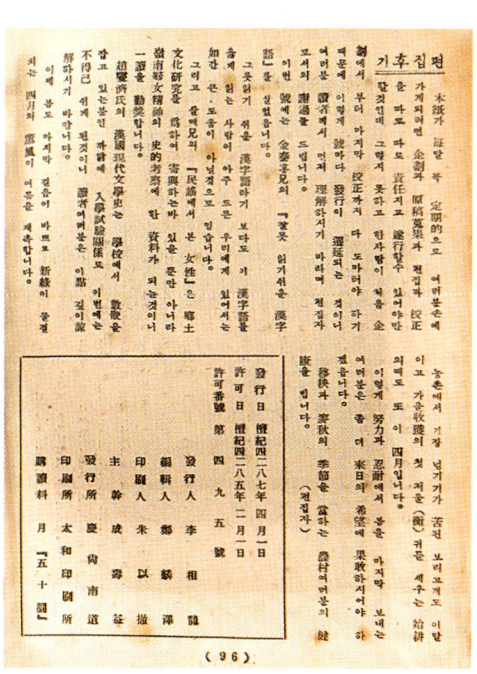

發行日　檀紀四二八七年四月一日
許可日　檀紀四二八五年十一月一日
許可番號　第四九五號

發行人　李　相　翊
編輯人　鄭　麟　澤
印刷人　朱　徹　微
主幹　成　壽　益
發行所　慶　尚　南　道
印刷所　太　和　印　刷　所
購讀料　月「五十圜」

（96）

(태세)를 갖추어야 한다."라고 하여 잡지의 성격을 짐작할 수 있다.

이러한 『경남공론』의 대략적인 구성은 〈권두언〉을 시작으로 도지사의 축사와 각종 기고문, 훈시, 논설, 정책홍보, 개정된 법률에 대한 설명 등 정부의 활동에 대한 글이 주를 이룬다. 이밖에 생활정보, 시나 소설 등의 문학작품도 실려 있다. 이 가운데 제53권 제6호에 실린 김일립(金一粒)의 「농촌재건운동(農村再建運動)의 제의(提議)」, 제55권 제8호에 수록된 이성우(李盛雨)의 「경제학(經濟學)의 국민적성격(國民的性格)」, 제63권 제7호에 실린 도지사 김규진(金奎鎭)의 「통일(統一)에의 길을 바로 찾자」 등이 눈에 띤다. 문학작품 가운데는 이주홍(李周洪)이 연재한 「박명(薄命)의 한(恨)」, 김정한(金廷漢)이 연재한 「농촌세시기(農村歲時記)」, 정진업(鄭鎭業)이 연재한 「노교사(老敎師)」, 제55권 제8호에 실린 이성갑(李成甲)의 수필 「월하(月下)의 산책(散策)」 등이 눈에 띤다.

이처럼 『경남공론』은 당시 정부의 정책과 당시의 사회적 분위기는 물론이고 문학적 경향까지 파악할 수 있는 자료로 가치가 있다. 개인이 소장하고 있는 『경남공론』 제27호, 제63권 제7호와 이주홍문학관에서 소장하고 있는 『경남공론』 제39호, 제53권 제6호, 제55권 제8호를 DB화 하였다.

경상학보

題　　　號	경상학보 第21號	판　　　형	15x21
발 행 일	1959.12.20.	발행편집인	裵益禹
표지화, 컷	표지컷: 이재기, 제자: 오제봉, 프롤로그: 신소야	간별, 정가	비매품, 연간
면　　　수	301	인 쇄 소	國際印刷株式會社
발 행 처	경상 학보社	기　　　타	부산, 경남상업고등학교 특집호, 교지.

　『경상학보』는 경남상업고등학교에서 발행한 교지이다. 경남상업고등학교는 2004년 일반계 고등학교로 전환하면서 교명이 부경고등학교로 바뀌었다. 경남상업고등학교의 전신은 1906년에 설립된 부산거류민단립 부산상업학교(釜山居留民團立 釜山商業學校)이다. 특집호로 발행된 제21호의 판권사항을 보면 1959년 12월 20일에 발행되었고, 발행 겸 편집인은 배익우(裵翊禹), 발행처는 경상학보사, 인쇄소는 국제인쇄주식회사(國際印刷株式會社)로 총 301면에 비매품이다.

　대략적인 구성은 〈권두언(卷頭言)〉에 해당하는 학교장, 사친회장, 교감, 교사, 학생위원장의 글과 함께 〈시〉, 〈학술〉, 〈번역시〉, 〈수필〉, 〈콩트〉, 〈기행문〉, 〈창작〉, 〈독후감〉 등 문학작품을 다루는 코너가 다양하게 실려 있다. 사이사이에 〈만화〉, 〈앙케트〉 등 흥미를 유발할 수 있는 코너들이 들어가 있다. 이 가운데 정병로의 「등대(燈台)」, 김성곤의 「학도는 민족의 횃불」, 노수현의 「현대사회(現代社會)의 경제조직(經濟組織)」 등이 주목된다. 문학작품으로는 김길주의 시 「꿈」, 이건상의 시 「서점앞에서 머무는 눈들」, 고영화의 수필 「메아리」, 손팔병의 수필 「전쟁의 부산물」 등이 눈에 띈다. 마지막으로 특이한 점

은 이일영이 한국동물학회에서 발표한 「낙동강 수역에 서식하는 재첩 속의 지리적 분포 및 생태조사」라는 조사보고서를 수록하고 있다는 것이다.

이처럼 『경상학보』는 경남상업고등학교의 교직원과 학생들이 가지고 있던 학술적인 관심과 함께 문학적인 소양을 살펴볼 수 있는 자료로 가치가 있다. 개인이 소장하고 있는 『경상학보』 제21호를 DB화하였다. 문화재청, 『구 경남 상업고등학교 본관 : 기록화조사보고서』, 문화재청 문화유산국 근대문화재 과, 2009를 참고하였다.

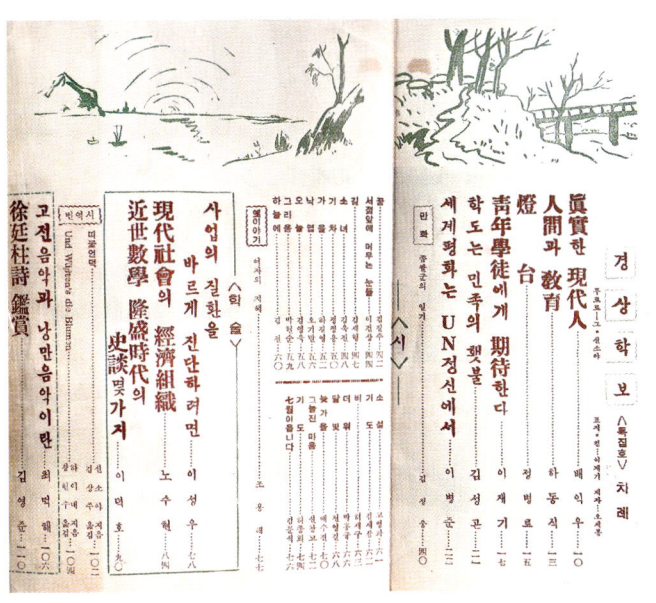
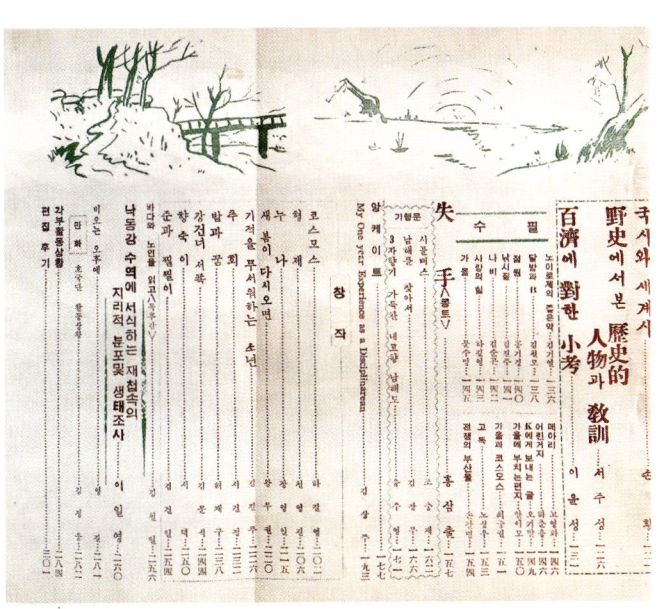

경영부산

題　　　號	經營釜山 第1輯	판　　　형	19x26.3
발 행 일	1968.06.30.	발행편집인	發行: 金基燮, 編輯: 金昌乙
표지화, 컷	表紙寫眞: 李成一	간별, 정가	부정기, 100원
면　　　수	72	인 쇄 소	亞成印刷所, 인쇄인: 鄭和植
발 행 처	亞成出版社	기　　　타	부산,「經營釜山」社, 기관지.

　　『경영부산(經營釜山)』은 한국경영진단사협회(韓國經營診斷士協會) 경영부산(經營釜山)사에서 발행한 기관지로, 제1집에서 제3집까지 확보하였다. 제1집의 판권사항을 보면 1968년 6월 13일에 발행되었고, 대표는 경영부산사 김기섭(金基燮), 편집인은 김창을(金昌乙), 인쇄인은 정화식(鄭和植), 발행처는 아성출판사(亞成出版社)이고 인쇄소는 아성인쇄소(亞成印刷所)이며, 총 72면에 판매가 100원이다.

　　대략적인 구성은「양식있는 교량지(橋梁誌)를 다짐」한다는 〈창간사〉를 시작으로 부산시장 김대만(金大萬), 부산상공회의소회장 강석진(姜錫鎭), 한국경영진단사협회회장 김규면(金奎冕), 부산상과대학장 허종현(許宗炫)의 〈축사〉와 함께 〈경영좌담〉, 〈논단〉, 〈해설〉, 〈회원기업체탐방〉, 〈봉사단체탐방〉, 〈경영대학원순례〉, 〈보고〉, 〈나의 운영비결〉, 〈주부경영강좌(主婦經營講座)〉, 〈주부의 자리〉, 〈특집〉, 〈수필〉, 〈단편〉 등의 코너가 다양하게 실려 있다.

　　구체적으로 〈논단〉에는「마케팅에 대한 올바른 인식」,「현대경제와 수산업」등의 글이 수록되었고, 〈경영강좌〉에는「감가상각비의 회계처리」, 〈해설〉에는「영국은 무엇 때문에 파운드화 절하를 단행했을까」, 국내외「월간경제동향」

등의 글이 수록되어 있다. 이어 기업과 기관 탐방 코너에는 「성창기업주식회사」, 「부산청년회의소」, 「부산대학교 경영대학원」에 대한 글이 실려 있고, 〈보고〉에는 「동남아 경영실태를 둘러보고」에 대한 글이 실려 있다. 그밖에 주부 코너에는 「경영경제와 가계부」, 「가계도 주먹구구식이 지났다」, 「술에 취한 남편의 아내된 입장에게」 등이 이어지며, 〈특집〉으로 「상표를 소개합니다」 등도 나타나 있다. 문학적으로는 〈시〉와 〈수필〉, 〈단편소설〉도 연재되고 있다.

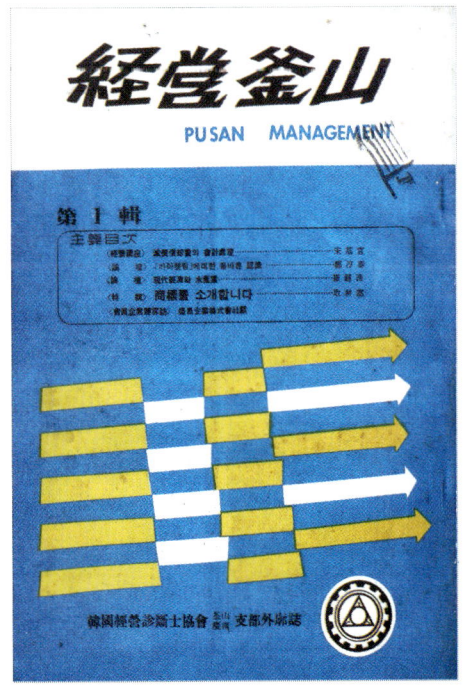

제2집은 1968년 8월 25일에 발간되는데, 총 70면에 판매가는 150원이다. 주요 내용은 창간호와 비슷하게 「올바른 기업풍토를 가꾸자」라는 〈발간사〉를 시작으로 「부산대 경영대학원 운영 문제에 대하여」, 「최고경영자의 사회적 책임」, 「경영진단과 보건관리」, 「벙커 C유(油) 소고」 등 〈논단〉과 〈회원 업체 탐방〉 및 〈회원 동정〉 등이 소개되고 있다.

제3집은 1969년 4월 20일에 발행되는데, 총 62면에 판매가 150원이다. 주요 내용은 「항도부산 경영의 길잡이로」라는 〈발간사〉를 시작으로 「근대 자본주의 성립 소사」, 「경영참여에 있어서의 인간관계와 인간자본문제」, 「위기에 직면한 달러의 운명」, 「중간 경영층의 개발계획에 관하여」 등 〈논단〉과 〈홍콩 기행문〉, 〈화제의 제품〉 및 〈회원 업체 소개〉 외에 〈수필〉과 〈보고 사항〉 등이 소개되고 있다.

이러한 『경영부산』은 1960년대 후반 경남 부산지역의 경영계와 사회경제사 이해에도 참고가 될 만한 내용들을 담고 있는 자료라는 점에서 의미가 있다. 개인과 일제강점기 군산역사관이 소장하고 있는 『경영부산』 제1집~제3집을 DB화하였다.

編 輯 後 記

（以下 編輯後記 本文）

（登）（刊）

朝光 와이샤스 工場

代表 尹喜喜 （印）

Tel⑨ 6285

「經營釜山」第一輯

（一九五八年 月 日 發行）

代表

發行人

印刷人

發行所 「經營釜山社」

TEL 一〇三一番

— 73 —

── 經營釜山 第一輯 ──

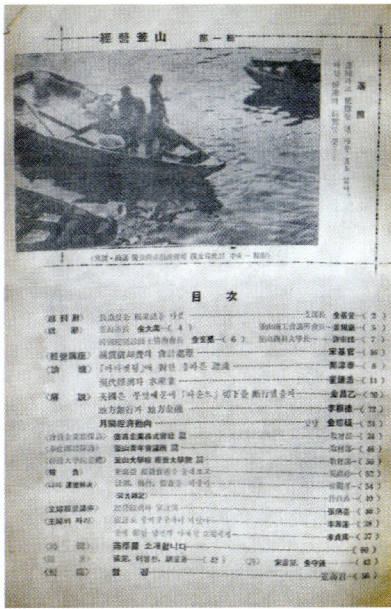

（寫眞・高遠 慶尚南道巨濟島近海 夜光亂獲의 漁夫 一 點描）

目 次

0065

경남부산

경우

題　　號	警友 送年號	판　　형	13x18.5
발 행 일	1952.12.01.	발행편집인	發行: 李敬愛, 編輯: 金泰日
표지화, 컷		간별, 정가	월간, 1,000원
면　　수	32	인 쇄 소	인쇄인: 李敬愛
발 행 처	警友社	기　　타	부산, 경찰수험지.

　　『경우(警友)』 송년호는 경우사(警友社)에서 1952년 12월 1일에 발행한 월간지이다. 『경우』 송년호의 판권사항을 보면 발행 겸 인쇄인 이경애(李敬愛), 편집인은 김태일(金泰日), 발행처는 경우사(釜山時 昌善洞 2街 15番地)이며, 총 32면에 판매가 천원이다.

　　3단 세로쓰기로 인쇄된 앞표지의 목차를 보면 〈수양〉, 〈헌법〉, 〈형법〉, 〈경찰실무〉, 〈술어해석〉, 〈민법초보〉, 〈형사시문(刑事試問)〉, 〈범죄문답〉, 〈수사학(搜査學)〉, 〈시험문제〉, 〈상식문제〉, 〈지역(地歷)〉, 〈한글강좌〉, 〈독서(讀書)〉, 〈영어강좌〉, 〈여강(餘講)〉 등의 코너가 다양하게 수록되어 있다.

　　구체적으로 〈여강〉에는 태극기 그리는 법이 설명되어 있으며, 〈독서〉를 보면, '기호지세', '등용문', '새옹지마', '모순' 등의 고사나 사자성어에 대한 설명을 달았고, 필요한 경우 출처도 밝혔다. 예를 들어, "矛盾(모순)은 일이 前後(전후)가 맞지 않으므로 말합니다. 矛(모)는 세모진 창이고 盾(순)은 창을 막는 방패인데 옛날에 어떤 商人(상인)이 하로는 自己(자기)가 파는 창은 대단히 좋다고 하더니 또 하루는 自己(자기)가 파는 방패는 튼튼해서 어떤 창일지라도 막을 수가 있다고 하였더니 어떤 사람이 말하기를 그대의 창으로 그대의 방페를 찌르면 어떻게 되는가 하고 물었더니 아무 대답을 못했다는 故事(고사)가 있습니다."라고 적고 한비자(韓非子)의 잡편(雜篇)을 출처로 밝혔다.

이처럼『경우(警友)』는 1952년 당시 경찰 시험 준비 과목과 경찰 관련 동정을 알 수 있는 수험서이자 실무 교본 자료로 가치가 있다. 개인이 소장한『경우(警友)』1권 송년호를 DB화 하였다.

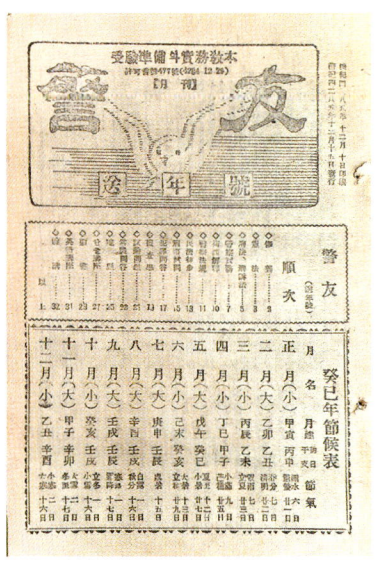

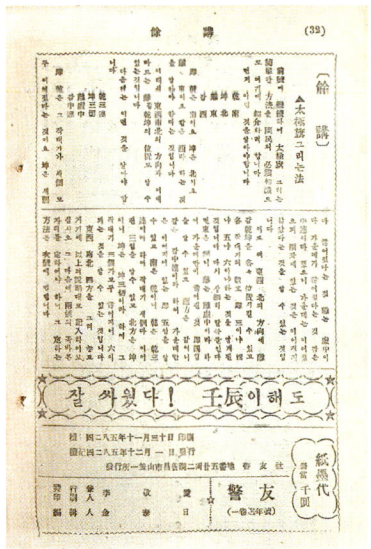

경해

題　　　號	經海 創刊號	판　　　형	17x24.6
발　행　일	1961.07.15.	발행편집인	發行: 李成讚, 編輯: 李承遠
표지화, 컷		간별, 정가	부정기, 비매품
면　　　수	154	인　쇄　소	三五文化社
발　행　처	釜山水産大學學生經濟學會	기　　　타	부산, 표지인쇄, 내용등사판, 학회지

『경해(經海)』는 부산수산대학(釜山水産大學) 학생수산경제학회(學生水産經濟學會)에서 발행한 학회지이다. 부산수산대학은 현재 부경대학교(釜慶大學校)의 전신으로 1941년 부산고등수산학교(釜山高等水産學校)에서 출발하였다. 1946년 국립부산대학교로 통합되었다가, 1947년 다시 국립부산수산대학으로 분리되었다. 그러다 1961년에는 부산대학교로 재통합되었으나, 1964년에 재분리되었다. 1990년에 종합대학으로 승격하였고, 1996년에 부산공업대학교(釜山工業大學校)와 통합하여 현재 부경대학교(釜慶大學校)에 이르고 있다. 『경해』 창간호의 판권사항을 보면 1961년 7월 15일에 발행하였고, 발행인은 이성찬(李成讚), 편집대표는 이승원(李承遠), 발행처는 부산수산대학학생경제학회이며, 총 154면에 비매품이다.

대략적인 구성은 〈창간사〉, 〈격려사〉, 연혁을 시작으로 〈연구논문(研究論文)〉, 〈발표논문(發表論文)〉, 〈졸업생기고(卒業生寄稿)〉, 〈실습기(實習記)〉, 〈번역문(飜譯文)〉, 〈우리학회(學會)는 이러하다〉 등의 코너로 구성되어 있다. 학회장 이성찬은 〈창간사(創刊辭)〉에서 "우리의 學究練磨(학구연마)를 爲(위)해서는 어떠한 困難(곤란)도 甘受(감수)하며 어떠한 敵(적)이라도 물리친다는 마음의 決

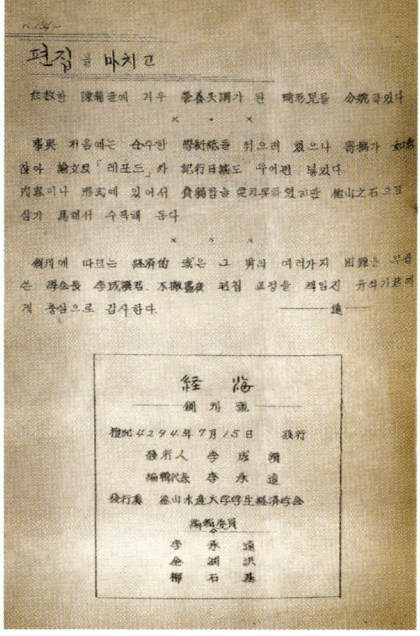

心(결심)으로 國家再建(국가재건)에 이바지할 때는 바야흐로 來到(내도)한 것이다. … 벼르고 벼르던 學會誌(학회지)를 이제야 誕生(탄생)시켰다. 우리의 研究誌(연구지) 『經海(경해)』는 정말로 永遠(영원)한 民族(민족)에의 貢獻(공헌)아니 人類(인류)의 幸福船(행복선)을 비쳐주는 燈臺(등대)가 되기를 손모아 祈願(기원)한다."라고 학술지 발간의 의의에 대하여 말하고 있다.

이어 수록된 〈연구논문〉과 〈발표논문〉 가운데는 정석기(鄭石基)의 「우리나라의 인구문제(人口問題)와 경제성장(經濟成長)」, 조상석(趙相碩)의 「수산자금(水産資金)의 해결(解決)과 일원화문제(一元化問題)」, 윤방수(尹芳洙)의 「인구문제(人口問題)와 경제성장(經濟成長)」, 김창길(金昌吉)의 「한미행정협정(韓美行政協定)의 법적(法的) 골제적(조제的) 의의(意義)」 등이 눈에 띈다. 이밖에 박은옥(朴銀玉)의 〈실습기〉 「제주도실태조사(濟州道實態調査)를 마치고」도 주목할 만하다.

이처럼 『경해』는 부산수산대학학생수산경제학회 회원들의 학술적인 역량을 살펴볼 수 있는 자료로 가치가 있다. 이주홍문학관에서 소장하고 있는 『경해』 창간호를 DB화 하였다. 국립부경대학교 기획처 대외협력과, 『국립부경대학교 창학 100년사』, 국립부경대학교 기획처 대외협력과, 2004를 참조하였다.

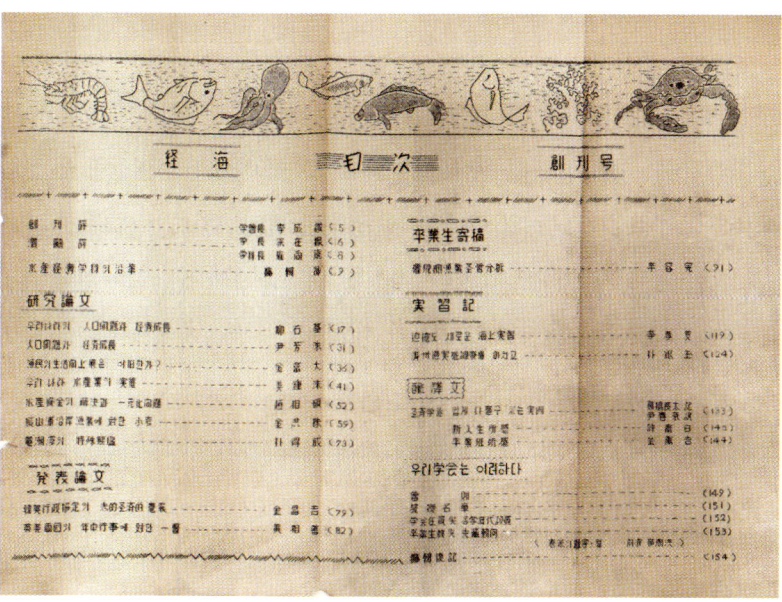

海程　目次　創刊号

경해

0071

고시

題　　號	考試 第1卷 第6號	판　　형	15x21
발 행 일	1952.07.01.	발행편집인	發行: 李寬昌, 編輯: 李元赫
표지화, 컷		간별, 정가	월간, 3,000원
면　　수	53	인 쇄 소	考試學會印刷部
발 행 처	考試學會(釜山市 大廳洞 3街 14番地)	기　　타	부산, 통권 제6호, 수험지.

　『고시(考試)』는 1950년대 부산 소재 고시학회(考試學會)에서 발간한 월간 잡지이다. 수집된 자료는 1952년 7월 1일 발간된 제1권 제6호와 제2권 제3호~제4호이다. 『고시』 제1권 제6호가 7월호인 것으로 보아 창간호는 한국 전쟁기인 1952년 1월에 발간된 것으로 보인다. 제1권 제6호의 판권사항을 보면 발행인은 이관창(李寬昌), 편집인은 이원혁(李元赫), 발행처는 고시학회(부산시 대청동 3가 14번지), 인쇄소는 고시학회인쇄부이며, 총 53면 분량에 임시 정가는 3천원, 회원은 반액으로 나타나 있다.

　겉표지에는 〈특집〉, 〈특별강좌〉, 〈수험기(受驗記)〉 등의 주요 목차가 나와 있고, 속표지에는 1952년 5월에 시행된 보통고시 관련 사진 2장이 인쇄되어 있다. 본문은 〈권두언〉으로 시작되는데, 여기서는 '고시제도(考試制度)의 권위(權威)'와 '합격자 등용의 철저'가 강조되고 있다. 〈특집〉은 김준원(金埈源)의 「국회의원(國會議員) 신체자유권(身體自由權)의 법리적 논고(法理的 論考)」를 시작으로 「금년도 고등고시(高等考試) 시험 최고득점 답안」, 「금년도 보통고시(普通考試) 문제 모범해답」, 「제2회 고등고시 행정과 최고득점 답안」 등이 다루어지고 있다. 또 〈특별강좌〉에서는 '법령의 제정 공포 시행 절차', '행정소송 개

高等·普通·銓衡 受驗

考試

七月號

第一卷　　主要目次　　第六號

考試學會

념', '형사소송법' 등이 중요 문제로 다뤄지는 가운데, 임명직(林命稷)의 「고등고시 합격자 결정 방법에 대한 시비론」이 눈에 띈다. 그밖에 진근현(陳根鉉)의 〈수험기〉 「제일령(第一嶺)을 넘고」도 주목할 만하다.

이러한 목차 구성은 1953년 5월 20일에 발간된 『고시』 제2권 제4호까지 일관되게 이어졌다. 발행편집인 정보 역시 제1권 제6호와 동일하며 면수는 모두 63면으로 꾸려졌다. 다만 임시 정가는 1년 사이에 화폐개혁이 반영되어 제2권 제3호는 40환, 제2권 제4호는 50환으로 나타나 있다. 제2권 제3호의 주요 목차를 보면 〈권두언〉에 이어 〈특집〉으로 '주요 시험의 모범해답과 채점평'이 나와 있다. 이어 〈논고〉와 함께 〈고시중요문제연구〉 코너에 '민소법', '헌법', '행정법', '국사' 등 주요 논점이 게재되고 있으며, 이상규(李尙圭)의 〈수험기〉 「희망 제일봉(第一峰)을 정복하기까지」가 게재되어 있다. 그밖에 일종의 합격 수기인 '승리담'과 '고등고시'와 '보통고시'의 실시계획과 시험문제 등이 소개되고 있다.

이러한 『고시』는 국가 '고시' 관련 수험 잡지로서의 의미 뿐 아니라, 1950년대 임시 정부의 공무원 충원 계획과 각종 고시 경향을 살펴볼 수 있는 자료라는 점에서 의미가 있다. 개인이 소장한 『고시』 제1권 제6호, 제2권 제3호~제4호를 DB화 하였다.

★ 餘 ★ 滴 ★

알랙싼더 영국밧상이 다녀간지 며
칠 뒤 U N 군이 대거 북한의 동맥
인 압록강 강진갈 두 발전소를 六·
二五 두돐맞이 선물을 거부없다. 병합
하고 혁명한 대영제국이어! 몽탄의 중
요성은 제겠노라라. 이롱예년핵한민주
별반으로 석음터를 울적을기 여라?

×　　×　　×

대통령 직접선거냐? 국회해산이
냐? 고래 서울의 새우등 터진다고
이래시 생활고에 터덕이는 가련은 이
나라 백성들만 더욱 혼란. 정사 양집
들이 있는 위정자로서 진정한 민주주
의 발전을 도모하려면 삼전 민의가
어디 있나를 내오반성하여 그런 착사
하고 근기 있는 정력을 건평과 민생
에 기우릴지어다.

×　　×　　×

패도만마를 휘두르고 진두에 나선
장총리의 관기숙정이 제법 큰 기대를
가지게 하였으나 역시 정치적 혼란을
수습하기에 급급함인지 아직도 근본

적인 이도광정(彌道匡正)의 시책이
저지부지함을 하면 한참의 도시로 부
더 전시도시로 거전을 호연청담한 게
업령하의 일시수도 부산시가는 활말
이 넘어도 여전히 흥청거리는 유한
매단과 호화찬란한 신사계군들의 유
무제, 별수 없어! 그만 피탑 가운데
서 허덕이며 목피호군(木皮護군)으로
연명해 나가는 패정령의 생활을 몸소
겪던 겪어보아나지……

×　　×　　×

이나에 또 고준헌 서울지방법원장
께서 다사다반한 문제의 국회르협
석방문제에 대한 귀중한 욱으를 보내
주셨다. 편주를 장식함은 반큰일뿐
만아니라 법학도 필독의 글이다.

×　　×　　×

고등고시의 연기는 그 이유 여라를
막론하고 위신상 유감이 아닐수 없으
나나 재군칠에게는 출분한 준비 기간
을 주게 되어 갈사한달.

—지우들의 부준한 면학을 빌며—

考試 月刊誌

七月號 第一卷 第六號

檀紀四二八五年六月二十日 印刷
檀紀四二八五年七月 一日 發行

發行所 考試學會
會社 考試學會 釜山市大廳洞三街十四番地
電話 ○三六—一五番
振替口座 (서울)三二三六番

發行人 李 寬昶
編輯人 李 元昶

印刷所 考試學會印刷部

定期刊行 月刊 登錄許可
檀紀二八五年十二月四日
臨時定價 三千圓
(會員은半訊)
第四五七號

교남교육회잡지

題　　　號	嶠南教育會雜誌 第1卷 第1號	판　　　형	15x21.5
발 행 일	1909.04.25.	발행편집인	朴晶東
표지화, 컷		간별, 정가	월간, 금화15전
면　　　수	68	인 쇄 소	右文舘(皇城 中部 稜洞 29統 加一戶) 인쇄인: 李基弘
발 행 처	嶠南教育會事務所(皇城 中部 典洞)	기　　　타	경성, 영인본, 학회지.

　『교남교육회잡지(嶠南教育會雜誌)』는 교남교육회(嶠南教育會)에서 발행한 학회
지이다. 1909년 4월 25일에 창간되어 1910년 5월 25일 제12호까지 발간되고
종간되었다. 교남교육회는 영우회(嶺友會)를 모체로 하여 1908년 3월 보광학
교(普光學校)에서 발기인 박정동(朴晶東), 상호(尙灝) 등이 주도하여 교육을 통한
인재육성을 목적으로 창설된 단체이다.

　『교남교육회잡지』는 매월 25일에 발행하고, 매6호를 묶어 1권으로 만들려
고 하였다. 또 원래 표지, 목차, 판권까지 합하여 70면으로 계획하였으나 제
6호 이후 분량이 크게 줄었다. 학회지 요금은 1부에 15원이었고, 반년분은
85전, 1년분은 1환 50전이었다. 제1호의 판권사항을 보면 발행 겸 편집인은
박정동(朴晶東), 인쇄인은 이기홍(李基弘), 인쇄소는 우문관(右文舘, 황성 중부 능동
29통 가1호), 발행처는 교남교육회사무소(嶠南教育會事務所, 皇城 中部 典洞), 발매
소는 경향각서포(京鄕各書舖)이다.

　제1호에는 「본회취지서(本會趣旨書)」, 「본보간행설(本報刊行說)」, 「지설(誌說)」 등
학회의 설립과 학회지 간행의 당위성을 주장하는 글과 김윤식(金允植), 장지
연(張志淵), 남궁억(南宮檍) 등이 남긴 축사가 실려 있다. 다음으로 채장묵(蔡章

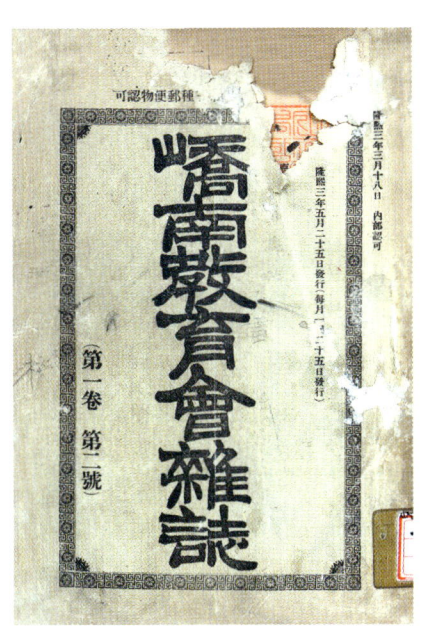

可認物便郵種

隆熙三年三月十八日 内部認可

隆熙三年五月二十五日發行(每月一回二十五日發行)

嶠南敎育會雜誌

(第一卷 第二號)

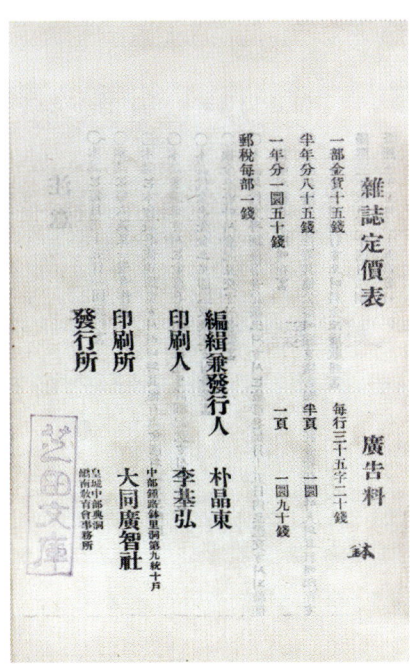

雜誌定價表

一部金貨十五錢
半年分八十五錢
一年分一圓五十錢
郵稅每部一錢

廣告料
每行三十五字二十錢
半頁 一圓
一頁 一圓九十錢

編輯兼發行人　朴晶東

印刷人　李基弘

印刷所　大同廣智社
中部鐵路行廊里洞第九統十戶

發行所
皇城中部典洞
嶠南敎育會事務所

黙)의 「교남인사(嶠南人士)의 완뇌(頑腦)를 불가불일타격(不可不一打擊)」, 이종면(李
鍾冕)의 「지나양계초신민설(支那梁啓超新民說)」 등이 주목된다. 이밖에 제2호에
실린 장지연의 「교남학생친목회취지(嶠南學生親睦會趣旨)」, 제3호에 수록된 권
중철(權重哲)의 「유불가폐(儒不可廢)」, 제5호에 실린 이겸래(李謙來)의 「이국부민
불여이민부국(以國富民不如以民富國)」, 제8호에 실린 원영의(元泳義)의 「몽부지몽
(夢不知夢)」 등이 잘 알려져 있다.

이처럼 『교남교육회잡지』는 통감부 시기 국권침탈의 현실 속에서 교육계
몽운동을 통한 국권회복을 위해 노력하였던 영남지역 인사들의 활동과 생각
을 살펴볼 수 있는 자료이다. 특히 시대의 변화와 현실을 제시하고 이에 따라
영남이 새롭게 변화해야 한다고 역설하는 내용과 교육과 계몽을 통한 근대화
를 위해 세계의 상황을 소개하는 내용이 주를 이루고 있다.

원광대학교 도서관과 부산대학교 도서관이 소장하고 있는 『교남교육회잡
지』 제1호~제3호, 제5호, 제8호~제9호, 제11호를 DB화하였다. 신재식, 「『교
남교육회잡지』 소재 개신유교 담론의 양상」, 『한국문학논총』 94, 한국문학회,
2023과 채휘균, 「교남교육회의 활동 연구」, 『교육철학』 28, 한국교육철학회,
2005를 참조하였다.

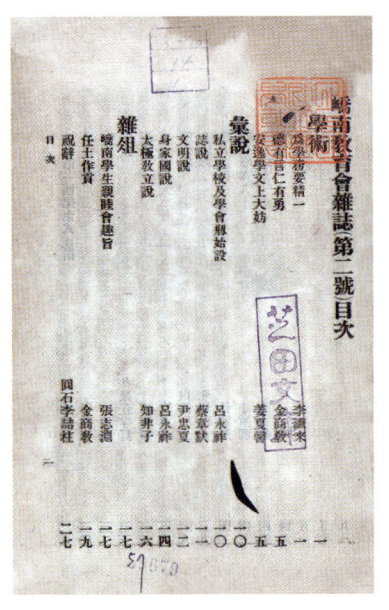

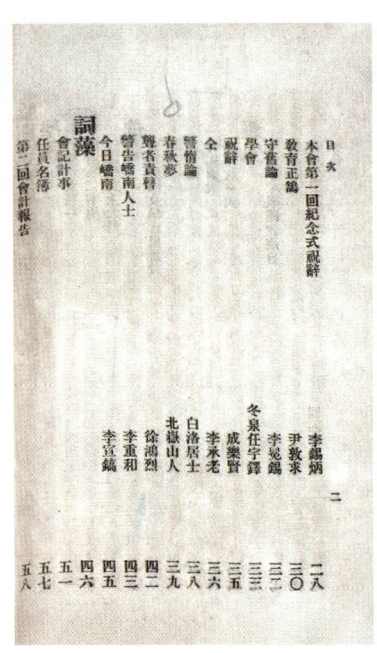

교육문화

題　　　號	教育文化 創刊號	판　　　형	14x21
발 행 일	1953.08.01.	발행편집인	發行: 文化敎育出版社, 編輯: 韓國敎育文化協會
표지화, 컷		간별, 정가	부정기, 비매품
면　　　수	52	인 쇄 소	大韓敎科書株式會社(釜山市 水晶區 247番地)
발 행 처	韓國敎育文化協會(釜山市 大橋路 2街 29番地)	기　　　타	부산, 8월호, 협회지.

　『교육문화(敎育文化)』는 1953년 8월 1일 한국교육문화협회(韓國敎育文化協會) 가 부산에서 발행한 회지이다. 『교육문화』창간호의 판권사항을 보면 발행인 은 문화교육출판사(文化敎育出版社), 인쇄소는 대한교과서주식회사(大韓敎科書株式會社, 부산시 수정구 247번지), 발행처는 한국교육문화협회(부산시 대교로 2가 29번 지)이며, 총 52면에 비매품이다.

　본문에 앞서 '종합학술지 사상계' 8월호가 130환에 판매 중임을 알리는 광 고가 실려 있으며, 뒤표지에는 『교육문화』창간을 축하하는 대한교과서주식 회사와 대한검인정도서공급주식회사의 축하가 들어 있다. 그 밖에 박문사, 문화교육출판사, 홍지사 등 6개 출판사의 창간 축하 광고가 함께 실려 있다.

　〈창간사〉는 본회의 회장 백락준(白樂濬)과 부회장 김원규(金元圭)가 반 페 이지씩 할애하여 게재했다. 〈창간사〉에서는 교육자들이 연구한 것을 발표 하여 교육 운동을 정립하자는 취지에서 이 회지를 발간한 사실을 밝히고 있 다. 표지에 들어 있는 목차를 보면 일부만이 있는데 구체적으로 본문으로 들 어가면 문교부 장관 김법린(金法麟)의 「새교육의 본의(本義)」라는 글로 시작하였고, 다음으로 1953년 3월 10일 부산대학교 백강당(白講堂)에서 있었던 백락준 박사의 연설 원고를 실어 인상적이다. 이어 「제7회 유네스코 총회 참여 귀환 보고」와 최창순의 「MRA도덕재무장운동(道德再式裝運動)과 교육자의 사명」 등 유네스코와 관련한 글이 실려 있는데, 이로 보아 한국문화교육협회는 유네스코와 연계된 조직이었을 것으로 보인다. 여기에서 MRA는 MORAL REARMAMENT로 '도덕적 재무장'이라는 의미가 있다. 한편 윤형모의 「전시(戰時)방학의 교육 활동 계획」은 1953년 한국전쟁 이후 실존주의를 극복할 대안이 들어 있어 주목된다.

이러한 『교육문화』는 한국전쟁의 피난민들이 모여들었던 부산에서 교육운동으로 사회복구에 힘쓰고자 했던 흔적을 살펴볼 수 있는 잡지라는 점에서 의미가 있다. 개인이 소장한 『교육문화』 창간호를 DB화 하였다.

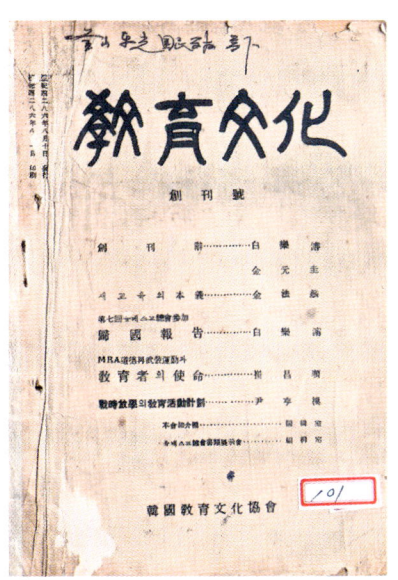

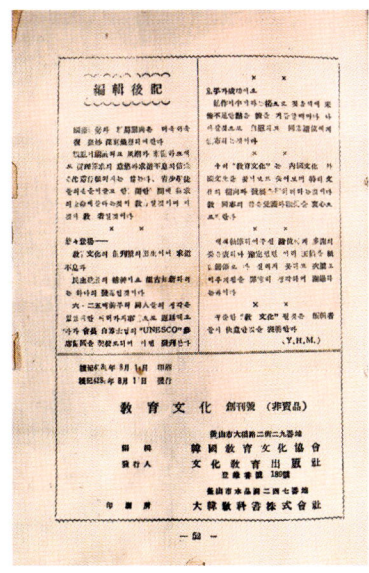

구덕

題　　號	구덕 5 · 6 합병호	판　　형	17.5x24.5
발 행 일	1961.06.27.	발행편집인	경남상고 우취반 편집부
표지화, 컷		간별, 정가	격월간, 비매품
면　　수	20	인 쇄 소	
발 행 처	경남상업고등학교 우취반 (부산시 서대신동 3가)	기　　타	부산, 회보, 등사본, 창간1주년 특집호.

　『구덕』5 · 6 합병호는 경남상업고등학교(慶南商業高等學校) 우취반 편집부에
서 1961년 6월 27일에 발행한 우표 관련 회보이다. 경남상업고등학교는 현
재 부경고등학교의 전신으로 1906년 부산거류민단회가 부산 거주 일본인 자
녀의 교육을 위해 설립한 부산상업학교(釜山商業學校)에서 출발하였다. 1953년
경남상업고등학교로 교명을 변경하였고, 2004년 3월 다시 인문계 고등학교
인 부경고등학교로 교명을 변경하여 현재에 이르고 있다. 잡지 표제인 '구덕'
은 학교 뒤쪽 구덕산에서 따왔다.

　『구덕』5 · 6 합병호의 판권사항을 보면, 발행처는 경남상고 우취반 편집부
(부산시 서대신동 3가)이며, 총 20면에 등사본, 비매품으로 되어 있다. 〈권두언〉
「우취반 창설 1주년을 맞이하여」와 〈편집후기〉의 「창간 1주년 특집호」 기록에
따르면, 『구덕』은 1960년에 창간한 것으로 보인다. 『구덕』5 · 6 합병호의 대
략적인 구성은 〈권두언〉에 이어 〈우표 뉴스〉, 〈우취용어해설〉, 〈우표의 종
류〉, 〈우취 허풍〉, 〈우표수집의 바른 길〉, 〈우취회 순례〉, 〈국가와 우표〉 등
의 코너로 다양하게 짜여져 있다. 구체적으로는 국내외 주요 행사의 기념우
표 발행 소식을 비롯하여 속달 우표, 점령지 우표, 등기 우표, 부속요금 우표

등 우표 종류 소개, 부산 전체를 아우르는 우취회의 임원선출 소식, 고등학교의 우표전시 소식, 정기모임 게시판, 우표 관련 단체의 신간 잡지 소개 등을 알리고 있다.

한국의 우취사(郵趣史)는 요람기를 거쳐 1960년대 정착기를 맞이하는데, 지방마다 동호회가 만들어져 지방 단위의 우취단체 운영이 활발해진 것으로 알려져 있다. 실제로 이 기간에 주요 단체만도 전국에 적어도 20개가 넘으리라고 추정되고 있는데, 상호연락의 단순 모임 정도의 단체는 훨씬 많아 100개에 가까우리라는 분석이 있다. 따라서 우취 잡지『구덕』의 발간은 이러한 시대적 분위기를 반영하고 있으며, 당시 경남상고 우취반 등 고교생들의 우취에 대한 관심 및 동아리 활동 등에 대해 일정한 정보를 제공하고 있다는 점에서 가치를 지닌다. 개인이 소장한『구덕』5·6 합병호를 DB화 하였다.『디지털부산역사문화대전』(http://busan.grandculture.net/)의「경남상업고등학교」항목을 참조하였다.

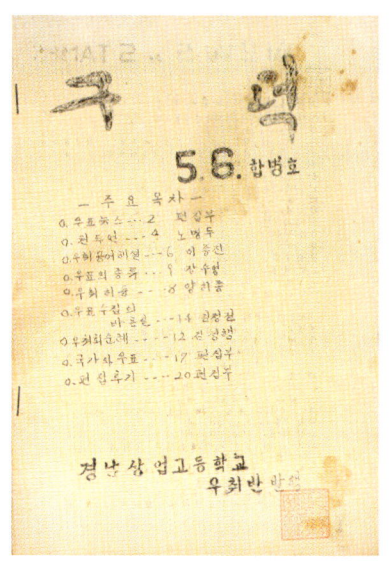
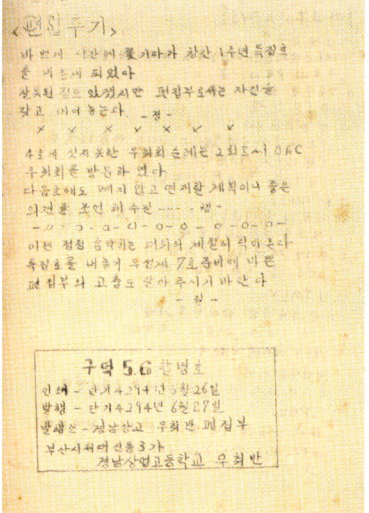

국어국문학

題　　　號	國語國文學 第1號	판　　　형	17.5x25.5
발　행　일	1952.11.01.	발행편집인	編者: 梁在淵
표지화, 컷		간별, 정가	월간, 2,000원
면　　　수	16	인　쇄　소	博文印刷所
발　행　처	博文出版社(釜山市 東光洞 2街 15)	기　　　타	부산, 학회지, 8집부터 서울에서 발행.

　　『국어국문학(國語國文學)』 제1호는 국어국문학회(國語國文學會)에서 1952년 11
월 1일에 펴낸 학회지이다. 수집한 판본은『국어국문학』제1호에서 제7호까지
로, 제8호부터는 서울에서 발행하였다.『국어국문학』제1호의 판권사항을 보
면 편자(編者)는 양재연(梁在淵), 인쇄는 박문인쇄소(博文印刷所), 발행은 박문출
판사(博文出版社, 釜山市 東光洞 2街 15)이며, 총 16면에 판매가 2,000원이다. 앞표
지 상단에 판권 정보가 나와 있고, 뒤표지 하단에는〈편집후기〉가 실려 있다.

　　본문의 구성은 단출하다. 차례를 보면〈서사(序辭)〉,〈논문〉5편,〈편집후
기〉로 이루어져 있다.〈논문〉으로는 양재연의「민족문학 연구 서설(是非)」를
시작으로 허웅(許雄)의「"애, 에, 외, 이"의 음가(音價)」, 김동욱(金東旭)의「사설
시조 탄생고(誕生考)」, 김민수(金敏洙)의「ㅎ조사(助詞) 연구」, 김영덕(金永德)의
「언해(諺解)와 번역(飜譯)」이 수록되어 있다.〈편집후기〉에 따르면, '권마다 사
육(四六)배판 16 페이지로 본지(本誌)를 세상에 내놓으려고 한다'라고 하였다.
이로 보아『국어국문학』은 초창기 매호 16면으로 간행하려 한 것으로 보인다.
이는『국어국문학』제2호의 본문이 17면으로 시작하여 32면으로 끝나는 특이
한 구성을 통해서도 확인할 수 있다. 이러한 지면 구성은『국어국문학』제7호

까지 일관되게 이어지고 있다.

가령 제4호를 보면 〈논문〉 3편과 〈연구자료〉 1편, 〈휘보〉와 〈편집후기〉로 이루어져 있으며, 본문이 49면으로 시작하여 64면으로 끝나는 구성을 보여주고 있다. 〈논문〉으로는 이숭녕(李崇寧)의 「격(格)의 독립품사(獨立品詞) 시비(是非)」를 시작으로 김민수(金敏洙)의 「각자병서(各自並書) 음가론(音價論)」, 이가원(李家源)의 「원생몽유록(元生夢遊錄) 주석(註釋)」 등이 수록되어 있고, 〈연구자료〉로는 「경판 춘향전(京板 春香傳) (3)」이 수록되어 있다. 〈휘보〉를 보면 한글학회와 역사학회의 학계 소식과 함께 신입 회원 입회 및 기존 회원의 동정이 소개되어 있다. 〈편집후기〉에 따르면, '계사(癸巳)년에 들어서 두 번째, 본지(本誌)의 편집을 마치게 되었다'고 하였다.

이처럼 『국어국문학』은 한국전쟁기 우리의 말과 글을 연구하는 학회지의 모습을 여실히 보여주는 자료로서 의의가 있다. 개인이 소장한 『국어국문학』 제1호~제7호를 DB화 하였다.

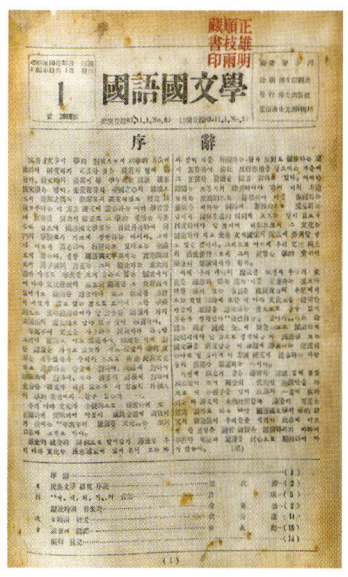

국어국문학지

題　　　號	國語國文學誌 第1輯	판　　　형	15×21
발 행 일	1959.07.15.	발행편집인	발행: 부산대학교 국어국문학회 대표 김승찬, 편집: 국어국문학지 편집위원
표지화, 컷		간별, 정가	부정기, 비매품
면　　　수	96	인 쇄 소	한협인쇄소
발 행 처	부산대학교 국어국문학회(부산시 토성동 3가 3번지)	기　　　타	부산, 학술지.

　『국어국문학지(國語國文學誌)』는 부산대학교 국어국문학회에서 1959년 7월 15일에 발행한 학술지이다. 수집한 판본은 『국어국문학지』 창간호이다. 창간호의 판권사항을 보면, 발행인은 부산대학교 국어국문학회 대표이자 학과의 학회장 김승찬이며, 편집인은 국어국문학지 편집위원이고, 발행처는 부산대학교 국어국문학회(부산시 토성동 3가 3번지)이다. 인쇄처는 한협인쇄소(전화 3271번)이며, 총 96면이고, 비매품이다. 학술지인 만큼 제자 및 삽화는 없다.

　학과장인 김정한(金廷漢)은 〈창간사〉에서 학회지가 없더라도 학회의 활동은 할 수 있지만, 학도들의 연구열을 자극하고, 연구의 정밀·정확도를 높이는 의미에서 학회지가 가지는 의의가 크다고 하였다.

　목차를 보면, 박태권(朴泰權)의 「국어 모음조화 변천 일고(國語 母音調和 變遷 一考)」, 김계곤(金桂坤)의 「자료(資料)로서의 고전처리법시안(古典處理法試案)－용비어천가(龍飛御天歌)의 경우」, 김영송(金永松)의 「중설모음(中舌母音) 「어」의 음가(音價)－국어 모음(國語 母音)의 X선(線) 실험 보고－」, 황성록(黃成錄)의 「이조말(李朝末)의 언어표기(言語表記)－『아언각비(雅言覺非)』에서 보는－」, 이경선(李慶善)의

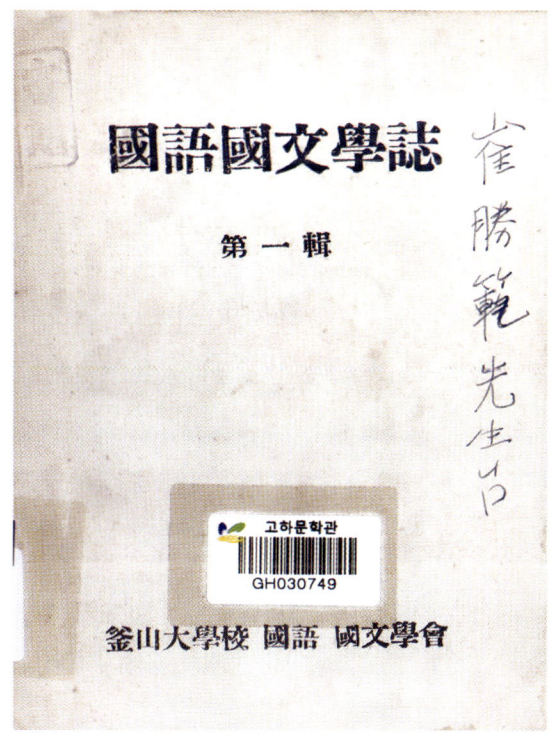

國語國文學誌

第 一 輯

釜山大學校 國語 國文學會

「한국비교문학(韓國比較文學)을 위하여」 등으로 이루어져 있다. 끝으로 이경선의 「한국비교문학을 위하여」에서 붙인 부록이 있다. 부록의 내용은 그간에 발행되었던 회지에 게재된 외국 문학작품, 작가, 번역자들의 목록이 제시되어 있다. 번역물의 장르는 시, 소설, 희곡, 평론, 수필, 문예 일반 등으로 다양하며, 시기상으로는 1955년 8월부터 1958년까지이다.

〈편집후기〉에서 편집인은 국어국문학 학술지를 오래전부터 계획한 일이라 하였다. 이는 부록에 제시된 목록으로 국어국문학과의 학회지로 교수와 학생들의 논문을 실었다. 그렇게 오랫동안 계획했던 학술지였으나 학기말이라 시간이 없어 오식자(誤植字)가 많다는 점과, 어학 논문이 많은 반면에 문학 논문이 적다는 안타까움을 드러냈다.

이처럼 『국어국문학지』는 1950년대 말 부산대학교 국어국문학회 회원들의 학문적 관심사를 살펴볼 수 있는 자료로 의미가 있다. 고하문학관이 소장한 『국어국문학지』 제1집을 DB화 하였다.

<편집후기>

우리 학회에서는 학문적 새로운 이론과 학술논문을 발표함. 순 연구과정을 발간하려고 계획한 것은 오래전부터 이었습니다. 그러나 이제야 제 일집이 발간된 것을 보면, 한편 부끄럽게 여기나 또 한편 으론 이 방면에 학문을 연구하는 이에게 다소의 도움이 될 것이라고 스스로이 위안됩니다.

× × ×

편집을 하고 인쇄를 끝내고 나니, 늘 마음에 가지를 남습니다. 원 로 선생님들의 연구논문을 활자화 하는데 일학기 밖이라 시간이 없 어서 유익이 많았고, 올째는 문학 주변의 논문이 적었기 때문입니다.

× × ×

이 연구지가 나오기까지 선생님들의 끊임없는 두터와 붙임 말씀으로 이책을 발간하는데 애써주신 여러이나나와 사장 정진호님을 비롯하여 원고를 맡은 인쇄소 여러분께 심심한 사의를 표하는 바입니다.

단기 4292년 7월10일 인쇄
단기 4292년 7월15일 발행

국어 국문학지 제1집

부산대학교
발행인 국어국문학회
대표 김승환
편집인 국어국문학회 편집위원
발행처 부산대학교 국어국문학회
부산시 보수동 2가 3번지
인쇄처 하림인쇄소
전화 ③ 3 7 1 번

國語國文學誌

第 1 輯
1959. 6

目次

釜山大學校
國語國文學會刊

군봉

題　　號	群蜂 第4號	판　　형	15x21
발 행 일	1954.07.01.	발행편집인	東萊高等學校 文藝部
표지화, 컷	表紙畵: 李周洪 先生	간별, 정가	연간, 비매품
면　　수	117	인 쇄 소	文化堂印刷所
발 행 처		기　　타	부산, 교지.

　『군봉(群蜂)』은 동래고등학교(東萊高等學校)에서 발간한 교지이다. 현재 제4
호와 제5호를 확보하였다. 제4호는 1954년 7월 1일에 발행되었고, 제5호는
1956년 2월 22일에 발행되었다. 두 책의 판권사항을 보면 발행 겸 편집인은
동래고등학교 문예부(文藝部), 인쇄소는 문화당인쇄소(文化堂印刷所), 인쇄인은
김성우(金聲雨)로 동일하며, 면수는 각각 117면, 148면으로 꾸려졌다.

　제4호의 〈편집후기〉인 「군봉(群蜂)을 내면서」에는 "六‧二五(6‧25), 事變以
後(사변이후) 本校舍(본교사)를 軍(군)에 讓渡(양도)하고 假校舍(가교사) 授業(수업)
이 於焉(어언) 四年間(사년간), 事變直後(사변직후)의 기와막 속에서 風窓破壁(풍
창파벽)을 依支(의지)하여 授業(수업)을 받던 때를 回想(회상)함에 限(한)없이 눈물
겨웁다. … 四年間(사년간) 校友會誌(교우회지) 한 卷(권) 發刊(발간) 못하는 것은
文藝班(문예반)의 活躍(활약)도 原因(원인)이 되겠지만 대체로 學校當局(학교당국)
의 事情(사정)이 如意(여의)치 못하였다는 点(점)이었다."라고 하여 한국전쟁 당
시 어려운 상황 속에서 교지발행이 쉽지 않았던 사정이 잘 드러나 있다.

　목차의 대략적인 구성은 〈발간사〉에 해당하는 교장과 교감의 글에 이어 〈특
별기고(特別寄稿)〉, 〈논단(論壇)〉, 〈시원(詩苑)〉, 〈수필(隨筆)〉, 〈소설(小說)〉 등의 코
너로 짜여있다. 이 가운데 당시 부산수산대학교 교수로 재직 중이던 이주홍

(李周洪)의 〈그림수상(隨想)〉「인간(人間)」, 〈논단〉에서 최병기(崔秉箕)의 「우연(偶然)과 천재(天才)」, 박인환(朴仁煥)의 시 「기다림」, 김윤식(金允植)의 수필 「바다와 더불어」, 김시운(金時運)의 소설 「관」 등이 주목된다.

이처럼 『군봉』은 한국전쟁 직후의 동래고등학교의 상황과 학교 구성원들의 문학적인 소양을 살펴볼 수 있는 자료로 가치가 있다. 이주홍문학관에서 소장하고 있는 『군봉』 제4호와 제5호를 DB화하였다. 동래고등학교 동창회, 『東來高等學校100年史』, 동래고등학교 동창회, 2002를 참조하였다.

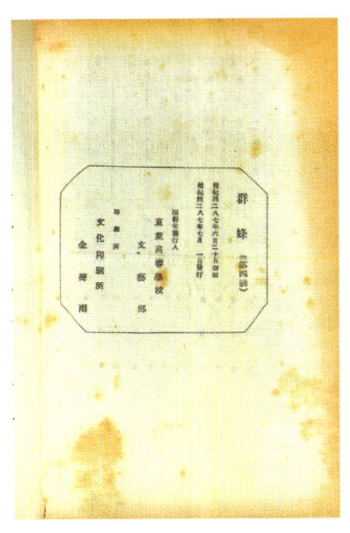

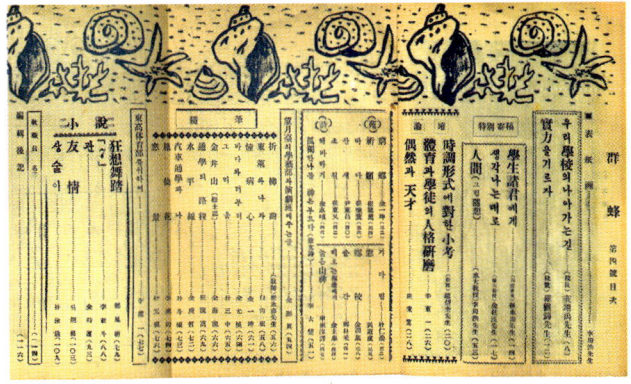

금련

題　　　號	金蓮 第19號	판　　　형	15.2x22.5
발　행　일	1935.02.03.	발행편집인	發行: 久保卯三郎(釜山府 草梁町 8番地)
표지화, 컷		간별, 정가	부정기, 비매품
면　　　수	219	인　쇄　소	池田弘文堂(釜山府 富平町 4丁目 2番地) 인쇄인: 池田廣三(釜山府 富平町 4丁目 2番地)
발　행　처	釜山第2公立商業高等學校友會	기　　　타	부산, 일문, 교우회지.

『금련(金蓮)』은 부산 제2공립 상업학교 교우회에서 발간한 교지이다. 부산 제2공립 상업학교는 1895년 박기종 외 4명이 개교한 개성학교(開成學校)가 모태로, 1909년 공립 부산실업학교로 개칭해, 우리나라 공립학교의 효시가 된 학교이다. 1911년 부산 공립 상업학교, 1923년 부산 제2공립 상업학교, 1946년 부산 공립 상업학교, 1950년 부산상업학교, 2004년 개성고등학교로 교명을 변경하였다.

『금련』 제19호는 개교 25주년을 기념해 1935년 2월 3일 발행하였으며 비매품으로 총 219면이다. 발행처는 부산 제2공립 상업학교 교우회이며, 편집 발행인은 구보 후사부로(久保卯三郎), 인쇄소는 이케다 히로부미당(池田弘文堂, 부산부 부평정 4정목 2번지), 인쇄인은 이케다 히로조(池田廣三)이다. 교지명은 학교 인근에 있는 금련산(金蓮山)에서 유래한 것으로 보인다.

본문의 내용은 1934년 10월 27일부터 29일까지 개최한 개교 25주년 기념 행사와 관련 사진 및 글을 총 6장(章)으로 구성하고 있다. 〈제1장 본기(本記)〉는 기념축하식 및 행사 일정, 〈제2장 부기(副記)〉는 학교 연혁, 교사 및 졸업생의 기고, 〈제3장〉은 강연, 교보(教報), 문원(文苑), 〈제4장〉은 교우회보, 〈제

5장〉은 후쿠시 도쿠헤(福士德平, 1870~1936) 선생 기념도서관과 도서부, 〈제6 장〉은 동창회보로 되어 있다.

축사는 교장(곤도 에이조, 近藤英三), 경상남도 지사(세키미즈 다케시, 關水武), 조선총독부 학무국장(와타나베 도요히코, 渡辺豊日子), 부산 부윤(쓰치야 덴사쿠, 土屋傳作), 도회의원 대표(하사마 후사타로, 迫間房太郎), 부산상공회의소 회장(가시이 겐타로, 香椎源太郎), 부산일보사 사장(아쿠타가와 히로시, 芥川浩), 조선시보사 사장(시미즈 덴지, 淸水雲治) 등 지역의 유력자들로 채워져 있다.

「25주년 기념행사 보고」는 학생들이 지역 업체에서 생산한 상품을 판매하며 현장 실습을 겸한 행사인 직업과(職業科) 전람즉매회(展覽卽賣會), 일용잡화 염가회(廉價會), 성적품(成績品) 전람회에 대해 기록하고 있다.

〈문원〉에는 부산상공회의소 회장을 역임한 다테이시 요시오(立石良雄)의 「구주(歐洲) 상공업 시찰기」, 오사카·교토·도쿄로 간 학생들의 「수학 여행기」, 현장 실습기록인 「사무 견습 소감」이 보인다.

특히 눈에 띄는 것은 후쿠시 선생과 관련한 〈제5장〉이다. 후쿠시 도쿠헤는 1911년부터 1930년까지 상업학교의 교장을 역임한 인물로, 교지가 발간된 1935년에는 은퇴한 후 일본에서 여생을 보내며 학교에 수많은 도서를 기부하며 애교심을 보이며 존경받던 인물이다. 교장을 역임하며 지원자가 입학 정원의 6배가 넘을 정도로 지역의 명문고로 성장시켰으며, 조선인 제자들을 위해 취업을 알선한 교장의 노고에 제자들이 기부금을 모금해 도서관과 동상을 건립하였음을 알리고 있다.

『금련』은 조선인 제자들을 위해 헌신한 일본인 교장의 존재와 일제강점기 실업학교에서 이론교육과 함께 현장 교육이 이루어지고 있는 것을 확인할 수 있다는 점에서 가치가 있다. 개인이 소장한 『금련』 제19호를 DB화 하였다. 김지태 「나의 이력서」, 한국능률협회, 1976과 「후쿠시 교장을 기리며」, 『부산일보』, 2012년 9월 21일자 기사를 참조하였다.

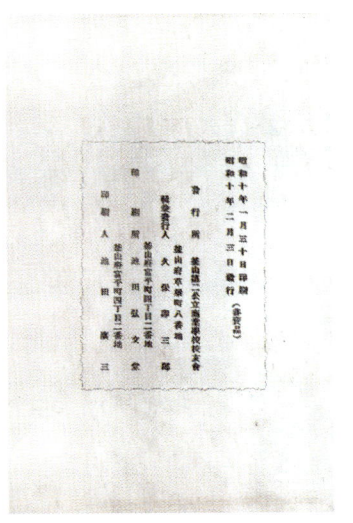

昭和十年一月廿十日印刷
昭和十年二月三日發行 （非賣品）

發　行　所　釜山鎭公立商業學校校友會
　　　　　　釜山府草梁町八番地

輯委行人　大保彦三郎
　　　　　釜山府草梁町四丁目二番地

印　刷　所　通田弘文堂
　　　　　　釜山府富平町四丁目三番地

印刷人　池田廣三

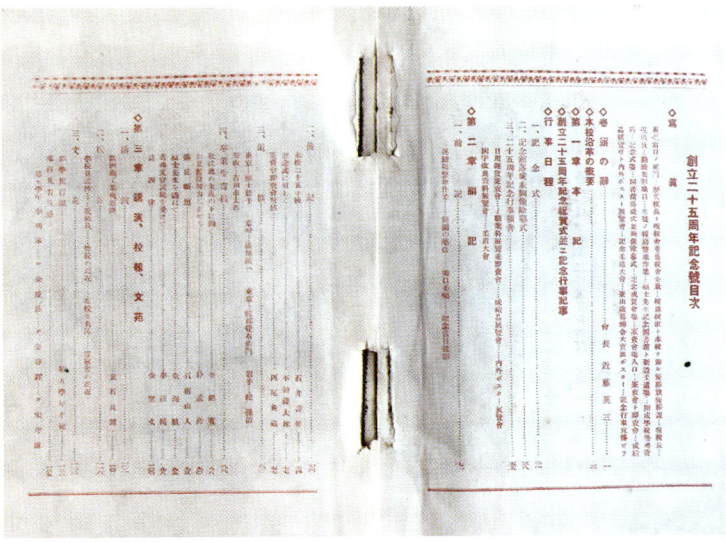

創立二十五周年記念號目次

금성

題 號	錦城 第1號	판 형	12.5x18
발 행 일	1955.02.22.	발행편집인	禹德俊
표지화, 컷	표지화: 李周洪	간별, 정가	부정기, 비매품
면 수	130	인 쇄 소	협동인쇄주식회사
발 행 처	금성중고등학교 학도호국단 문예부	기 타	부산, 교지.

『금성(錦城)』은 금성중고등학교(錦城中高等學校) 학도호국단(學徒護國團) 문예부(文藝部)에서 발행한 교지이다. 제1호의 판권사항을 보면 발행일은 1955년 2월 22일이고, 발행 겸 편집인은 우덕준(禹德俊), 발행처는 금성중고등학교 학도호국단 문예부, 인쇄소는 협동인쇄주식회사(協同印刷株式會社)이며, 총 130면에 비매품이다. 표지화는 이주홍(李周洪)이 담당하였다.

교장 우덕준은 「창간사(創刊辭)」에서 "앞으로 모든 苦難(고난)을 克服邁進(극복매진)하려는 굳은 우리의 意志(의지)도 發表(발표)되어 있으리라 믿습니다. 그 意義(의의)와 使命(사명)이 이 나라에 있어서 더욱 重大(중대)한 教育之道(교육지도)를 맡은 우리들 더 한층 奮鬪團結(분투단결)이 要望(요망)되는 바입니다."라고 『금성』 창간의 의의를 밝히고 있다.

대략적인 구성은 「창간사」와 「축사」를 비롯하여 〈특별기고(特別寄稿)〉, 〈학생(學生)의 문예(文藝)와 논설(論說)〉, 〈교사(教師)와 그 작품(作品)〉, 〈종교란(宗教欄)〉, 〈과학란(科學欄)〉 등의 코너로 구성되어 있다. 이 가운데 〈특별기고〉에 실린 교사 이주홍의 수필 「길에서 배운 것」과 교사 김점덕(金点德)의 수필 「생활(生活)과 음악(音樂)」, 〈문예와 논설〉에 실린 2학년 학생 한동수의 논설 「학생

보건의 향상」,〈종교란〉에 실린 김형학(金亨學)의「종교(宗敎)와 교육(敎育)」등이 눈에 띈다.

이와 같이『금성』은 금성중고등학교 구성원들의 학문적 성취와 문학적 소양을 살펴볼 수 있는 자료로 가치가 있다. 이주홍문학관에서 소장하고 있는『금성』제1호를 DB화 하였다. 금성고등학교 홈페이지(https://school.busanedu.net/bgs-h/main.do)를 참고하였다.

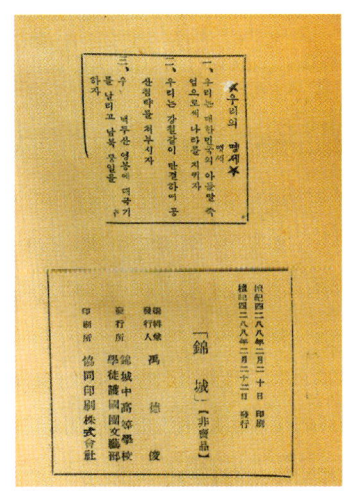
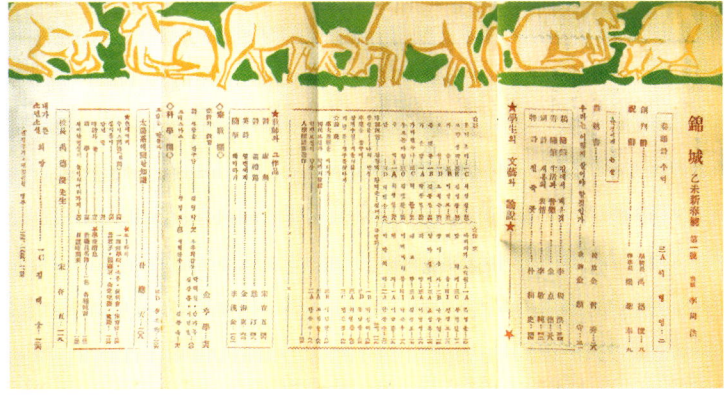

기독교문예

題　　　號	基督敎文藝 창간호	판　　　형	15x21
발　행　일	1969.09.01.	발행편집인	부산기독교문인협회
표지화, 컷	표지컷: 김영희, 題字: 金廣業	간별, 정가	격년, 150원
면　　　수	73	인　쇄　소	研文印刷社
발　행　처	부산기독교문인협회	기　　　타	부산, 종교문예지.

　『기독교문예(基督敎文藝)』는 부산기독교문인협회가 발행한 종교문예지이다.
협회는 1968년 7월 20일 발기인 모임을 통해 "기독교 문필가의 상호 결속
과 창작 활동"을 위해 동인지 발간, 문학 행사 주최, 기타 문예 사업을 목표
로 창립하였다. 지도위원은 윤춘병 목사, 김기엽 목사(기독교 부산방송국장), 장
기려 박사(복음병원장), 김진경 교수이다. 회원은 교육계 종사자, 종교 관계자,
회사원으로 이루어져 있다. 회장은 동서기독교실업전문학교(현 동서대학교) 교
장 장성만, 부회장 조광제, 총무 여해룡, 소설분과 김종욱, 수필분과 이성실,
시분과 허일만, 평론분과 임종만이 임원이다. 장성만은 목사이자 교육계 종
사자로 1981년 국회의원에 당선되었으며 국회 부의장을 역임한 인물이다.
　창간호는 1969년 9월 1일 발행했으며, 제자는 김광업(金廣業), 표지 컷은 김
영희가 맡았다. 편집 및 발행은 부산기독교문인협회, 인쇄는 연문(研文)인쇄
사이며 총 73면에 정가는 150원이다. 창간호는 〈시단〉, 〈수필〉, 〈콩트〉, 〈평
론〉, 〈회원명단〉, 〈회칙〉으로 구성되어 있다. 〈시단〉에는 허일만 등 6명의
작품 11편이, 〈수필〉에는 장성만 등 7명의 작품 10편이 실려 있다. 〈콩트〉는
김종욱의 「첨지의 자녀들」, 〈평론〉은 조광제의 「신곡(神曲)에 나타난 정죄(淨

罪)사상과 김기열의 「한국의 여인상」으로 구성되어 있다.

제2집은 1971년 12월 1일 간행했으며 편집은 부산기독교문인협회, 발행은 새시대문학사, 인쇄는 부림출판사로 제1집과는 발행과 인쇄소의 변화가 있지만, 가격과 분량은 거의 동일하다. 구성에서도 큰 차이가 없으며 〈시단〉의 경우, 최기덕이 4편, 서만자가 4편, 김성오가 4편으로 작가층이 편중되어 있음을 알 수 있다. 〈수필〉은 장성만 등 9인이 27편의 작품을, 〈창작〉은 제2집에서 새롭게 구성한 섹션으로 전준활이 「온정」, 백민호가 「어떤 소녀의 죽음」을 발표하였다.

제3집은 1973년 5월 24일 간행되었으며 인쇄소만 아주출판사로 바뀌었다. 구성은 제1집, 제2집과 동일하나 〈동시〉 작품이 처음으로 실렸다. 3집 역시 기독교의 사랑과 박애정신을 주제로 한 부산지역 기독교 문인들의 작품이 많은 수를 차지하고 있다. 하지만 창간호가 나온 지 2년 만에 제2집이 나오고, 1년 반 만에 제3집이 나온 점에서 동인지 발간이 여의치 않았던 듯하다. 실제로 〈편집후기〉에는 "순수 문학도 힘드는 일이지만 기독교문학(基督敎文學)은 더욱 힘드는 일인가 보다. 기독교는 문학의 표현을 빌려 복음을 심으면서도 교회는 문학을 지나치게 외면을 한다."라고 종교문예지의 어려움을 토로하고 있다.

이러한 『기독교문예』는 부산지역 기독교 문학인들의 창작 활동을 엿볼 수 있다는 점에서 의의가 있다. 개인이 소장한 『기독교문예』 제1집~제3집을 DB화 하였다.

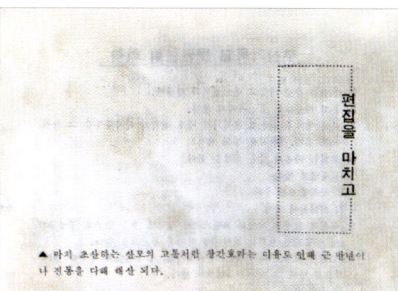

편집을 마치고

▲ 마치 조산하는 산모의 고통처럼 창간호라는 이름으로 인해 군 번뇌이나 진통을 다해 해산 되다.

▲ 문비를 맡엉 많은 모임이 쪼피스톨를 모임이라고 한다. 그러나 우리를 모임받은 각자가 의무를 감당하는 짜게에해한 모임으로 자부하게 되었다.

▲ 미숙한 작품이나마 몇 선을 보신바. 깔났선 못났선 제 목소리로 솟은 작품에, 회원 스스로의 부담으로 게 내게 선것을 이망으로 삼는다.

▲ 慶如 검광법 장로님 그리고 커트를 그려준 김영의 양과 인쇄소 여러분께 인사 드리며, 또 다시 2집을 위해 서운다.　　　　(여)

<基督敎文藝> 창간호　1969년 9월 1일 발간
부산 기독교 문인협회 편집·발행, 硏文印刷社 인쇄.
값 150원. 연락처 ; 부산 우체국 188호, 5-1851·4-1853

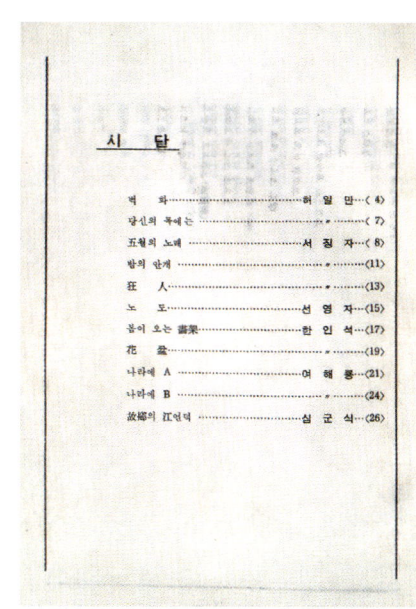

시 단

낙동강

題　　　號	洛東江 創刊號	판　　　형	15.3×22
발　행　일	1979.07.25.	발행편집인	發行: 洛東江保存會 會長 權五賢, 편집: 弘報分科委員會
표지화, 컷	표지사진: 鄭廣三·金卓暾, 컷·목차그림: 徐商煥, 제자: 吳濟峯	간별, 정가	부정기, 비매품
면　　　수	98	인　쇄　소	硏文印刷社
발　행　처	洛東江保存會	기　　　타	부산, 회지.

　『낙동강(洛東江)』은 낙동강보존회(洛東江保存會)에서 발행한 회지이다. 창간호는 1979년 7월 25일 발행되었다. 발행인은 낙동강보존회 회장 권오현(權五賢)이었고 편집은 홍보분과위원회(弘報分科委員會), 편집위원으로는 허만하(許萬夏), 송재근(宋在根), 김규태(金圭泰), 우용태(禹龍泰), 장종록(蔣鍾祿), 박응석(朴應奭)이 참여하였으며, 인쇄는 연문인쇄사(硏文印刷社)에서 했다. 언어는 국한문이었고, 비매품이며, 총면수는 98면이었다. 제자는 오제봉(吳濟峯)이 맡았고, 표지사진은 정광삼(鄭廣三), 김탁돈(金卓暾)의 작품이다. 컷과 목차그림은 서상환(徐商煥)이 그렸다.

　목차를 보면, 회장 권오현의 〈창간사〉「낙동강은 우리들 삶의 원천」을 시작으로 손경하의 시「빈사(瀕死)의 강」, 이은상의 〈노산(鷺山)칼럼〉「자연보호는 지옥탈출」, 허천(許天)의 〈나의 주장〉「낙동강은 왜 보존되어야 하나」, 조갑제의 〈기자의 눈〉「하구둑 건설은 낙동강을 망친다」 등 수질오염에 대한 보고를 담은 글을 한 편씩 실었고, 이어 〈논단〉과 〈낙동강 수상(隨想)〉, 〈취재 수첩〉이라는 코너를 마련하여 '낙동강'에 관한 논설문과 수기, 기사를 실었다.

이처럼 〈창간사〉에서부터 낙동강의 환경에 관한 관심을 드러내며, 〈시〉와 〈칼럼〉, 〈논단〉의 글들까지 모두가 낙동강의 보존이라는 목적을 분명히 드러내고 있는 구성이 눈에 띈다.

　이러한 『낙동강』 창간호는 당시 낙동강 유역의 환경문제에 대한 관심을 보여주는 자료로서 가치가 있다. 개인이 소장한 『낙동강』 창간호를 DB화 하였다.

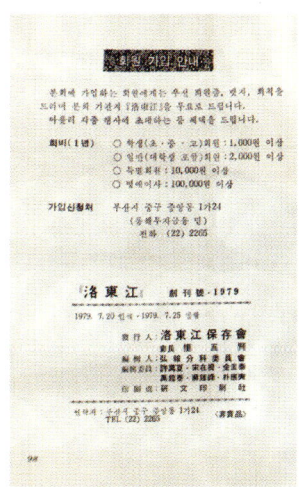

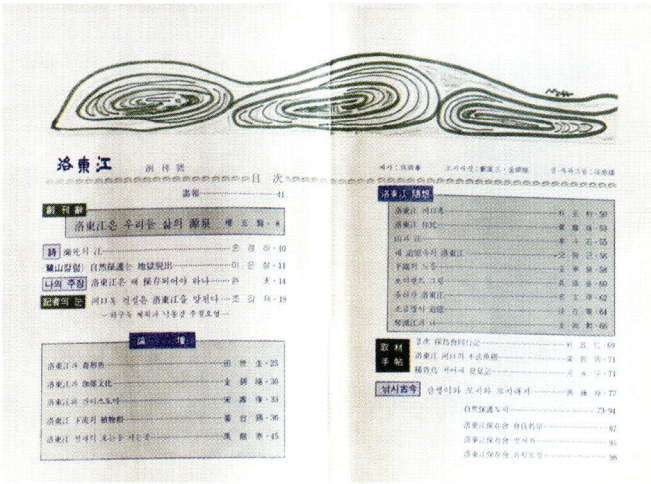

난

題　　　號	蘭 제1호	판　　　형	15x21
발 행 일	1977.11.29.	발행편집인	발행: 이종래, 편집: 남성문우회 · 남성여자고등학교 학도호국단
표지화, 컷		간별, 정가	부정기, 비매품
면　　　수	82	인 쇄 소	아성출판사
발 행 처	남성여자고등학교 문우회	기　　　타	부산, 동인지.

　　『난(蘭)』 제1호는 남성여자고등학교(南星女子高等學校) 문우회(文友會)에서 1977년 11월 29일 발행한 동인지이다. 창간호 판권지를 보면, 발행은 이종래, 편집은 남성문우회 · 남성여자고등학교 학도호국단에서 담당했으며, 아성출판사에서 82면, 비매품으로 간행하였다.

　　앞표지에는 "동인지 77 남성 문우회"라고 표기되어 있으며, 바로 뒷면에는 학원광고가 실려 있다. 지도교사 신명석이 작성한 〈서(序)〉에서 시(詩)를 생활화하고 시를 지음으로써 자연과 인생을 사랑하고 아끼기를 바랐다. 또한 남성여고 문우회가 몇 년 전부터 동인지 발간을 준비하여 1977년에 『난』을 발행하게 되었다는 사실을 밝혔다.

　　본문에는 여고 3학년생 고진희의 「당신은」을 시작으로 27명의 학생이 각자 1편에서 3편까지 발표한 시 창작 작품을 실었다. 구체적으로 작가와 작품을 제시하면 다음과 같다. 고진희의 「당신은」과 「귀로」, 김선희의 「계절」과 「귀로」, 김애령의 「꽃단장 · 바람단장」과 「기억의 댓가」, 김춘선의 「가면의 무곡」과 「울면 바보야」, 김미경의 「목련」, 문정희의 「꽃북」과 「나는 너를 아끼노라」, 박경선의 「과수원집」과 「오! 맑음이여」, 백정애의 「파편조각」과 「보들레르 · 당

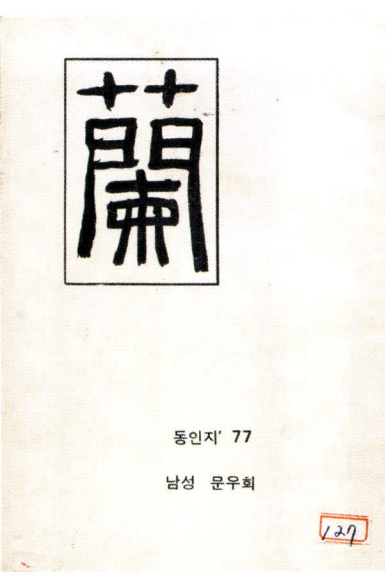

동인지' 77

남성 문우회

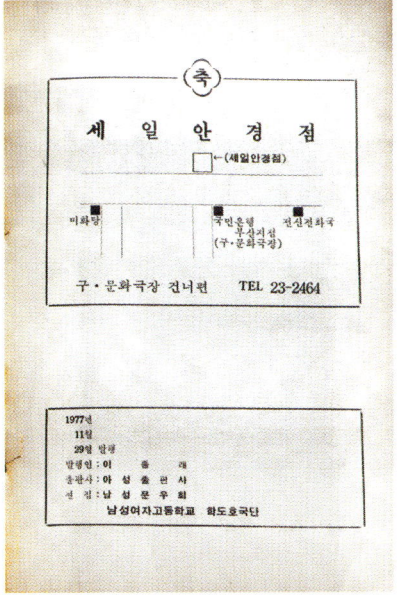

㊗

세 일 안 경 점

□ ←(세일안경점)

미화당   국민은행   전신전화국
         무성지점
         (구·문화국청)

구·문화극장 건너편   TEL 23-2464

1977년
11월
29일 발행
발행인: 이 종 래
출판사: 아 성 출 판 사
편 집: 남 성 문 우 회
남성여자고등학교 학도호국단

신의 여자(女子)는」, 서정영의 「나의 바랜 여자(女子)는」과 「전신주」, 손인숙의 「십일월(十一月)의 소품(小品)」과 「나무」, 양명숙의 「여인초(女人抄)」와 「가난한 이의 사고」, 오미순의 「계절의 원주(圓柱)」와 「76년(年)의 겨울 근경(近景)」, 오화민의 「여인(女人)」, 유영희의 「밤바다」와 「꽃과 겨울」, 윤경화의 「초대(招待)합니다」와 「동그라미」, 이미경의 「겨울 신화(神話)」, 「그대의 마음」, 「어두운 시간」, 이은희의 「서울」과 「서울날에도 여인(女人)은」, 이섬순의 「가을이 타는 거리」, 이춘자의 「계절의 기도」와 「역류(逆流)」, 장현숙의 「어지럽던 풍경(風景)」, 정귀련의 「선(線)」, 정주숙의 「묘지송」, 조수옥의 「하루」와 「기억Ⅸ」, 최귀옥의 「가을날 벗에게」, 최금순의 「작은 밀알의 소망은」, 하영미의 「소녀상(小女像)」, 홍윤희의 「하얀 죽음」, 마지막으로는 남성여중 교사이자 시인인 임종성이 찬조 작품 「가을 저녁」을 실었다. 각 작품의 끝에는 발표 작가들의 학년이 표시되어 있으며 3학년 작품부터 1학년 작품까지 고루 실려 있다.

『난』 제1호는 남성여자고등학교 문우회 학생들의 문학적인 관심과 소양을 살펴볼 수 있는 자료로 가치가 있다. 개인이 소장한 『난』 제1호를 DB화하였다.

남고

題　　　號	남고 창간호	판　　　형	14.5x20.7
발　행　일	1958.03.25.	발행편집인	펴낸이: 박지호, 엮은이: 부산남고등학교 학도호국단
표지화, 컷	표지·컷: 서성찬, 안장 그림: 추연근	간별, 정가	부정기, 비매품
면　　　수	132	인 쇄 소	태화인쇄소(釜山市 土城洞 1街 9番地)
발　행　처	부산남고등학교	기　　　타	부산, 교지.

『남고』는 부산남고등학교에서 발간한 교지이다. 수집한 판본은 1958년 3월 25일에 발행한 『남고』 창간호이다. 창간호의 판권사항을 보면, 펴낸이는 박지호, 엮은이는 부산남고등학교 학도호국단, 인쇄처는 태화인쇄소(부산시 토성동 1가 9번지)이며, 비매품으로 총 132면이다. 표지·컷은 교사 서성환이 그렸고, 안의 컷은 교사 추연근이 그렸다. 목차에 앞서 〈교훈(校訓)〉, 〈교가(校歌)〉, 〈학교전경〉 화보, 〈학교연혁 개요〉가 실려 있고, 창간을 축하하는 광고가 실려 있다.

목차를 살펴보면, 먼저 창간을 축하하는 교장 박지호의 「창간호를 내면서」를 비롯하여 교감, 사친회장, 기성회장 등의 〈축사〉가 있다.

이후의 주요 목차는 〈교양〉, 〈좌우명〉, 진학지도반의 〈남고 제1회 졸업생은 대학 진학에 있어서 이렇게 싸웠다〉, 〈영시번역: 동방의 선구자〉, 〈논단〉, 〈시〉, 〈제1회 졸업 특집〉, 〈수필〉, 〈창작〉, 〈1년간의 발자취〉, 〈편집을 마치고〉로 구성되어 있다.

『남고』 교지는 〈축사〉의 경우 교장, 초대 설립 기성회장, 사친회장 등 학교

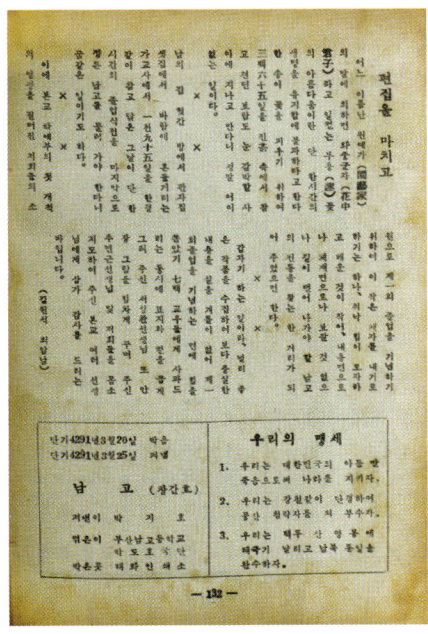

와 밀접한 관계를 가진 인물들의 글을 게재하였으며, 이후의 내용은 모두 교사와 학생들의 글로만 이루어져 있는 점이 특징이다. 특히 학교의 시설관리를 담당한 주사 한호동의 「좌우명」은 다른 교지에서는 볼 수 없는 독특한 내용이다. 〈1년간의 발자취〉의 「교무일지에서」를 살펴보면 1년간 학교에서 있었던 소소한 활동상황이 세세하게 기록되어 있다. 1958년의 경우, 4월 1일에 학교 업무를 시작하여 4월 10일에 입학식을 거행하였고, 1959년 3월 25일에 종업식을 거행하였다.

〈편집을 마치고〉를 보면, 『남고』 교지는 제1회 졸업을 기념하기 위한 목적으로 발간되었다는 점과 엮은이가 부산남고등학교 학도호국단이지만, 그 중에 편집에 직접 참여한 인물은 김원석, 최암남임을 알 수 있다.

『남고』는 1950년대 후반 부산남고등학교 구성원들의 당대적 관심사와 학문적 소양을 살펴볼 수 있는 자료로 가치가 있다. 이주홍문학관이 소장하고 있는 『남고』 창간호를 DB화 하였다.

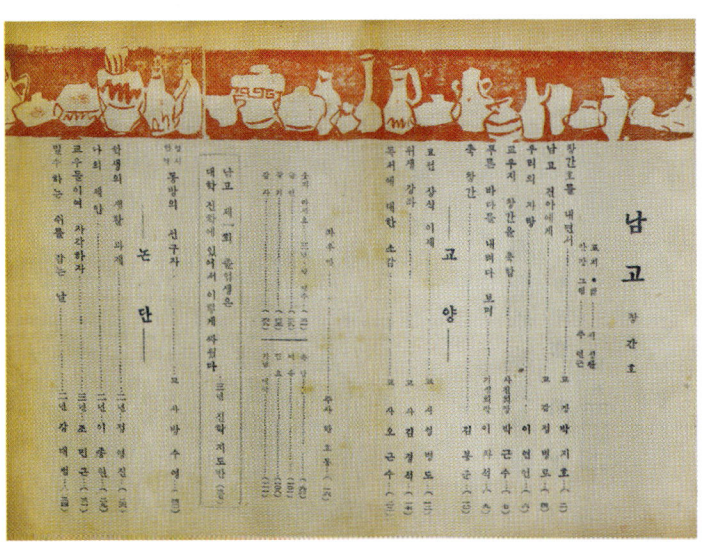

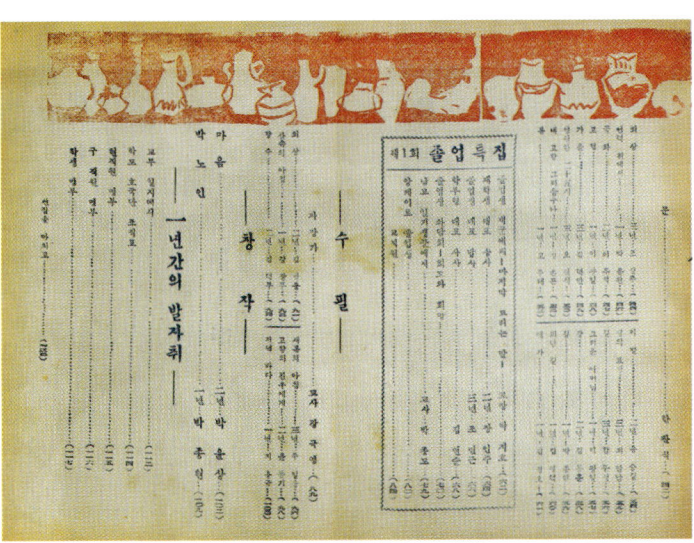

남부문학

題　　　號	南部文學 創刊號	판　　　형	15.1x21
발　행　일	1977.03.10.	발행편집인	편집: 南部文學會
표지화, 컷	表紙畵: 金俊子, 題字: 辛容玉	간별, 정가	계간, 600원
면　　　수	128	인　쇄　소	太和印刷所
발　행　처	太和出版社	기　　　타	부산, 봄호, 문예지.

　『남부문학(南部文學)』은 남부문학회(南部文學會)에서 발행한 시문학 문예지이다. 창간호는 1977년 3월 10일 발행되었다. 편집은 남부문학회, 발행처는 태화출판사(太和出版社), 인쇄소는 태화인쇄소(太和印刷所)이다. 계간 발행으로 총면수는 128면이었고, 정가는 600원이었다. 표지화는 김준자(金俊子)의 작품이고, 제자(題字)는 신용옥(辛容玉)이 맡았다. 창간호부터 제4호까지는 미등록 계간지로 발행하다가 제5호부터 공인된 잡지로서 발간했다. 혁신창간호인 제5호는 1978년 3월 28일 발행되었다. 발행 겸 편집인은 김용태(金容泰), 발행처는 남부문학사, 인쇄처는 태화인쇄소였다. 총 면수는 308면이었다.

　남부문학회는 부산에 거주하는 문인 12명이 모여 결성한 문학 단체다. 『남부문학』 창간호의 「회원주소록」에는 동인들의 근무처가 적혀 있는데, 12명의 회원 전부가 교육계 종사자들이었다. 〈창간사〉에 따르면, '남부문학회'라는 이름은 '이 나라 남부의 문단을 대변하겠다'는 포부를 담은 것이다. 『남부문학』은 그러한 포부를 실행하기 위해 발행한 문예지이다. 창간호에는 〈창간사〉와 〈편집후기〉 외에, 동인(同人)으로 참여한 차한수(車漢洙), 정순영(鄭珣永), 박광익(朴廣益), 노석기(盧石基), 김용태(金容泰), 김석(金汐), 강성환(姜聖煥)이 쓴

시 25편과 최상윤(崔相允), 이규정, 성병오(成炳五), 강인수(姜仁秀)가 쓴 소설 4편, 그리고 이옥형(李玉炯)의 평론 1편이 담겨 있다. 동인지의 형태로 창간되었지만 종합문예지를 지향하고 있음을 알 수 있다. 〈편집후기〉에서도 당시에 존속하고 있는 "부산의 최초의 계간종합 문예지"임을 강조하고 있다.

혁신호인 제5호는 종합문예지로서의 면모를 보다 분명히 하고 있다. 1978년 2월 6일자로 문화공보부에 정기간행물 등록을 완료하였고, 이를 통해 〈권두언〉에서 "어느 특정한 文學 同人會(문학 동인회)의 것이 아니고, 文人 共同(문인 공동)의 것이요, 文學 讀者(문학 독자)들의 것"임을 선언하였다. 잡지의 구성역시 크게 확장하여, 시 19편과 문인특집(김규태 편), 수필 5편, 단편소설 7편, 중편소설 1편, 평론 5편을 수록하고 있다.

이러한 『남부문학』은 1970년대 후반 부산 거주 문학 동인들의 작품세계와 문학적 경향을 살펴볼 수 있는 자료라는 점에서 가치가 있다. 개인이 소장한 『남부문학』 창간호와 제5호, 개인과 이주홍문학관이 소장한 제10호를 DB화하였다.

南部文學　1978. 봄. 革新創刊號

題字 高東柱
表紙畵 全俊子

남부의 시

題　　　號	南部의 詩	판　　　형	15x20.7
발 행 일	1974.10.19.	발행편집인	鄭和植
표지화, 컷	표지: 朴春載, 컷: 李龍吉	간별, 정가	부정기, 500원
면　　　수	141	인 쇄 소	
발 행 처	亞成出版社(부산)	기　　　타	부산, 앤솔로지, 시문학지.

『남부(南部)의 시(詩)』는 1974년 10월 19일에 발행한 부산시인협회의 기관지이다. 『남부의 시』 판권사항을 보면, 발행 겸 편집인은 정화식(鄭和植)이며 발행처는 아성출판사이다. 연락처는 목마화랑(木馬畫廊, 부산시 광복동 1~17)이며 총 141면으로 가격은 500원이다. 사진식자는 아성출판사 사식과에서 담당했다. 표지화는 박춘재(朴春載), 컷은 이용길(李龍吉)이 그렸다.

표지 다음에 삽화가 하나 있고, 그 다음에 목차가 이어진다. 목차에는 총 32명, 64수의 시가 게재되어 있다. 〈머리말〉이나 〈권두사〉 등의 인사말이 없고, 회원들이 함께 작성한 〈후기〉만이 시집의 말미에 있다. 1974년 10월에 작성된 〈후기〉에서 '오직 시 정신을 긍지로 삼아 지방 예술문화권의 주체성을 위하여' 작품집을 발간한다는 의의를 밝히고 있다.

시의 배열 순서는 작가 이름 가나다 순으로 되어 있어, 강남주(姜南周) 시인의 시 「석수(石手)의 노래」가 제일 처음 나오고, 황양미(黃良美) 시인의 「빈 차(車)」가 마지막 작품이다. 시 작품은 세로 쓰기로 수록 되어 있다.

앤솔로지 『남부의 시』 II는 1975년 12월 1일에 발행되었다. 발행 겸 편집인은 부산시인협회(釜山詩人協會)이며, 발행처는 문조사(文潮社, 서울 종로구 당주동 170-2)이다. 연락처는 부산시 중구 중앙동 4가 34 해기회관 4층 편집실로 되어 있다. 총 131면에 가격은 500원이다. 안표지화는 김종식(金鍾植)이 그렸다

〈권두언〉이나 〈서문〉의 글이 없이 목차와 본문으로 이어진다. 김철(金哲), 황양미(黃良美) 시인의 작품이 가장 먼저 실려 있고, 나머지는 작가 이름 가나 다순서로 실려 있다. 총 36명의 시인, 53수의 작품이 실려 있다. 또한 시인 김춘수의 「나의 부산시절」이라는 글을 게재함으로서 시집의 무게감을 살리려 노력하였다.

이러한 『남부의 시』는 1970년대 부산시인협회의 기관지라는 점에서 자료적 가치를 지닌다. 고하문학관에서 소장하고 있는 『남부의 시』 창간호와 제2호를 DB화 하였다.

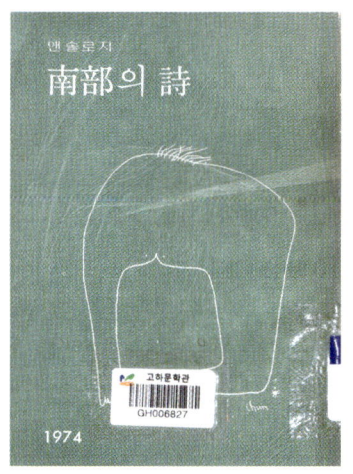

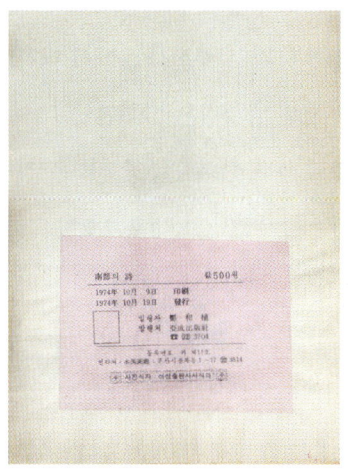

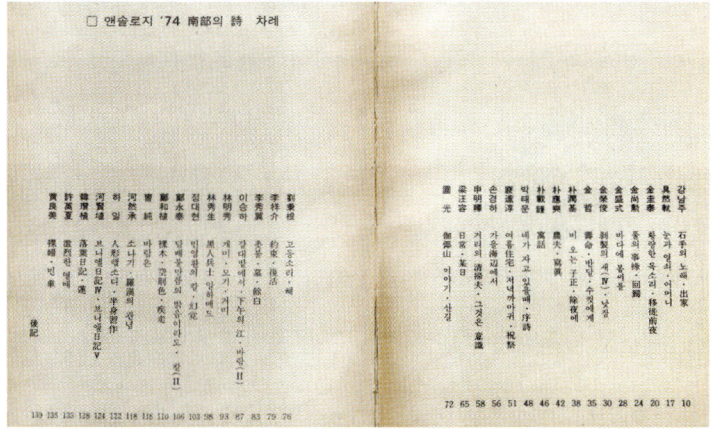

□ 앤솔로지 '74 南部의 詩 차례

뉴부산

題　　　號	뉴부산 창간호	판　　　형	18.5x26
발 행 일	1969.07.01.	발행편집인	曺東煥
표지화, 컷	표지사진: 안승표, 표지글: 장익용	간별, 정가	월간, 180원
면　　　수	152	인 쇄 소	太和印刷所, 印刷人: 秋盛龜
발 행 처	뉴부산社(釜山市中區東光洞4街25의3)	기　　　타	부산, 교양잡지.

『뉴부산』은 뉴부산사(社)에서 발간한 월간 교양잡지이다. 창간호의 판권사항을 보면 발행일은 1969년 7월 1일, 발행 겸 편집인은 조동환(曺東煥), 인쇄인은 추성구(秋盛龜), 주간(主幹)은 장익용(張益龍), 편집장은 신창호(辛昌浩), 발행처는 뉴부산사(釜山市 中區 東光洞 4街 25의 3), 인쇄는 태화인쇄소(太和印刷所)이며, 면수는 총 152면이고, 정가는 180원이다.

　사장인 조동환은 〈권두언〉「『뉴부산』 창간호(創刊號)를 내면서」를 통해 "우리 鄕土(향토) 부산에서도 精神文化(정신문화) 秩序(질서)의 健全(건전)한 成長(성장)과 鄕土文化(향토문화)와 民族文化(민족문화)의 새 歷史(역사) 創造(창조)에 寄與(기여)하는 『로칼』 雜志(잡지) 〈뉴부산〉을 創刊(창간)한다. 月刊(월간) 〈뉴부산〉은 市民生活(시민생활)에 파고들어 市民(시민)과 더불어 호흡하고 市民(시민)과 같이 生活(생활)하는 「市民(시민)을 爲(위)한 市民(시민)의 敎養雜志(교양잡지)」로서 밝은 來日(내일)에의 希望(희망)과 勇氣(용기)를 주겠노라고 自負(자부)한다."라고 잡지 창간의 의의를 밝히고 있다.

　이러한 『뉴부산』의 대략적인 구성은 부산과 관련된 여러 〈기고문〉과 〈특집〉, 각종 〈생활정보〉, 〈독자 투고〉, 〈시〉나 〈수필〉 등의 문학작품 등으로 구성되어

있다. 창간호에서는 "釜山(부산)의 今昔(금석)"을 〈특집〉으로 다루었고, 1969년 8월에 발행한 제2호에서는 "釜山(부산)과 八·一五(8·15) 前後(전후)"와 "人工 受精是非(인공수정시비) 그 後聞(후문)과 實際(실제)"를 〈특집〉으로 꾸몄다. 이 가운데 창간호 〈특집〉에 실린 이주홍(李周洪)의 「부산(釜山)과 잡지(雜誌)」, 제2호 〈특집〉에 실린 「인공수정(人工受精) 찬반양론(贊反兩論) 지상공개토론(紙上公開討論)」 등이 주목된다. 〈기고문〉 가운데는 창간호에 실린 임상필(林相弼)의 「산업혁명(産業革命)의 역사적(歷史的) 배경(背景)과 신원리(新原理)」, 제2호에 실린 박기자(朴基慈)의 「기자(記者)가 채산(探算)해 본 부산(釜山)의 극장가(劇場街)」 등이 눈에 띤다.

　이처럼 『뉴부산』은 당시 부산 지역의 이슈와 상황을 살펴볼 수 있는 자료로 가치가 있다. 이주홍문학관에서 소장하고 있는 『뉴부산』 창간호와 제2호를 DB화 하였다. 부산광역시, 『부산시사』 4 현대, 부산광역시 문화유산과(시사편찬실), 2024를 참조하였다.

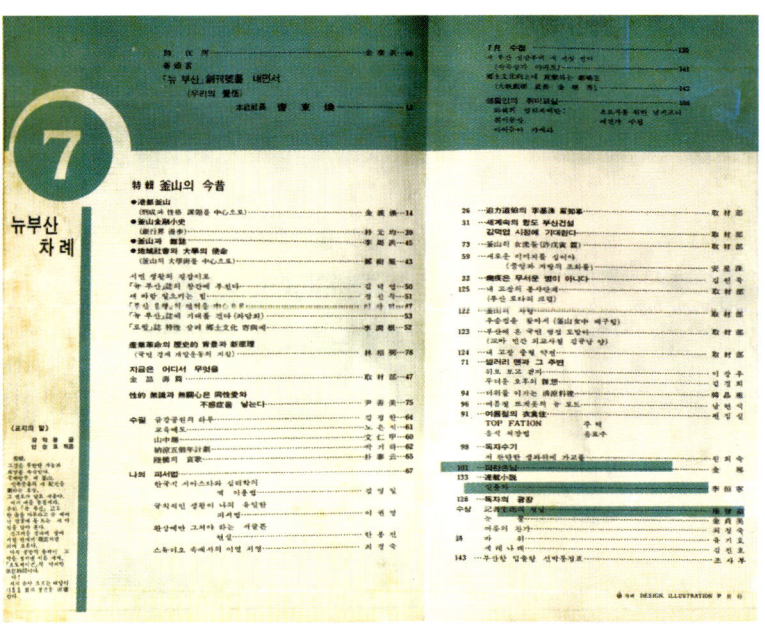

다이제스트

題　　　號	다이제스트 第2卷 第2號	판　　　형	13x18.5
발　행　일	1951.09.01.	발행편집인	李春雨
표지화, 컷		간별, 정가	월간, 2500원
면　　　수	130	인　쇄　소	太平出版社印刷工場(大邱市 校洞 77番地)
발　행　처	다이제스트社 釜山事務所 (釜山市 南富民洞22)	기　　　타	부산, The Readers Digest 국문판, 주간: 金東鎭, 시사잡지.

『다이제스트』는 1922년 드윗 월리스와 그의 아내 라일라에 의해서 창간되었다. 제1차 세계대전 참전자인 드윗은 부상을 입어, 병원에서 치료받는 동안 읽을거리들을 읽으면서 이를 요약한 잡지를 생각했다고 한다. 하지만 요약된 기사 외에도 시사적인 내용을 리더스 다이제스트 기자가 취재하여 싣기도 했다. 월간 『다이제스트』는 영문판 리더스다이제스트를 국문판으로 번역하여 낸 잡지이다. 국문판 『다이제스트』는 1950년 1월에 서울에서 창간하였으나 한국전쟁 중에는 부산에서 발행하였다.

수집한 자료는 1950년 1월에 발간된 제1호(144면, 200원)와 제1권 제3호(150면, 200원), 1951년 9월 1일에 발간된 제2권 제2호(130면, 2500원), 제2권 제5호(133면, 3000원) 외에 1952년에 발간된 제3권 제2호(135면, 3000원)부터 제12호(119면, 3500원)까지이다. 이 가운데 부산에서 발행한 것은 제2권 제2호부터이다.

제2권 제2호의 판권사항을 보면, 발행편집 겸 인쇄인은 이춘우(李春雨), 주간은 김동진(金東鎭), 발행처는 다이제스트사 부산사무소(釜山市 南富民洞22), 인쇄소는 태평출판사인쇄공장(太平出版社印刷工場, 大邱市 校洞 77番地)이다.

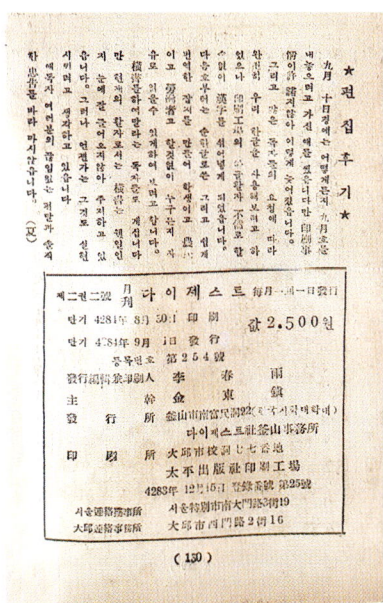

아울러 〈편집후기〉에는 "완전히 우리 한글을 사용해보려고 하였으나 印刷工場(인쇄공장)의 한글 활자 不備(불비)로 할 수 없이 漢字(한자)를 섞어 넣게 되었"음을 밝혔다.

수집된 잡지들은 1950년대 발간된 초기 모습은 물론 당시의 시대상황 등을 잘 알려주고 있다. 내용은 사건 사고나 감동적인 실화 및 우스운 실화들이나 생활 정보, 생생한 재해 생존기 등 볼거리가 많으며, 정치적으로는 다소 전통적인 미국식 보수 성향을 보인다는 평가가 있다. 한국어 버전의 경우 건강, 동물, 취업 정보, 문학, 역사, 문화 관련 다양한 주제의 정보를 제공했으며, 한국전쟁에 관한 군대 이야기, 직장생활 이야기 등의 주제로 독자 참여를 유도하여 독자들이 보낸 글을 싣기도 했다.

1952년의 경우 거의 1년분이 망라되고 있어서 연속적인 의미가 있으며, 한국전쟁 시기임을 감안할 때, 초기에 현저히 종이 질이 떨어진 것이 확인된다. 또한 책의 가격이 거의 1, 2년 사이에 1200원에서 3500원까지 오르고 있어서 전시 인플레의 영향으로 보인다.

이후 이 잡지의 공식적인 한국어판은 1978년 11월부터 합동통신사가 발행하다, 1980년부터는 연강학술재단(현, 두산연강재단의 전신임. 이후 동아출판사→두산동아)에서 월간 리더스다이제스트와 영한대역 리더스다이제스트를 발행하였다. 이 잡지는 2009년 12월호를 마지막으로 발행이 중단된다.

이처럼 『다이제스트』는 1950년대 한국전쟁 시기의 국내외 상황을 살펴볼 수 있는 자료로 가치가 있다. 개인이 소장한 『다이제스트』 제2권 제2호부터 제3권 제12호까지를 DB화 하였다.

Reader's Digest

4284년 9월 **다이제스트** 제2권 제2호

차 례

4284. 9.26 경주 비봉서림

대신

題　　　號	대신 창간호	판　　　형	16x20
발 행 일	1955.05.25.	발행편집인	발행: 대신동교회 SFC, 편집: 대신동교회 SFC지육부
표지화, 컷		간별, 정가	계간, 비매품
면　　　수	29	인 쇄 소	지육부 편집실
발 행 처	대신학회	기　　　타	부산, 등사본, 100부 한정, 종교지.

　『대신(大新)』은 대신동 교회 SFC에서 1955년 5월 25일에 발행한 종교지이
다. 『대신』 창간호의 판권사항을 보면 편집인은 대신동교회 SFC 지육부, 등
사(謄寫)는 지육부 편집실, 발행인은 대신동 교회 SFC이며, 계간으로 총 29면
이다. 등사기로 찍어서 100부 한정판으로 발행되었다.

　본문의 구성은 목사 최일영과 장로 이종기의 〈창간축사〉를 시작으로, 교
인들의 '신앙과 신도에 관한 글', 〈수필〉, 〈시〉, 〈좌담보고기〉, 〈편집후기〉 등
으로 구성되어 있다. 대신동교회 SFC 위원장은 〈창간사〉를 통해 '하나님을
찬양하고, 크고 새로운 세기의 횃불을 사명으로 이어가기 위해 『대신』을 만들
었다'고 발행 동기를 설명하였다. '신앙과 신도에 관한 글'에는 교인 7인의 글
이 수록되어 있는데, 이 가운데 조광제의 「하나님의 자녀되는 권세」, 이헌진
의 「신앙부흥은 청년의 급무이다」, 이해수의 「한 개의 밀알」, 김영숙 「기독교
와 예술」, 김창선의 「신앙학도의 각성과 사명」 등의 글이 눈에 띈다.

　이 외에도 〈수필〉에는 옥치현의 「부활」, 〈시〉에는 허백의 「탄식」, 이소애의
「주여 힘을 주옵소서」, 오인환의 「주님의 빛」(목차에는 '주님의 씨앗'이라 적혀 있음),

민성옥의 「가신 걸음 따르리」, LHS의 「직감」 등의 문예작품이 실려 있다. 마지막으로 〈편집후기〉에는 원고를 모집한 지 한 달 반이 지나 『대신』 춘계호가 나올 수 있도록 음양으로 도움을 준 교인들에게 특별한 감사의 말을 남기고 있다.

이러한 『대신』은 1948년 10월 13일 부산시 대신동에서 교회 설립 예배를 가진 대신동 교회의 초기 교역자와 교회 소식을 살펴볼 수 있는 자료로서 의의가 있다. 개인이 소장한 『대신』 창간호를 DB화 하였다. 『부산 역사 문화 대전』의 '대신동 교회' 항목을 참고하였다.

 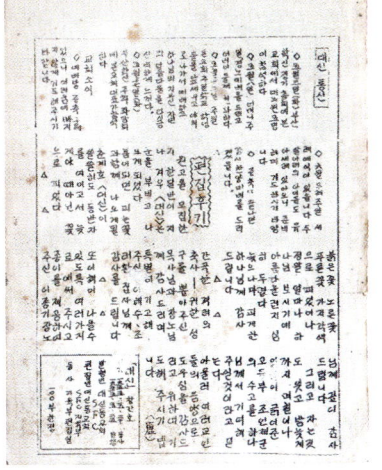

대한약업월보

題　　號	大韓藥業月報 第1號	판　　형	35.5x25.5
발 행 일	1949.03.01.	발행편집인	洪鍾達
표지화, 컷		간별, 정가	월간. 비매품
면　　수	2	인 쇄 소	
발 행 처	大韓藥業貿易公司(釜山府 瀛州洞 33番地)	기　　타	부산, 기관지.

『대한약업월보(大韓藥業月報)』는 부산에 있던 대한약업무역공사(大韓藥業貿易公司)에서 발행한 잡지이다. 공사가 정부에서 설립한 단체인지 관련 자료가 없어 명확하지는 않으나 "약종무역상(藥種貿易商)"이란 표현을 보면 민간에서 설립한 기관으로 보이며, 주소가 "부산부 영주동(瀛州洞) 33번지(시장 입구)"로 표기되어 있어 현재 부산시 중구 영주시장 인근에 있던 회사로 추정된다.

제1호는 1949년 3월 1일 발행했으며 발행인은 회사의 대표자인 홍종달(洪鍾達)이다. 제1호는 양면에 인쇄된 한 장 분량에 한약재의 가격이 상세하게 기록되어 있으며, 정가는 별도로 찾을 수 없어 한약재상과 일반에게 무료로 배포한 것으로 보인다. "就告(취고) 今般陽三月號 藥材時勢(금반양삼월호 약재시세)를 左記(좌기)와 如(여)히 仰佈(앙포)하오니 照覽(조람)하신 後(후) 不拘多少(불구다소)하시고 下命(하명)하심을 千萬伏望(천만복망)하옵나이다. 檀紀(단기) 四二八二年 三月一日(4282년 3월 1일)"로 보아 매월 한약재의 가격을 고객에게 알리고 주문을 요청하는 월간 상품 가격 정보지 역할을 했을 것으로 추정된다. 약재는 한글 표기 순서대로 되어 있으며 특이하게 인삼부(人蔘部)와 버섯부(茸部)는 별도로 기록하고 있어 당시에도 인삼과 버섯은 고가(高價)의 약재임을 확인할 수 있다. 일반 약재인 구기자 한 근이 1,100원, 오미자 한 근이 350원인데 비해,

개성인삼 1근은 6,500원, 버섯 상(上) 1근이 114,000원이다. 약재는 철도나 우편으로도 판매가 가능함을 알 수 있다.

　　제1호에는 한약재와는 연관이 없는 열차와 버스 시간표를 자세하게 보여주고 있다. 부산에서 경주, 대구, 진주, 사천, 마산, 진영, 김해, 울산 간을 오가는 교통편의 시간표를 안내하고 있으며 멀리는 서울, 이리, 군산, 목포까지의 교통편도 상세히 기록하고 있다. 이는 약재상들의 교통 편의를 위한 정보일 것으로 보인다.

　　『대한약업월보』는 해방 후 혼란한 정국에서도 경제활동이 활발히 이루어지고 있음을 확인할 수 있으며 당시의 한약재 가격을 확인할 수 있는 귀중한 자료라 할 수 있다. 개인이 소장한 『대한약업월보』 제1호를 DB화 하였다.

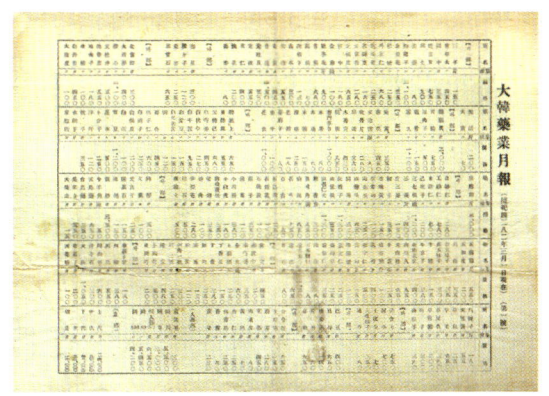

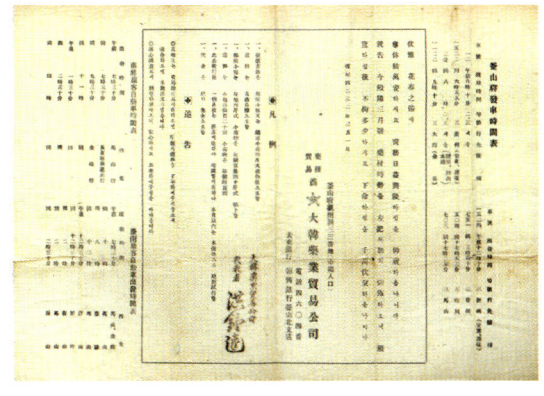

덕형회보

題　　號	덕형회보 제5호	판　　형	17.5x25
발 행 일	1960.11.12.	발행편집인	경남고등학교덕형우취반
표지화, 컷		간별, 정가	부정기, 비매품
면　　수	10	인 쇄 소	
발 행 처	경고덕형우취회	기　　타	부산. 등사판, 동호회지.

　　『덕형회보』제5호는 경남고등학교 재학생들의 우표 수집반에서 1960년 11월 12일에 발행한 잡지이다. 『덕형회보』제5호의 판권사항을 보면 발행처는 경고덕형우취회, 프린트 인쇄하였으며, 총 10면에 비매품이다. 필사본이며 다른 잡지와 다른 정보가 판권지에 담겨 있어 흥미롭다.

　　본문의 구성은 우표 수집의 관한 내용과 세계 동향 국내 우표 전시 등 우취 관련 정보들로 채워져 있다. 내용을 보면「UN묘지 설치 기념우표」, 이상보의「전시회를 끝마치고」,「전시회 경과보고」, 서영우의「체신의 날은 정말로 12월 4일일까?」, 이상보의「우표 수집에 필요한 용어 해설」, 전순경의「우리나라에서 제일 오래된 우표」, 김재봉의「6000＄짜리 우표」등이다. 이 가운데「전시회를 끝마치고」에서는 1959년 9월 20일에 미화당화랑에서 열린 제2회 부산 우표전시회에 덕형우취회가 출품한 우표들에 대한 정보가 담겨 있어 흥미롭다. 당시 출품작으로는 강영무의 꽃우표와 곤충우표, 최광웅의 신화우표와 전쟁과 평화우표, 김기용의 적십자우표, 송빈소의 스포츠우표, 이상모의 남성우표, 이상보의 어린이우표, 그리고 덕형우취회의 한국원화기념우표, 한국원화보통우표, 각국 Ｆ·Ｄ·Ｃ 꽃우표를 소개하고 있으며, 이 중 김기용의 적십자우표는 입선에 당선되었음을 확인할 수 있다. 이러한 사실에서 덕형우취반은 우표수집가들이 모인 동호회 정도로 보이는데 단순한 취미 수준을 넘어서 꽤 전문적인 아마추어 모임으로 보인다.

이처럼 『덕형회보』 제5호는 1960년대 부산 경남고등학교 학생들의 우표 동호회 문화를 알 수 있다는 점에서 자료적 가치를 지닌다. 개인이 소장한 『덕형회보』 제5호를 DB화 하였다.

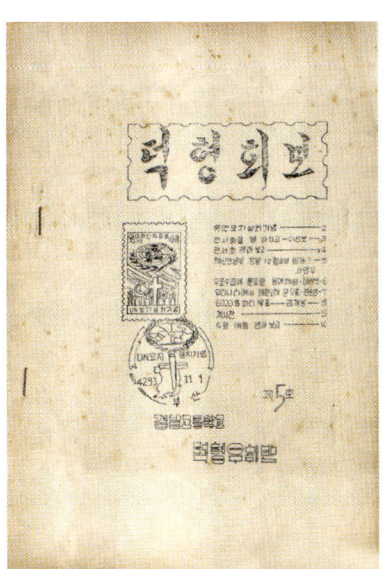
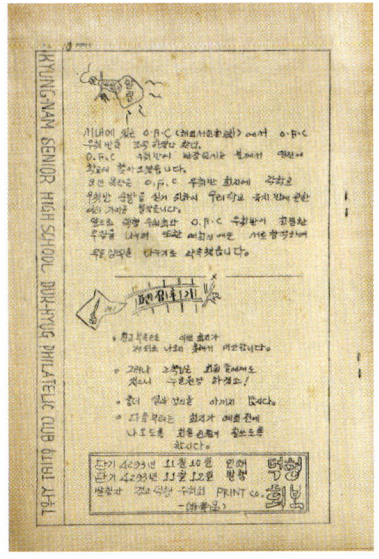

도덕

題 號	道德 第4號	판 형	15x21
발 행 일	1953.06.15.	발행편집인	發行: 玄始東, 編輯: 孫武
표지화, 컷		간별, 정가	월간, 50환
면 수	96	인 쇄 소	印刷: 房岩伊
발 행 처	道德社(釜山市 水晶洞 3 9 7番地)	기 타	부산, 종교사상지.

『도덕(道德)』은 국제도덕협회(國際道德協會) 일관도(一貫道) 계열의 단체인 도덕사(道德社)에서 발행한 종교기관지이다. 1947년 중국인 이덕복(李德福)·장서전(張瑞筌)·김은선(金恩善) 등에 의해 중국에서 유입된 국제도덕협회 일관도는 유불선 삼교의 합일을 추구하는 교리를 지니고, 미륵부처를 주요 신앙의 대상으로 삼는다고 알려져 있다. 이 시기 중국에서 한약방을 경영하던 김복당(金福堂)은 한국인 혈통이라는 인연으로 한국에 들어와 있었는데, 세 사람이 개별적으로 활동하는 모습을 보고 손우헌(孫佑憲) 등과 함께 1952년 부산에서 '도덕초기회(道德礎基會)'라는 통합기구를 설치하였다. 이후 일관도로부터 장서전의 대한도덕회(大韓道德會), 손우헌의 도덕성회(道德聖會), 강순이(姜順伊)의 신령도덕회(神靈道德會) 등 여러 갈래의 신흥종교가 갈라져 나왔다. 이중 도덕성회는 1968년 손우헌이 김금덕(金今德)·송옥근(宋玉根) 등과 함께 창립한 종교로, 단군을 숭배하며 환웅·환인·환검 등 삼신을 믿는다고 알려져 있다.

수집한 것은 1953년 6월 15일 발행한 것으로, 〈편집후기〉에 '천신만고(千辛萬苦) 끝에 제4호를 내게 되었다'는 기록과 매월 1일 1회 발행주기로 보아 창

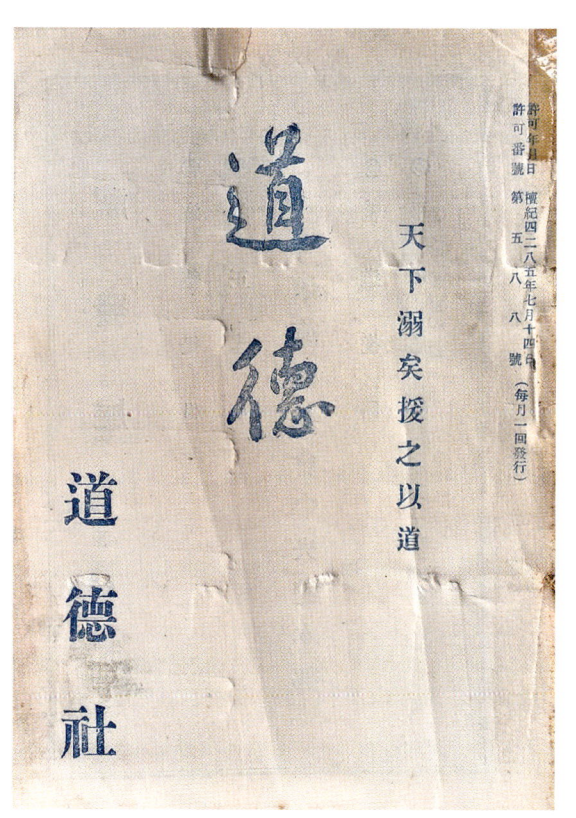

道德

道德社

天下溺矣援之以道

許可年 月 日 權紀四二八五年七月十四日
許可番號 第五八八號（每月一回發行）

간은 1953년 3월로 추정된다. 제4호의 판권 사항을 보면 발행인은 현시동(玄始東), 편집인은 손무(孫武), 인쇄인은 방암이(房岩伊)이며, 발행처는 도덕사(부산시 수정구 397번지)이다. 총 96면에 임시정가는 50환이었다.

본문의 구성은 이우룡(李羽龍)의 〈권두언〉을 시작으로, 회원들의 「도덕사회론(道德社會論)」, 「천인합일론(天人合一論)」, 「도덕회(道德會)의 원의(源義)」, 「명덕(明德)」, 「천부삼인(天符三印)」, 「청지백전(靑地白田)」, 「회오(悔悟)의 길」, 「수도 첫 거름의 단상」, 「편집후기」 등으로 구성되어 있다. 이 가운데 도덕성회의 창립자인 송옥근의 「천부삼인」과 손우헌의 「청지백전」 등의 글이 눈에 띄는데, 송옥근의 「천부삼인」은 단군숭배와 관련된 내용을 담고 있다.

이러한 『도덕』은 1952년 부산에서 창립한 국제도덕협회 일관도계 신종교의 교리를 살펴볼 수 있는 자료라는 점에서 의미가 있다. 개인이 소장한 『도덕』 제4호를 DB화 하였다. 『한국민족문화대백과사전』의 '도덕성회', '국제도덕협회', '신령도덕회' 항목과 『디지털동작문화대전』의 '국제도덕협회 일관도' 항목, 재단법인 국제도덕협회 (일관도) 홈페이지(http://ilgwando.org)를 참조하였다.

編輯後記

人住의 安慰劑外 道가 이道德雜誌가 그날의 社會相에비 千秋萬古에 難編輯을 덧붙여야 며 ……（본문 판독 어려움）……

道德雜誌가 또다시 世에

道德
×××× ××××

檀紀四二八六年六月十日印刷
檀紀四二八六年六月二十日發行
（許可番號五九八號）

臨時定價 50圜

發行人 安鍾軍
編輯人 羅 武
印刷人 房岩伊

發行所 道德社

（5）

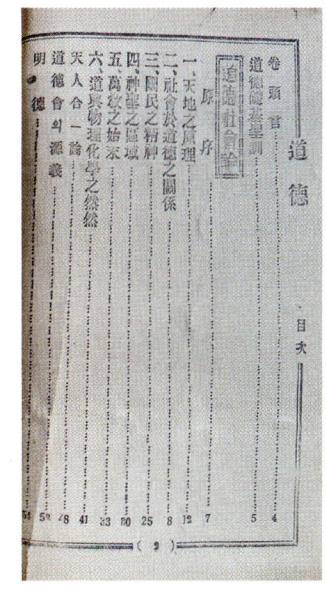
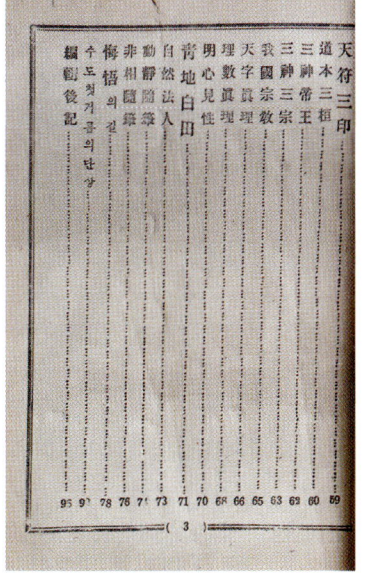
（3）

도정공론

題 號	道政公論 創刊號	판 형	15x21
발 행 일	1965.03.15.	발행편집인	李壽石
표지화, 컷	表紙畵 目次컷: 全赫林, 컷: 旭	간별, 정가	월간, 90원
면 수	300	인 쇄 소	大韓道政公論社 工務部, 印刷: 禹克文
발 행 처	大韓道政公論社(釜山市 中區 中央洞 4街 36)	기 타	부산, 기관지.

『도정공론(道政公論)』은 1965년 3월 15일 부산에서 월간으로 발행된 경상남도 기관지다. 전쟁기부터 나온『도정공보』와『도정공론』을 이어 받았다. 수집한 것은『도정공론』제1호인데, 〈편집후기〉에는 복간이라고 기록되어 있으나 언제 창간되었는지에 대한 기록은 나와 있지 않다. 제1호의 판권 사항을 보면 발행인 겸 편집인은 이수석(李壽石), 인쇄인은 우극문(禹克文), 발행처는 대한도정공론사(大韓道政公論社, 부산시 중구 중앙동 4가 36), 인쇄소는 대한도정공론사 공무국(大韓道政公論社 工務局)이다. 총 300면에 정가는 90원이며, 표지화와 목차 컷은 전혁림(全赫林)이 담당하였다.

본문에 앞서 창간을 축하하는 민주공화당 박정희(朴正熙), 민정당 총재 윤보선(尹潽善), 민주당 대표최고위원 박순천(朴順天) 명의의 광고가 실려 있고, 이어 국회의장 이효상(李孝祥), 대법원장 조진만(趙鎭滿), 국무총리 정일권(丁一權)을 비롯하여 각 부 장관들의 축하 광고가 나타나 있어 잡지의 위상을 짐작케 해준다.

본문의 구성은 발행인 이수석, 내무부장관 양찬우(楊燦宇), 내무부 기획관

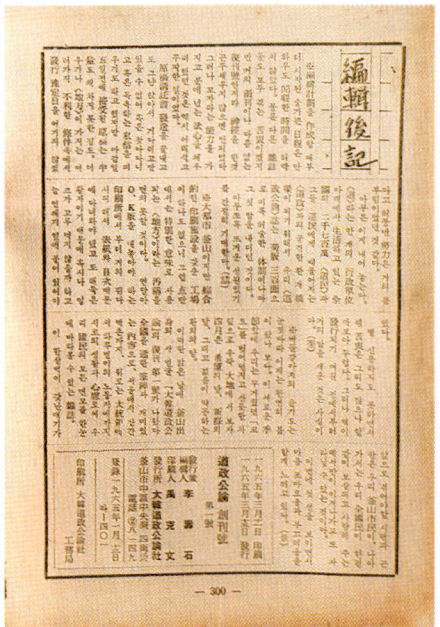

리실장 양탁식(梁鐸植)의 〈창간사〉를 시작으로, '각도(各道) 시정(市政)의 살림은 어떻게 꾸려지나'와 관련된 〈특집〉과 함께 국회의원 김종필(金鍾泌)과 서민호(徐珉濠)가 집필한 「한국의 좌표」와 「해방 20년 생활 회고」 등이 실려 있다. 또한 발행지인 부산의 당시 현안인 경남도청 문제와 함께 시대를 반영한 월남 파병, 지방자치, 농촌 부흥, 식량 증산과 관련된 글도 실려 있다. 그밖에 〈수필〉에는 이주홍. 추연근. 조유로. 박기출. 손병극. 강복조의 작품, 〈시〉에는 노영란. 김규태. 박재호. 김상규의 작품, 〈창작〉에는 윤정규. 박향남의 문예 작품이 실려 있다. 이 외에도 〈만화〉, 〈인물평〉, 〈뉴스〉, 〈여기자 수첩〉 등 종합잡지 성격의 글들이 총망라되어 있다.

이러한 『도정공론』은 1960년대 부산의 지역사정을 파악하는데도 중요한 참고가 될 것으로 평가된다. 개인이 소장한 『도정공론』 제1호를 DB화 하였다.

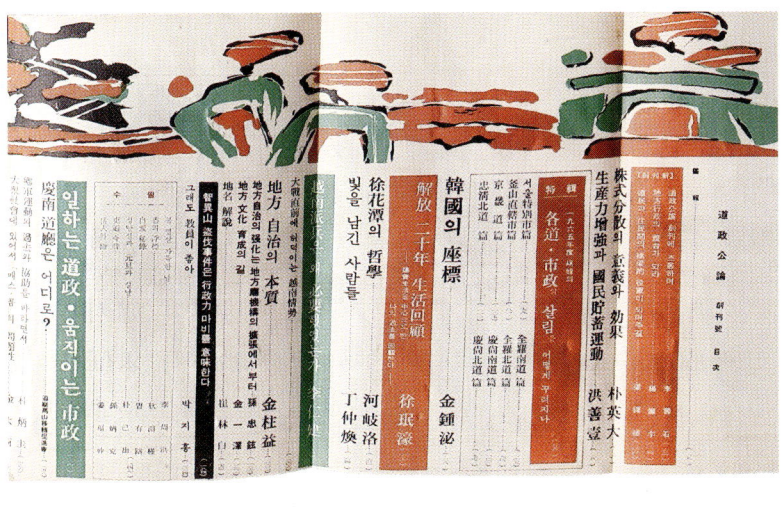

道政公論 創刊號 目次

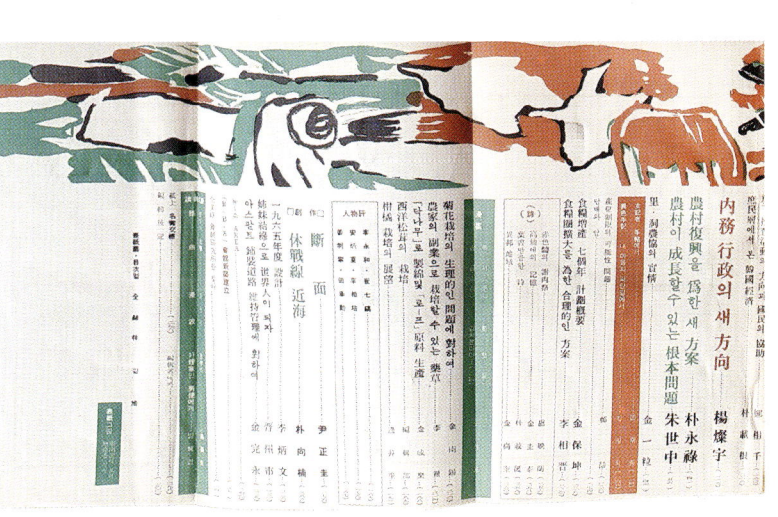

동명

題 號	東明 創刊號	판 형	15x21	
발 행 일	1956.10.07.	발행편집인	發行: 東萊中學校 李海道, 編輯: 東萊中學校 學藝部 代表 金學秀	
표지화, 컷	表紙·컷: 金漢鍾, 題字: 吳濟峯	간별, 정가	연간, 비매품	
면 수	184	인 쇄 소	文化堂印刷所 代表 金聲雨	
발 행 처	東萊中學校	기 타	부산, 교지.	

『동명(東明)』은 동래중학교(東萊中學校)에서 발행한 교지이다. 동래중학교는 1898년 공립 동래부학교로 출발하여 해방 이후인 1951년 동래고등학교와 분리되었고, 1952년 명륜동의 현재 교사로 이전하여 오늘에 이르고 있다. 창간호의 판권사항을 보면 발행일은 1956년 10월 7일이고, 발행인은 동래중학교 이해도(李海道), 편집인은 동래중학교 학예부(學藝部) 대표 김학수(金學秀), 인쇄소는 문화당인쇄소(文化堂印刷所, 대표 金聲雨)이고, 총 184면에 비매품이다. 제자(題字)는 오제봉(吳濟峯)이 썼고, 표지와 컷은 김한종(金漢鍾)이 담당하였다.

교장인 이해도는 「동중(東中)이 걷는 길」에서 "本誌(본지)는 本校(본교)가 六年制(육년제) 中學校(중학교)에서 분리된 이후 첨 발간되는 창간호이다. 그동안 수년을 두고 매년 발간할려고 수삼차 계획한 것이 교사건축 및 제반 시설 등으로 인하여 그 여유가 없어 발간 못하였던 것이다. … 본지에는 본교 발전상황과 교육방침 및 학생들의 활동상태 또는 본교와 관련있는 인사 졸업생들의 후배를 격려하는 좋은 글을 많이 실었다."라고 하여 교지를 발간하게 된 상황과 교지의 역할에 대하여 서술하였다.

대체적인 구성은 〈창간사〉와 〈발간사〉로 시작하여 각종 〈기고문〉과 〈논

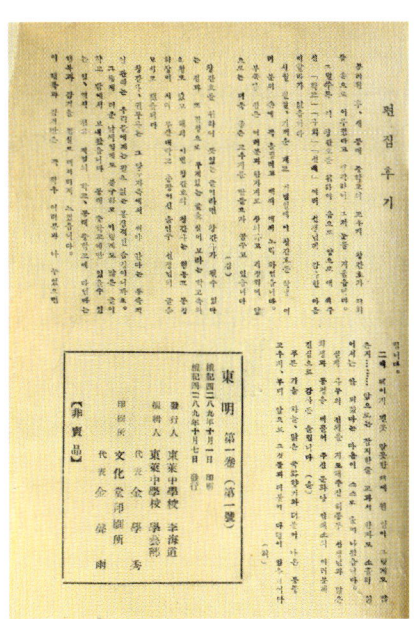

설〉 그리고 〈시〉, 〈산문〉, 〈창작〉 등 문학작품으로 이어지는 전형적인 교지의 형식에서 크게 벗어나지 않는다. 다만 창간호에는 창간 특집으로 〈동중(東中)에 대(對)한 기대(期待)〉와 〈후배(後輩)에게 주는 글〉을 모아서 싣고 있다. 이 가운데 창간호에 실린 황덕율(黃德律)의 「인과율(因果律)에 대(對)한 소고(小考)」와 제2호에 실린 최남진(崔南珍)의 「역사상(歷史上)에서 본 울릉도(鬱陵島) 및 독도(獨島)」, 정진철의 「올바른 경제인이 되려면」 등이 눈에 띈다. 문학작품 중에서는 창간호에 실린 주백중의 수필 「등불」, 손정무의 창작 「꽃신」, 제2호에 실린 김형환의 창작 「송곳」 등이 주목된다.

이처럼 『동명』은 동래중학교 구성원들의 학술적인 경향과 문학적인 소양을 살펴볼 수 있는 자료로 가치가 있다. 이주홍문학관에서 소장하고 있는 『동명』 창간호와 제2호를 DB화 하였다. 동래중학교 홈페이지(https://school.busanedu.net/dongnae-m/main.do)를 참조하였다.

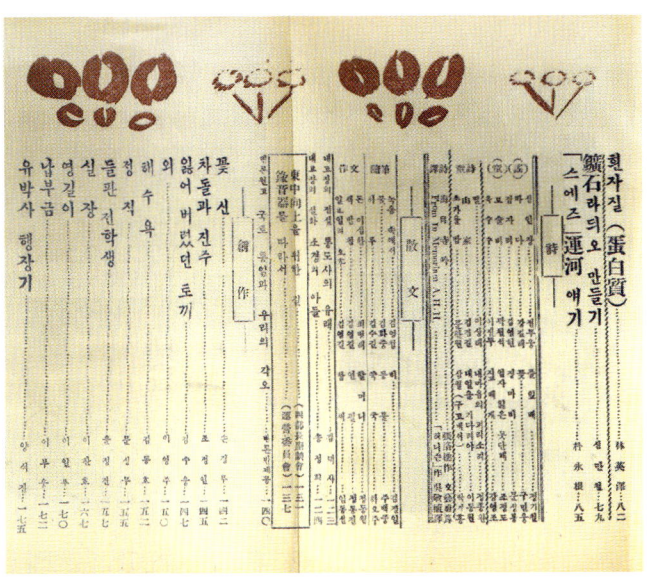

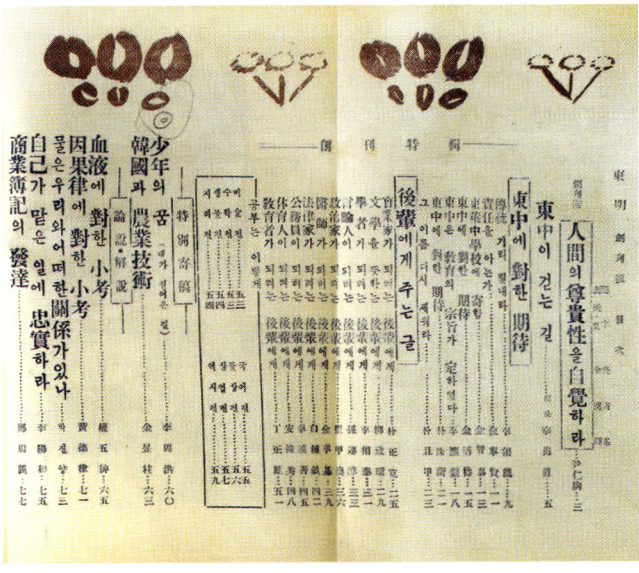

동방시보

題　　號	東方時報 第2號	판　　형	19.5x26
발 행 일	1947.08.25.	발행편집인	發行: 李斗山, 編輯: 郭石宇
표지화, 컷	裝禎: 月田	간별, 정가	부정기, 100원
면　　수	30	인 쇄 소	三協印刷所(釜山府 東光洞 1街 39, 印刷人: 金秉炫)
발 행 처	東方文化協進會(서울市 芧洞 2街 88)	기　　타	부산, 기관지.

『동방시보(東方時報)』는 동방문화협진회(東方文化協進會)가 발행한 잡지이다. 수집한 판본은 『동방시보』제2호이다. 제2호의 판권 사항을 보면, 1947년 8월 25일 발행했으며, 장정(裝禎)은 월전(月田) 장우성(張遇聖), 발행인은 이두산(李斗山), 편집인은 곽석우(郭石宇), 인쇄인은 김병현(金秉炫), 인쇄소는 삼협(三協) 인쇄소(부산부 동광동 1가 39), 발행처는 동방문화협진회(서울시 저동 2가 88)이다. 총 30면이며 임시 가격은 100원이다. 발행인 이두산은 대구 출생으로 중국에서 독립운동을 전개한 인물이다. 한국광복군 정훈 처장을 맡았고, 「상해독립신문」의 편집과 주필을 담당하였다. 해방 이후 중국에서 조선대중당을 조직해 위원장으로 활약했으며, 귀국 후인 1946년 5월에 동방전우사(東方戰友社)를 동방문화협진회로 개칭해 회장을 맡았다.

　제2호의 구성은 정치적인 글과 〈시〉로 되어 있다. 이두산의 「정당과 종파론」, 소정(素亭)의 「애국자의 진로」, 완산(玩山)의 「두산(斗山) 장군의 약력」, 범인(凡人)의 「조선은 민주의 적을 배제한다」, 정연(正淵)의 「자본주의 분배(分配) 사상의 비판」 등의 작품이 실려 있다.

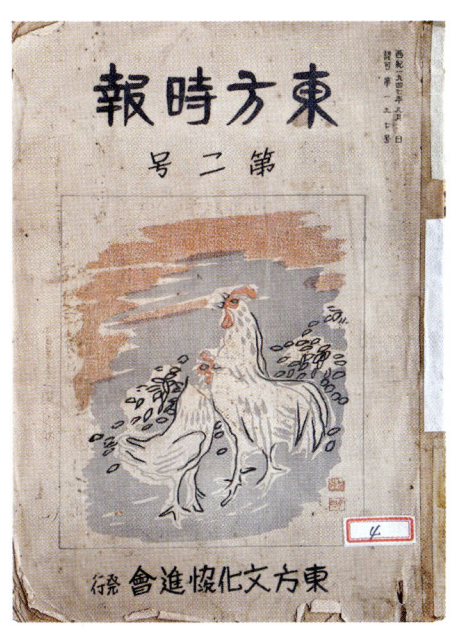

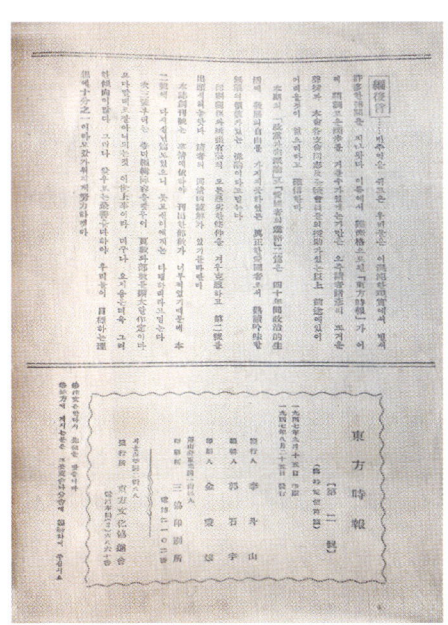

국내외 정세를 알리는 「일본 전범자 재판 초록(抄錄)−아사히신문(朝日新聞) 법정기자단 저서에서」, 「6·7월 국제 및 국내 정세 보고」에서 재판 상황과 국내외 정세를 자세히 보고하고 있다. 7월 19일 보고는 "呂運亨(여운형) 氏(씨)는 午後(오후) 1時(시) 15分(분) 怪漢(괴한)에게 拳銃 襲擊(권총 습격)을 받아 卽席(즉석) 自動車(자동차) 內(내)에서 逝去(서거)", 7월 24일에는 "呂運亨(여운형) 先生(선생) 人民葬(인민장) 委員會(위원회)에서 八月(팔월) 三日(삼일)에 人民葬(인민장)을 去行(거행)하기를 決議 發表(결의 발표)", 7월 25일 보고에서는 "呂運亨(여운형) 氏(씨) 殺害犯(살해범) 逮捕(체포)를 發表(발표)"를 알리며 해방 정국의 급박한 상황을 전하고 있다.

〈시(詩)〉로는 「키(舵)」, 「대륙으로」, 「산해관」, 「장강의 달」, 「단종의 시」, 「청년행진곡」 등이 보인다. 「청년행진곡」은 이두산이 1938년 8월 남경에서 작사·작곡한 곡으로 조선의용군, 의용대, 광복군이 중국 전선에서 부르던 노래이다.

이처럼 『동방시보』는 이두산이 중앙위원장으로 있던 조선대중당 기관지 성격의 잡지로 해방 후 국내파와 국외파의 혼란한 정치적 갈등을 확인할 수 있는 귀중한 자료라 할 수 있다. 개인이 소장한 『동방시보』 제2호를 DB화 하였다.

동심

題　　　號	동심 창간호	판　　　형	19.5x25
발 행 일	1966.05.31.	발행편집인	부산공전 기계과
표지화, 컷		간별, 정가	부정기, 비매품
면　　　수	60	인 쇄 소	
발 행 처	부산공업전문학교 기계과	기　　　타	부산, 등사판, 판권지 탈락, 교지.

『동심』은 1966년 5월 31일 부산공업전문학교 기계과에서 발행한 회지(會誌)이다. 등사본으로 제작한 『동심』 창간호는 총 60면(58이후 낙장)으로 비매품이다. 내용 구성은 〈권두사〉, 〈창간사〉, 그리고 〈시〉와 문예 작품, 〈교수만평〉, 〈영시소개〉, 〈앙케트〉, 〈회칙〉, 〈편집후기〉 순으로 구성되어 있다.

기계과장 이중호는 3쪽에 실린 〈권두사〉에서 이제 막 시작되는 부산공업전문학교 기계과가 앞으로 전통을 바로 세우고, 모범이 되는 생활을 통해서 부산공업전문학교의 상징이 되는 학과가 되기를 피력하고 있다. 또 동심회 회장 권성경은 〈창간사〉에서 동심회가 조직된 지 3개월 만에 회지를 발간하게 되었음을 밝히고, 학교에 성실히 다니고 학업증진과 사회봉사, 회원간에 친목할 것을 부탁하였다.

〈시〉에는 이명환의 「잃어버린 시간(時間)」, 천일녕의 「호수」, 이성철의 「절간에서」, 「야해(夜海)」, 권성경의 「먼길」, 「그리워」, 이명환의 「5월(月)의 대자연」, 〈산문〉은 송재철의 「마음의 번뇌를 뇌까리며」, 최용현의 「BUS와 여차장」, 이동걸의 「광복아(光復兒)의 심정(心情)」의 작품이 실려 있다. 이외에도 〈유머 살롱〉에는 이재석의 「정찰제」, 김종환의 「쓰레기」, 서영철의 「잔소리」, 구승회의 「인생무상」, 윤승호의 「지하(地下) Tunnel 여행(旅行)」, 권성경의 「난(蘭)」, 구승희의 「잡문」의 글이 실려 있다. 사이사이에 토막글로는 격언이나 유머, 토막상식 등이 수록되어 있다. 〈교수만평〉 코너에서는 기계과 교수들에 대한 소개 및 학생들이 교수에 대해 느낀 점 등을 적어 놓았다. 이 코너에 소개된 교수는 왕선우, 임영호, 김석규, 이중호, 김여원, 강창수, 노창주, 윤덕만, 이동주, 서무열, 김업진, 이병직, 조현기, 박선주, 오창석 등이다.

〈교수만평〉의 뒤에는 팝송과 영시를 소개하는 난이 있고, 「Sensorama」에서는 미래세계에서 이루어질 법한 "냄새나는 영화"를 소개하였다. 〈앙케트〉 코너에서는 1. 성명, 생년월일, 혈액형, 2. 가장 존경하는 사람과 그 이유는?

3. 감명깊게 읽은 책과 영화는? 4. 공학도로써 장래의 포부는? 5. 당신이 생각하는 여성관은? 6. 클럽간의 교제는 어떻게 생각하시는지?를 물었다. 이에 대해서 구승회(具承會)를 비롯한 12명이 답을 하였다.

〈동심회 회칙〉에서는 동심회의 목적이 회원간의 친선을 도모하고 보다 나은 사회생활을 위함임을 밝혔다. 회원은 기계과 학생에 한하며, 회장 1인, 집행위원 2인의 임기는 6개월로 정하였다. 회비는 매달 150원씩 납부해야 하며, 회보는 회장 임기내에 1회 발행하여 전회원에게 배부하는 것으로 되어 있다.

이러한 『동심』은 부산공업전문학교 기계과에서 발행하는 회보가 단순히 학교 소식을 전하는 것이 아닌 학생들의 시와 문예를 뽐내고, 학과 인물들의 다양한 면모를 찾아볼 수 있는 문예지적 성격을 지니고 있다는 점에서 그 의의가 있다. 개인이 소장한 『동심』 창간호를 DB화 하였다.

차 례

동아

題　　　號	東亞 第7輯	판　　　형	15x20.5
발 행 일	1967.11.20.	발행편집인	發行: 鄭在煥, 編輯: 姜思仁
표지화, 컷	表紙畵, 目次컷: 金守益, 題字: 鄭在煥	간별, 정가	부정기, 비매품
면　　　수	258	인 쇄 소	東亞大學校出版社
발 행 처	東亞大學校總學生會 學藝部 (釜山市 東大新洞 3街 1)	기　　　타	부산, 교지.

『동아(東亞)』 제7집은 동아대학교 총학생회 학예부(부산시 동대신동 3가 1)에서 1967년 11월 20일에 발행한 교지이다. 제7집의 판권지를 보면, 발행인은 정재환(鄭在煥)이고, 편집인은 강사인(姜思仁)이다. 편집위원으로는 강사인(사·4), 정기영(鄭基泳, 철·3), 황광주(黃光珠, 국·3), 박원환(朴元煥, 국·3) 등이 활동했으며, 동아대학교출판사(東亞大學校出版社)에서 간행하였다. 비매품이며 총 258면이다.

〈편집후기〉에서 정기영은 『동아』 제7집을 발행하기 위해서 3계절을 보냈다고 하였다. '동아(東亞)' 제자는 총장 정재환이 썼고, 표지와 목차, 컷은 김수익 교수가 담당하였다. 본문에 앞서 동아대학교 동창회, 부산문화방송주식회사, 동아대학교출판사에서 속간을 축하하는 광고를 실었다. 또한 미진화학섬유공업주식회사, 조선견직주식회사, 흥농종묘주식회사, 정화사, 남일운동구점, 부산문구사, 신신예식장, 조흥은행부산서지점 등에서도 광고를 실었다. 이후 동아대학교 교정의 종탑, 십자로, 농구대 등의 모습을 찍은 사진이 이어진다.

東　亞　그림

編輯後記

編輯委員
姜　思　仁(史·四)
鄭　寅　茶(扶智·三)
朴　元　珠(玉珠·三)
　　　　換(國·三)

東　亞　第七輯
西紀一九六七年十一月 一日印刷
西紀一九六七年十一月一〇日發行
發行人　鄭　在　煥
編輯人　姜　思　仁
發行所　東　亞　大學校
德學生會學藝部
釜山市東大新町三街一
電話③六四九六
印刷所　東理大亮校出版社

〈非賣品〉

목차의 구성은 동문회장 박규상(朴奎祥)의 〈격려사〉, 총회장 김부근(金富根)의 〈속간사〉를 이어서, 〈수필〉이 11편이 실려 있다. 이어서 〈특집 20세기에 묻는다〉, 교수와 학생의 〈논단〉, 〈특집 세대의 발언－기성세대가 신세대에 바란다, 신세대가 바라는 기성세대〉, 〈여학생 자변(自辯)〉이 있고, 〈문원(文苑)〉에는 시 10편과 기행문, 콩트, 창작소설 3편이 실려 있다. 시 심사평은 구연식(具然軾)이 담당하여 가작 4편을 뽑았고, 창작심사평은 허민택(許汝澤)이 담당하여 가작 1편을 뽑았다.

본문은 한 면에 4단 구성으로 되어 있으며, 각 면에는 글의 내용과 관련된 아기자기한 삽화를 그려 넣었다. 책의 편집 형태는 18면~38면까지는 4단 구성으로 되어 있고, 39면~108면까지는 2단 구성이고, 109면~199면까지는 3단 구성으로 되어 있다. 202면 〈문원〉부분의 시 작품을 싣는 부분은 2단 구성, 〈기행문〉은 3단 구성, 〈콩트〉는 1단 구성, 〈소설〉은 2단으로 구성하여, 한 권의 책 내에서도 다양한 형태의 면 구성을 나타내었다.

이러한 『동아』는 동아대학교 구성원들의 학술적인 경향과 문학적인 소양을 살펴볼 수 있는 자료로 가치가 있다. 개인이 소장하고 있는 『동아』 제7집을 DB화 하였다.

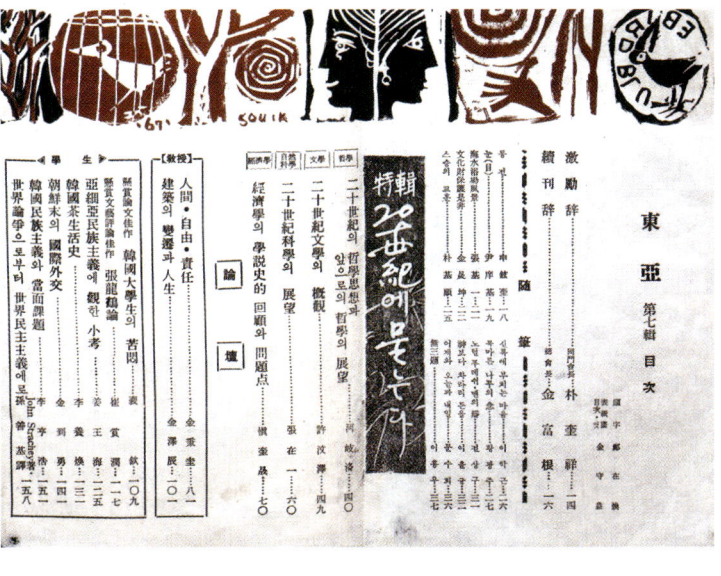

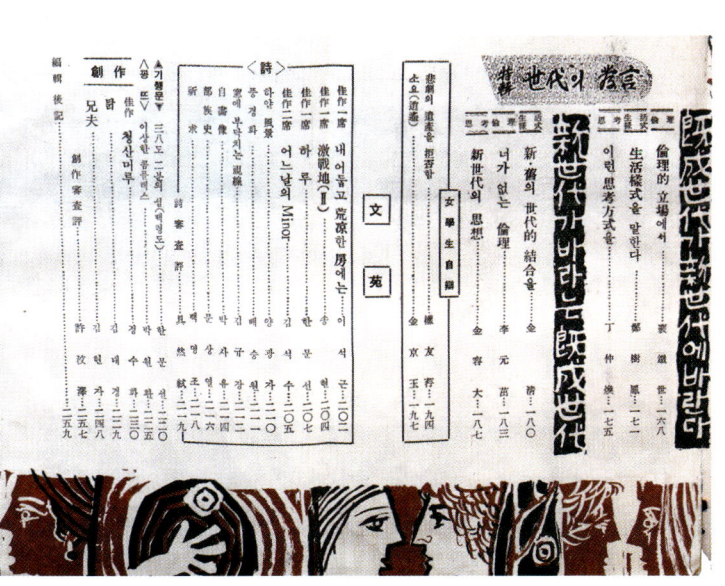

동아시집

題　　號	東亞詩集 제1집	판　　형	15x21
발 행 일	1966.02.25.	발행편집인	발행: 동아대학교학생국어국문학회
표지화, 컷	表紙: 金守益, 題字: 趙鄕	간별, 정가	부정기, 비매품
면　　수	101	인 쇄 소	삼협인쇄주식회사
발 행 처		기　　타	부산, 학회지.

『동아시집(東亞詩集)』은 동아대학교학생국어국문학회에서 1966년 2월 25 에 발간한 학회지 성격의 시집이다. 『동아시집』 제1집 판권 사항을 보면 인쇄 소는 삼협인쇄주식회사이며, 총 101면에 비매품이다. 제자(題字)는 조향(趙鄕) 이 썼고, 표지 그림은 김수익(金守益)이 그렸다. 내부의 그림1은 「승천(昇天)」이 란 제목의 A. Saura가 그렸고, 그림2는 Cesar Latroisieme Compression의 그림이다. 「책머리에」에서 조향은 모든 재보(財寶) 가운데 가장 위험한 재보 가 언어이고, 시는 곧 언어 중의 언어이기에 시(詩)는 곧 위험한 존재라고 하 면서, 시예술이란 그 위험성을 극복하기 위해 오랜 동안 노력해왔다고 주장 했다. 이러한 피나는 존재, 창조의 작업에 참여한 졸업생과 재학생들의 시의 향연을 축하하면서 영광이 함께 하기를 바랐다. 이어 학생회장 박현태의 「책 을 내면서」라는 서두가 있다. 그리고 동아대학교 교가(校歌)가 실려 있다.

시집으로서 목차를 살펴보면, 구연식의 「퐁퐁 비가 쏟아진다」를 비롯하여 31편의 시가 실려 있다. 시는 자유시의 형태가 대부분이며, 특이한 점으로는 합동창작시가 있다는 점이다. 예를 들면, 김기현(본문에는 김현)·김영희가 쓴 「너와 나의 시(詩)」, 송상욱·김항현·윤석원이 쓴 「밤의 소묘」, 손정길·이영

東亞詩集

발행인·동아대학교학생국어문학회·인
쇄소·삼협인쇄주식회사 ·인쇄 1966.
2. 23 발행·1966. 2. 25 〈비매품〉

해·김상숙·전치탁·손상덕이 쓴 「어느 하오의 전망대에서」가 있다. 합동으로 창작한 「너와 나의 시」의 경우, A와 B가 한 연씩 번갈아 가면서 시를 작성한 특이한 면모를 보이고 있다. 이러한 면은 「어느 하오의 전망대에서」와 「밤의 소묘」에서도 같은 형식이 나타나면서 낯선 시의 면모를 보이고 있다. 편집 후기나 발행 후의 내용에 대한 글은 없다.

1971년이 되어서야 『동아시집』은 2집을 발간한다. 발행인은 동아대 문리대 국어국문학회이며, 영남인쇄소에서 인쇄하여 1971년 7월 20일 발행하였다. 비매품이다. 제자(題字)는 교무처장인 정수봉(鄭樹鳳)이 썼으며, 표지구도는 학회장인 윤해희(尹海熙)가 담당하였다. 내부의 그림으로는 무령왕비 팔찌와 줄리오·공잘레스 작(作), 김동철(金東鐵) 조각 그림을 실었다. 1971년 공주 무령왕릉에서 출토된 왕비 팔찌의 모양이 현대예술작품과 비교하여 전혀 손색이 없다는 설명이 붙어있다. 머리말은 구연식(具然軾)이 썼으며, 속간사(續刊辭)는 학회장인 윤해희가 작성하였다. 이어서 구연식의 「가로등(街路燈)〈Ⅰ〉」을 시작으로 25명 31편의 시가 실려 있다. 학회지로서 4년이 지난 뒤 속간되었기 때문에 1집에 실린 시인들과 2집에 실린 시인들이 명단을 비교해보면, 동일 인물로는 구연식, 배거한, 차연심이 있다.

이처럼 『동아시집』은 동아대학교 국어국문학회 회원들의 학문적인 관심사와 문학적인 소양을 살펴볼 수 있는 자료로 가치가 있다. 개인이 소장하고 있는 『동아시집』 제1집과 제2집을 DB화 하였다.

〈차례〉

문교월보

題　　　號	文敎月報 第1號	판　　　형	19x26.5
발 행 일	1951.10.31.	발행편집인	文敎部
표지화, 컷		간별, 정가	월간, 비매품
면　　　수	31	인 쇄 소	共榮印刷株式會社(釜山市 富平洞 2街 56番地)
발 행 처		기　　　타	부산, 11月號, 기관지.

　『문교월보(文敎月報)』 제1호(11월호)는 문교부(文敎部)에서 1951년 10월 31일에 발행한 기관지이다. 『문교월보』 제1호의 판권사항을 보면 편집 겸 발행은 문교부이고, 인쇄소는 공영인쇄주식회사(共榮印刷株式會社, 釜山市 富平洞 2街 56番地)이며, 비매품으로 총 31면이다. 앞표지에는 목차 정보가 나와 있고, 뒤표지에는 속간을 축하하는 대한교육연합회(大韓敎育聯合會)와 문교도서주식회사(文敎圖書株式會社)의 광고가 실려 있다.

　전시(戰時)에 발행한 문교부 기관지답게 주로 전시 하의 여러 가지 교육계 현안과 사건을 다루고 있는 점이 특징적이다. 구체적으로 살펴보면, 문교부 고등교육국장(高等敎育局長) 김두헌(金斗憲)의 「전시연합대학(戰時聯合大學)의 구상과 운영」, 편수국장(編修局長) 최현배(崔鉉培)의 「4284년도 교과서 편찬방침에 관하여」, 장학관(奬學官) 조재호(曺在浩)의 「4284년도 장학방침에 관하여」, 장학관 오옥병(吳沃炳)의 「사친회(師親會) 운영상(運營上)의 제문제(諸問題)」, 장학관 심태진(沈泰鎭)의 「객관적 성적고사법(成績考査法)의 형식」, 경리과장 이종육(李鐘六)의 「흙벽돌 교실건축설계」 등의 글이 실렸으며, 사이사이에 「외지(外誌)에 보도된 한국의 교육」, 「중학교 입학자 선발 상황 일람표」, 「중등학교 현황」

등이 소개되어 있다.

한편 문교부장관의 〈권두언〉에 따르면, '문교부에서 과거 발행하던『문교순보(文敎旬報)』가 몇 호를 거듭하지 못하다가 이번에『문교월보』로 개칭하고 월간으로 새출발하게 되었다'고 하였다. 이로 보아 1951년 10월 31일에 간행한『문교월보』11월호는 이전 '문교순보'라는 이름에서 '문교월보'라는 이름으로 첫 발행되었던 기관지였음을 알 수 있다.

이러한『문교월보』는 전쟁 중에 부산에서 문교부가 속간으로 발행한 잡지라는 점에서 자료적 가치를 지닌다. 개인이 소장한『문교월보』제1호를 DB화하였다.

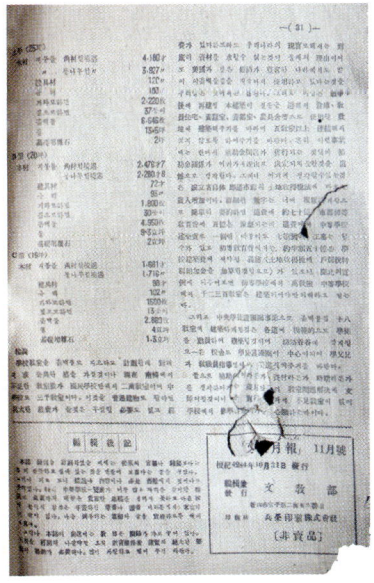

문리대학보

題　　　號	文理大學報 第2輯	판　　　형	15x21
발　행　일	1959.12.25.	발행편집인	發行: 韓孝東, 編輯: 金廷漢
표지화, 컷	表紙 題字: 韓亨錫	간별, 정가	연간, 비매품
면　　　수	335	인　쇄　소	共榮印刷株式會社
발　행　처	釜山大學敎 文理科大學 聯合學會	기　　　타	부산, 학술지.

『문리대학보(文理大學報)』 제2집은 부산대학교 문리과대학에서 1959년 12월 25일에 발행한 〈인문, 사회, 자연〉 분야 학술지이다. 『문리대학보』 제2집의 판권 사항을 보면 발행인은 한효동(韓孝東), 편집인 김정한(金廷漢), 발행처는 부산대학교 문리과대학 연합학회(釜山大學 文理科大學 聯合學會), 인쇄소는 공영인쇄주식회사(共榮印刷株式會社, 釜山市 富平洞 2街 56番地)이며, 비매품으로 총 335면이다. 앞표지에는 목차 정보 간략 본이 나와 있고, 뒤표지에는 영문 목차 정보 간략 본이 들어 있다.

이 학술지의 지도교수는 김정한, 윤병기(尹炳騏), 박건석(朴建錫)이고, 편집위원은 이창원, 김승찬, 최칠복이다. 차례를 보면 다양한 학문 분야가 망라되어 있는데 김용기(金溶基)의 「3·1독립운동과 파리장서사건에 대하여」, 김도환(金道煥)의 「소년범죄의 성격」, 김승찬(金承璨)의 「쌍화점 재고」, 신홍대(申洪大)의 「입체유기화학의 최근의 제문제(諸問題) 중에서」, 홍순종(洪淳宗)의 「근대산업과 인구도시집중의 상관관계」 등이 실려 있어 당시 학문적 성향과 접근 방법을 확인할 수 있는 자료이다.

편집후기 〈여묵(餘墨)〉란은 지도교수 K와 창이 각 하나의 쪽글을 실었는데

'무게 있는 연구논문지로서 하루라도 빨리 내려고 무던히 애를 썼으나 원고 모집이 여의치 않아 그런대로 이제야 햇빛을 보게' 된 점을 밝히었고, 표지 제자를 한형석(韓亨錫) 교수님이 맡아주셨다고 하였는데 표지 제자가 힘 있는 붓글씨체로 남다르다.

이러한 『문리대학보』는 부산대학교 문리과대학 교수와 재학생들의 다양한 학문적인 관심사를 살펴볼 수 있는 학술지라는 점에서 가치가 있다. 원광대학교 도서관에서 소장한 『문리대학보』 제2집과 제3집, 제13집을 DB화 하였다.

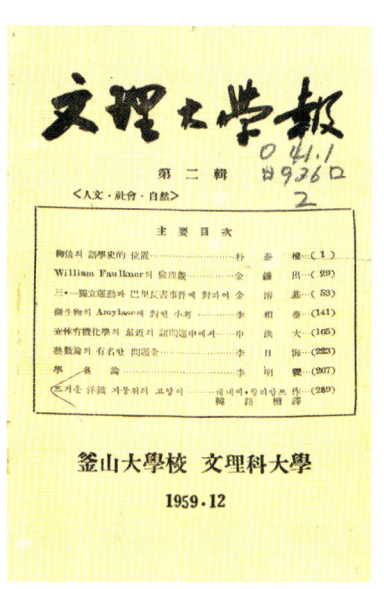
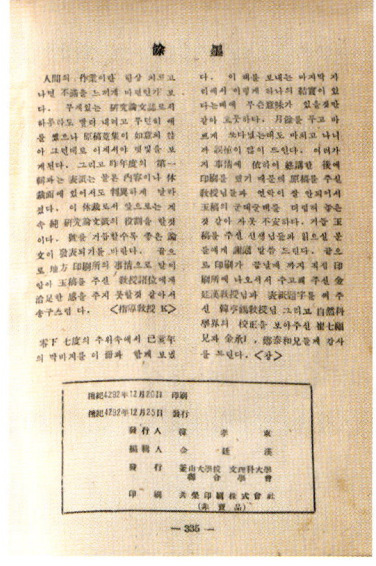

문리대자연학보

題　　　號	文理大自然學報 第3輯	판　　　형	15x21
발　행　일	1961.12.10.	발행편집인	發行: 韓孝東, 編輯: 朴道雄·卞興洙
표지화, 컷		간별, 정가	부정기, 비매품
면　　　수	200	인　쇄　소	韓協印刷所
발　행　처	釜山大學校 文理科大學 自然學部會	기　　　타	부산, 학술지.

『문리대자연학보(文理大自然學報)』 제3집은 부산대학교 문리과대학 자연학부에서 1961년 12월 10일에 발행한 〈자연〉 분야 학술지이다. 『문리대자연학보』 제3집의 판권 사항을 보면 발행인은 한효동(韓孝東), 편집인은 박도웅(朴道雄)·변흥수(卞興洙), 발행처는 부산대학교 문리과대학 자연학부(釜山大學校 文理科大學 自然學部), 인쇄소는 한협인쇄소(韓協印刷所)이며, 비매품으로 총 200면이다. 앞표지에는 목차 정보 간략 본이 나와 있고, 뒤표지에는 영문 목차 정보 간략 본이 들어 있다.

차례를 보면 이명변(李明燮)의 「한국인구론」, 이종건(李鍾建)의 「낙동강변의 Clonorchis Sinensis의 분포 급 생활사에 관하여」, 김규호(金奎昊)의 「강원도 석탄에 대하여」 등 자연과학 분야 논문이 실려 있어 당시 자연과학 분야의 학문적 성향과 접근 방법을 확인할 수 있는 자료이다. 편집후기 〈낙수(落穗)〉에는 겨울 방학에 책이 나온다는 소식과 더불어 옥고를 주신 분들게 감사를 표시하였고, 크리스마스가 시작되고 새해가 온다는 인사를 전하였다.

이러한 『문리대자연학보』는 부산대학교 문리과대학 자연학부 교수와 재학생들의 학문적인 경향을 살펴볼 수 있는 학술지라는 점에서 가치가 있다. 원광대학교 도서관에서 소장한 『문리대자연학보』 제3집을 DB화 하였다.

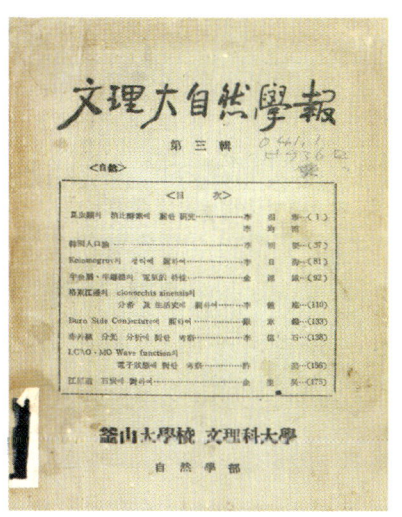

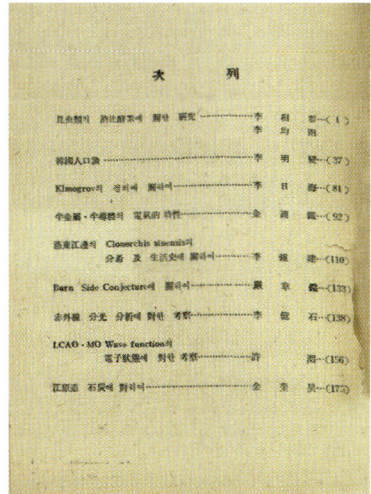

문예

題　　　號	文藝 第17號	판　　　형	14.5x20.5
발　행　일	1953.06.20.	발행편집인	發行: 毛允淑, 編輯: 趙演鉉
표지화, 컷	表紙 컷: 白榮洙, 題字: 故 吳世昌	간별, 정가	월간, 130환
면　　　수	196	인　쇄　소	서울신문社
발　행　처	文藝社(서울市 西大門路 1街 120, 釜山事務所－釜山 水晶洞 3街 876)	기　　　타	부산, 初夏號, 문예지.

『문예(文藝)』 제17호는 1953년 6월 20일에 발행된 잡지이다. 발행인은 모윤숙(毛允淑)이며, 편집인은 조연현(趙演鉉)이다. 발행처는 서울 남대문로에 있는 문예사(文藝社)이며, 인쇄는 서울신문사(社)를 이용하였다. 총 196면에 정가는 130환이다. 〈편집후기〉를 보면, 『문예』 통권 제17호는 예정보다 늦게 발간이 되었으며, 다음 호도 언제 나올 지를 기약하지 못하였다. 이는 아마도 한국전쟁기라는 특수상황에서 기인한 요인으로 보인다. 월간으로 발행된 『문예』는 이후 3개월에 한번씩이라도 꼭 발행하겠다는 의지를 보였다. 『문예』 제17호의 표지 제자는 고(故) 오세창(吳世昌)이 썼으며, 표지 컷은 백영수(白榮洙)가 그렸다. 『문예』는 1954년 3월 통권 제21호로 종간되었다.

목차를 살펴보면, 〈시〉, 〈수필〉, 〈평론〉, 〈창작〉 등으로 순문예지를 지향하고 있음을 알 수 있다. 〈시〉에는 박종화(朴鍾和)의 「성추(省楸)」, 모윤숙(毛允淑)의 「창경원 온실(溫室)에서」, 유치환(柳致環)의 「행복(幸福)」, 김현승(金顯承)의 「푸라타나스」, 박남수(朴南秀)의 「산야(産夜)」, 김윤성(金潤成)의 「창경원(昌慶苑)」, 최재형(崔載亨)의 「창(窓)」, 송욱(宋稶)의 「꽃」, 이동주(李東柱)의 「뜰」이 실려 있다.

추천작품으로 최인희(崔寅熙)의 「길」, 이철균(李轍鈞)의 「한낮에」, 이종학(李鍾學)의 「미루나무」가 있고, 산문시로 김상옥(金相沃)의 「우수(憂愁)의 서(書)」가 실렸다. 〈평론〉으로 이숭녕(李崇寧)의 「국어의 어감시고(語感試考)」, 김춘수(金春洙)의 「유치환론(목차에는 청마론으로 되어 있음)」, 신도성(愼道晟)의 「문화와 정치」, 임원식(林元植)의 「베토벤의 인간성」, 박용구(朴容九)의 「역사소설 사견(私見)」 등이 있다. 〈창작〉으로는 이무영(李無影)의 「암행일기(暗行日記)」, 곽하신(郭夏信)의 「골목길」, 손소희(孫素熙)의 「닳아진 나사」, 김송(金松)의 「나체상(裸體像)」, 한무숙(韓戊淑)의 「노인」, 장용학(張龍鶴)의 「찢어진 『윤리학(倫理學)의 근본문제(根本問題)』」, 유주현(柳周鉉)의 「패배자(敗北者)」, 서근배(徐槿培)의 「성격(性格)」 등이 있다. 추천희곡으로 노능걸(盧能杰)의 「아무리 옷이 날개라지만」이 있고, 손창섭(孫昌涉)의 「사선기(死線記)」가 있다. 그리고 수필 등 여러 형식의 글을 싣기도 하였다. 이은상(李殷相)의 「노산필담(鷺山筆談)」, 홍효민(洪曉民)의 「탐서벽(探書癖)」, 계용묵(桂鎔默)의 「제주풍물점경(濟州風物點景)」, 최태응(崔泰應)의 「우정석금(友情昔今)」, 이봉구(李鳳九)의 「서울의 맛」, 조병화(趙炳華)의 「BOND STREET」, 조연현(趙演鉉)의 「연애에 대하여」, 박기원(朴琦遠)의 「질항아리와 우정」, 김래성(金來成)의 「속(續)·소설제목 도난기(盜難記)」, 김기완(金基完)의 「만화록(萬華錄)」, 김구용(金丘庸)의 「일기초(日記抄)」 이종항(李鍾恒)의 「바둑」 등이 있다. 이외에도 김동리(金東里)의 「소설천후평(小說薦後評)」, 모윤숙의 「시천후평(詩薦後評)」, 유치진(柳致眞)의 「희곡천후평(戱曲薦後評)」 등과 손창섭의 「당선소감」 등이 실려 있다.

이러한 『문예』는 한국전쟁 중임에도 피난지인 부산에서 문학 활동에 전념하는 피난 작가의 작품을 확인할 수 있는 자료라는 점에서 의미가 있다. 개인이 소장한 『문예』 제17호를 DB화 하였다.

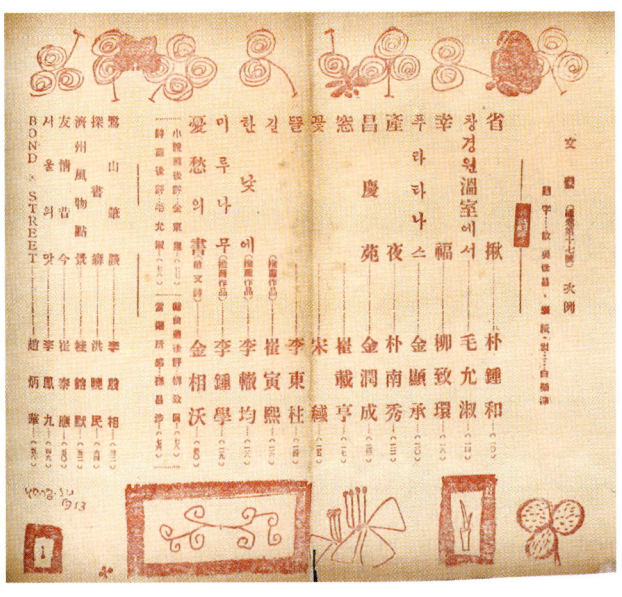

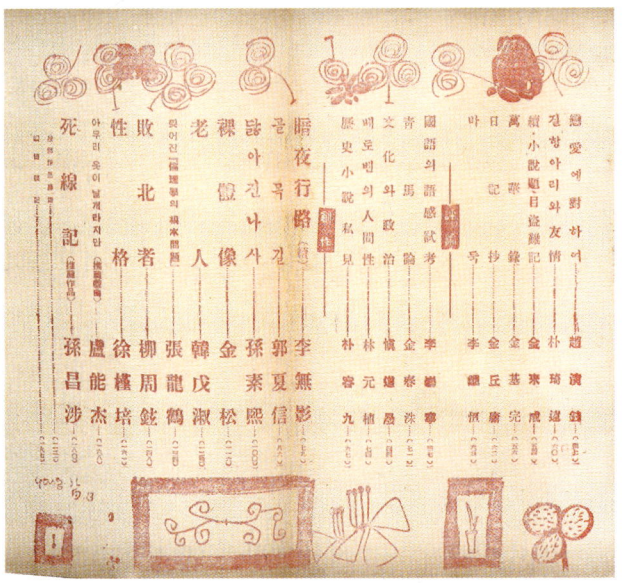

문필

題 號	文筆 第1輯	판 형	15x21
발 행 일	1957.10.10.	발행편집인	發行: 金炳斗, 편집: 金廷漢
표지화, 컷	表紙 컷: 向破	간별, 정가	부정기, 300원
면 수	222	인 쇄 소	國際新報社第2工場(釜山市 東光洞 3街 26)
발 행 처	釜山文筆家協會	기 타	부산, 기관지.

『문필(文筆)』 제1집은 부산문필가협회(釜山文筆家協會)에서 발간한 기관지이다. 1957년 10월 10일 창간되었다. 창간호의 발행인은 김형두(金炳斗), 대표편집인은 김정한(金廷漢)이었으며, 부산시 동광동 3가 26번지에 소재한 국제신보사제2공장(國際新報社第2工場)에서 인쇄했다. 총 222면에 정가는 300원이다. 표지 컷은 향파(向破) 이주홍(李周洪)이 담당하였다.

본문의 구성은 〈발간사〉를 시작으로, 〈창작〉, 〈수필〉, 〈평론〉, 〈시〉, 〈민요특집〉 등 문예 작품 코너로 구성되어 있다. 〈발간사〉를 보면 "문화의 중앙집중주의는 나라의 문화를 절름발이로 만드는 폐단이 되고 말므로", "지방에도 문학지가 하나쯤은 있어야 되겠다는 말"이 오래도록 있었다고 하며 지방 문예지 창간의 의의를 이야기하고 있다. 이어 『문필』을 통해 "중앙과 지방의 문화적 교류"를 이어가며 "문화의 보편화와 그 질적 향상을 기할 수 있을 것"이라는 기대를 드러내고 있다.

문예 코너를 보면 〈창작〉, 〈수필〉, 〈평론〉, 〈시〉 등 장르별로 나누어 작품을 수록하였다. 〈창작〉란에는 김석호(金碩浩)의 「임우(霖雨)」. 정진업(鄭鎭業)의

文筆

第一輯

▲編輯後記▲　大瀛

文筆　第一輯

定價　三○○圜

國際新報社出版局

發行人　金烔

代表　釜山文僑協會

編輯人　金廷漢

「탈적가족(脫籍家族)」, 손동인(孫東仁)의 「선택권(選擇權)」, 김학(金鶴)의 「저류도(低流圖)」 등 4편의 소설을 비롯하여 이주홍(李周洪)의 희곡 「뒷골목」과 골드웰의 번역 소설 「엽기(獵期)의 풍속(風俗)」이 포함되어 있다. 이어 〈수필〉에는 김정한, 이영도, 조향(趙鄕), 성수익(成壽益), 김태홍(金泰洪), 정신득, 백상현(白相鉉), 장완(張完), 청마 유치환, 김일립(金一粒), 장덕순(張德順)의 수필 11편, 〈평론〉에는 정태용(鄭泰鎔), 황용주(黃龍珠), 정상구(鄭相九)의 글 3편, 〈시〉에는 손풍산(孫楓山), 홍두표(洪斗杓), 김상옥(金相沃), 설창수(薛昌洙), 김춘수(金春洙), 고두동(高斗東), 서정봉(徐庭鳳), 이숭자(李崇子), 홍원(洪原), 임하수(林河守), 이석인(李石人), 박철석(朴哲石), 조순(曺純)의 시 14편이 수록되었다. 그 밖에 제레미 잉갈스의 「한국에 부치는 시」를 특별지면으로 마련하였다. 이외에도 〈민요특집〉이라는 코너를 두어 해남, 울산, 창원 지방의 민요를 수집해 수록했다.

이러한 『문필』은 1950년대 후반 부산과 영남지역에 거주하던 문인들의 문예 작품을 한 눈에 살펴볼 수 있는 자료라는 점에서 가치가 있다. 개인이 소장한 『문필』 창간호를 DB화 하였다.

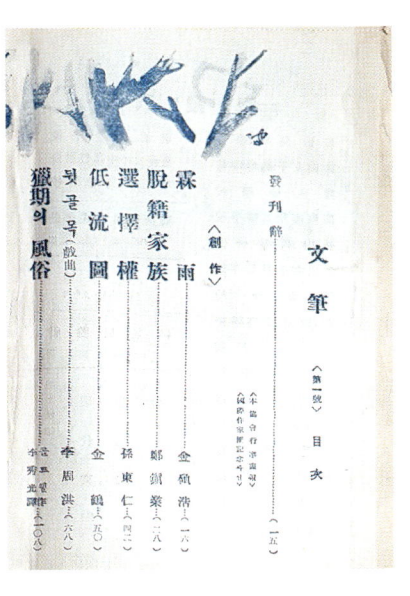

文筆 〈第一號〉 目次

發刊辭

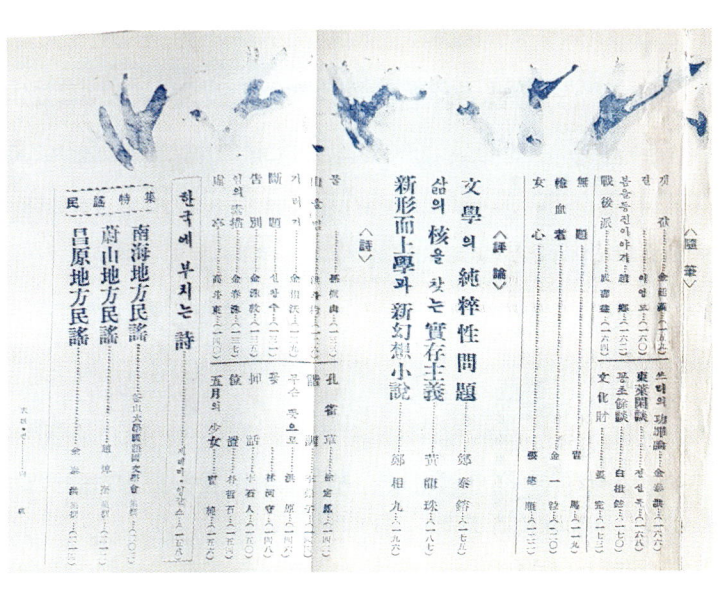

문학시대

題　　　號	文學時代 創刊號	판　　형	15x21
발 행 일	1966.03.01.	발행편집인	發行: 秋盛龜, 主幹: 李周洪
표지화, 컷	表紙・目次・컷: 洲二	간별, 정가	계간, 70원
면　　수	166	인 쇄 소	太和印刷所
발 행 처	太和出版社(釜山市 西區 七城洞 1街 9)	기　　타	부산, 3월호, 종합문예지.

　　『문학시대(文學時代)』는 부산에서 발행한 종합문예지이다. 집필진의 면면을 살필 때 부산에 국한되지 않는 전국 잡지였음을 알 수 있으나 제7호로 종간되었다. 수집한 판본은 『문학시대』 창간호와 제2호이다. 창간호의 판권 사항을 보면 발행인은 추성구(秋盛龜), 주간(主幹) 이주홍(李周洪), 편집인은 최해군(崔海君), 김영(金榮), 영업인은 박광호(朴光浩) 등이었고, 발행처는 태화출판사(太和出版社, 釜山市 西區 七城洞 1街 9), 인쇄소는 태화인쇄소(太和印刷所), 정가는 70원, 총 166면이다. 표지와 목차 컷은 서예가 주인(洲二) 유희강이 담당하였다.

　　본문의 구성은 태화출판사 사장 추성구의 〈창간사〉를 시작으로, 〈창작〉, 〈평론〉, 〈시〉, 〈새밭에서〉, 〈특집〉, 〈에세이〉, 〈수필〉, 〈연재강좌〉, 〈연재소설〉, 〈편집실어(編輯室語)〉 등으로 구성되어 있다. 〈창간사〉 「새벽의 기적(汽笛)」에서 추성구는 "문학의 목적은 인간을 구원하는 데 있다. 인간의 정신적인 파탄과 허탈과 절망에 대한 모든 병근(病根)을 찾아내고 그래서 그 치유에 정확하고 신뢰할 만한 방법을 찾아가는 것이 문학의 사명"이라고 밝혔다. 〈특집〉으로는 "한국의 소설은 어디로 가고 있는가?"를 내세웠는데 3편의 주제 글, 정태용(鄭泰鎔)의 「원형(圓形)의 전설론(傳說論)」, 신동한(申東漢)의 「한국소설의 방향」, 김태홍(金泰洪)의 「시에 접근한 소설의 두 가지 전형(典型)」을 담았다.

　이어서 〈창작〉 분야에는 손동인(孫東仁)의 「동심의 축제(祝祭)」, 오유권(吳有權)의 「머슴」, 윤정규(尹正圭)의 「타계의 음향(他界의 音響)」, 장호(章湖)의 「오징어가 된 사나이」 등이 게재됐다. 평론으로는 백철(白鐵)의 「현대문학(現代文學)을 위한 서론(序論)」, 이원수(李元壽)의 「아동문학(兒童文學)의 문제점(問題點)」, 이호우(李鎬雨)의 「시조단(時調壇)의 제초작업(除草作業)」, 〈시〉 분야에선 유치환(柳致環), 장만영(張萬榮), 김수돈(金洙敦), 최계락(崔啓洛), 이동섭(李東燮)의 작품이 실려 있다. 또한 〈에세이〉는 조연현(趙演鉉)이 「교직(敎職)의 감상(感想)」, 정비석(鄭飛石)이 「나의 출세작, 성황당(城隍堂)」에 대해 썼으며, 〈수필〉은 이상노(李相魯), 김송(金松), 이영도, 이가원(李家源), 정상구(鄭相九), 허천(許天), 안춘근(安春根), 최해갑(崔海甲), 손풍산(孫楓山), 김상희(金尙禧), 문재구(文在球) 등이 글을 남겼다.

　그밖에 〈연재강좌〉 "무엇을 읽을 것인가"에서는 박지홍과 구우학(具羽鶴)이 각각 고전편(古典篇)과 현대편(現代篇)의 글을 소개하고 있으며, 〈새밭에서〉라는 코너에서는 고등학교 문학도들의 작품을 싣고 전국의 문학 지망생들이 자기 학교의 명예를 걸고 문장력을 뽐내며 열띤 경연을 벌이기도 했다. 마지막으로 〈연재소설〉에서는 20대 신인 여성 작가 강은파(姜銀波)의 야심작 「나는 아무도 사랑하지 않았다」를 연재하며 관심을 끌었다.

　이러한 지면 구성은 1966년 6월 1일에 발간된 『문학시대』 제2호까지 일관되게 이어졌다. 다만 최계락, 이동섭, 윤정규, 이영도, 정상구, 허천, 최해갑, 손풍산, 김상희, 문재구 등 부산지역 작가들의 활동과 학생들의 문예면을 비중 있게 다루면서도 '한국문학'에 대한 성찰이 점차 확대되는 특징을 볼 수 있다. 일례로 〈특집〉 "한국의 시는 어디로 가고 있는가"에는 장백일(張伯逸), 김광림(金光林), 이유식(李洧植), 박철석(朴哲石), 김현, 〈좌담회〉 "한국문학의 반성"에는 주요섭(朱耀燮), 박목월(朴木月), 한로단(韓路檀), 이호철(李浩哲), 조병화(趙炳華)가 참여하여 잡지의 품위를 더했다.

　이처럼 『문학시대』는 당대 서울의 『현대문학』과 『자유문학』에 비견될 정도로 필진과 지면 구성이 탄탄하다는 점에서 가치 있는 자료라고 할 수 있다. 개인이 소장한 『문학시대』 제1호와 제2호를 DB화 하였다.

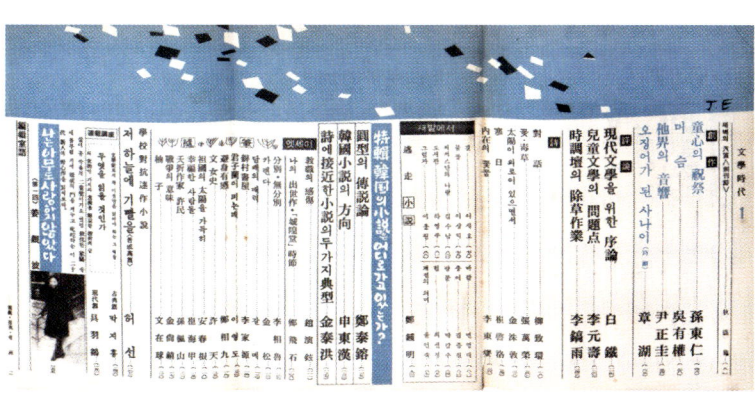

문학제

題 號	문학제 제2회	판 형	15x21
발 행 일	1961.10.07.	발행편집인	발행: 최봉학, 편집: 숙재
표지화, 컷		간별, 정가	부정기, 비매품
면 수	40	인 쇄 소	국제인쇄주식회사
발 행 처	동아대학교 문리과대학 국어국문학회	기 타	부산, 영남 7개 대학 연합 국어국문학회, 기념특집호.

『문학제』는 동아대학교 문리과대학 국어국문학회에서 발행한 영남 7개 대학 국어국문학회 연합회지다. 수집한 것은 제2회 『문학제』 기념특집호이다. 1961년 10월 7일 발행되었다. 판권 사항을 보면 편집 겸 발행처는 동아대학교 문리과대학 국어국문학회, 발행인은 최봉학, 편집인은 숙재였고 인쇄소는 국제인쇄주식회사에서 했다. 총면수는 40면에 비매품이었다.

목차를 보면 동아대학교 문리대학장 조향의 〈축사〉「양손에 꽃을 쥐고」와 동아대학교 국어국문학회장 최봉학의 〈인사말씀〉에 이어 문학제 행사에 출품된 〈시〉 15편과 〈수필〉 6편, 〈콩트〉 1편, 〈소품〉 2편이 수록되었다. 최봉학의 〈인사말씀〉에는 "두 번째로 열게 되는 이 문학제를 본 대학교에서 맡게 되었다"고 말하고 있어 각 대학 국어국문학회가 돌아가며 문학제를 주최하려 했음을 알 수 있다. 또한 "지난 5월에는 학회지 『동아문학』을 세상에 내어놓았다"고 하여 연합국어국문학회가 창작과 학술연구를 병행했음을 알 수 있다.

이처럼 『문학제』는 영남 지역에 소재한 7개 대학의 국어국문학회가 연합하

여 문학창작과 학술연구를 시도했음을 알려주는 중요한 자료다. 다만 이후
의 성과가 얼마나 이어졌는지는 연구과제로 남아 있다. 개인이 소장한 『문학
제』 제2회를 DB화 하였다.

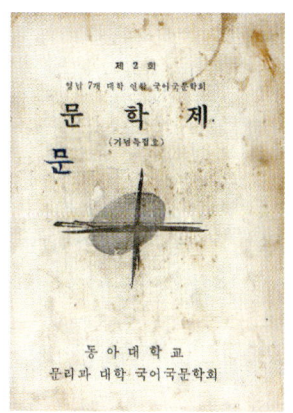 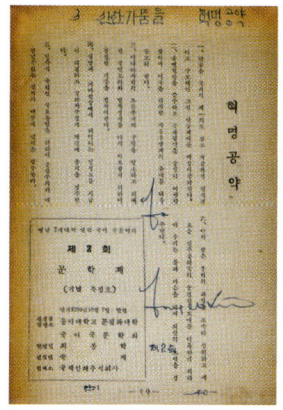

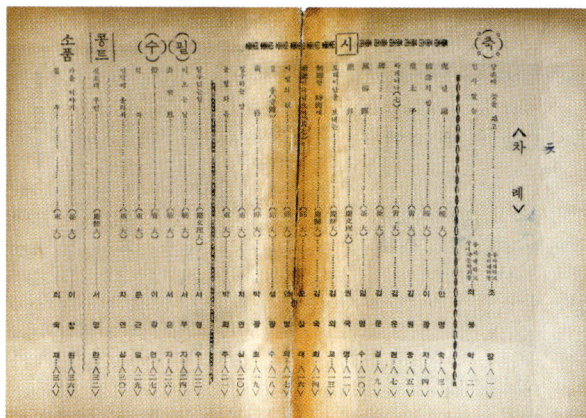

문화세계

題　　　號	文化世界 創刊號	판　　　형	15x20.5
발 행 일	1953.07.01.	발행편집인	金鐘琬
표지화, 컷	表紙題字: 裵吉基, 表紙畵: 白榮洙, 卷頭畵: 李俊, 人物 컷: 金永淳, 本文컷: 李俊, 金薰	간별, 정가	월간, 100환
면　　　수	176	인 쇄 소	
발 행 처	希望社	기　　　타	부산, 종합잡지.

『문화세계(文化世界)』는 1953년 7월 1일에 문화세계사(文化世界社, 부산시 부평동 3가 52번지)가 창간한 잡지이다. 창간호의 판권사항을 보면 편집·발행·인쇄는 김종완(金鐘琬), 발행처는 희망사(希望社, 부산시 부평동 3가 57)이며, 총 176면에 정가(특가)는 100환이다. 김종완은 최초의 대중오락잡지로 1951년 7월에 창간한 『희망』의 발행인으로 잡지 전문 출판인이다. 표지 제자(題字)는 배길기(裵吉基), 표지화와 목차 컷은 김환기(金煥基), 권두화(卷頭畵)는 이준(李俊), 인물 컷은 김영순(金永淳), 본문 컷은 이준과 김훈(金薰)이 담당하였다.

창간호는 〈창간사〉, 〈비평〉, 〈시(詩)〉, 〈여류수필(女流隨筆) 3인집〉, 〈좌담회-대학교수들이 본 문단(文壇)〉, 〈소설〉, 〈연재소설〉, 〈해외 소설〉, 〈단편소설〉로 구성되었다. 〈창간사〉인 김종완의 「문화의 개화를 위한 명제(命題)」는 "문화에의 기여(寄與)를 무상(無上)의 목표로 당초(當初)의 각성(覺醒)과 스스로 문화 생활계의 역군적(役軍的) 실태를 표시하지 않을 수 없다는 강력한 자의식을 느낀 나머지 시(時)의 불리(不利)와 지(地)의 미득(未得)을 돌보지 아니하고 이 사업에의 투신을 결행"하였다고 잡지의 의의를 밝히고 있다. 〈비평〉으로는 이숭녕(李崇寧)의 「동란 조국과 문화의 위치」, 백철(白鐵)의 「문단을 위한 부의(附議)」, 곽종원(郭鍾元)의 「비평문학의 새로운 기능」, 조영암(趙靈巖)의 「신인 등장에 대한 문단적 분석」, 조흔파(趙欣坡)의 「풍자문학과 민족성」이 실려 있다. 〈시〉에는 오상순(吳相淳)의 「일진(一塵)」, 박두진(朴斗鎭)의 「학(鶴)」, 설창수(薛昌洙)의 「진달래 산(山)」, 김상옥(金相沃)의 「대인(待人)」을 싣고 있다. 〈여류수필 3인집〉에는 노천명(盧天命)의 「교장(校長)과 원고(原稿)」, 윤금숙(尹金淑)의 「무제(無題)」, 전숙희(田淑禧)의 「숙녀가 되기까지」가, 〈소설〉에는 염상섭(廉想涉)의 「해지는 보금자리 풍경」, 안수길(安壽吉)의 「쾌청(快晴)」, 최태응(崔泰應)의 「삼인(三人)」, 박연희(朴淵禧)의 「소년과 메리라는 개」로 구성되어 있다. 〈연재소설〉에는 김동리(金東里)의 「풍우기(風雨記)」가 실려 있다.

제1권 제2호인 8월 특대호는 1953년 8월 1일 발행했으며 총 190면, 100환이다. 표지 제자와 그림에는 창간호와 약간의 차이를 보인다. 표지 제자는 배길기(裵吉基), 표지화와 본문 컷은 백영수(白榮洙), 권두화는 박길석(朴吉石), 내용란 컷은 김훈(金薰)과 박길석(朴吉石), 사진 촬영은 정도선(鄭道善)이다. 본문

구성은 〈여류수필 3인집〉이 빠진 것을 제외하면 창간호와 동일하다. 〈시〉에는 김광섭(金珖燮)의 「석양」, 조병화(趙炳華)의 「가족」, 박남수(朴南秀)의 「신(神)」, 〈소설〉에는 김동리의 「풍우기」, 이무영(李無影)의 「벽화(壁畫)」, 박영준(朴榮濬)의 「통곡하는 어머니」, 최인욱(崔仁旭)의 「연옥이」, 류주현(柳周鉉)의 「광상(狂想)의 장(章)」으로 구성되어 있다. 〈편집여기(編輯餘記)〉에는 "조국의 통일을 목이 타도록 부르짖는 민족적 함성이 있음에도 불구하고 남북이 절단된 그대로 이제 포화의 교착이 중단되는 휴전의 단계에로 돌입"했으며 다음 호는 서울에서 발행을 희망한다고 덧붙이고 있다.

제1권 제4호인 11월 증대호는 1953년 11월 1일 발행했으며 총 236면, 150환이다. 본문 구성은 이전 호와 동일하다. 발행처는 희망사로 동일하나, 회사가 1953년 8월 부산에서 서울(서울특별시 종로구 견지동 60)로 옮겼음을 알 수 있다. 〈시〉에는 박목월(朴木月)의 「대불(大佛)」, 〈중추(仲秋) 수필 5인집〉에는 최정희(崔貞熙)의 「하나의 기록」, 조규희(曺圭熙)의 「웃어야 옳을까」, 김광섭의 「신변잡기」, 박기원(朴琦遠)의 「추풍래(秋風來)」, 김요섭(金耀燮)의 「무례(無禮)의 병(病)」이 실려 있다. 〈소설〉에는 황순원(黃順元)의 「태동(胎動)」, 장용학(張龍鶴)의 「인간의 종언(終焉)」, 정한숙(鄭漢淑)의 「명일(明日)의 번뇌(煩惱)」, 전숙희(田淑禧)의 「미완의 서(書)」, 방기환(方基煥)의 「매력(魅力)」, 이주홍(李周洪)의 「늙은 체조교사」로 구성되어 있다. 〈좌담회-문화사건 건설을 위한 문화인들의 구상〉에는 극작가 유치진(柳致眞), 소설가 김동리 등이 참여하였다.

이처럼 『문화세계』는 한국전쟁기 부산에서 피난 생활을 하던 문인, 미술가들에게 활동 무대의 장을 마련해 준 잡지로 평가할 수 있으며 각 작가의 작품의 경향을 볼 수 있는 귀중한 자료이다. 고하문학관이 소장한 『문화세계』 창간호, 제1권 제2호, 제1권 제4호를 DB화 하였다. 박정희, 「피란수도 부산의 잡지 창간과 미술가의 활동」, 『향도부산』 제38호, 2019년을 참조하였다.

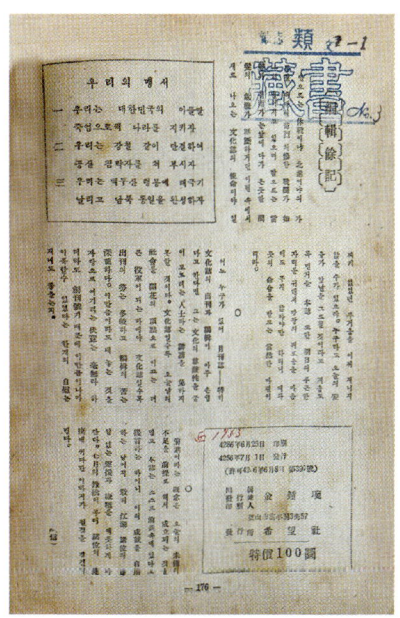

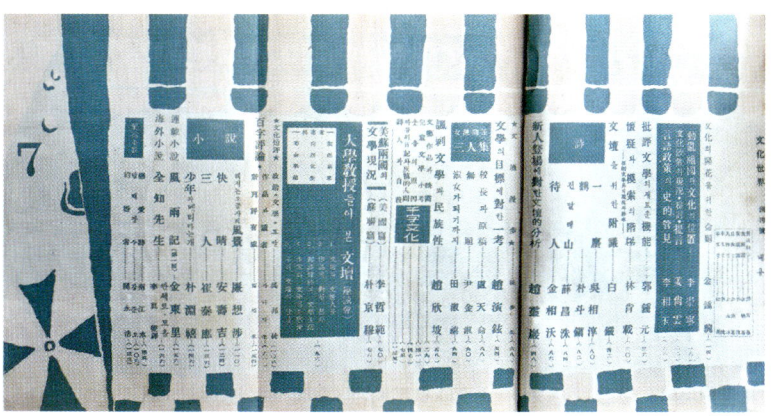

민속문화

題　　　號	民俗文化 第1輯	판　　　형	19x26.5
발　행　일	1978.04.30.	발행편집인	發行: 姜成一, 編輯: 東亞大學校 文理科大學 附屬 韓國民俗文化研究所
표지화, 컷		간별, 정가	부정기, 비매품
면　　　수	159	인　쇄　소	亞成出版社
발　행　처		기　　　타	부산, 학술지.

　　『민속문화(民俗文化)』는 동아대학교(東亞大學校) 문리과대학 부속(文理科大學 附屬) 한국민속문화연구소(韓國民俗文化研究所)에서 발간한 학술지이다. 수집한 판본은 1978년 4월 30일에 발행한 『민속문화』 제1집과 1981년 12월 21일에 발행한 제3집이다. 제1집의 판권 사항을 보면, 발행인은 강성일(姜成一)이고, 편집은 동아대학교 문리과대학 부속 한국민속문화연구소에서 진행하였으며, 인쇄소는 아성출판사(亞成出版社)로, 총 159면에 비매품이다.

　　동아대학교 문리과대학부속 한국민속문화연구소는 1977년에 설치인가를 받고, 1978년 4월 30일에 학술지 『민속문화』 제1집을 발간하였다. 이후 1982년 11월 역사문화연구소, 한국문화연구소, 한국민속문화연구소 등 3개 연구소를 통합하여 석당전통문화연구원으로 확대 개편하였다. 2006년에는 석당전통문화연구원과 인문과학연구소를 통합하여 석당학술원으로 개편하였다. 이러한 통합개편과정에서 『민속문화』는 제3집 발간을 끝으로 폐간되었다.

　　강성일 연구소 소장은 〈창간사〉에서 부산·경남지역의 민속문화를 다방면에 걸쳐서 연구검토하기를 바란다고 하였다.

民俗文化

第一輯

東亞大學校 文理科大學
附屬 韓國民俗文化研究所
1978. 4.

목차를 살펴보면, 〈논문〉6편, 〈자료〉2편이 수록되어 있다. 〈논문〉은 강용권(康龍權)의 「사천매향비(泗川埋香碑) 고(攷)」, 김무조(金戊祚)의 「민간 요법(民間 療法)의 풍속(風俗) 고(攷)」, 김승찬(金承璨)의 「부산지방(釜山地方)의 당제(堂祭) 고(攷)」, 배도식의 「경남지방의 혼속 고」, 류종목(柳鍾穆)의 「경남지방(慶南地方)의 어로속신(漁撈俗信) 고(攷)」, 정상박의 「한국(韓國)의 엮음에 관한 시론(試論)」이 있다. 〈자료〉는 류탁일(柳鐸一)의 「한국전래민간예방제법(韓國傳來民間豫防諸法)」, 김석명(金石明)의 「고성농요(固城農謠)」가 있다. 류탁일이 소개한 자료 「한국전래민간예방제법」은 류탁일 교수가 소장한 필자 미상의 필사본에 수록된 135종의 민간예방법 및 민간풍속자료로, 생활에 필요한 여러 가지 약방문(藥方文), 길흉을 알아보는 민속적인 것과 화액을 없애는 벽사진경(辟邪進慶)의 여러 가지 방법을 들은 대로 기록한 것이다. 이 자료는 우리 생활에 깊숙이 들어와 있었던 생활습속을 소개하고 있다는 점에서 가치가 있다. 부산대학교 도서관이 소장한 『민속문화』제1집과 제3집을 DB화 하였다.

民 俗 文 化　　第一輯

印 刷　1978年 4月 25日
發 行　1978年 4月 30日

〈非賣品〉

發行人　姜　　成　　一
編 輯　東亞大學校文理科大學附屬
　　　　韓國民俗文化研究所
印 刷　亞　成　樹　版　社

目　　次

민주경찰

題　　　號	民主警察 第5卷 第2號	판　　　형	15x21.5
발　행　일	1951.10.30.	발행편집인	李益興
표지화, 컷	조용근	간별, 정가	월간, 비매품
면　　　수	100	인　쇄　소	協同印刷株式會社(釜山市 草梁洞 593)
발　행　처	內務部 治安局	기　　　타	부산, 통권 제24호, 기관지.

『민주경찰(民主警察)』 제5권 제2호는 1951년 10월 30일에 내무부 치안국(內務部 治安局)에서 발간한 경찰기관지이다. 판권 사항을 보면 발행 겸 편집인은 이익흥(李益興), 인쇄소는 협동인쇄주식회사(協同印刷株式會社, 釜山市 草梁洞 593), 발행처는 내무부 치안국이며, 총 100면에 비매품이다. 서울에서 창간되었으나 한국전쟁 중에는 임시수도인 부산에서 발행하였다.

목차를 보면 내무장관 이순용(李淳鎔)의 〈고사(告辭)〉와 내무차관 홍범희(洪範熹)의 〈연사(演辭)〉, 치안국장 이익흥의 〈훈시(訓示)〉를 필두로 다양한 주제로 이루어진 〈논설〉과 함께 신문편집국장과 국회의원들의 경찰관(警察觀)이라는 〈설문〉 조사 등도 소개되고 있다. 그밖에 〈수필〉, 〈시〉, 〈창작〉 코너도 있으며, 특별히 〈여경란(女警欄)〉을 두어 논설과 시가 게재되고 있다. 경찰기관지면서도 문인들의 글을 실어 전시 중 경찰들에게 문학의 향기를 느끼게 한 점이 이채롭다.

이러한 『민주경찰』은 한국전쟁 시기 경찰 관련 사정을 아는데 일정한 참고가 될 수 있을 것으로 평가된다. 개인이 소장한 『민주경찰』 제5권 제2호를 DB화 하였다.

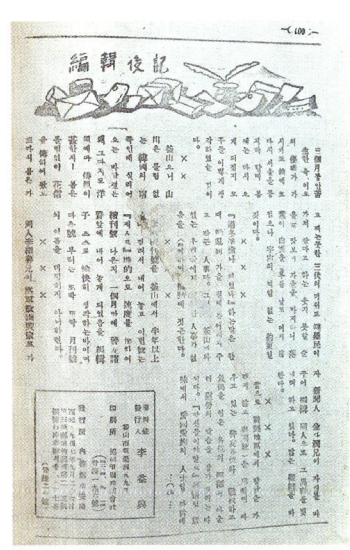

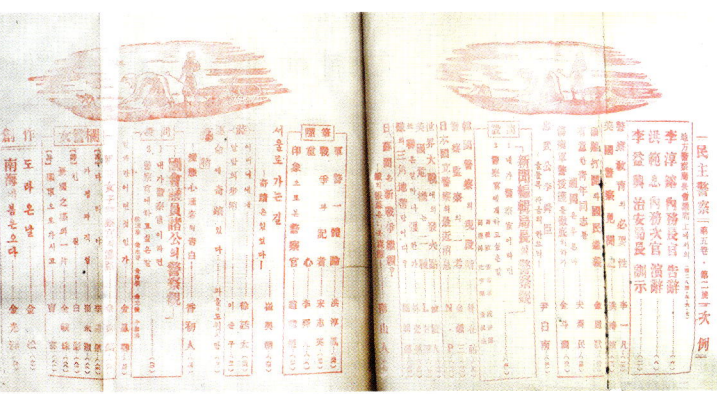

백양회보

題　　　號	백양회보 창간호	판　　　형	17.5x25
발 행 일	1960.12.20.	발행편집인	발행: 백양우취회
표지화, 컷		간별, 정가	월간, 비매품
면　　　수	8	인 쇄 소	백양우취회 PRLNT CO
발 행 처		기　　　타	부산, 등사판, 회지.

　『백양회보』는 부산상업고등학교 재학생들과 교사들의 모임인 백양우취회 (郵趣會)에서 1960년 12월 20일에 발행한 우취회지이다. 우취회는 우표를 모으는 사람들이 우표수집에 대한 취미나 관심사를 공유하며 친목을 다지기 위해 결성된 단체로, 당시 부산에서는 백양우취회(회장 한강양)를 비롯하여 덕형우취회 등 몇 개의 우취회가 활동하고 있었다. 이 점에서 우취잡지는 부산에서 활동하고 있는 우취회의 전시회 등 활동 소식을 전하고 정보를 교류하기 위한 차원에서 발간했음을 알 수 있다.

　『백양회보』 창간호는 반년 전 결합한 모임이어서 12월 15일 새로 연하우표가 발행된 소식과 더불어 1961년에 3월부터 12월까지 어떤 우편 소식이 있는지 알리고 있다. 날짜 미정의 우표는 원자로 준공기념 우표, 풍속 우표, 항공우표, 공안위원회 설치기념 우표 등이다. 실린 글로는 「취미의 이야기」, 「세계맨 처음 우표」, 「가장 큰 우표」, 「우표의 역사」(회장 한강양), 「우표의 종류」, 「가장 작은 우표」, 「우취 수집 용어」 등 전체 8면으로 비매품이다.

　한편 필사본인 『백양회보』 창간호의 〈편집후기〉에는 앞으로 면수를 증가하겠다는 결의를 밝혔다. 이를 위해 원고모집과 회원모집을 안내하며 『백양

회보』발간의 열정을 내보이고 있다. 개인이 소장한 『백양회보』 창간호와 제3
호를 DB화 하였다.

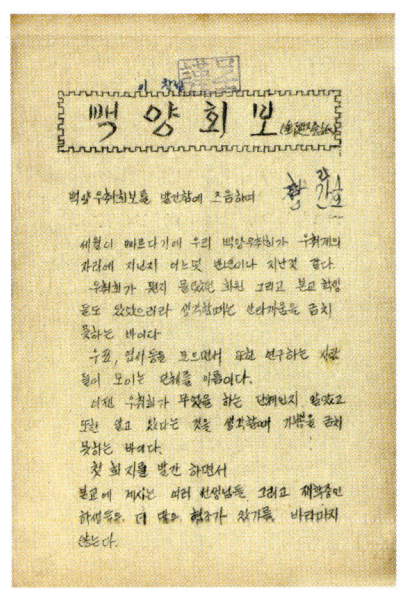

법률학보

題　　　號	法律學報 創刊號	판　　　형	15x21
발 행 일	1958.11.10.	발행편집인	發行: 鄭在煥, 編輯: 權泳斗
표지화, 컷		간별, 정가	부정기, 비매품
면　　　수	186	인 쇄 소	金光印刷所(釜山市 中區 富平洞 1街 19)
발 행 처	東亞大學校 學生法律學會 (釜山市 大新洞 3의 1)	기　　　타	부산, 학술지.

『법률학보(法律學報)』는 1958년 11월 10일에 동아대학교 학생법률학회(東亞大學校 學生法律學會)에서 발간한 학술지이다. 동아대학교는 부산광역시에 소재한 학교법인 동아학숙 산하의 4년제 사립 종합대학이다. 건학이념은 홍익인간(弘益人間)의 정신을 바탕으로 민주시민의 품격을 함양하고 널리 인류상생에 이바지할 수 있도록 하는 것이며, 교육철학은 함께 길을 묻고 소통, 협력한다는 의미의 동좌문도(同坐問道)를 바탕으로 하고 있다.

8·15 광복 직후이자 미군정 시기인 1946년에 개교하였는데 그 당시엔 법학부, 문리학부의 2학부 5학과로 출발하였으나 1959년 종합대학으로 승격되었다. 따라서 이 학보를 통해 종합대학 승격 직전인 1950년대 후반 동아대학교 법학부의 학생법률학회 면모를 짐작할 수 있다.

『법률학보』 창간호의 판권 사항을 보면, 발행인은 정재환(鄭在煥), 편집인은 권영두(權泳斗), 발행처는 동아대학교 학생법률학회(釜山市 大新洞 3의 1), 인쇄소는 금광인쇄소(金光印刷所, 釜山市 中區 富平洞 1街 19)이며, 총 180면 분량에 비매품이다. 앞 속지에는 창간을 기념하는 부산지방법원, 부산지방검찰청, 부산

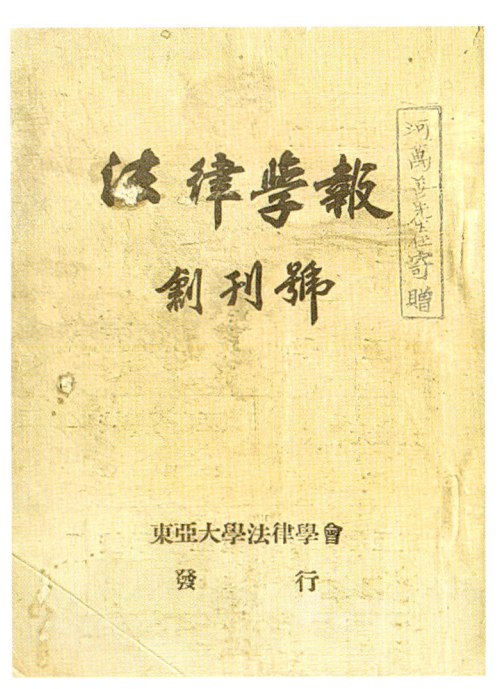

法律學報

創刊號

東亞大學法律學會

發 行

지방변호사회 명의의 축하 광고가 실려 있다. 이어 목차를 보면 법대교수진과 법학과 학생들의 총 8편의 논고가 실려 있다. 뒷면에 영문으로 목차 등이 소개되고 있어 명실공히 전문학술지의 성격을 띠고 있다.

본문의 내용은 학장 정재환의 〈창간사〉와 회장 윤현휴(尹鉉休)의 「창간호를 내면서」를 시작으로, 〈전문 논단〉으로 조규갑(曺圭甲)의 「미국 Realism법학의 역사적 배경 및 철학적 기초」, 권영두(權泳斗)의 「부등시일(不等時日)에 대한 노동자의 청구권(請求權)」, 김광윤(金光潤)의 「주권개념(主權槪念)에 관한 고찰」, 정운조(鄭運朝)의 「민법(民法)에 있어서의 사정변경(事情變更)의 원칙(原則)」, 이준구 역(李埈求 譯)의 「독일에 있어서의 책임론의 현대적 제문제(諸問題)」 등 5편의 글과 〈학생 논단〉으로 주정섭(朱正涉)의 「법의 사회화(社會化)」, 탁천석(卓天錫)의 「법의 제재(制裁)와 사회환경(社會環境)」, 김치중 역(金致中 譯)의 「과학으로서의 법률학(法律學)」 등 3편의 글이 있으며, 〈편집후기〉와 함께 〈학생법률학회 회칙〉도 소개되고 있어서 그 내용의 확인이 가능하다.

이러한 『법률학보』는 동아대학교 학생법률학회의 학문적 관심사와 학술적 양상을 살펴볼 수 있는 자료로 가치가 있다. 개인이 소장한 『법률학보』 창간호를 DB화 하였다.

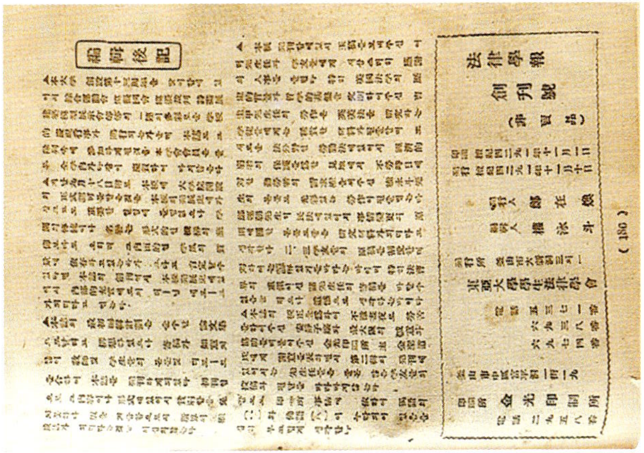

編輯後記

[illegible]

法律學報 創刊號 (非賣品)

印刷 檀紀四二九一年十一月一日
發行 檀紀四二九一年十一月十日

發行人 鄭在煥
編輯人 權泳斗

發行所 釜山市大新洞三가一
東亞大學學生法律學會
電話 五三七一番 六九三八番 六九七四番

釜山市中區富平洞一街一九
印刷所 金光印刷所
電話 二九五八番

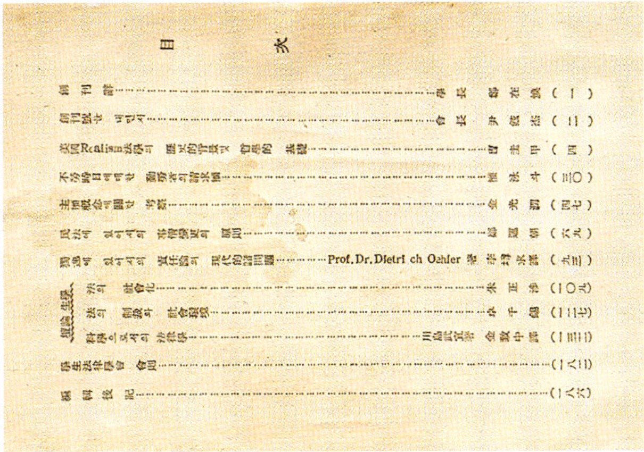

目 次

법정

題　　號	法政 제54호	판　　형	19x21.5
발 행 일	1951.09.01.	발행편집인	
표지화, 컷		간별, 정가	월간, 미정
면　　수	50	인 쇄 소	
발 행 처	법정사	기　　타	부산, 嶺南臨時版, 판권지 탈락, 80면으로 추정, 법률잡지.

　　『법정(法政)』은 법정사(法政社)에서 월간으로 발간한 법률, 정치 관련 연구지로, 1946년 9월 서울에서 창간하였다. 수집한 것은 창간 제5주년을 맞이하여 1951년 9월 '4주년 기념호'로 나온 제5권 제9호이다. 한국전쟁 중 부산에서 간행된 것으로 표지에 '영남임시판(嶺南臨時版)'이라고 명기되어 있다. 다만 50면 이후 내용이 탈락되어 있어 자세한 발행 정보는 확인되지 않는다. 주간(主幹)은 최대용(崔大鎔)으로 나와 있다. 뒤표지가 없지만 전체 80여 면으로 추정된다.

　　목차 내용은 〈권두언〉과 창간 4주년 〈기념사〉를 시작으로, 〈특집〉으로 「계엄법해설(戒嚴法解說)」과 「관세법해설(關稅法解說)」 및 「비상사태하(非常事態下)의 범죄처치(犯罪處置)에 관한 특별조치령 해설(特別措置令 解說)」 등이 있다. 이어 '현하의 법정문제'를 다룬 「좌담록(座談錄)」, 「수필」, 「법정자료(法政資料)」, 「신법령(新法令)」과 함께 「실화소설(實話小說)」도 나타나 있어 눈길을 끈다. 또한 법률정치 지식의 대중화, 사법 행정계 실무가의 반려, 각종 수험 시험자의 지침이라는 세 가지가 '본지(本誌)의 지침(指針)'으로 표지에 나타나 있어서 『법정』의 성격을 짐작할 수 있다.

이러한 『법정』은 한국전쟁기에 간행된 법률 잡지로서 당대의 법학계 이슈와 동향을 확인할 수 있는 잡지라는 점에서 의미가 있다. 개인이 소장한 『법정』제5권 제9호를 DB화 하였다.

법학연구

題　　　號	法學研究 第1卷 第1號	판　　　형	15x21
발 행 일	1956.05.	발행편집인	
표지화, 컷		간별, 정가	연2회, 비매품
면　　　수	177	인 쇄 소	株式會社 啓文社(釜山市 大昌洞 3街 11)
발 행 처	釜山大學校 法科大學	기　　　타	부산, 학술지.

『법학연구(法學研究)』는 부산대학교 법과대학에서 1956년 5월에 창간한 학술지이다. 부산대학교는 1946년 5월 15일 당시 문교부가 대한민국 첫 국립 종합대로 인가되었다. 인가 당시에는 1941년 개교한 관립 전문학교인 부산고등수산학교를 흡수한 수산학부(이후 수산과대학)와 인문학부(인문과대학), 2개의 학부(단과대학)로 시작하였다. 그러나 수산과대학이 부산수산대학으로 분리해 나가면서 사실상 첫 국립 종합대는 와해되고 1953년 2차로 종합대학교로 승격되기에 이른다. 종합대학 승격 이후 법과대학이 만들어지며 수집된 『법학연구』 잡지도 그 때에 창간된 것으로 보인다.

『법학연구』 제1권 제1호의 판권 사항을 보면, 발행처는 부산대학교 법과대학, 인쇄소는 주식회사 계문사(啓文社, 釜山市 大昌洞 3街 11)이며, 총 177면에 비매품이다. 앞표지에는 법학 관련된 5편의 논고가 실려 있고, 뒤표지에는 영문으로 목차 등이 소개되고 있어 명실공히 전문학술지의 성격을 띠고 있다. 〈권두언〉에 그 취지가 잘 나타나 있는데 교수, 강사, 대학원생을 중심으로 '법학연구회'를 만들어 매월 '례회(例會)'를 개최하고 법학 관련된 주요 결과를 학술지로 묶은 것으로 보인다.

釜山大學校

法 學 研 究

第一卷 第一號

釜山大學校
4289. 5.　　　　法科大學發行

　　본문의 내용은 법과대학 부교수 문홍주(文鴻柱)의 〈권두언〉을 시작으로, 문홍주의 「미국 헌법에 있어서 적법수속조항(適法手續條項)」, 조교수 이완영(李完永)의 「행정법학(行政法學)의 역사적 발전(歷史的 發展)」, 조교수 제길우(諸吉雨)의 「민법상(民法上) 명예훼손(名譽毁損) 소고(少考)」, 전임강사 염정철(廉政哲)의 「공모공동정범론(共謀共同正犯論)」 등 4편의 글과 1955년도 졸업논문으로 학생 김한석(金漢錫)의 「기본권 보장의 사적 고찰」이 소개되어 있으며, 〈편집후기〉로 마무리 되고 있다.

　　이러한 『법학연구』는 부산대학교 법과대학 '법학연구회'의 학문적 관심사와 학술 논고를 살펴볼 수 있는 자료로 가치가 있다. 개인이 소장한 『법학연구』 제1권 제1호를 DB화 하였다.

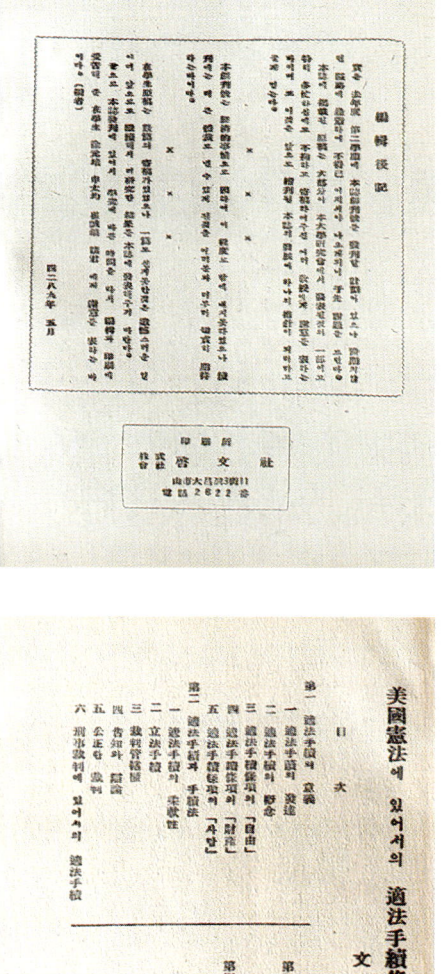

編輯後記

印刷所
株式
會社 啓文社
由市大昌町3의11
電話 2622番

四二八九年 五月

美國憲法에 있어서의 適法手續條項

文 鴻 柱

별

題　　　號	별 제1호	판　　　형	15x21
발 행 일	1951.11.25.	발행편집인	金世淙
표지화, 컷	표지·컷: 김영주	간별, 정가	월간, 2000원
면　　　수	58	인 쇄 소	
발 행 처	新少年社	기　　　타	부산, 主幹: 表文化, 아동지.

　『별』은 부산의 신소년사(新少年社)에서 발행한 아동지이다. 창간호와 제3호
를 확보하였다. 창간호는 1951년 11월 25일 발행되었다. 창간호의 발행인 겸
편집인은 김세종(金世淙), 주간은 표문화(表文化)였다. 총 58면에 정가는 2,000
원이었다. 제3호의 발행일은 1952년 3월 1일이었다. 발행 및 편집은 김세종,
주간은 서병입(徐丙入), 발행처는 월간별사였다. 총 75면에 정가는 3,000원
이었다. 전시(戰時)라 월간 발행주기가 다소 길어졌으나 전쟁기에 창간된 소
년지라는 점이 주목된다.

　창간호 목차를 살펴보면 앞붙이 부분에 이대통령 휘호 '힘써 배워 나라를
빛내자'를 실었고, 「신무기 위력」이라는 제목으로 전투기들과 바주카포를 소
개하고 있다. 이어 본문은 주로 〈수필〉과 〈소설〉, 〈시〉 등의 문예 작품과 〈과
학 상식〉과 관련된 글들로 채웠으며, 한국전쟁과 관련된 글들을 몇 편 끼워
넣어 구성하였다. 이 가운데 안수길의 소설 「구두 닦는 우등생」, 윤백남의 사
화 「백의종군」, 조연현의 '명작 감상' 「플란다스의 개」, 이헌구의 시 「북소리 둥
둥」, 박연희의 「해군실전기」, 김종의 「원자와 원자탄」, 김송덕의 '시국 문답'
「정전회담」 등이 눈에 띈다.

또한 〈편집후기〉에 해당하는 「만들고 나서」를 통해 우리나라가 '우리 민족의 자유와 번영뿐 아니라 세계 모든 인류의 자유와 번영을 위한 싸움'의 과정에 있다고 말하고 있다. 또한 이 싸움으로 인해 국토와 제반 시설이 파괴되고 있는 만큼 향후 이를 재건해야 할 소년의 역할이 크다고 강조하였다.

이러한 지면 구성은 제3호까지 일관되게 이어졌다. 다만 제3호는 3·1기념 특대호로 구성하였다. 「만들고 나서」는 "악착한 일본 제국주의의 쇠사슬을 끊고 자유와 독립을 찾기 위하여", "우리 조국이 새빨간 피로 물들도록 죽으며 죽으며 싸워 일어난 날"이라고 하여 3·1절의 의미를 강조하였다. 한편 "조금 잘못하면 적색제국주의자들의 발밑에서 영원히 신음하는 조국이 되는지도 모른다"고 말하여 일본 제국주의와 공산주의를 등치시켜 반공정신을 강조하였다.

이처럼 『별』은 한국전쟁기에 부산에서 간행된 아동지로서 당대에 소년소녀층에게 강조하고자 하던 가치를 확인할 수 있는 잡지라는 점에서 의미가 있다. 개인이 소장한 『별』 창간호와 제3호를 DB화 하였다.

檀紀4281年11月20日 印刷
檀紀4294年11月25日 發行

1.冊 값 2.000圓

主 幹 表 文 台
編輯發行 金 相 芝
發行所 新 少 年 社
檀紀4283年3月7日 第二種便物認可
서울特別市龍山區桃花洞431의13
印刷所 協和文化社 京南市市大橋二의二五八番地

별 속일권일호

볍씨

題　　號	볍씨 제1호	판　　형	14.5x18.2
발 행 일	1976.12.10.	발행편집인	
표지화, 컷		간별, 정가	연간, 600원
면　　수	48	인 쇄 소	해양인쇄사
발 행 처	부산시조문학회	기　　타	부산, 시조문학지.

　『볍씨』는 부산시조문학회(釜山時調文學會)에서 발행한 시조문학지이다. 수집한 것은 1976년 겨울호, 1979년 가을호, 1980년 가을호이다. 『볍씨』1976년 겨울호의 판권지를 살펴보면, 1976년 11월 20일 인쇄, 1976년 12월 10일에 발행되었다. 인쇄소는 해양인쇄사에서 했으며, 총 48면에 정가는 600원이다. 『볍씨』1976년 겨울호에는 〈권두언〉이나 〈편집후기〉 같은 서지사항을 알수 있는 내용이 없다. 다만 1979년 가을과 1980년 가을에 발행한 『볍씨』제3권과 제4권에 부산시조문학회 회장인 민홍우(関弘祐)의 〈권두언〉이 있다.

　제3권 〈권두언〉에서 민홍우는 우리 '부산시조문학회'가 창립 총회를 가진지 6년이란 세월이 흘렀고, 그 동안에 2회에 걸친 시조화전(時調畫傳), 볍씨 1, 2집을 간행하였다고 알렸다. 또 제4권 〈권두언〉에서는 부산시조문학회가 1973년에 뿌리를 내리어 7년 동안 4권의 동인지를 발간했으며, 3회에 걸쳐 시조화전을 시행하였으며, 회보를 8회 발간하였음을 알렸다. 이로 보아 『볍씨』1976년 겨울호가 제1권임을 알 수 있다.

　『볍씨』제3권의 판권지를 보면, 저자 및 발행은 부산시조문학회, 인쇄소는 소문출판사이며, 1979년 10월 1일에 발행하였다. 총 81면에 정가는 1,000원이다. 『볍씨』제4권의 저자발행 및 인쇄소는 제3권과 동일하며 1980년 10월 30일에 발행하였다. 총 80면에 정가는 1,500원이다.

『볍씨』 제1권, 제3권과 제4권은 모두 시조 시인들이 작품을 싣고 있다. 편집체제도 단순하여 『볍씨』 제1권의 경우에는 시인 이름, 작품 제목, 작품 내용을 제시하는 형태로 이루어져 있다. 『볍씨』 제3권과 제4권의 특징은 작품의 앞에 시인을 소개하는 란을 만들었다는 점이다. 〈시작(詩作)노트〉란 이름이 붙은 공간에 시인이 생각하는 시조에 대한 정의를 간략히 적고, 약력과 연락처를 제시하였다. 시인들은 3편에서 5편 정도의 작품을 지면에 실었다.

구체적으로 살펴보면, 『볍씨』 제1호에는 김영만의 「촛불」, 「탑」, 「성모송」, 김용태의 「종명기(鍾鳴記)」, 「달빛이후」, 「길」, 류준형의 「직지사 가을」, 「몰운대(沒雲臺)」, 「신들이 외출한 계곡」, 민홍우의 「보리를 밟으며」, 「바다」, 「아침」, 이기득의 「난초」, 「아내에게」, 「백제가」, 이승호의 「변신」, 「해바라기」, 「종이배」, 임종찬의 「귀뚜라미」, 「해바라기」, 전일희의 「백목련」, 「우계」, 「유품」, 전탁의 「메아리」, 「연」, 정대훈의 「금정산에서」, 「태산목」, 「돌」이 실려 있다. 『볍씨』 제3호와 제4호의 경우에도 김용태, 류준형, 민홍우, 임종찬, 전일희, 전탁, 정대훈, 정해원 등이 필진으로 참여하여 3~5수의 시조 작품들을 게재하였다.

이러한 『볍씨』는 1970년대 후반 부산시조문학회원들의 창작 작품을 확인할 수 있는 자료로 의미가 있다. 고하문학관이 소장한 『볍씨』 제1권, 제3권~제4권을 DB화 하였다.

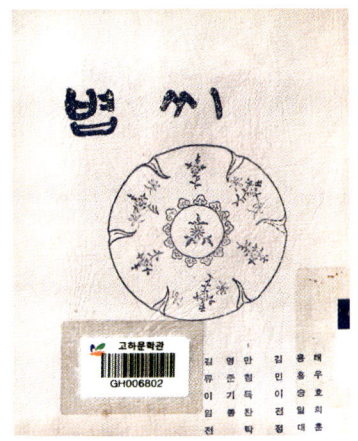

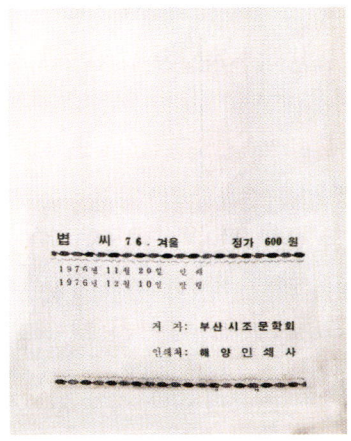

부대문학

題　　　號	부대문학 창간호	판　　　형	15x20.5
발　행　일	1973.09.15.	발행편집인	발행: 윤천주, 편집: 전용철
표지화, 컷	표지화: 김광호, 제자: 이황우	간별, 정가	부정기, 비매품
면　　　수	108	인　쇄　소	아성출판사
발　행　처	부산대학 총학생회 학예부	기　　　타	부산, 교지.

『부대문학』은 부산대학 총학생회 학예부에서 1973년 9월 15일에 발간한 교지이다. 『부대문학』 창간호의 판권지를 보면, 발행인은 윤천주, 편집인은 전용철, 인쇄소는 아성출판사이며 비매품으로 총 108면이다. 제자(題字)는 이황우가 썼고, 그림은 김광호가 그렸다. 표지를 이어서 바로 목차가 제시되어 있으며, 목차 옆의 「표지설명」에 쓰인 '효원(曉原)'은 부산대학교가 터잡은 장전동 일대를 일컫는 말이다. 뒤표지에는 '효원' 제16집이 부록이라는 광고가 있다.

목차를 보면, 〈머리말〉, 〈소설〉, 〈번역소설〉, 〈시〉, 〈수필〉, 〈평론〉 등으로 구성되어 있다. 목차에 이어서 한일은행 광고, 부산대학교 동문회 광고가 있다.

편집부에서 작성한 〈머리말〉에서 글을 쓴다는 것은 하나의 생(生)을 창조하는 과정이며, 오직 순수한 양식만이 참여할 수 있다고 하였다. 본문 뒤로 '홍수, 태순, 여원'이 작성한 〈편집후기〉가 있다. 끝으로 부대 문학 편집부에서 『부대문학』 제2호에 게재할 원고를 모집하는 광고가 있다. 소설은 75매 내외, 수필은 15매 내외, 시의 경우 2편 이상으로 매수 제한이 없으며, 희곡은

100매 이내, 평론은 70매 이내로 제한하였다.

이후 『부대문학』 제3호는 1975년 12월 10일 발간되었다. 제3호의 판권지를 보면, 발행인은 허종현, 편집인은 묘수근, 인쇄소는 연문사이며 비매품으로 총 152면이다. 표지화는 박지우가 그렸고 컷은 예유근이 담당하였다. 문예부장 남영만의 〈발간사〉에서는 1975년 교지 『효원』 제18집을 발간하고, 창작을 위하여 『부대문학』을 발간한다는 내용이 있다.

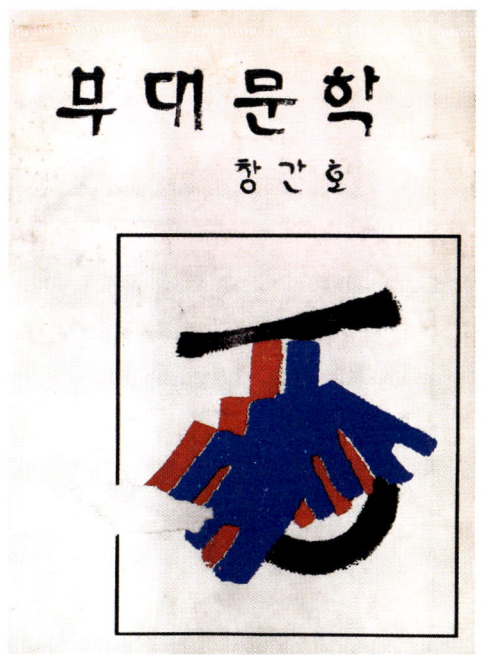

목차를 살펴보면, 본문 앞에 부산대학교 화보가 있으며, 이후 〈발간사〉, 〈격려사〉가 있다. 이후 〈서시〉, 〈초대시인전〉, 〈학생시〉, 〈교수수필〉, 〈동문수필〉, 〈공통제수필〉, 〈학생수필〉, 〈기행문〉, 〈편집기획〉, 〈평론〉, 〈외국문학 소개〉, 〈콩트〉, 〈소설〉 란이 있어, 다양하고 풍성한 내용으로 꾸며져 있다. 지도교수로는 우종옥, 김기곤, 서호성, 조정수, 김중하 등이 참여하였고, 편집위원으로는 김기호, 조정희, 김형대, 최귀임, 김세윤, 유윤식, 묘수근이 수고를 하였다. 뒤표지 속지에는 SWS외국어학원 광고가 실려 있다.

이러한 『부대문학』은 1970년대 부산대학교 구성원들의 학문적 동향과 문학적 관심사를 확인할 수 있는 자료로 의미가 있다. 개인이 소장한 『부대문학』 제1호와 제3호를 DB화 하였다.

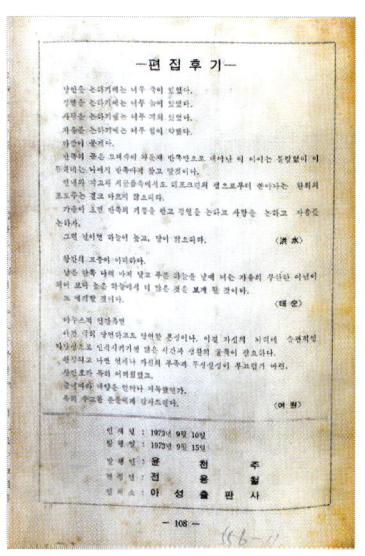

—편 집 후 기—

인 쇄 일 : 1972년 9월 10일
발 행 일 : 1972년 9월 15일
발 행 인 : 윤 현 주
편 집 인 : 전 용 철
인 쇄 소 : 이 성 출 판 사

— 108 —

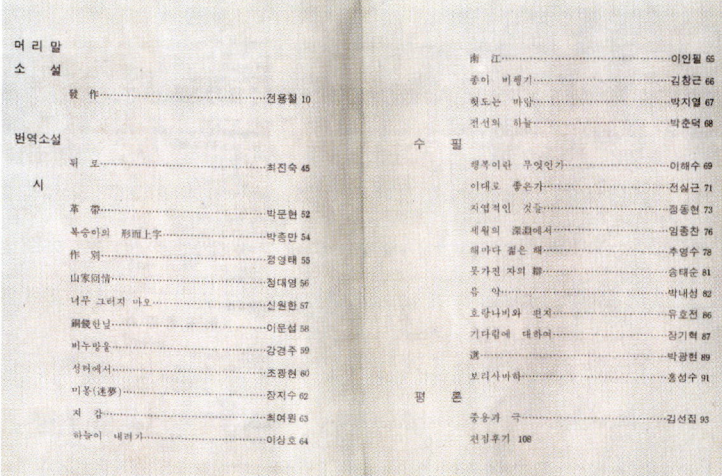

부대사학

題　　號	釜大史學 第1輯	판　　형	14.9x20.6
발 행 일	1961.04.15.	발행편집인	發行: 釜山大學校史學會, 編輯: 呂海龍
표지화, 컷		간별, 정가	부정기, 비매품
면　　수	112	인 쇄 소	韓協印刷所
발 행 처	釜山大學校 史學會	기　　타	부산, 학술지.

『부대사학(釜大史學)』은 부산대학교 문리과대학 사학과에서 발행한 학회지이다. 부산대학교 사학과는 1948년 9월 1일 문리학부 인문학과 사학전공으로 시작하였다. 창간호는 1961년 4월 15일 발행했으며, 발행인은 부산대학교 사학회(釜山大學校 史學會), 편집인은 여해룡(呂海龍), 인쇄소는 한협인쇄소(韓協印刷所)이며 총 112면, 비매품이다.

창간호는 〈창간사(創刊辭)〉, 〈논문(論文)〉, 〈편집후기(編輯後記)〉로 구성되어 있다. 〈창간사〉는 부산대학교 사학과 교수이자 국립한일문화연구소(國立韓日文化研究所) 소장인 정중환(丁仲煥)이 썼으나 인쇄 오류로 인해 정확한 내용은 확인할 수 없다. 내용을 확인할 수 있는 후반부에 학술지의 목적을 "앞으로 在學生(재학생)과 卒業生(졸업생)이 科(과) 研究室(연구실)을 中心(중심)하고 同心協力(동심협력)하여서 各自(각자) 꾸준한 努力(노력)을 쌓고 또 서로 指導鞭達(지도편달)하여서 그 成果(성과)를 이 學會誌(학회지)에 發表(발표)하여 널리 光輩同學(광배동학, 광배(光輩)는 선배(先輩)의 오류로 보임)에게 알릴 수 있도록 함에 있어서 이 學會誌(학회지)가 負荷(부하)된 使命(사명)을 끝까지 다할 수 있도록 健全(건전)한 發展(발전) 있기를 心祝(심축)" 한다고 밝히고 있다.

釜大史學

第一輯

(1961)

釜山大學校 文理科大學
史學會

<編輯後記>

1961年4月1日 印刷
1961年4月15日 發行

釜大史學(第一輯)

發行者·釜山大學校史學會
編輯者·呂　海　罷
印刷所·韓 協 印 刷 所

　〈논문〉은 교수 민성기(閔成基)의 「한대 한전설(漢代 限田說) 연구」, 김의환(金義
煥)의 「동학(東學)의 성립(成立) 연구」(목차에는 「동학(東學) 성립(成立)의 연구」로 적혀 있
다.), 안일환(安日煥)의 「부곡(部曲)의 연구」를 싣고 있다.

　『부대사학』은 2011년 제39집까지 간행했으나 이후 부산대학교 효원사학회
에서 제호(題號)를 『역사와 세계』로 변경하여 2025년 6월 30일 현재 제67집
간행을 이어가고 있다. 이러한 『부대사학』은 부산지역 대표적인 역사학술지
로 신진연구자를 발굴하고 연구성과를 공유하며 현재까지 명맥을 이어오고
있다는 데 가치가 있다. 부산대학교 도서관에서 소장한 『부대사학』 제1집을
를 DB화 하였다.

釜大史學

第一輯

史學科

釜 山 大 學校 文理科大學

釜 大 史 學 1961

第 一 輯

끊임없이 닥쳐오는 도전의 劇戰에 응전하여
온기차게 勝利의 만음으로써 무한히 줄주한
다 해서 우일이 나쁘다 말이냐?
『試練에 선 文明』에서

創 刊 辭 丁・仲換 ·········· 學科長

閔 成 基

金 義 換

安 日 換

부끄러워 하라! 비루한 자여. 고통을 찾는
것 自 覺을 배우라, 『모든것은 고통을 가지고 있다.
《Romain》

史 學 科

釜 山 大 學校 文理科大學

부대학예

題　　號	釜大學藝 創刊號	판　　형	15x21
발 행 일	1963.02.20.	발행편집인	發行: 具中會 編輯: 文理科大學 學生會 學藝部
표지화, 컷	金永松	간별, 정가	부정기, 비매품
면　　수	181	인 쇄 소	共榮印刷社
발 행 처	부산대학교 문리과대학 학생회	기　　타	부산, 교지.

『부대학예(釜大學藝)』는 부산대학교 문리과대학 학생회에서 발행한 교지이다. 1963년 2월 20일 창간되었다. 창간호의 발행인은 구중회(具中會)였고, 편집은 문리과대학 학생회 학예부(文理科大學 學生會 學藝部)에서 했다. 인쇄소는 공영인쇄사(共榮印刷社)이다. 총 181면에 비매품이다. 표지화는 김영송이 그렸다.

『부대학예』는 부산대에서 이미 발행되고 있던 『학보』의 자매지로 창간되었다. 교수들의 학술 논문이 높은 비중을 차지했던 『학보』와 달리 『부대학예』는 학생들이 주로 참여하는 문예지를 표방하였다. 문리대학장 구중회는 "元來(원래) 「學報(학보)」가 敎授(교수)의 硏究結晶(연구결정)이라면 「學藝(학예)」는 學生文藝(학생문예)의 거울이라 하겠다. 紙面(지면)의 大部分(대부분)을 學生(학생)들이 차지 하게 된것도 그 까닭이다."라고 하여 잡지 창간과 관련된 저간의 사정을 밝혀 두었다.

목차를 보면, 〈권두사〉와 학생회장 허종학(許宗鶴)의 〈창간사〉에 이어 〈시〉, 〈평론〉, 〈특별기고〉, 〈번역〉, 〈창작〉, 〈문학적 단상〉, 〈수필〉, 〈콩트〉 등의 코너를 마련하였고, 교수·졸업생 명단과 〈편집후기〉를 수록하였다. 또한 〈특집〉으로 고석규(高錫珪)의 유고작품 두 편을 수록하였으며, 〈특별기고〉에

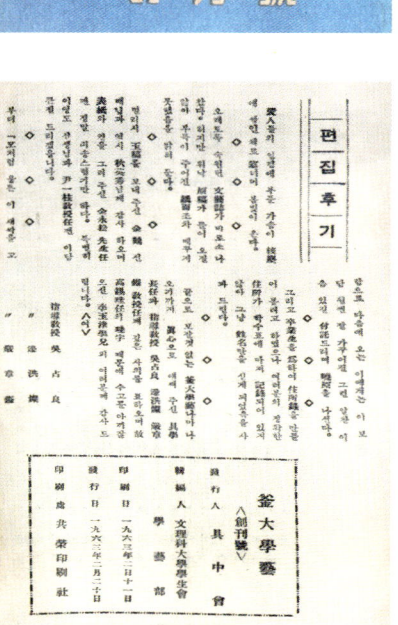

는 건축사학자로서 큰 족적을 남긴 윤일주(尹一柱)의 「벽(壁)」이 실려 있다. 수록된 학생들의 작품 수준이 그리 높은 편은 아닌데, 이와 관련하여 구중회는 "大体(대체)로 學生(학생)들의 글은 修練途上(수련도상)에 있느니 만큼 玉石(옥석)이 뒤섞이는 境遇(경우)가 많다. 때로는 生硬(생경)하기도" 할 뿐만 아니라 "玉稿(옥고)를 入手(입수)못한 채 隘路(애로)를 무릅쓰고 서두른 탓으로 編輯(편집)印刷(인쇄) 其他(기타)에 相當(상당)한 無理(무리)가 따랐"다고 하여 아쉬움을 표하고 있다. 그러나 학보 외에 별도의 문예전문 교지를 간행한 점에서 당대 부산대학교 학생들의 문학에 대한 열의를 짐작할 수 있다. 이처럼 『부대학예』는 당시 부산대학교의 학술과 문예에 대한 열의를 보여주는 자료로서 가치가 있다. 다만 창간호만을 입수한 탓에 이후 잡지의 간행이 얼마나 지속되었는지 알 수 없다. 특히 이후의 잡지 간행을 통해 작품 수준이 발전해 나가는 양상을 확인할 수 없어 아쉽다. 개인이 소장한 『부대학예』 창간호를 DB화 하였다.

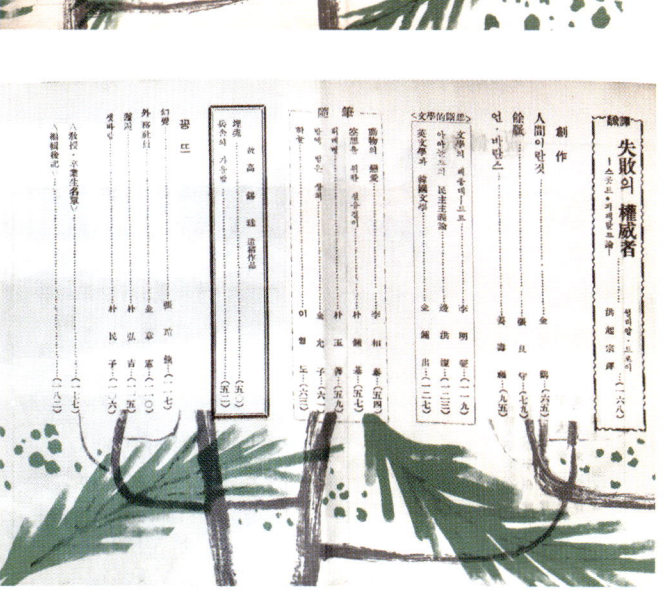

부산경제

題　　　號	釜山經濟 創刊號	판　　　형	18.5x25.5
발　행　일	1974.01.	발행편집인	發行: 姜錫鎭, 編輯: 安範守
표지화, 컷		간별, 정가	격월간, 비매품
면　　수	84	인　쇄　소	太和出版社
발　행　처	釜山商工會議所	기　　　타	부산, 1·2월호, 기관지.

　『부산경제(釜山經濟)』는 부산상공회의소에서 발행한 기관지이다. 수집한 것은 1974년 1월에 발간된 『부산경제』 1·2월호와 3·4월호이다. 1·2월호는 창간호로 발행처는 부산상공회의소로 되어 있다. 발행인과 편집인은 각각 강석진(姜錫鎭), 안범수(安範守), 인쇄소는 태화출판사이며, 총 면수는 84면에 비매품이다.

　내지에 부산상의(釜山商議)의 3대 목표가 나타나 있어 당시 부산지역 경제의 일 단면과 함께 지역 상공회의소의 미션 등을 짐작할 수 있게 해준다. 그 내용은 수출 목표달성의 역군, 경영합리화운동의 전당, 상공업계 새마을운동의 기수이다.

　창간호의 구성은 〈상의(商議) 화보〉에 이어 강석진 회장의 〈창간사〉, 부회장 4인의 〈나의 제언〉 코너를 뒤로 〈시론〉, 〈논단〉, 〈르포〉, 〈해외경제〉, 〈국내경제〉, 〈경제해설〉 등과 각 부문별 〈부산 지역경제〉 등 매우 다채롭다. 또한 연재물과 〈상의 동정(動靜)〉, 〈자료〉, 〈상사(商社) 소개〉에 이어 〈경제일지(經濟日誌)〉와 〈통계〉로 이루어져 있다.

　〈창간사〉에서는 '1960년대 이후 고도성장 시기를 거쳐 1970년대 중화학공

釜山經濟

贈呈

'74
1 · 2

ECONOMY
OF
BUSAN

釜山商工會議所

업시대가 다가오고 있으며' 이후 '1980년대에 대한 기대'도 나타나 있다.

이어지는 3·4월호부터는 제호가『부산상공(釜山商工)』으로 바뀌게 된다. 판권 정보는 창간호와 동일하며, 전체 분량은 86쪽으로 대체로 비슷하다. 내용 구성 역시 〈상의 화보〉에 이어 〈권두언〉, 〈시론〉, '인플레이션' 관련 〈특집〉, 〈해외경제〉, 〈국내경제〉, 〈경제해설〉 등 창간호와 대동소이하나, 새롭게 〈상의 강좌〉 코너도 신설되어 이채롭다.

우리나라 최초의 개항장인 부산의 상공회의소 역사를 보면, 1876년 개항 이후 1889년(고종 26) 한국인 상공업자가 부산객주상법회사를 설립하고 1916년 6월 부산상업회의소가 설립되기에 이른다. 이후 1931년 부산상공회의소 정관 인가를 받아 이었다가 해방 이후 1946년 부산상공회의소로 재설립된다. 이후 1989년 부산상공회의소 창립 100주년을 맞이하여 현재에 이르고 있다.

따라서 1970년대에 발간된『부산경제』는 부산상공회의소의 맥을 잇는 귀중한 자료이며 당시 부산 지역경제를 살피는데도 매우 중요하다고 평가된다. 부산광역시립시민도서관이 소장한『부산경제』1·2월호와『부산상공』 3·4월호를 DB화 하였다.

釜 山 經 濟

1.2月號

發 行 人　裵　鎔　俊
編 輯 人　安　範　守
印 刷 所　太 和 出 版 社
發 行 所　釜 山 商 工 會 議 所

釜山市 中區 大倉洞 4街 30番地
電話 ⑧ 4126～38
⑧ 8629

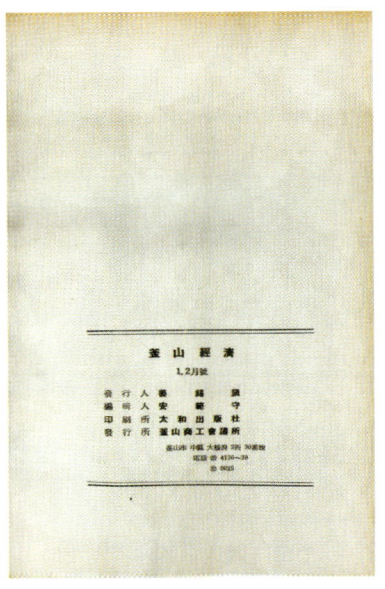

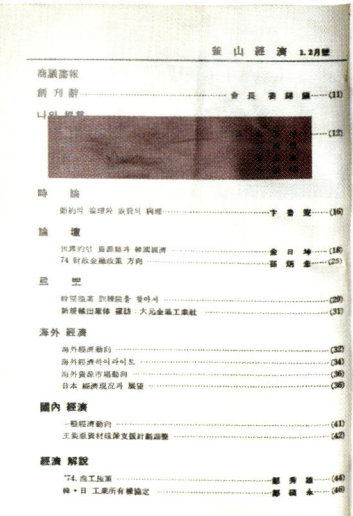

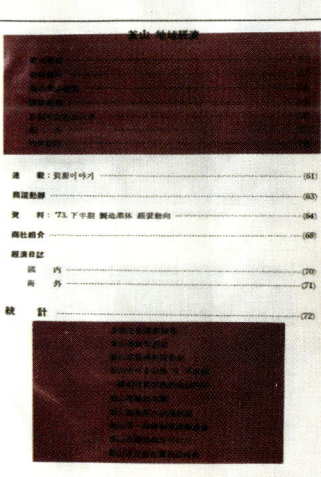

부산교단동인

題　　　號	부산교단동인 제1집	판　　　형	15x20.7
발　행　일	1973.02.14.	발행편집인	편집: 안수희 · 정진채 · 선용 · 주성호
표지화, 컷	표지: 김종문	간별, 정가	부정기, 비매품
면　　　수	126	인　쇄　소	아주사(부산시 동구 범일동 812)
발　행　처	부산교단동인회	기　　　타	부산, 동인지.

　『부산교단동인』 제1집은 교원들의 모임인 부산교단동인회에서 1973년 2월 14일에 발행한 동인지이다. 『부산교단동인』 제1집의 판권사항을 보면 발행처는 부산교단동인회이고, 편집인은 4명으로 안수희, 정진채, 선용, 주성호이다. 인쇄소는 아주사(부산시 동구 범일동 812)이고 ⑧4411-3(전화번호)가 들어 있으며 총 126면이다. 앞표지에는 국화로 보이는 다섯 송이가 그려져 있고, 뒤표지는 연두색 표지로 장식했는데 신구문화사 부산지사 지사장의 축하가 들어 있다. 표지는 김종문이 맡았다.

　목차를 보면 〈교사편〉과 〈학생작품〉으로 구분했고, 머리말을 회장 고태영이 썼다. 〈교사편〉에는 동시 5편, 중국동화 1편, 산문 2편, 방송극 1편, 논문 2편이 들어 있으며, 〈학생작품〉에는 배정국민학교 11편, 남성국민학교 10편 등 학교별로 나누었고, 그 외 작품을 따로 묶었다. 〈교사편〉 가운데는 작가 신택용의 방송극 「편지」, 안수희의 논문 「글짓기를 위한 관찰 수련」과 여인천의 논문 「문제아의 항변」 등이 눈에 띈다.

　〈편집후기〉는 정전채에 의해 작성되었는데 표지화처럼 '새봄', '연두빛 새싹'으로 말을 열었다. '우리는 모두들 내일의 새싹들을 가꾸는 교사들이다.'라고 하여 '교사 회원들이 알뜰히 자기를 가꾸고 서로 도와 호를 거듭할수록 더욱 좋은 문집이 될 것'을 다짐하였다. 책을 내준 '어린이동산사' 은종일 사장에 대한 감사의 말을 붙였다. '어린이동산사'는 아주사의 임프린트로 보인다.

　이러한 『부산교단동인』은 부산에서 교단 동인들이 발행한 잡지라는 점에서 자료적 가치를 지닌다. 부산대학교가 소장한 『부산교단동인』 제1집을 DB화 하였다.

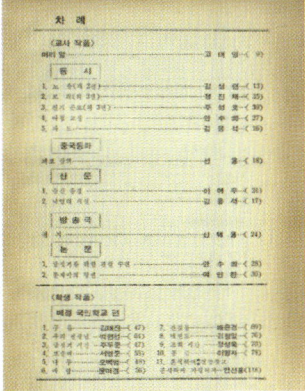
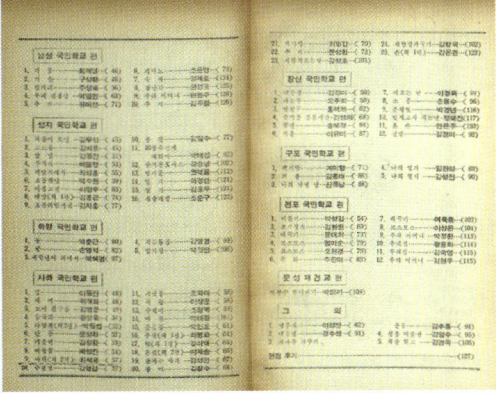

부산교육

題　　號	부산교육 제104호	판　　형	15.1x21.7
발 행 일	1960.07.15.	발행편집인	발행: 오경인, 편집: 김주갑
표지화, 컷		간별, 정가	월간, 비매품
면　　수	50	인 쇄 소	태화인쇄소
발 행 처	부산시교육위원회	기　　타	부산, 6 · 7월호, 기관지.

　『부산교육』 제104호는 부산시교육위원회에서 1960년 7월 15일에 발행한
기관지로 6월 · 7월 합병호이다. 『부산교육』 제104호의 판권사항을 보면 발행
인은 부산시교육위원회 교육감 오경인이고, 편집인은 김주갑, 인쇄소는 태
화인쇄소이며, 비매품으로 총 50면이다. 페이지를 넘기면 부산시교육위원회
직원 일동의 단체 사진이 들어 있고 위원회 명단이 실려 있으며, 새로 선출된
교육위원 얼굴도 보인다.

　제104호의 목차를 보면 〈권두언〉 「협력으로 바른 인간성을 찾자」를 시작
으로 부산시교육연구소의 〈수업의 연구〉, 〈연구실천〉, 〈자료〉 코너로 구성
되어 있다. 〈수업의 연구〉는 현장 교사의 수업을 분석하였는데 수업 일시와
장소, 수업자, 지도 계획 등이 들어 있어서 수업지도안 작성 사례를 보여주
었고, 실제 수업을 기록하여 도입—전개—학습—적용—평가를 두루 다루었다.
책 소개 란도 있는데 톨스토이의 『전쟁과 평화』, 듀이의 『민주주의와 교육』 등
의 책 안내를 달았다. 월간지로 원고를 모으고 발행한 모습을 보면 당시 부산
시교육위원회가 상당한 규모였음을 알 수 있다. 『부산교육』 제104호의 〈편집
후기〉를 보면 4 · 19 혁명 이후, 어쩔 수 없이 6, 7월 합병호를 내게 되었다는

내용과 공화국 탄생을 축하한다는 내용과 더불어 참다운 교사의 실천과 연구를 기원하였다.

이러한 『부산교육』은 부산시교육위원회가 발행한 잡지라는 점에서 자료적 가치를 지닌다. 부산대학교가 소장한 『부산교육』 제104호, 제105호, 제107호, 제111호, 제112호, 제113호를 DB화 하였다.

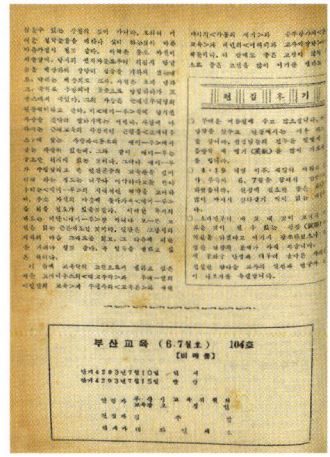
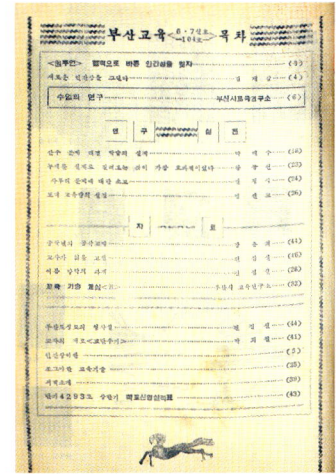

부산문예

題　　號	부산문예 創刊號	판　　형	15x20.5
발 행 일	1964.12.10.	발행편집인	發行: 朴斗錫, 編輯: 柳致環, 金圭泰, 李東燮, 曺有路, 崔海君
표지화, 컷	扉畵: 成百胄, 表紙寫眞: 韓一善, 題字: 楊鎭尼	간별, 정가	부정기, 비매품
면　　수	145	인 쇄 소	嶺南印刷所
발 행 처	한국예총 부산지부	기　　타	부산, 기관지.

『부산문예』는 한국예총 부산지부에서 발행한 기관지이다. 1964년 12월 10일 창간되었다. 창간호의 발행인은 예총 부산지부장 박두석(朴斗錫)이었고, 편집위원장은 유치환(柳致環), 편집위원은 김규태(金圭泰), 이동섭(李東燮), 조유로(曺有路), 최해군(崔海君)이었다. 제자는 양진이(楊鎭尼), 표지사진은 한일선(韓一善)이 맡았고, 인쇄소는 영남인쇄소(嶺南印刷所)이다. 총면수는 145면에 비매품이었다.

〈편집후기〉를 보면 "綜合(종합) 文藝誌(문예지)가 우리 부산 땅에서 처음으로 그 빛을 보게 되었다"고 하여 부산에서 발행된 최초의 종합문예지임을 강조하고 있다. 목차를 보면 유치환의 〈권두사〉에 이어 〈평론〉, 〈시〉, 〈수필〉, 〈소설〉란을 두어 종합문예지의 면모를 갖추었고, 「예총부산지부 운동방침」을 비롯한 몇 편의 알림 글을 함께 수록하였다.

내용을 보면 진실을 드러내는 예술의 기능과 현실에 대한 예술의 역할 등 예술의 사회적 역할을 강조하는 글들이 눈에 띈다. 유치환이 쓴 〈권두사〉는 "眞實(진실)과 등진 阿世(아세)하는 曲筆(곡필)"이 왕왕히 "精神(정신)의 尊貴(존귀)를 가장하고 橫行(횡행)"하는 일이 있지만, "오직 하나 그것이 발붙일 수 없는 곳이 있으니 그것은 藝術(예술)"이라고 하였다. 박두석의 평론 「새로운 현

실은 새로운 예술을 요구하고 있다」역시 "藝術(예술)은 現實(현실)의 가장 本質的(본질적)이고 必然的(필연적)인 것의 表現(표현)'이기 때문에 藝術家(예술가)는 現實(현실)에 눈을 가릴 수 없다."고 하였다. 또한 이유식(李洧植)의 「오해 속의 참가문학(參加文學)」은 '오늘날 다시 참가문학이란 말이 대두한 것은 "타성과 무기력속에 잠들어 있는 詩人(시인)들의 잠을 일깨우기 위한 하나의 警鐘(경종)"이라고 하였다.

이처럼 『부산문예』는 부산지역 최초의 통합 예술, 문학 종합지로서, 당대 부산 지역 문인들의 인적 구성과 문학과 사회에 대한 그들의 생각을 보여주는 잡지로서 중요한 가치를 지닌다. 개인이 소장한 『부산문예』 창간호를 DB화 하였다.

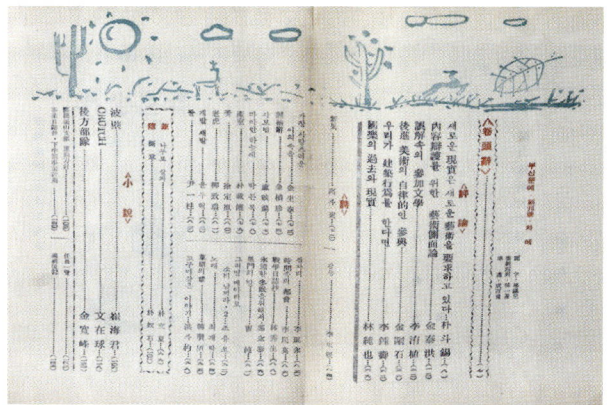

부산문학

題　　號	부산문학 第2輯	판　　형	15x20.5
발 행 일	1967.12.25.	발행편집인	發行: 金廷漢
표지화, 컷	제자: 이주홍, 표지: 성백주	간별, 정가	부정기, 비매품
면　　수	125	인 쇄 소	太和印刷所
발 행 처	韓國文人協會 釜山支部	기　　타	부산, 기관지.

　『부산문학』은 한국문인협회 부산지부(韓國文人協會 釜山支部)에서 발행한 기관지이다. 수집한 것은 1967년 12월 25일 발행된 『부산문학』 제2집이다. 제2집의 판권지를 보면, 발행처는 한국문인협회 부산지부, 발행인은 한국문인협회 부산지부장인 김정한(金廷漢), 인쇄소는 태화인쇄소(太和印刷所)이다. 총 125면이며 비매품으로 발간되었다. 제자(題字)는 이주홍이 썼고, 표지 그림 및 내용 컷은 성백주가 그렸다.

　본문에 앞서 흥아타이어, 성창기업의 광고와 부산 출신 국회의원, 부산일보, 국제신보의 광고가 있고, 뒤표지에는 부산상공회의소, 부산시, 경상남도, 부산문화방송 등의 광고가 있다. 『부산문학』 제2집은 제6대 대통령 취임 경축특집호로 꾸며졌다. 제6대 대통령으로 취임한 박정희 대통령 취임, 경축제, 대통령 취임을 경축한 한글 백일장 행사 화보가 실려 있다.

　목차를 살펴보면, 지부장 김정한의 「속간호를 내면서」로 시작된다. 이후 〈창작〉, 〈시〉, 〈제6대 대통령취임 경축 한글백일장 입상작품〉, 〈수필〉, 〈편집후기〉로 구성되어 있다. 〈창작〉으로는 최해군(崔海君)의 「유산(遺産)」, 정종수(鄭鐘秀)의 「뻐꾹새」, 윤정규(尹正圭)의 「고영(孤影)」, 문재구(文在球)의 「나무가 옷을 벗

을 때」, 김관봉(金寬峰)의 「하물(荷物)」이 있고, 〈수필〉로는 고두동(高斗東)의 「꽃
과 시」, 박노석(朴奴石)의 「고궁(古宮)의 낭만」, 박돈목의 「남선생을 좋다더군」,
이영찬의 「될 것 같은 이야기」, 구철회(具鐵會)의 「잃어버린 시간은」이 있다. 그
리고 한찬식(韓璨植), 임수생(林秀生), 이민영(李民英), 이동섭(李東燮), 박태문(朴泰
艾), 김정진(金禎珍), 강춘장(姜春莊), 정영태(鄭永泰), 장승재(蔣昇在), 신명석(申明
釋), 손경하, 박승재(朴承在), 김규태(金圭泰)의 〈시〉가 실려 있고, 〈6대 대통령
취임 경축 한글백일장 입상작품〉이 실려 있다. 이때의 시제(詩題)는 '우리집',
'바다', '파도', '자유', '조국' 등이었다.

김정한의「속간호를 내면서」를 보면,『부산문학』 이전에『문협』이 간행되었음을 알 수 있다.『문협』은 제2호까지 나온 후 오랫동안 중단되었다가 한국문인협회 부산지회에서『부산문학』이란 제호로 속간호를 내게 되었다. 6대 대통령 취임축하 행사의 일환으로 〈한글 백일장〉을 주관하면서 백일장에서 뽑힌 작품들과 기념 행사 사진 등을 묶어서 8월 경에 발간할 예정이었으나 필요한 자금과 원고가 쉽게 마련되지 않다가 김대만(金大萬) 부산시장의 배려로 해를 넘기지 않고 발간하게 되었다고 하였다. 〈편집후기〉에서는 지방문학의 열악함을 토로하면서 새해부터는 못내도 계간(季刊)으로 내고자 계획하였으나 뜻대로 되지 않아『부산문학』 제5집은 1973년에 발간되었다.

　『부산문학』 제5집은 부산문협 지부장이 박문하(朴文夏)로 바뀌었고, 발행처도 아성출판사가 맡았다.『부산문학』 제5집은 '작고시인(作故詩人) 특집'으로 꾸며졌다. 부산, 경남지역에서 활동한 시인들로서 작고한 홍두표(洪斗杓), 손중행(孫重行), 홍원(洪原), 유치환(柳致環), 염주용(廉周用), 장응두(張應斗), 박영포(朴永浦), 김수돈(金洙敦), 박영한(朴英漢), 이석인(李石人), 구자운(具滋雲), 임하수(林河守), 정정화(鄭井和), 이동섭, 장세호(張世浩), 최계락(崔啓洛), 고석규(高錫珪), 안탁준(安卓俊), 김민부(金敏夫) 등의 대표작품들을 실었다.

　본문 이후에는 〈회원주소록〉, 〈편집후기〉가 있다. 그리고 청마 유치환의 묘비와 시비를 추석 전에 건립하고자 하니 각계의 협조를 바란다는 공고가 있다.

　이러한『부산문학』은 한국문인협회 부산지부의 기관지로서, 당대 부산 지역 문인들의 활동 상황과 작품 세계를 살펴볼 수 있는 자료로 의미가 있다. 개인이 소장한『부산문학』 제2집, 제5집을 DB화 하였다.

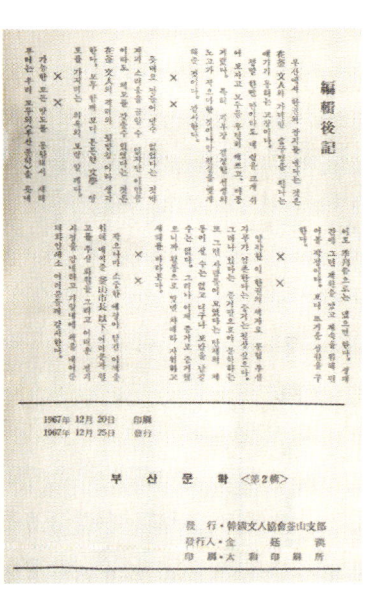

編輯後記

×　　×　　×

×　　×　　×

×　　×　　×

1967年 12月 20日　印刷
1967年 12月 25日　發行

부 산 문 학　＜第2輯＞

發　行・韓國女人協會釜山支部
發行人・金　經　滿
印　刷・太和印刷所

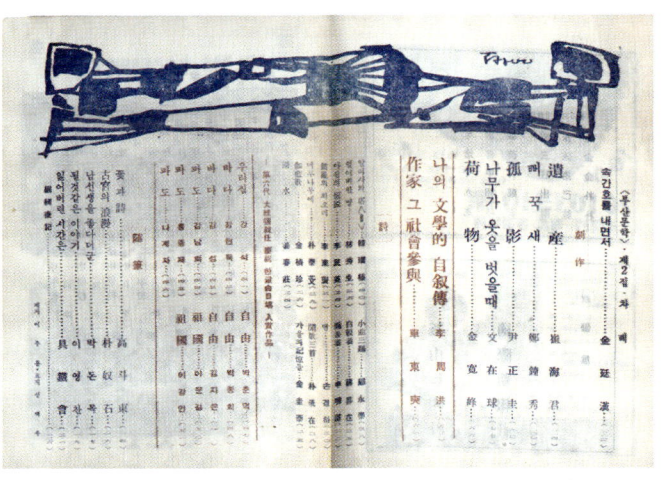

부산수필

題　　　號	釜山隨筆 1978 夏	판　　　형	15.8x22
발　행　일	1978.09.01.	발행편집인	發行: 朴政洙, 編輯: 許天
표지화, 컷	表紙畵: 河麟斗, 目次畵 · 컷: 金漢鐵, 題字: 高銅柱	간별, 정가	계간, 非賣品
면　　　수	145	인　쇄　소	
발　행　처	民石文化社	기　　　타	부산, 수필문학지, 500부 한정판.

　『부산수필(釜山隨筆)』은 부산수필가협회(釜山隨筆家協會)에서 1978년 9월 1일에 발행한 문학지이다. 수집한 것은 『부산수필』 1978 · 하(夏)와 『부산수필』 1982 · 가을이다. 『부산수필』 1978 · 하의 판권 사항을 보면, 발행인은 박정수(朴政洙), 편집인은 허천(許天), 발행처는 민석문화사(民石文化社)이며, 총 145면에 비매품이다. 500부 한정판으로 발행되었다. 제자(題字)는 고동주(高銅柱)가 썼고, 표지화는 하인두(河麟斗), 목차화 · 컷은 김한철(金漢鐵)이 그렸다. 표지 뒤에 부산시장(釜山市長) 최석원(崔錫元), 부산시교육감(釜山市敎育監) 구용현(具龍鉉), 동명목재상사(東明木材商社) 등의 축하 광고가 실려 있다. 판권지 이후에는 한국종합방제, 우성식품주식회사 등의 광고가 실려 있다.

　한편 1982년 12월 10일에 발간된 『부산수필』 1982 · 가을의 판권사항을 보면, 편집인은 부산수필가협회의 허천, 발행처는 민석문화사(등록번호 카 9-4호, 부산시 북구 주례동 169, 부산우체국사서함 188호)이며, 비매품에 500부 한정판으로 발행했으며, 총 123면이다. 제자는 고동주가 썼고, 표지화 · 목차화 · 컷은 박춘재(朴春載)가 그렸다. 그런데 『부산수필』 1982 · 가을의 경우 판권 사항에 통권 제5호로 표기되어 있는 것으로 보아 『부산수필』 1978·하는 제2호로 보인다.

　1978·하의 목차 구성을 보면, 〈서문〉이나 〈권두언〉 등이 없이 바로 회원들의 작품으로 구성된 〈회원수필〉란과 〈특별회원〉 수필란으로 이어진다. 필진으로 참여한 인물로는 강영수(姜泳琇), 구철회(具鐵會), 구본룡(具本龍), 김병규(金秉圭), 문인갑(文仁甲), 문한규(文翰圭), 박태을, 이해주(李海珠), 장성만(張聖萬), 정신득, 정재훈(鄭載勳), 최선호(崔瑄鎬), 최해춘(崔海春), 최현정(崔玄汀), 하철준(河喆俊), 허천 등이 있다. 특별회원으로 김기성(金箕星), 최정환(崔正煥) 등이 참여하였다.

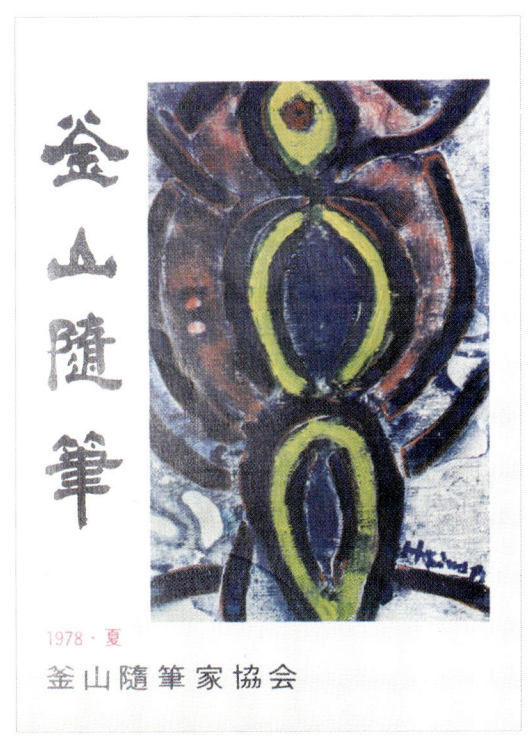

1978·夏

釜山隨筆家協会

〈특별회원〉의 수필을 끝으로 본문이 끝나고, 따로 〈편집후기〉나, 〈맺음말〉, 〈원고모집〉 같은 란이 없다. 회원 명단에 실린 회원으로는 강영수, 김병규, 구본룡, 구철회, 문인갑, 문한규, 박태을, 이수관, 이해주, 정신득, 정재훈, 장성만, 최선호, 최재훈(현정), 최해춘, 하철준, 허천(가나다순)이며, 특별회원으로 김기성, 김대성, 최경출, 최정환 등이 참여했다. 회원들의 직업을 살펴보면 동명목재상사 부사장, 동아대학교 대학원장, 병의원 원장, 학교 교장, 교수 등으로 사회적으로 영향력과 지도력 있는 인물들이 필진으로 포진하고 있다.

이러한 지면 구성은 1982년 12월 10일에 발간된 『부산수필』 제5호까지 일관되게 이어진다. 다만 초기 비매품이던 『부산수필』은 제5호에 와서 정가 1,500원에 판매되는 변화를 보여주고 있다. 이처럼 『부산수필』은 부산수필가협회 회원들의 인적 교류와 창작 활동을 살펴볼 수 있는 자료로서 의미가 있다. 개인과 고하문학관이 소장한 『부산수필』 1978·하호와 1982·가을호를 DB화 하였다.

『釜 山 隨 筆』 1978 夏

1978. 8. 25 인 쇄
1978. 9. 1 발 행

편집인 : 許   天
발행처 : 民 石 文 化 社
발행인 : 朴   政   洙

등록번호년월일 1978. 6. 12
등록번호   카 9—4 호
부산시 북구 구레동 167번지
釜山우체국 사서함 188호
電話 (43) 7 0 2 3

500部 限定版   (非賣品)

부산시론

題 號	釜山時論 創刊號	판 형	15x21
발 행 일	1954.06.01.	발행편집인	發行: 孫永壽, 編輯: 盧在崙
표지화, 컷	表紙·目次컷: 尹敬得	간별, 정가	월간, 50원
면 수	107	인 쇄 소	協同印刷株式會社(釜山市 草梁洞 993番地), 대표 金太一
발 행 처	釜山市 時論發行委員會 (釜山市 總務局 內務課)	기 타	부산, 부산시보 改題, 주간: 千完儀, 기관지.

『부산시론(釜山時論)』은 부산시에서 낸 기관지다. 수집한 판본은 1954년 6월
1일 발행한 『부산시론』 창간호이다. 『부산시론』은 부산 시정을 홍보하던 『부
산시보(釜山市報)』를 1954년 4월에 개제하여 월간잡지로 발행한 것이다. 창간
호의 판권 사항을 보면, 발행인 손영수(孫永壽), 편집인 노재륜(盧在崙), 편집고
문 박상희(朴尙僖), 주간 천완의(千完儀)이며, 인쇄소는 협동인쇄주식회사(協同
印刷株式會社, 부산시 초량동 993번지)이다. 표지와 목차 컷은 윤경득(尹敬得)이 담
당했으며 총 107면, 정가는 해당 판권지 파손으로 인해 확인할 수 없다.

창간호는 〈창간사〉, 〈축사〉, 〈월간시평〉, 〈특별기고〉, 〈독자 시원(詩苑)〉,
〈단가(短歌)〉, 〈시조(時調)〉, 〈한시(漢詩)〉, 〈수상만록(樹想漫錄)〉, 〈단편 소설〉,
〈편집후기〉로 구성되어 있다. 부산시장 손영수의 〈창간사〉에서 "釜山市報
(부산시보)는 主(주)로 市政宣傳(시정선전)의 報道(보도)를 그 使命(사명)으로 하여
왔으나 報道(보도)의 役割(역할)은 이미 有力(유력)한 各(각) 日刊新聞(일간신문)이
充分(충분)한 協力(협력)을 하는 實情(실정)에 있음으로 이에 그 目標(목표)를고
치여 市政(시정)에 從事(종사)하는 公務員(공무원) 또는 그 下部組職(하부조직)의
各層人士(각층인사)에 對한 資質向上(자질향상)과 情緒涵養(정서함양)을 主(주)로

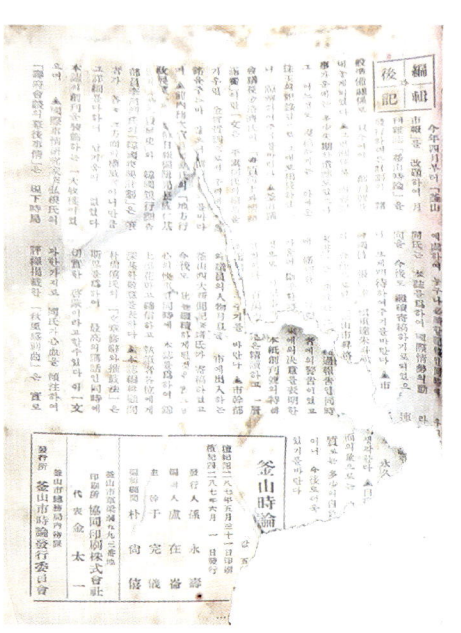

하고 아울러 市政(시정)의 周知徹底(주지철저)를 從(종)으로 하는 本誌(본지)를 發行(발행)"하게 되었다고 밝히고 있다. 부산시의 정책 홍보보다는 부산시 직원 및 부산시민의 자질 향상과 정서 함양을 우선순위로 두고 있음을 알 수 있다. 김명영(金命瑛)의 「춘우(春雨)」, 〈독자 시원〉은 정태영(鄭泰永, 목차에는 정영태(鄭永泰)로 표기되어 있다.)의 「지금은 가고 없는 휘야로ー느에게」, 이석인(李石人)의 「낙동혈맥(洛東血脈)」, 김장환(金章煥)의 「생명선상(生命線上)」이, 〈시조〉에는 노덕술(盧德述)의 「술회(述懷)」 이동준(李東俊)의 「진학(進學)의 길」, 박상희(朴尚僖)의 「화촉부(華燭賦)」가, 〈수상만록〉에는 부산시의회 의원 서유주(徐有周)의 「인생과 정의」, 교사 문병태(文炳泰)의 「인정소감(人情小感)」, 서은수(徐銀洙)의 「5월 독백」이, 〈단편소설〉은 안초원(安焦原)의 「상실(喪失)」을 싣고 있다.

이처럼 『부산시론』은 부산 시정 홍보보다는 관련 공무원이나 그 주변인물, 그리고 부산시 출입 학생 기자들의 글을 발행함으로써 기타 공공잡지와 차별성을 두고 있다는 점에서 의의가 있다. 개인이 소장한 『부산시론』 창간호를 DB화 하였다.

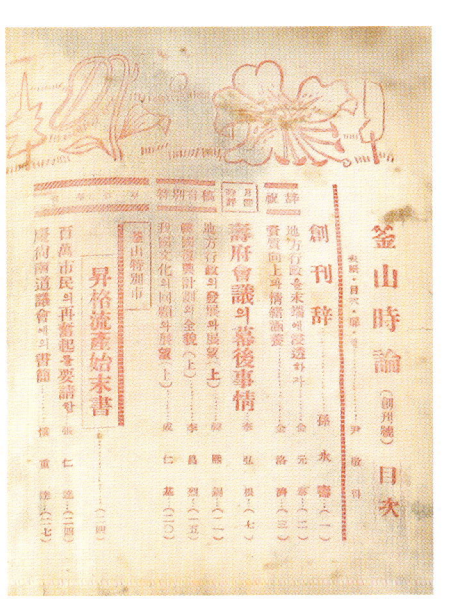

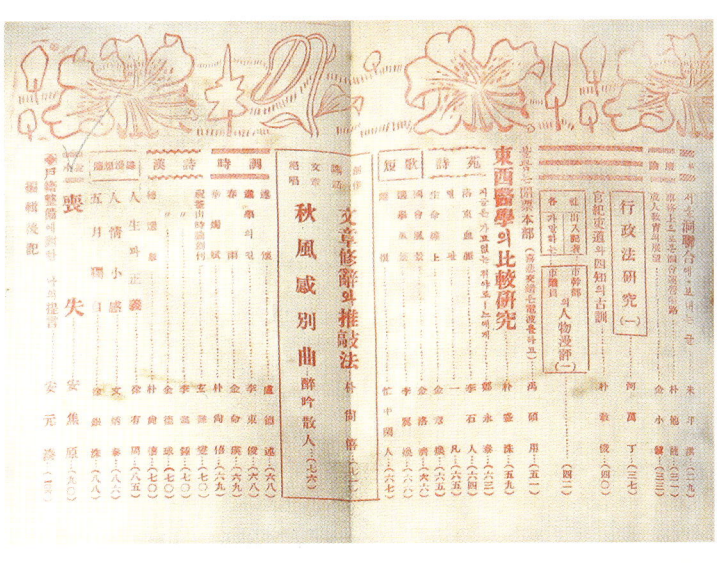

부산시정

題　　　號	釜山市政 創刊號	판　　　형	15.4x21
발　행　일	1965.12.10.	발행편집인	發行: 金玄玉, 編輯: 釜山市 市政調査研究委員會
표지화, 컷	表紙揮毫: 金玄玉, 表紙裝幀·目次畵컷: 金仁根	간별, 정가	부정기, 非賣品
면　　　수	230	인　쇄　소	新興印刷社
발　행　처		기　　　타	부산, 기관지.

『부산시정(釜山市政)』은 부산시에서 발행한 기관지이다. 창간호의 판권사항에 따르면 발행일은 1965년 12월 10일이고, 발행인은 김현옥(金玄玉), 편집인은 부산시 시정조사연구위원회(市政調査研究委員會), 인쇄소는 신흥인쇄사(新興印刷社, 부산시 동구 초량동 1043)이며, 총 230면에 비매품이다.

부산시장 김현옥은 〈창간사(創刊辭)〉에서 "市政(시정)의 內實化(내실화)에 조그한 등불이 되고저하는 努力(노력)의 一端(일단)이나 … 다만 「뜻이 있는 곳에 길이 있다」는 古言(고언)을 되새기면서 不休(불휴)의 努力(노력)을 거듭코저 하니 職員(직원) 여러분도 꾸준한 激勵(격려)와 協調(협조)를 베풀어 주기 바란다."라고 잡지 창간의 의도를 밝히고 있다.

대략적인 목차의 구성은 시장의 〈창간사〉와 부시장의 논설을 비롯하여 〈특집(特輯) 내일(來日)의 부산(釜山)〉, 〈시정제언(市政堤堰)〉, 〈일선행정(一線行政)의 문제점(問題點)과 개선책(改善策)〉, 〈현상논문(懸賞論文)〉, 〈생활(生活)시리즈=직장(職場), 가정(家庭), 취미(趣味)〉, 〈수험기(受驗記)〉, 〈문예(文藝)〉 등의 코너로 구성되어 있다. 이 가운데 부시장 이기수(李基洙)의 「현대행정(現代行政)의 기본

釜山市政

謹呈

創刊號

發行人　金　玄　品
編輯人　釜山市市政調查研究委員會
印刷所　新　興　印　刷　社
　　　　釜山市東萊區溫泉洞一○四二
　　　　ᄃ一四三六五

방향(基本方向)」, 손정목(孫禎睦)의 「대도시개발(大都市開發)의 현대적의의(現代的意義)와 도시(都市) 부산(釜山)의 미래상(未來像)」, 손병규(孫炳圭)의 「먼저 시정기본계획수립(市政基本計劃樹立)을」 등이 주목된다. 문학작품 중에는 유치환(柳致環)의 시 「자유항(自由港) −대부산(大釜山)에 부치다−」가 눈에 띈다.

이처럼 『부산시정』은 부산시의 행정과 발전 방향에 대한 양상을 살펴볼 수 있는 자료로 가치가 있다. 고하문학관에서 소장하고 있는 『부산시정』 창간호를 DB화 하였다. 부산광역시청 홈페이지(https://www.busan.go.kr/index)를 참조하였다.

釜山市政 【創刊號目次】

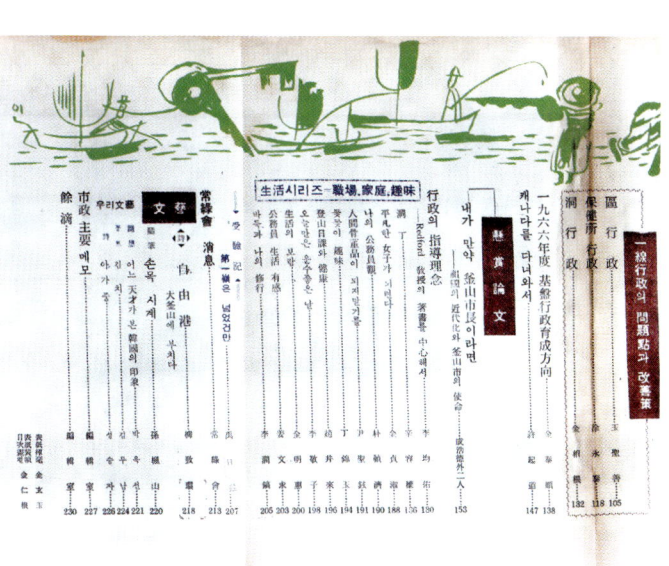

부산아동문학

題　　號	부산아동문학 제1집	판　　형	15x21
발 행 일	1973.09.10.	발행편집인	부산아동문학회
표지화, 컷	표지화: 조유로, 제자: 이주홍	간별, 정가	격월간, 200원
면　　수	107	인 쇄 소	신흥사
발 행 처	친학사	기　　타	부산, 아동문예지.

『부산아동문학』은 부산아동문학회에서 1973년 9월 10일에 발행한 문학지이다. 『부산아동문학』 제1집의 판권사항을 보면, 발행처는 친학사, 인쇄소는 신흥사이며, 정가 200원으로 총 107면이다. 편집은 선용, 심군식, 정진채, 주성호 등 4인이 담당했으며, 제호는 이주홍이 썼고, 표지 그림은 조유로가 그렸다.

목차에 앞서 한국문인협회, 신진인쇄공사, 한국예총부산시지부, 부산아동예술문화단체총연합회, 부산글짓기지도회 등에서 창간 축하를 전했다.

목차를 보면, 〈창간사〉를 대신하여 부산 아동문학의 건설을 위한 부산아동문학회 발회에 대한 의의를 밝히는 〈우리의 말〉이 서두를 장식하고 있다. 이어서 조유로의 평론「현장에 있어서의 문학교육」이 있고, 이후 〈동화〉, 〈시〉, 〈동극〉, 〈번역동화〉와 함께 초대회원들의 작품(〈시〉, 〈시나리오〉) 등으로 구성되어 있다. 끝으로 〈부산아동문학회 회칙〉, 〈회원 주소록〉이 있고, 근간 예고 광고가 있다.

〈회원 주소록〉을 살펴보면, 회장은 사하국민학교 정진채이고, 고문으로는 이주홍과 조유로가 참여하였다. 감사에 영도구 남도여자중학교의 박돈목

부산아동문학

□ 제 1 집 □

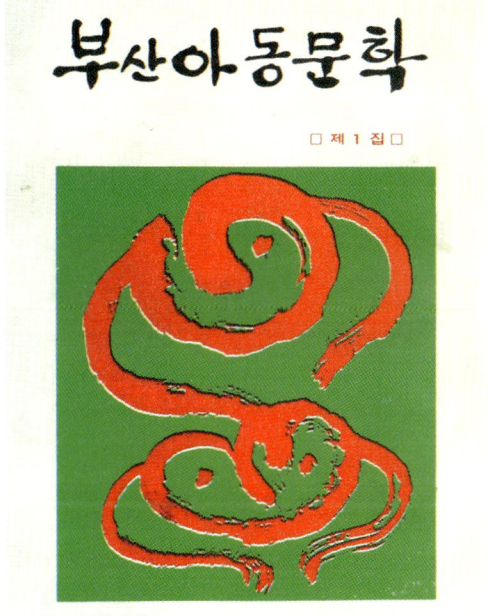

부산 아동문학회   1973. 9

과 동구 초량동 삼일교회 심군식, 사무국장에 선용이 있다. 회원으로는 공재동, 김상련, 김향, 박원돈, 신택용, 이금옥, 주성호, 황하주가 있었는데 대부분 국민학교 선생님들이었다.

〈편집후기〉에는 제2집은 11월 말에 발간할 예정임으로 10월 10일까지 원고를 모집한다는 광고와 회원 초대가 실려 있다. 회원 모집은 부산시 서구 괴정동 사하국민학교의 정진채가 담당하였다. 회원이 되기 위해서는 동시, 동화, 동극 등의 글을 제출하면 2회의 심사를 거쳐 본회 회원으로 초대하며 기존회원과 동등한 자격으로 맞아 드린다는 내용이다. 마지막으로 뒤표지에는 코카콜라 광고가 실려 있다.

이처럼 『부산아동문학』은 부산아동문학회원들의 인적 교류와 창작 활동을 살펴볼 수 있는 자료로서 의미가 있다. 이주홍문학관에서 소장하고 있는 『부산아동문학』 제1집을 DB화 하였다.

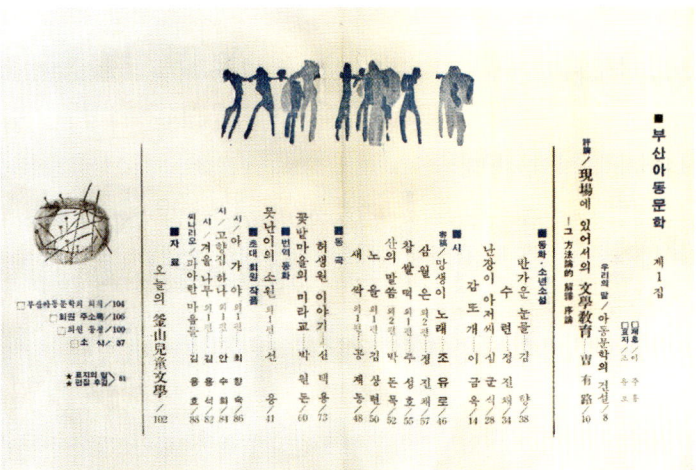

부산의대잡지

題　　　號	부산의대잡지 第5卷 第2號	판　　　형	19x26
발　행　일	1965.09.30.	발행편집인	發行: 劉邦鉉, 編輯: 金尙泰
표지화, 컷		간별, 정가	반년간, 비매품
면　　　수	187, 학내소식 1	인　쇄　소	嶺南印刷所
발　행　처	釜山大學校 醫科大學	기　　　타	부산, 主幹: 朱鼎均, 학술지.

『부산의대잡지』는 부산대학교 의과대학에서 발행한 학술지이다. 현재 제5권 제2호, 제11권 제1호를 확보하였다. 제5권 제2호의 판권사항을 보면 발행일은 1965년 9월 30일이고, 발행처는 부산대학교 의과대학, 발행인은 유방현(劉邦鉉), 편집인은 김상태(金尙泰), 주간(主幹)은 주정균(朱鼎均), 인쇄소는 영남인쇄소(嶺南印刷所)이며, 총 187면이다. 제11권 제1호의 판권사항을 보면 발행일은 1971년 4월 30일이고, 발행처는 부산대학교 의과대학, 발행인은 정창수(鄭昌洙), 편집주간(編輯主幹)은 양학도(梁學道), 인쇄소는 영남인쇄소이며, 총 265면이다.

권두언이나 발간사는 따로 없고 제5권 제2호는 19편, 제11권 제1호는 25편의 논문이 수록되어 있다. 이 가운데 제5권 제2호에 실린 정병호(鄭炳浩)의 「임신자궁질부미란(妊娠子宮腟部糜爛)의 세포학적(細胞學的) 관찰(觀察)」, 전지일(全之一)의 「한국인(韓國人) 이소골(耳小骨)에 관한 해부학적(解剖學的) 연구」, 제11권 제1호에 실린 정광진·박해춘의 「대장점막에 관한 비교조직화학적 연구」, 이용수(李龍洙)의 「원발성간암(原發性肝癌)의 Hepatoscintigram에 관한 연구(研究)」가 눈에 띈다. 마지막으로 제5권 제2호에는 「학내소식」, 「편집후기」, 「부산의대잡지(釜山醫大雜誌) 투고규정(投稿規程)」이 책의 발미에 첨부되어 있다.

　이처럼『부산의대잡지』는 부산대학교 의과대학 구성원들의 의학연구 경향을 살펴볼 수 있는 자료로 가치가 있다. 원광대학교 도서관에서 소장하고 있는『부산의대잡지』제5권 제2호와 제11권 제1호를 DB화 하였다. 부산대학교 의과대학 60년사 편찬위원회,『부산대학교 의과대학 60년사 : 1955~2015』, 부산대학교 의과대학, 2015를 참조하였다.

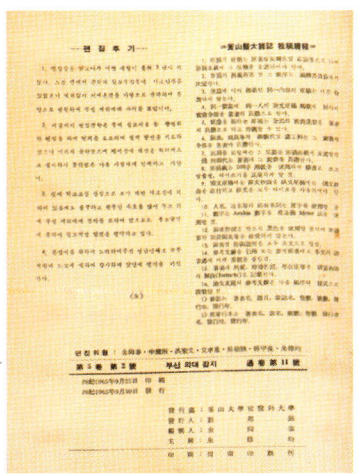
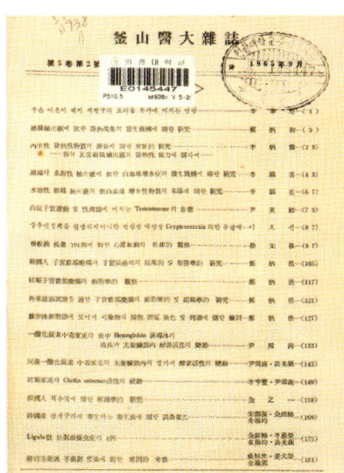

부산의대학보

題　　　號	釜山醫大學報 第1卷 第1號	판　　　형	18.7x25.8
발 행 일	1959.	발행편집인	釜山大學校 醫科大學
표지화, 컷		간별, 정가	부정기, 非賣品
면　　　수	135	인 쇄 소	東亞出版社 工務部
발 행 처		기　　　타	부산, 학보.

　『부산의대학보(釜山醫大學報)』 제1권 제1호는 부산대학교 의과대학(釜山大學校 醫科大學)에서 1959년에 발행한 학술지이다. 『부산의대학보』 1권 1호의 판권 사항을 보면, 편집위원장 정일천(鄭壹千), 편집위원 김상태(金尙泰), 이찬세(李燦世), 박영집(朴英集), 유방현(劉邦鉉), 문효중(文孝重) 5인으로 구성하였다. 인쇄일과 발행일은 공란이며, 편집 겸 발행은 부산대학교 의과대학, 인쇄소는 동아출판사 공무부(東亞出版社 工務部)이며, 총 135면에 비매품이다.

　이 학술지는 영문과 한글이 혼용되어 있으며, 2단으로 135면이고 의학관련 학술적인 당시의 현안을 확인할 수 있는 자료이다. 〈권두언〉이나〈발간사〉는 따로 없고 19편의 논문이 수록되어 있다. 이 가운데 양학도(梁學道)의 「급혈자(給血者)에 있어서 혈액(血液)의 회복(恢復)에 관한 연구」, 유방현의 「고혈압증(高血壓症)의 정신신체의학적(精神身體醫學的) 고찰」, 이찬세의 「자연기흉에 대한 15례의 보고와 문헌적 고찰」, 김한동(金漢東)의 「간편(簡便)한 렌트겐 골반계측(骨盤計測)의 일신법(一新法)」 등이 눈에 띈다.

　부록으로는 부산대학교 의과대학 학생회의 명부인 〈의진회연역(醫進會年歷)〉이 2페이지에 걸쳐 들어 있다. 개인이 소장한 『부산의대학보』 제1권 제1호를 DB화 하였다.

부산의대학보

VOL. 1, NO. 1　　JULY, 1959

JOURNAL OF
PUSAN MEDICAL COLLEGE

부산대학교의과대학 발행

釜 山 醫 大 學 報

第1卷　第1號（非賣品）

編輯委員長 鄭 壹 千

委 員

金 尙 泰 · 李 懷 世 · 朴 英 篤

劉 邦 鉉 · 文 承 熏

檀紀4292年 月 日 印 刷

檀紀4292年 月 日 發 行

編輯及發行人　釜山大學校·醫科大學

印 刷 所　東亞出版社工務部

부은조사

題　　　號	釜銀調査 第33號	판　　　형	19x26
발 행 일	1979.09.30.	발행편집인	太和印刷所(釜山市 西區 土城洞 1街 9番地), 인쇄인: 秋榮朗
표지화, 컷		간별, 정가	월간, 非賣品
면　　　수	55	인 쇄 소	東亞日報社 工務部
발 행 처	株式會社 釜山銀行(釜山市 中區 新昌洞 1街 8番地)	기　　　타	부산, 기관지.

　　『부은조사(釜銀調査)』는 부산은행(釜山銀行)에서 발행한 기관지이다. 부산은행은 1967년 정부의 1도 1행 원칙에 따른 지방금융 활성화를 목적으로 1967년 10월 부산시 중구 신창동 1가 8번지에 세워졌다. 부산은행은 설립 당시 자본금 3억 원, 임직원 82명이었으나 설립 3년 후인 1970년 12월 총 자산 125억 원, 19개 점포로 늘어났다. 1972년 6월에는 증권거래소에 주식을 상장했고, 1982년 6월에는 본점을 범일동으로 이전했다. 1992년 5월 폰뱅킹업무를 실시했으며, 1997년 6월 자회사인 부은선물을 설립했다.

　　수집된 잡지는 부산은행에서 1979년에 발행한 『부은조사』 제33호부터 제36호까지로 각각 당해 9월부터 12월까지 나온 것이다. 제33호의 판권 사항을 보면 발행일은 1979년 9월 30일이고, 발행처는 주식회사 부산은행, 발행인은 이종성(李鍾星), 편집인은 유성문(劉成文), 인쇄인은 추영랑(秋榮朗), 인쇄는 태화인쇄소(太和印刷所, 釜山市 西區 土城洞 1街 9番地)이며, 비매품이다. 제33호의 경우 전체 55쪽 분량으로 「1978년도 일본 전국은행의 재무제표 분석」과 「우리나라 석유화학공업의 현황과 육성대책」이라는 두 개의 논단 이후에 월간경제 하이라이트, 부산지역 경제동향, 사례연구, 경제일지와 함께 경제통계가 수록되어 있다.

제34호는 45쪽 분량으로 「1980년도 정부예산안」과 「우리나라 기계공업의 문제점과 대책」의 논단 이후 전호와 같은 틀로 구성되어있다. 제35호는 45쪽 분량으로 「국내 중소기업의 현황 및 육성책」과 「우리나라 화학섬유공업의 현황과 문제점」의 두 논단 이후 전호와 같은 틀로 짜여져 있다. 제36호는 43쪽 분량으로 「1970년대의 한국경제」, 「국내 전자공업의 현황과 당면과제」라는 두 개의 논단 이후 전호와 동일한 구성으로 이루어져 있다.

이처럼 『부은조사』는 1970년대와 1980년대 부산은행 관련 사정을 알려주는 의의와 가치를 지닌다. 원광대학교 도서관이 소장한 『부은조사』 제33호~제36호를 DB화 하였다. 『네이버 지식백과』의 「부산은행」 항목을 참조하였다.

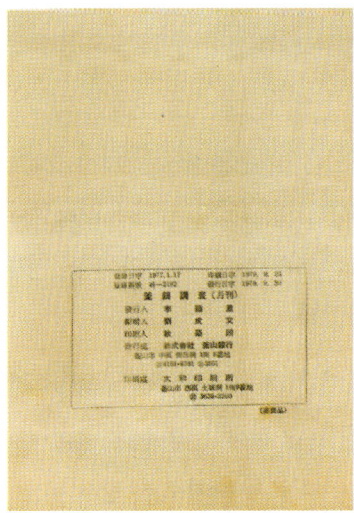

사대학보

題　　　　號	師大學報 第1輯	판　　　형	18.6x26
발　행　일	1972.10.	발행편집인	發行: 李仁玉, 編輯: 朴載昊, 金京壽
표지화, 컷		간별, 정가	부정기, 非賣品
면　　　수	148	인　쇄　소	研文印刷社
발　행　처	부산대학교 사범대학	기　　　타	부산, 교지.

　『사대학보(師大學報)』 제1집은 부산대학교 사범대학에서 1972년 10월에 발행한 학술지이다. 제1집의 판권 사항을 보면, 발행인은 이인옥(李仁玉), 편집인은 박재호, 김경수(朴載昊, 金京壽), 발행처는 부산대학교 사범대학, 인쇄는 연문인쇄사(研文印刷社), 비매품으로 총 148면이다.

　목차 정보를 보면, 5편의 논문이 인문사회과학 편에, 4편의 논문이 자연과학 편에 있으며, 같은 목차의 영문이 뒷장에 적혀 있고, 집필은 사범대학 재직교수들이 맡았다. 구체적으로 담긴 내용을 보면, 인문사회과학 편에 노재찬(盧在燦)의 「항일민족시의 성격」, 정명우(鄭明佑)의 「중학교 영어교과서의 발음표기 재검토」, 서수철(徐壽轍)의 「Eliot 시극(詩劇)에 나타난 Reality」 등이며, 자연과학 편에 김명기, 진광수(金明起, 陳光守)의 「전매상수 측정기의 제작과 응용에 관하여」, 황해선(黃海善)의 「Copper의 결정구조에 관한 연구」 등이 실려 있다.

　이처럼 『사대학보』는 당시 부산에서 교육과 연구를 맡았던 재직 교수들의 학문적 방향을 확인하고 사범대학의 연구 업적을 알 수 있다는 점에서 자료 가치를 지닌다. 원광대학교 도서관에서 소장한 『사대학보』 제1집을 DB화 하였다.

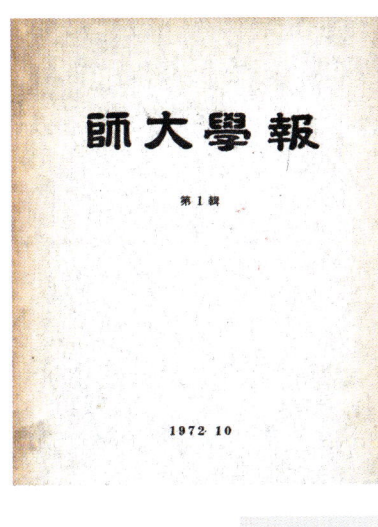

師大學報

第 1 輯

1972. 10

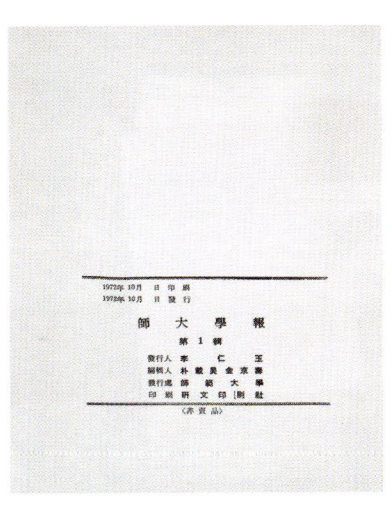

1972年 10月 日 印刷
1972年 10月 日 發行

師 大 學 報

第 1 輯

發行人　李　C　王
編輯人　朴載旻 金京華
發行處　師 範 大 學
印 刷　硏 文 印 刷 社

〈非 賣 品〉

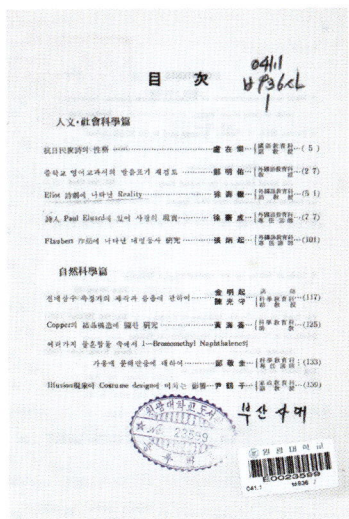

目 次

사상

題　　號	思想 創刊號	판　　형	14.5x20.5
발　행　일	1952.08.21.	발행편집인	李敎承
표지화, 컷		간별, 정가	월간, 5,000원
면　　수	134	인　쇄　소	日新印刷所
발　행　처	思想社(서울特別市 城北區 敦岩洞 483의 1, 釜山市 中央洞 4街 41番地)	기　　타	부산, 종합잡지.

『사상(思想)』 창간호는 사상사(思想社)에서 1952년 8월 21일에 발행한 종합잡지이다. 월간지여서 9월호라고 표지에 썼으며 제1권 제1호다. 앞표지에는 중요 간략 목차 정보가 있고 뒤표지에는 일신인쇄(日新印刷) 창간 축하가 들어 있는데 주소지(釜山市 南富民洞 33)가 들어 있다. 창간호의 판권사항을 보면 편집 겸 인쇄인은 이교승(李敎承), 인쇄소는 일신인쇄소(日新印刷所), 발행처는 사상사이다. 사상사의 주소지는 서울(서울特別市 城北區 敦岩洞 483의 1)과 부산(釜山市 中央洞 4街 41番地)이 모두 적혀 있는데 전시판을 부산에서 창간하여 발행한 것으로 보인다. 잡지가 전체적으로 세련미가 있으며, 표지 컷의 컬러 장식과 집필진의 중요 원고가 게재되어 있어서 가격은 5,000원으로 총 134면(누락 페이지 있음)이다.

목차는 이교승의 〈창간사〉로 시작하여 백낙준(白樂濬)의 〈축사(祝辭)〉 등 여러 편의 원고로 채웠다. 이병도(李丙燾)의 「신라의 협동정신과 통일의 지도이념」, 김기석(金基錫)의 「역사와 철학」, 김재준(金在俊)의 「종교와 철학」, 김상기(金庠基)의 「동양사상에 나타난 천(天)의 의의」(본문에는 「중국 정치사상으로 본 천의

의의」으로 표기 되어 있다.), 배성룡(裵成龍)의 「한민족의 경제관」(본문에는 「한민족의 경제사상」으로 표기 되어 있다.), 김석목(金錫穆)의 「주체성과 전환기의 윤리사상」, 엄요섭(嚴堯燮)의 「결혼과 이혼에 관한 연구」, 조향(趙鄕)의 「20세기(世紀) 문예사조」, 김병기(金秉騏)의 「현대미술의 형성과 동향(動向)」 등의 글과 마지막 「앙드레지드–그가 본 공산주의(에니드 스타키)」 원고를 게재하였다. 다양한 측면을 담은 원고들이며, 전쟁 중 갈급했던 지식인들의 정신사적 공백을 채울 수 있었던 잡지였음을 알 수 있다.

구체적으로 들어가 보면 〈창간사〉의 시작은 "오늘 우리 韓國(한국)은 人類(인류)의 歷史(역사)가 생긴 以來(이래) 가장 凶惡(흉악)하고 殘酷(잔혹)한 赤色(적

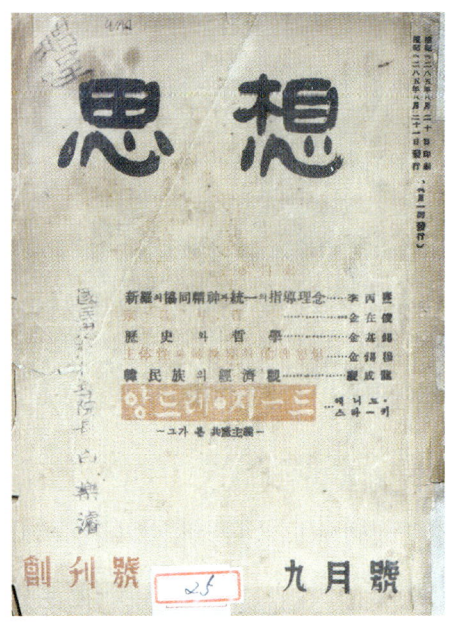

색) 帝國主義(제국주의) 勢力(세력)의 不法侵略(불법침략)을 받은지 이미 二年余(이년여)를 經過(경과)하여 수많은 人命財産(인명재산)을 犧牲(희생)시키고 三千里(삼천리) 아름답던 疆土(강토)를 荒涼(황량)한 廢墟(폐허)로 만든채 아직도 그 野望(야망)을 버리지 않는 侵略者(침략자)와 對決(대결)하여 苛烈(가열)한 戰爭(전쟁)을 進行(진행)하고 있다."(6면)고 하였다. 한편 백낙준의 〈축사〉는 "사람은 생각하는 대로 되는 것입니다. 착한 것을 생각하는 사람은 착하게 되며 惡(악)한 것을 생각하는 사람은 惡(악)하게 되는 法(법)입니다."(9면)으로 시작하여, 4개의 주제를 통해 한국 민족의 자긍심을 높이고자 하였다.

앞표지 내지에는 신문사의 창간 축하가, 뒤표지 내지에는 대한금융단의 창간 축하가 들어있다. 먼저 앞표지 내지의 신문사들을 보면, 서울신문, 조선일보, 동아일보, 경향신문, 연합신문, 국도신문, 중앙일보, 평화신문, 국제신보, 부산일보, 민주신보, 합동통신, 동양통신, 대한통신, 시사통신으로 당시 언론계 주류를 알 수 있다. 뒤표지 내지를 보면, 한국은행을 비롯하여 대한금융조합연합회, 한국신화은행, 조흥은행, 한국상업은행, 한국저축은행, 한국상공은행, 식산은행 등의 은행명이 달려 있어 당시 금융계 주류를 알 수 있다.

판권정보 페이지에 적힌 '사상창간호 편집을 마치면서'를 보면, 사상이 인간 생활에 가장 중요한 것이라고 하며, 민족과 인류 역사가 고비를 넘는 오늘날 세계적인 사고가 요청된다는 의지를 담아서 『사상』의 창간 의미를 강조하였다. 이러한 『사상』은 부산에서 전시판으로 창간 발행되어 당시 지식인들 사이에 읽힌 잡지라는 점에서 자료적 가치를 지닌다. 개인이 소장한 『사상』 창간호를 DB화 하였다.

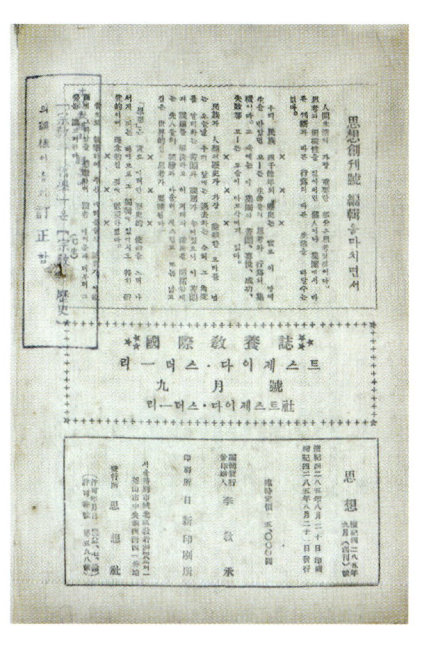

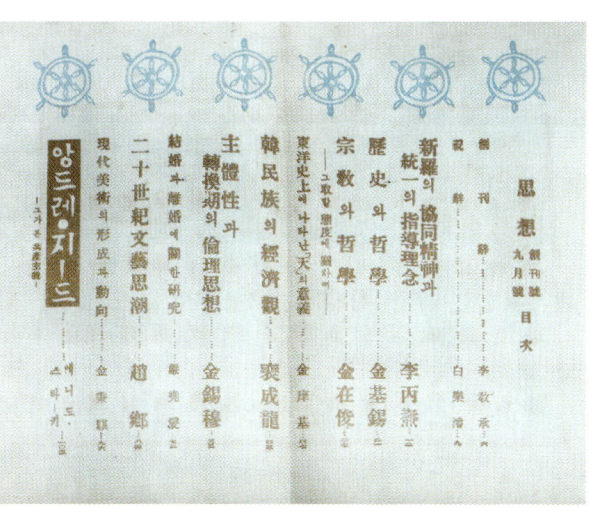

사상계

題　　　號	思想界 第1號	판　　　형	14.7x20.5
발　행　일	1953.04.01.	발행편집인	張俊河
표지화, 컷	컷: 金秉騏, 韓默, 題字: 吳基陽	간별, 정가	월간, 100환
면　　　수	200	인　쇄　소	서울印刷社(서울特別市 忠武路 2街 100, 釜山市 大橋路 3街 71)
발　행　처	思想界社	기　　　타	부산, 교지.

　『사상계』 창간호는 1953년 4월 1일 발행했으며 발행 겸 편집인은 장준하 (張俊河), 인쇄소는 서울인쇄사(본사 서울특별시 충무로 2가 100, 임시사무소 부산시 대교로 3가 71)이다. 제자(題字)는 오기양(吳基陽), 컷은 김병기(金秉麒)와 한묵(韓默), 총 200면에 임시정가는 100환이었으며, 제7호까지는 피란수도였던 부산에서 발행되었다.

　『사상계(思想界)』는 사상계사(思想界社)에서 발행한 잡지이다. 『사상계』는 당초 1952년 8월 당시 문교부 산하 국민사상연구원(원장 백낙준)의 기관지였던 『사상(思想)』으로 출발하여, 당시 6 · 25전쟁의 와중에서 국민사상의 통일, 자유민주주의의 확립 및 반공정신 앙양 등 전시하에 있는 지식인층의 사상운동을 주도하는 사상지(思想誌)로 창간되어 통권 4호를 내었다. 그 뒤 이 잡지의 편집에 참여하였던 장준하가 1953년 4월에 단독 인수하여 『사상계』라는 제호로 시판함으로써 본격적인 종합교양지로 출발하게 되었다.

　이를 뒷받침하듯, 『사상계』 창간호 〈편집후기〉에 따르면 "『思想(사상)』續刊 (속간)을 爲(위)하여 編輯(편집)하였던 것을 『思想界(사상계)』란 이름으로 내여 놓게 된다. 東西古今(동서고금)의 思想(사상)을 밝히고 바른 世界觀(세계관) 人生觀(인생관)을 樹立(수립)하여 보려는 企圖(기도)는 變(변)함이 없는 것이다."라고 창간 목적을 밝히고 있다.

창간호의 본문은 〈권두언〉, 〈인간 문제 특집〉, 〈창작〉, 〈편집후기〉로 구성되어 있다. 〈인간 문제 특집〉에는 서울대학교 교수인 김계숙(金桂淑)의 「인간과 문화」, 한국신학대학교 학장 김재준(金在俊)의 「인간 생활과 종교」, 연세대학교 교수 임한영(林漢永)의 「인간과 교육」, 경제학자 배성룡(裵成龍)의 「동양인의 인생관」, 동국대학교 학장 권상로(權相老)의 「불교의 인생관」, 서울대학교 사범대 학장 김기석(金基錫)의 「칸트의 인간관」, 연세대학교 교수 지동식(池東植)의 「인간에 대한 소고(小考)-기독교적 입장에서」로 구성되어 있다. 〈창작〉에는

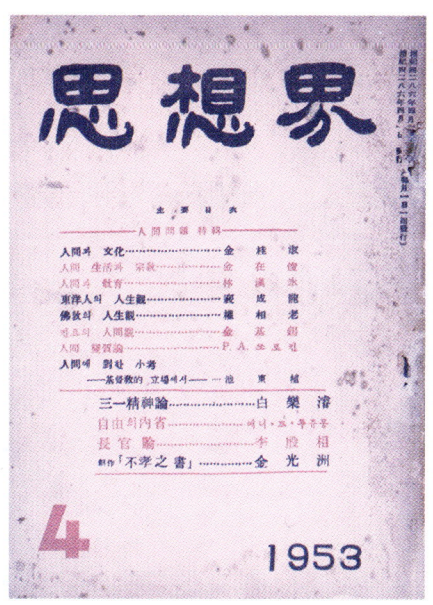

김광주(金光洲)의 「불효지서(不孝之書)−어떤 남편이 쓰는」가 등이 실려 있다.

『사상계』 창간호는 3,000부가 발간과 동시에 매진되고 전후(戰後)의 사상적 자양으로서 1950년대 지식인층 및 학생층 간에 폭발적인 인기를 모았다. 그러나 3공화국 때 정권 저항적·비판적 편집 노선에 정치 탄압의 수난을 당하게 되고, 계속되는 경영난의 어려움에다 1970년 5월에 김지하(金芝河)의 「오적(五賊)」 시(詩)를 게재한 것이 문제되어 당국의 폐간 처분을 받아 통권 205호로 종간되었다.

이처럼 『사상계』는 당시로서는 최장수의 지령을 기록하였고, 학계·문화계에 많은 문필가를 배출한 공적을 남겼는데, 1950~1960년대의 계몽적 민주주의와 자유민주주의에 기초를 둔 이념지향적인 면에서 한국잡지사에 높이 평가되고 있다. 개인이 소장한 『사상계』 제1호를 DB화 하였다. 『한국민족문화대백과사전』의 「사상계」 항목을 참조하였다.

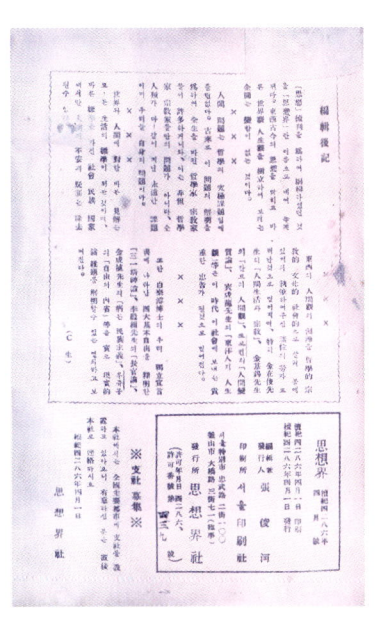

編輯後記

（一○生）

思想界

※ 支社募集 ※

思想界社

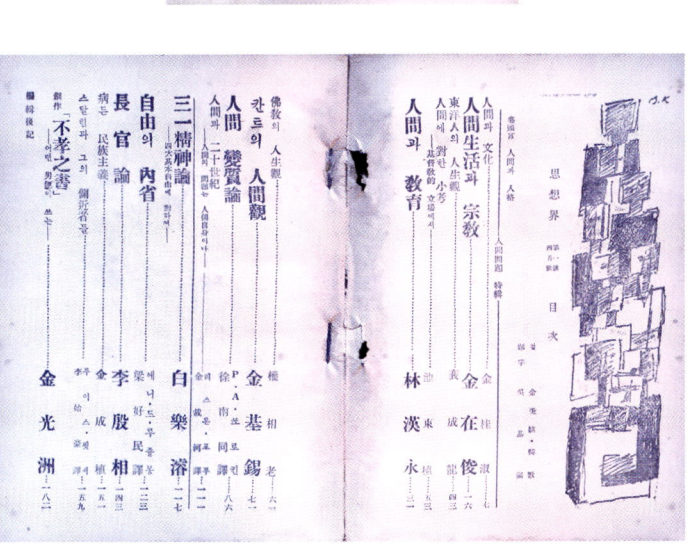

사회스케치

題　　號	社會스켓취 第2輯	판　　형	18x26
발 행 일	1952.08.18.	발행편집인	金如山
표지화, 컷		간별, 정가	월간, 2,000원
면　　수	19	인 쇄 소	
발 행 처	中央政經批判社(釜山市 忠武洞 2街 7)	기　　타	부산, 정치시사지.

『사회스케치(社會스켓취)』는 중앙정경비판사(中央政經批判社)에서 월간 발행한 정치시사 잡지이다. 수집된 자료는 1952년 8월 18일에 발행된 제2집이다. 판권 사항을 보면, 발행편집인은 김여산(金如山), 발행처는 중앙정경비판사(釜山市 忠武洞 2街 7)이며, 총 19면에 정가는 2,000圓으로 나타나 있다.

본문의 구성은 「고배(苦盃)를 마시는 철기(鐵驥) 이범석(李範奭) 장군!」, 김여산의 「초대 정권하(正權下)의 정치 행정 비판」, 국본사총재(國本社總裁) 주대벽(朱大闢)의 「신대통령(新大統領)에게 보내는 신국책(新國策)」, 「원외(院外) 자유당(自由黨)의 위기」, 「정부통령선거전(正副統領選擧戰) 비화(祕話)」에 관한 글과 「정상배와 죄악상(政商輩와 罪惡相)」, 「정계비문(政界秘聞)」 코너 등 당시 '정계와 사회의 이면상'을 해부하는 내용으로 구성되어 있다.

당시 정치상황 가운데 주요한 것은 1952년 5월 25일의 계엄령 선포로부터 같은 해 7월 7일 제1차 개정헌법 공포에 이르기까지 전시 임시수도였던 부산에서 일련의 정치적 소요사건, 이른바 부산정치파동(釜山政治波動)이 있었다. 부산정치파동은 1952년 대한민국 제1공화국 시기, 이승만(李承晩) 대통령이 직선제 개헌안을 강행하기 위해 벌인 일련의 정치적 사건(비상계엄령 선포–국회의원 체포–새로운 정당 조직)으로, 한국 민주주의 역사에서 초기 민주주의의 위기를 상징한다. 이는 권력 집중이 민주주의와 국민의 의지를 훼손할 수 있음을 보여주는 사례이자 한국 정치사에서 권위주의와 민주주의 간의 갈등을 잘 보여주는 사례로 평가되고 있다.

이처럼 『사회스케치』는 당시 이승만 정권이 권력 연장을 위해 민주주의 원칙을 훼손한 일련의 정계 상황을 반영하고 있다는 점에서 가치가 있다. 개인이 소장한 『사회스케치』 제2집을 DB화 하였다. 『한국민족문화대백과사전』의 「부산정치파동」 항목을 참조하였다.

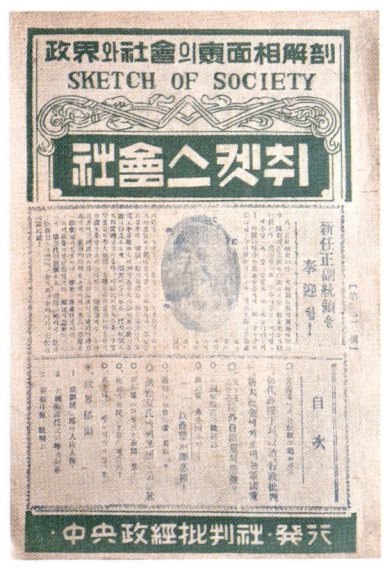
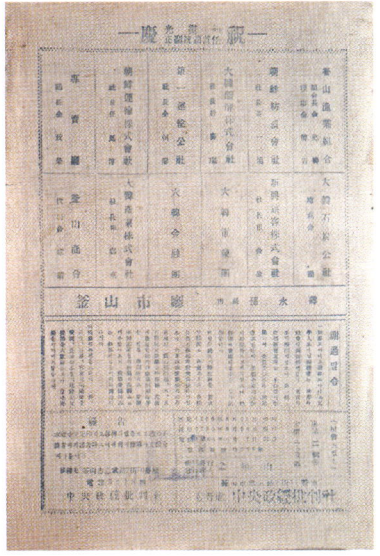

산정

題　　　號	山井 창간호	판　　　형	14.5x20.5
발 행 일	1979.01.10.	발행편집인	발행: 신상용, 편집: 부산진여고 문예반
표지화, 컷		간별, 정가	부정기, 비매품
면　　　수	215	인 쇄 소	우석기업사
발 행 처	부산진여자고등학교	기　　　타	부산, 교지.

『산정(山井)』은 부산진여자고등학교에서 1979년 1월 10일에 발행한 교지이다. 『산정』 창간호의 판권사항을 보면, 발행처는 부산진여자고등학교, 발행인은 학교장 신상용, 편집인은 부산진여고 문예반이다. 지도교사는 박보운이며, 편집위원은 안은실, 이필순, 박미옥, 박미선이 담당했다. 인쇄소는 우석기업사이며, 총 215면이고 비매품이다.

본문에 앞서, '국민 교육 헌장'이 실려 있으며, 그 뒤로 학교법인 성신학원, 육성회, 동창회, 통일주체국민회의대의원의 축하 광고 및 법률사무소, 대리점, 의원, 라사 등의 광고가 실렸다. 목차의 뒤를 이어 교가(校歌), 2학년 박미선의 〈권두시〉 「산(山)소리」와 학교를 소개하는 사진 화보가 실려 있다. 사진화보는 본교 전경, 학생관, 체육관, 도서관, 과학관, 내한 인사들의 기념식수, 일본교육 시찰단, 각종 학생활동 순서로 배열되어 있다.

목차는 〈창간사〉, 〈격려사〉, 〈떠나면서〉, 〈보내면서〉, 〈산정논단〉, 〈특집 : 여고생에게 주는 글〉, 〈산정문예〉, 〈수필〉, 〈기행문〉, 〈참가기〉, 〈창작〉, 〈독후감〉, 〈영화감상〉, 〈일기〉, 〈편지〉, 〈낙서〉, 〈번역〉, 〈내가 본 진여고(鎭女高)〉,

〈르포〉, 〈여고생의 생활상〉, 〈좌담〉, 〈편집후기〉 등으로 구성되어 있다.

〈창간사〉에서 학교장 신상용은 이제 막 네 번째 졸업생을 배출한 신생 학교로서 긍지와 자부심을 가지고 모교의 교풍 확립을 위해 힘써 줄 것을 당부했다. 부산진여자고등학교 설립자이자 이사장 신길수는 재일교포이다. 신길수는 오랜 기간 일본에 있으면서 모성(母性)이 슬기로워야 나라가 발전하고 겨레가 융성한다는 의식을 가지고 부산진여자고등학교를 설립하였다고 〈격려사〉에서 말하고 있다. 이를 위해, 부드럽고 명랑하며 항상 인사성 바른 학생, 부지런한 학생, 항상 새로운 삶을 창조하는 개척정신을 가진 학생들이 되기를 당부하였다. 이후로 교감 변영수, 육성회장 류봉묵의 〈격려사〉가 있다. 이후 졸업생 대표 동창회장 김은숙과 학도호국단 연대장 문미경의 글 〈떠

나면서〉와 학도호국단 부연대장 유윤형의 〈보내면서〉가 있다. 〈산정논단〉은 교사들과 학생들의 학문적 연구성과를 보여준다. 〈특집 : 여고생에게 주는 글〉은 대한간호협회장 연세대 교수 김모임이 학생들에게 당부를 하는 내용 등 사회 각계각층의 인사들이 학생들에게 주는 글로 구성되어 있다. 목차에는 빠져 있지만, 졸업하는 각 반을 찾아가는 방문기라고 할 수 있는 〈졸업반 순례〉가 있다.

이후 〈산정문예〉에는 〈시〉를 비롯하여 〈콩트〉, 〈일기〉, 〈수필〉, 〈단편소설〉, 〈편지〉, 〈기행문〉, 〈독후감〉, 〈번역〉, 〈참가기〉, 〈영화감상〉 등 다양한 유형의 문예작품을 모아서 소개하였다. 문예면 뒷면에는 〈내가 본 진여고(鎭女高)〉라는 코너로, 테레사여고, 동래고, 해동고 등 외부 학생들이 보는 부산진여자고등학교에 대한 인상을 소개하였다. 〈르포〉는 지도교사 박보운과 안은실 학생이 '여고생의 생활상'을 조사하였다. 1. 학습태도, 2. 휴가계획, 3. 취미생활, 4. 교우관계 등에 대한 여고생들의 의견과 인식을 조사하였고, 학생들이 좀더 발전되고 인격적으로 훌륭한 삶을 살 수 있기를 당부하였다. 〈편집후기〉는 창간호 편찬 작업에 참여한 지도교사와 학생들의 소회를 적었다.

이처럼 『산정』은 1970년대 말 부산진여자고등학교 구성원들의 다양한 관심사와 문예적 소양을 확인할 수 있는 자료로 의미가 있다. 개인이 소장한 『산정』 창간호를 DB화 하였다.

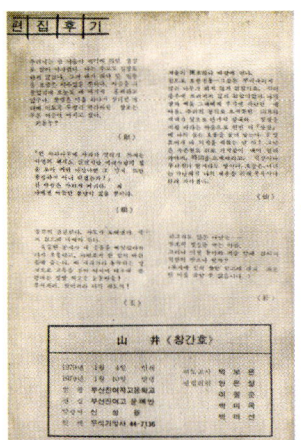

편 집 후 기

山 井 《창간호》

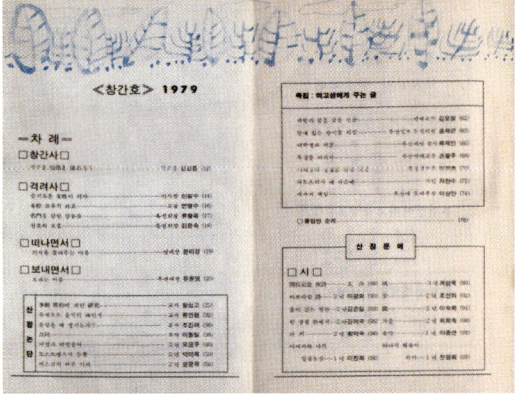

<창간호> 1979

─차 례─

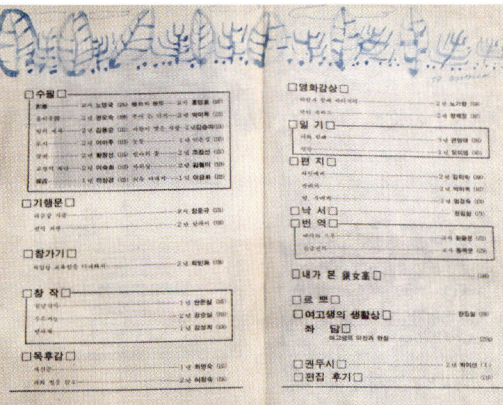

상

題　　　號	象 1975	판　　　형	13x18.8
발　행　일	1975.07.15.	발행편집인	
표지화, 컷		간별, 정가	부정기, 400원
면　　　수	98	인　쇄　소	
발　행　처	세명출판사	기　　　타	부산, 7인 작품집, 문예지.

　『상(象)』은 세명출판사에서 1975년 7월 10일에 발행한 문예지이다. 『상』의 판권지를 보면, 저자는 손영부, 권병기, 남정국, 곽삼수, 이동향, 박채경, 정정희 등 7인이다. 총 98면이고, 정가는 400원이다.

　표지 안쪽에는 7인 작품집이란 부제가 붙어 있으며, 목차에 앞서 교사이자 시인인 하현식(河賢植)이 쓴 「서시(序詩)」가 있다.

　〈머리말〉을 대체한 〈우리들의 말〉에서 삭막하고 기계화되어 가는 세상에서 자연과 우주를 획득하고 인격체로서 인간성을 회복하고자 하는 시를 쓴다고 절규하였다.

　『상』에 작품을 싣고 책으로 발간한 7인의 시인들은 모두 고등학교 1학년과 2학년 학생들로 구성되었다. 손영부, 권병기, 남정국, 곽삼수는 부산고등학교 학생이다. 이동향은 경남여자고등학교, 박채경은 테레사여자고등학교, 정정희는 중앙여자고등학교 학생이다.

　7인 작품집이라고는 하지만, 목차가 따로 제시되어 있지는 않다. 시집의 구성은 작가의 말이라고 할 수 있는 〈변(辯)〉을 통해서 작가의 시에 대한 생각을 서술하고, 그 이후로 각각의 시를 세로쓰기로 게재하였다. 구체적으로

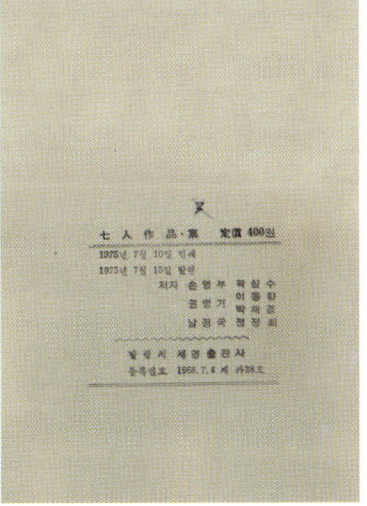

시인과 작품을 살펴보면 다음과 같다.

손영부의 「하늘의 넓이」, 「시인—반 고흐」, 「표정 I」, 「도시의 아이」, 「야간 여행」, 권병기의 「바보·시(詩)」, 「계집」, 「24시(時)」, 「이방인」, 「여기 내가 모르는 길이 있오」, 「태양·하늘·바람」, 남정국의 「교회풍경」, 「결과(結果)」, 「따가운 유월(六月)」, 「MEMO」, 「기억 II」, 「기억」, 곽삼수의 「장미와 아이」, 「하늘로 오라」, 「슬픈 대인(待人)」, 「불놀이」, 「겨울과 시인」, 이동향의 「가난한 시인」, 「가시야」, 「뒤돌아 본 길」, 「무제(無題)」, 박채경의 「분수」, 「하늘」, 「언어」, 「그리운 사람들」, 정정희의 「하얀 종(鍾)소리」, 「푸른 사념(思念)」, 「한 나절을 보낸 생각」, 「문병(問病)(I)」 등의 작품이 수록되어 있다.

이러한 『상』은 부산지역 고등학생 7인의 문학적 소양을 확인할 수 있는 작품집으로서 의미가 있다. 개인이 소장한 『상』을 DB화 하였다.

소년문학

題　　　號	소년문학 제1집	판　　　형	15x21
발 행 일	1978.09.01.	발행편집인	발행: 이지용, 편집: 부산아동문학가협회
표지화, 컷	제자: 임광기, 목차그림: 김영주, 시그림: 송혜정, 동화그림: 박원돈, 이동수, 정옥남	간별, 정가	부정기, 650원
면　　　수	152	인 쇄 소	
발 행 처	상아출판사(부산시 중구 신창동 2가 13)	기　　　타	부산, 78 여름호, 아동문예지.

　『소년문학』은 부산아동문학가협회에서 발행한 기관지 성격의 아동문예지이다. 1978년 9월 1일 창간되었다. 창간호는 1978년 여름호로 간행되었는데, 판권지를 통해 부정기간행물임을 밝혀 두고 있다. 발행인은 이지용, 편집인은 부산아동문학가협회(부산시 중구 영주아파트 2가 305호), 발행처는 상아출판사(부산시 중구 신창동 2가 13)였다. 제자는 임광기, 목차그림은 김영주, 시그림은 송혜정, 동화그림은 박원돈, 이동수, 정옥남이 그렸다. 표지화로는 부산화랑교 3년생 문대영의 해바라기 그림을 사용하였다. 정가는 650원이었고, 총면수는 152면이었다.

　목차를 보면, 〈권두언〉 내지 〈발간사〉에 해당하는 성기정의 「소년문학을 내면서: 우리 손으로 심는 꽃나무」, 윤태희의 「어린이에게 주는 글: 글 속에 있는 삶의 바른 길」, 김빛나라의 「어린이의 마음: 꽃을 가꾸며」를 시작으로, 〈특집좌담: 아동문학의 르네상스〉와 〈동시〉, 〈소년문학 신인상 발표〉, 〈동화·소년소설〉, 〈제1회 동백어린이문학상 발표〉, 〈수필〉 등의 코너를 두어 종합아동문예지로 구성하였다. 코너별로 동시 13편, 동화 및 소년소설 13편,

수필 8편을 수록하였다. 그 밖에 편집부의 「부산에 머물었던 아동문학가① 최계락」, 이관근의 「한국아동문협 세미나 참관기」, 문대영의 「표지의 말」, 〈편집후기〉가 함께 수록되어 있다.

「표지의 말」을 통해 어린이가 그린 그림을 표지화로 사용하고, 그 그림에 대한 작자의 해설을 붙여 둔 점이 눈에 띈다. "해바라기의 고운 마음을 닮"고 "해바라기처럼 무럭무럭 자라고 싶"어 해바라기 그림을 그렸다고 말하고 있다. 한편 『소년문학』 창간의 동기는 〈편집후기〉를 통해서 엿볼 수 있다. "작품은 쓰지 않고 문단정치만을 일삼는 사이비들이 판을 치는 이상기류가, 우리 아동문단에 독버섯처럼 솟아난" 현실을 개탄하며, "절대순수의 영토에 사는 아동들"을 위한 문학 작품을 내놓겠다는 뜻이라 한다.

이러한 『소년문학』은 부산 지역의 아동문예 전문잡지로서 가치가 있다. 개인이 소장한 『소년문학』 창간호를 DB화 하였다.

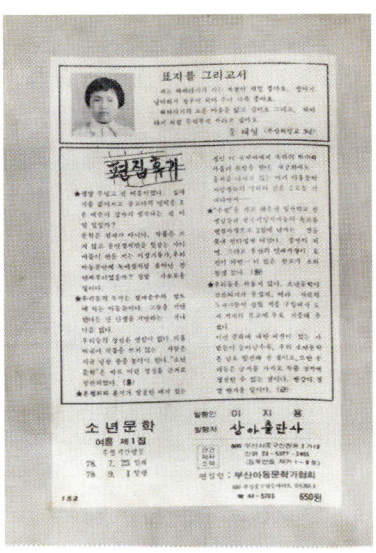

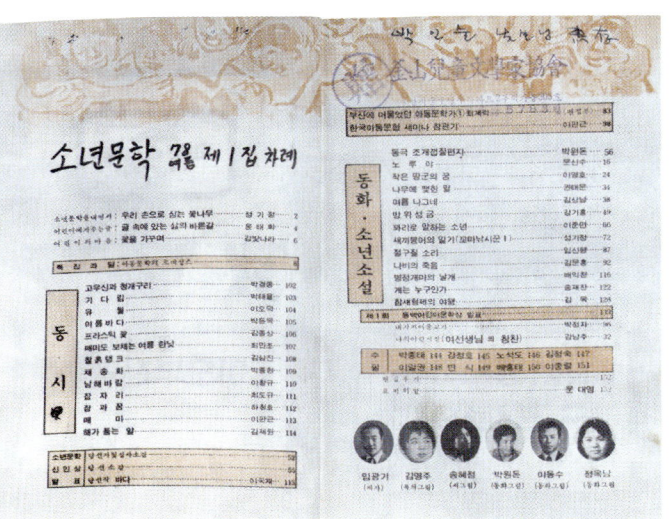

수대

題 號	水大 第1號	판 형	15x21
발 행 일	1958.10.30.	발행편집인	發行: 金夏得, 編輯: 李周洪
표지화, 컷	題字·表紙·目次컷: 向破	간별, 정가	부정기, 비매품
면 수	280	인 쇄 소	國際新報第二工場
발 행 처	國立釜山大學 學藝部 (釜山市 釜山鎭區 大淵洞 599의 1)	기 타	부산, 교지.

『수대(水大)』는 국립부산수산대학(國立釜山水産大學)에서 발행한 교지이다. 국립부산수산대학은 1996년 부산공업대학교와 통합되어 현 국립부경대학교가 되었다. 제1집의 판권사항을 보면 발행일은 1958년 10월 30일이고, 발행인은 김하득(金夏得), 편집인은 이주홍(李周洪), 인쇄소는 국제신보제2공장(國際新報第二工場), 발행처는 국립부산수산대학 학예부(學藝部, 부산시 부산진구 대연동 599의 1)이며, 총 280면에 비매품이다. 제자(題字) 표지 목차 컷은 향파(向破) 이주홍이 담당하였다.

학장 김하득은 〈창간사(創刊辭)〉 「학문의 보람」에서 "학문의 연구에 얼마만큼 몸과 마음을 담그고 있는가를 보아야 한다는 것이다. 그러한 뜻에서 이번에 여러 열성있는 교수들과 학생들의 글로 된 『수대』 제1집이 발간되는 것은 참으로 예상찮은 의의가 있다 할 것이다. 우리는 여러 가지의 난처한 사정으로 이런 연구문집을 한번도 내지 못하고 있었다. 이유야 여하하든 간에 이것은 우리 학원으로서 부끄러운 일이었다. … 우리나라 유일의 수산대학이면 우리나라 유일한 수산학계의 횃불이 되어져야 할 것이다."라고 잡지 창간의

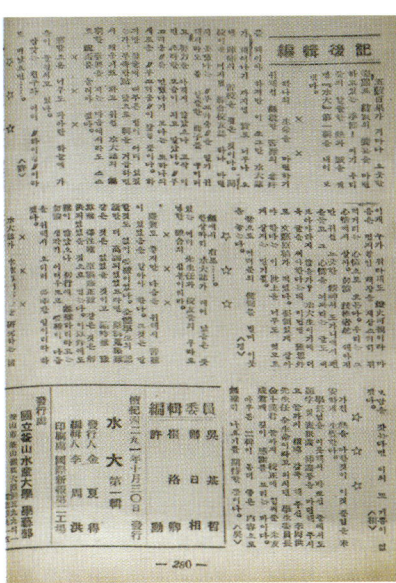

의의를 밝히고 있다.

　목차의 대략적인 구성은 〈창간사〉에 이어 〈교수논단(敎授論壇)〉, 〈학생논단(學生論壇)〉, 〈시(詩)〉, 〈수필(隨筆)〉, 〈각과소개(各科紹介)〉, 〈창작(創作)〉 등으로 짜여 있다. 이 가운데 연구로는 김인태(金仁台)의 「어업(漁業)과 객주자본(客主資本)」, 장수호(張設鎬)의 「어업경영(漁業經營) 형태(形態)에 관(關)한 자료(資料)」, 이춘우(李春雨)의 「한국조선업(韓國造船業)의 현황(現況)과 그 전망(展望)」 등이 눈에 띤다. 문학작품 가운데는 허훈(許勳)의 시 「소영(素影)」, 강병진(姜秉珍)의 「개미」 등이 눈에 띤다. 이밖에 이주홍(李周洪)의 「병인양란록(丙寅洋亂錄)」이 실려 있다.

　이상과 같이 『수대』에는 부산수산대학교 교수와 학생들의 학문적인 경향은 물론이고 문학적인 소양을 확인할 수 있는 잡지로 가치가 있다. 이주홍문학관에서 소장하고 있는 『수대』 제1집을 DB화 하였다. 국립부경대학교 기획처 대외협력과, 『국립부경대학교 창학 100년사』, 국립부경대학교 기획처 대외협력과, 2004를 참조하였다.

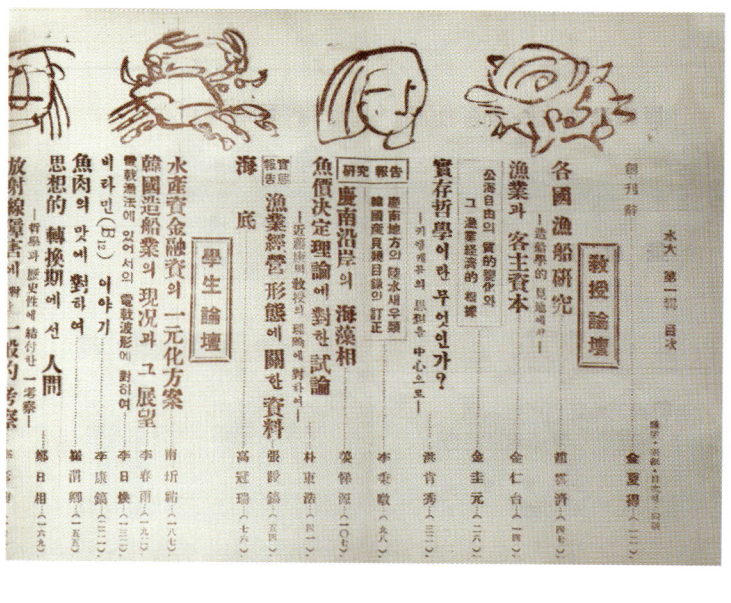

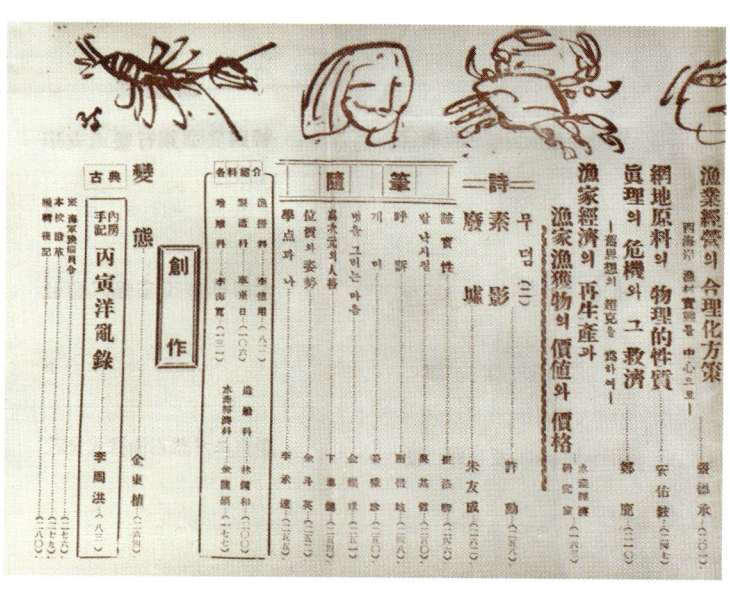

수도평론

題 號	首都評論 創刊號	판 형	15x21
발 행 일	1953.06.01.	발행편집인	邊宇景
표지화, 컷	표지 컷: 劉允相	간별, 정가	월간, 100환
면 수	150	인 쇄 소	
발 행 처	首都文化社(서울特別市 鍾路區 壽松洞 108, 釜山市 富平洞 3街 55)	기 타	부산, 종합잡지.

『수도평론(首都評論)』은 수도문화사(首都文化社, 부산시 부평동 3가 55)가 발행한 종합잡지이다. 창간호는 1953년 6월 1일 발행했으며 발행편집 겸 인쇄인은 변우경(邊宇景), 표지 컷은 유윤상(劉允相), 총 150면이며 정가는 100원이다.

창간호는 〈창간사〉, 〈반성하는 자유 문화〉, 〈인물평〉, 〈좌담회〉, 〈바리에떼〉, 〈창작〉, 〈편집후기〉로 구성되어 있다. 〈창간사〉에서 "수도평론은 무엇보다도 진리의 선전에 주력하고자 기획한다. (중략) 알아야 될 일, 알려야 될 일이 너무나 많다는 것이다. 진정한 민주주의는 일정한 지적 수준을 가진 자각적인 국민의 사회에서만 가능하다는 원리"를 밝히며 『수도평론』의 역할을 지적하고 있다. 〈반성하는 자유문화〉에는 백철(白鐵)의 「모색하는 문학」, 허백년(許柏年)의 「고민하는 연극」, 노광욱(盧光郁)의 「민족음악의 현대적 표현」, 오영진(吳泳鎭)의 「배울 것과 자랑할 것」 등의 글이 보인다. 〈인물평〉에는 정국은(鄭國殷)의 「공보처장 갈홍기(葛弘基)론」, 설국환(薛國煥)의 「조선일보사 사장 장기영(張基榮)론」, 〈좌담회〉에는 조선일보 주필 홍종인(洪鐘仁), 합동통신 편집국 차장 설국환(薛國煥), 국제뉴스 고문 구철회(具喆會), 수도문화사 사장 변우경(邊宇景)이 참여해 미국과 소련과 한국의 정책과 동향을 다루고 있다. 〈바리에떼〉는 영화계 소식을, 〈창작〉에는 이무영(李無影)의 「일야(一夜)」, 곽하신(郭夏信)의 「여비(旅費)」를 싣고 있다. 창간호에는 화가 김환기(金煥基)가 쓴 수필과 그림 「여인(女人)」을 볼 수 있다.

제3호는 1953년 8월 1일 발행했으며 UN 한국협회 대표이자 국회의원인 정일형(鄭一亨)의 「특집 기고 UN 제7회 총회까지의 업적 개요」와 대한해운공사 조사역(調査役)으로 근무한 시인 박인환(朴寅煥)의 「자유에의 생존권―동부(東部) 백림(伯林) 반공 폭동의 진상」이 보인다. 박인환은 한국전쟁 당시 육군

소속 종군작가단으로 참여했으며, 부산에서 피난하던 시절 김규동, 이봉래 등과 '후반기' 동인으로 활동하는 한편 대한해운공사에서 일하며 미국에 다녀오기도 하였다. 통일을 염원하는 마음으로 기획된 〈8·15 특집〉에는 김석길(金錫吉)의 「정치 민주역량을 총집결하자」, 배성룡(裵成龍)의 「경제 적자재정과 인플레의 장래」, 김문용(金汶鏞)의 「군사 조국 방위의 궁극적 기초」를 싣고 있다. 〈인물평〉에는 「국립박물관장 김재원(金載元) 박사」를 다루고 있으며 삽화는 김환기가 그렸다. 〈수필〉에는 화가 백영수(白榮洙)의 「낙동강변 풍경」, 〈창작〉에는 김송(金松)의 「저항하는 자세」, 한무숙(韓戊淑)의 「명옥이」가 보인다.

잡지 뒷면에는 『수도평론』을 발행한 수도문화사가 발간한 김소운(金素雲)의 『착한 어린이』, 윤석중(尹石重)의 『어린이 독본』, 박계주(朴啓周)의 『소년 음악사』 등 어린이 총서에 대한 광고를 싣고 있다.

『수도평론』은 한국전쟁 기간 임시수도였던 부산에서 정치, 경제, 문화 관련 작품을 통해 정치인뿐만 아니라 작가, 화가의 활동을 엿볼 수 있어 귀중한 자료이다. 개인이 소장한 『수도평론』 제1호와 재3호를 DB화 하였다.

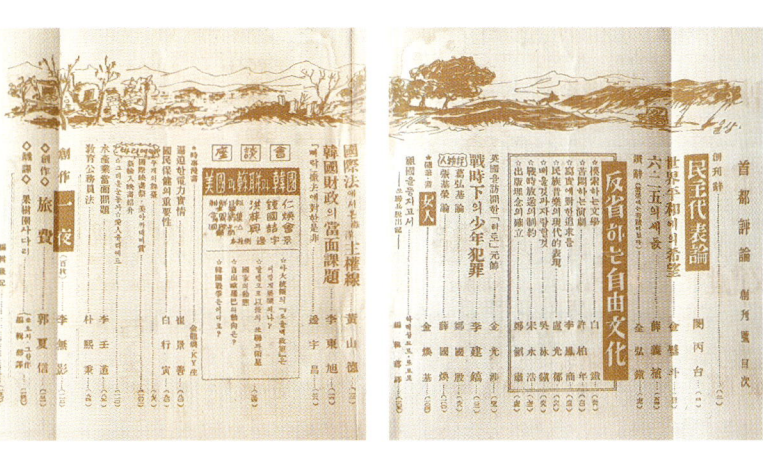

수련

題　　　號	睡蓮 第1輯	판　　　형	14.8x20.7
발　행　일	1966.04.01.	발행편집인	發行: 吳亨根, 編輯: 金定子 · 鄭基雲
표지화, 컷	표지: 向破, 컷: 秋岡	간별, 정가	부정기, 비매품
면　　　수	162	인　쇄　소	三協印刷株式會社(釜山市 中區 東光洞 3街)
발　행　처	釜山女子大學學生會	기　　　타	부산, 主幹: 權相善, 학생회지.

　『수련(睡蓮)』은 부산여자대학 학생회(釜山女子大學學生會)에서 1966년 4월 1일 발간한 학생회지이다. 판권사항을 살펴보면, 발행인은 당시 학장직무대리를 맡았던 오형근(吳亨根)이고 주간(主幹)은 권상선(權相善)이며 편집인은 김정자(金定子), 정기운(鄭基雲)이다. 인쇄소는 삼협인쇄주식회사(釜山市 中區 東光洞 3街)에서 했으며, 162면에 비매품으로 발간하였다. 표지 디자인은 향파(向波) 이주홍, 컷은 추강(秋岡) 이형섭이 담당했다.

　본문에 앞서, 유치환이 작사한 부산여자대학의 교가, 창간 축하 광고가 실려 있고, 본문의 끝에도 교내식당, 양장점, 구두점 등의 광고가 있다. 목차란의 뒤를 이어서 은행, 출판사의 광고가 있고, 학교전경 및 학생들의 학교 생활과 관련된 사진들이 제시되어 있다.

　목차를 보면, 오형근의 〈창간사〉가 있고, 이어서 이경희 학생의 졸업 소감인 「떠나는 마음」과 박영희 학생의 송별문인 「안녕히 가시옵소서」가 있다. 이어서 〈학생논단〉, 〈실습보고〉, 〈교수논단〉, 〈시원(詩苑)〉, 〈수필〉, 〈창작〉, 〈졸업생 주소록〉, 〈편집후기〉로 구성되어 있다. 〈편집후기〉에는 창간호를 발간하는 데에 대한 어려움과 부족한 성과에 대한 후회, 연구보고와 수필, 소설의 부족함에 대해 크게 반성한다는 내용을 보이고 있다. 그리고 제2호에서는 본대학 7개과의 특색을 살린 「자화자찬(自畵自讚)」란을 신설하고 「전국여자고등학생 문예현상모집」을 하겠다는 포부를 밝히고 있다.

　이처럼 『수련』은 1960년대 부산여자대학 구성원들의 다양한 관심사와 문예적 경향을 살펴볼 수 있는 자료로 가치가 있다. 이주홍문학관이 소장한 『수련』 제1집을 DB화 하였다.

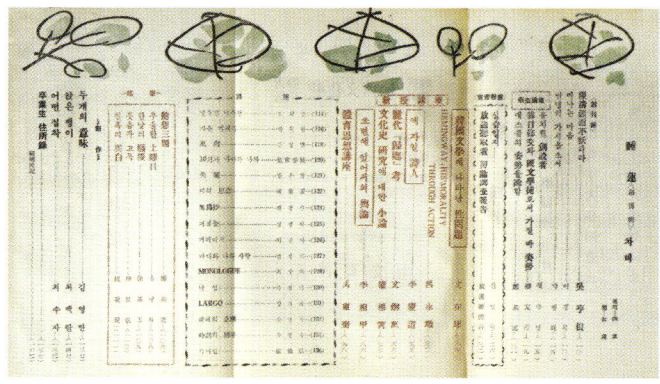

수련문학

題　　　號	睡蓮文學 創刊號	판　　　형	15x20.6
발　행　일	1973.10.15.	발행편집인	발행: 부산여자대학 국어교육과, 편집: 수련문학동인회
표지화, 컷	題字: 崔井石	간별, 정가	부정기, 비매품
면　　　수	38	인　쇄　소	아성출판사
발　행　처		기　　　타	부산, 문예지.

　『수련문학(睡蓮文學)』은 부산여자대학 국어교육과에서 1973년 10월 15일에 발행한 동인지 성격의 문예지이다. 『수련문학』의 창간호 판권지를 보면, 편집인은 수련문학 동인회, 발행처는 부산여자대학 국어교육과, 인쇄소는 아성출판사이고 비매품이며 총 38면으로 발행되었다. 제자(題字)는 최정석(崔井石)이 썼으며, 지도교수로 손팔주(孫八洲), 신명석(申明釋)이 참여하였다.

　『수련문학』은 〈권두언〉 혹은 〈머리말〉이 없고, 광고성 글이 없다. 차례 이후에 바로 28명 학생들의 〈시〉 작품과 4명의 〈수필〉 작품이 실려 있다.

　본문에 실린 시들의 편집 형식은 이단으로 되어 있으며, 세로쓰기로 되어 있는 것이 특색이다. 학생들의 시 〈작품〉 말미에는 지도를 맡았던 신명석 시인의 〈찬조 시작품〉 2편이 함께 실려 있다. 이후 〈수필〉 4편이 실려 있는 것으로 본문은 마무리 된다.

　뒤편에는 회원사진과 회원명단이 있다. 회원은 회장 1명, 부회장 1명, 2학년 회원 15명, 1학년 회원 18명으로 구성되어 있다. 끝에 실린 〈편집후기〉는 손팔주 교수가 작성했으며, 시를 창작하기 이전에 '인간이 되어야 한다'는 점을 강조하고 있다.

이러한 『수련문학』은 1970년대 부산여자대학 국어교육과와 수련문학동인회의 문예 활동을 살펴볼 수 있는 자료로 가치가 있다. 개인이 소장한 『수련문학』 창간호를 DB화 하였다.

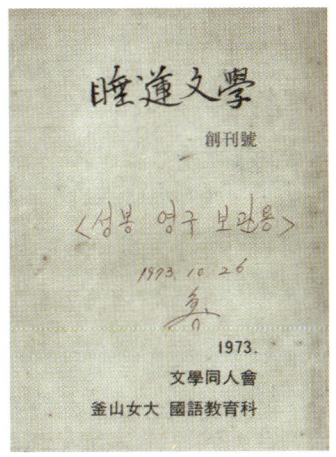
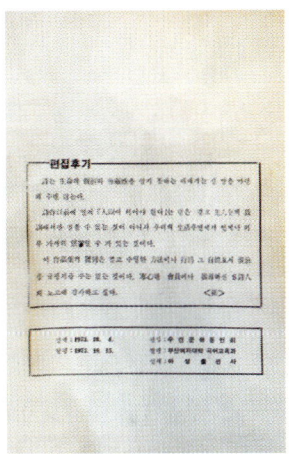

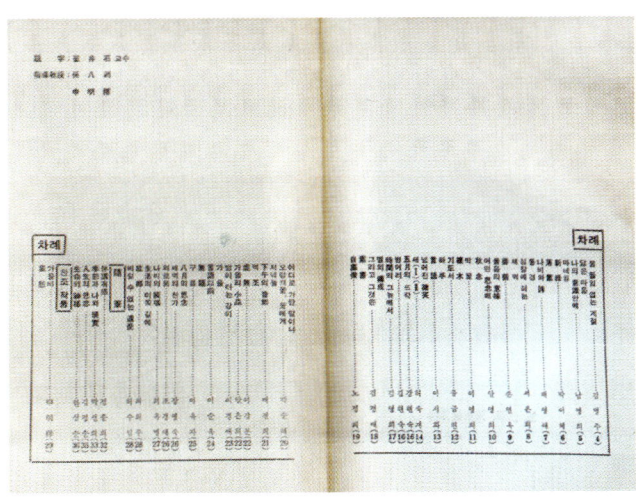

수련통보

題　　號	水聯通報	판　　형	17x25
발 행 일	1952.10.15.	발행편집인	發行: 鄭民朝, 編輯: 金淳松
표지화, 컷		간별, 정가	부정기, 비매품
면　　수	58	인 쇄 소	韓一社, 우상문
발 행 처	대한수리조합연합회	기　　타	부산, 등사판, '農土' 戰時版, 연합회지.

　『수련통보(水聯通報)』는 대한수리조합연합회(大韓水利組合聯合會)에서 발행한 기관지 성격의 연합회지이다. 수집한 것은 1952년 10월 15일에 발행된 『농토(農土)』 전시판(戰時版)이다. 『수련통보』〈편집후기〉에는 한국전쟁으로 정간(停刊)하여 나오지 못한 대한수리조합연합회의 월간 『농토』를 부산에서 『수련통보』로 속간(續刊)하게 되었음을 밝히고 있다. 『농토』 전시판 『수련통보』의 판권사항을 보면 발행인은 정민조(鄭民朝), 편집인은 김순송(金淳松) 인쇄소는 한일사(韓一社), 우상문(禹祥文)이며, 비매품으로 총 58면이다.

　등사본으로 표지는 초록색, 붉은색의 아름다운 글씨체를 자랑한다. 목차를 보면 〈발간사〉에 이어 「2. 수리계(水利界)에 드리는 말씀」, 「3. 신 농림부장관(愼農林部長官) 훈화대요(訓話大要)」를 회장 정민조가 썼고, 이어 「4. 토지개량계의 당면과제」, 「5. 팔오년도개량사업의 전망」, 「6. 팔오년도 개량사업의 자금조달에 대하여」, 「7. 기재(機材) 한정에 대하여」, 「8. 기재 한정 적정여부에 대한 검토」 등이다. 여기에서 팔오년도란 단기 4285년이어서 팔오년도라고 한 것이다. 그 다음 목차에서 「9. 농업토목기술자는 총집결되었다」, 「10. 관계법령해설」, 「11. 농토기행의 여적(餘滴)」으로 내용을 마치고 마지막에 「알리는 말씀」과

〈편집후기〉를 달았다.

  구체적으로 『수련통보』의 〈발간사〉를 보면, '조국 농업의 진정한 재건은 토지개량사업 구축만이라는 신념'을 강조하고, 비록 '전시판이지만 토지개량사업에 대한 여론의 전개장이고, 진정한 사업추진을 위한 지침'이어서 "진행사항의 보고서"라 할 만하다고 하였다. 이처럼 『수련통보』는 『농토』의 전시판으로써 전쟁 중 토지개량에 대한 논의를 모았다는 자부심을 드러내었다. 개인이 소장한 『수련통보』 전시판을 DB화 하였다.

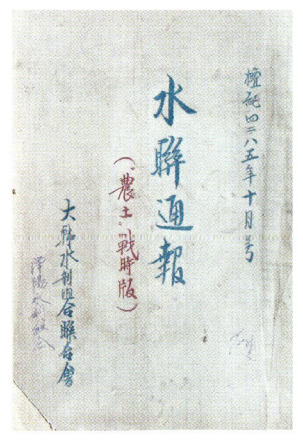

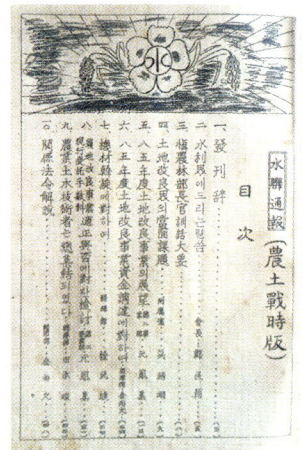

수산경영연구

題 號	水産經營研究 第5輯	판 형	15x21
발 행 일	1967.12.09.	발행편집인	發行: 安承烈, 編輯: 具成會
표지화, 컷		간별, 정가	연간, 비매품
면 수	107	인 쇄 소	亞成出版社
발 행 처	釜山水産大學 水産經營學會	기 타	부산, 학회지.

『수산경영연구(水産經營研究)』는 부산수산대학(이후 1996년 부산공업대학교와 통합하여 부경대학교가 되었음) 수산경영학회에서 발간한 학술지이다. 수집된 자료는 1967년 12월 9일에 발간된 제5집과 1973년 11월에 발간된 제9집이다. 제5집의 판권 내용을 보면, 발행인은 안승렬(安承烈), 편집인은 구성회(具成會), 발행처는 부산수산대학 수산경영학회(釜山水産大學 水産經營學會), 인쇄소는 아성출판사(亞成出版社)이며, 총 107면에 비매품이다. 이어 제9집의 판권 내용은 발행인 허덕희(許德喜), 편집 대표 김남수(金南洙), 인쇄소는 태화출판사(太和出版社)이며, 총 90면에 비매품이다.

목차를 보면 제5집에는 학생논문 4편과 교수논문 3편이 실려있다. 특히 교수논문은 「개방체제(開放體制)와 수산업(水産業)」, 「수산물시장(水産物市場) 발달(發達)의 사적(史的) 고찰」, 「공동체(共同體)의 생산양식(生産樣式)의 제형태(諸形態)」 등이다. 또 제9집에는 학생논문 6편과 교수논문 1편이 게재되어 있다. 학생논문 가운데에는 「제주 해녀 나잠업(裸潛業)에 대한 실태조사(實態調査)」 보고가 있어 이채롭다.

부산수산대학 수산경영학회는 이후 학술단체인 한국수산경영학회로 자리

잡게 된다. 이 학회는 수산경영학 전반에 걸친 이론과 응용의 연구 및 그의 보급과 회원 상호간의 협력 및 편의를 촉진하고 해외 학회와의 교류를 도모할 목적으로 장수호(張設鎬) 등을 중심으로 하여 공식적으로는 1969년 4월 부산에서 설립되었다. 이후 1970년부터 『수산경영논집』을 발간하며 오늘에 이르고 있다.

이처럼 『수산경영논집』는 1960~1970년대 부산수산대학 수산경영학회의 학문적 관심사와 학술적 연구를 살펴볼 수 있는 자료로 가치가 있다. 원광대학교 도서관이 소장한 『수산경영논집』 제5집과 제9집을 DB화 하였다. 『한국민족문화대백과사전』의 「한국수산경영학회」 항목을 참조하였다.

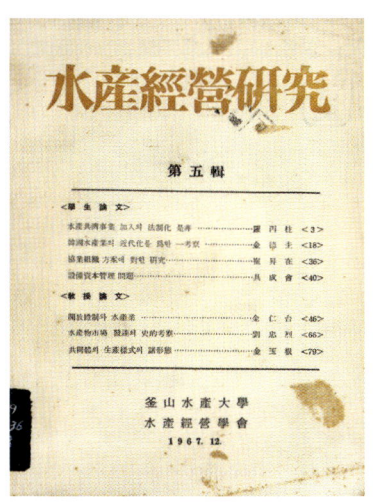
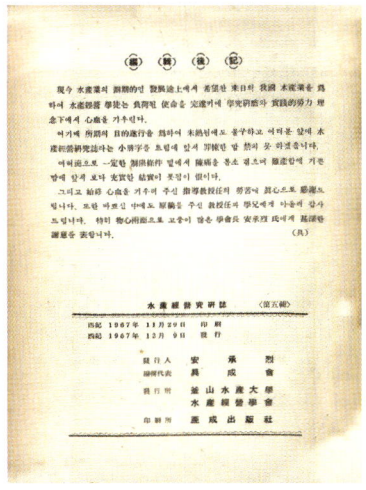

수필인

題　　　號	隨筆人 第1號	판　　　형	15x20.8
발　행　일	1975.05.25.	발행편집인	隨筆人 同人
표지화, 컷	表紙·題字·畵: 文仁甲	간별, 정가	부정기, 200원
면　　　수	63	인　쇄　소	亞成出版社
발　행　처	亞成出版社	기　　　타	부산, 수필 동인지.

　『수필인(隨筆人)』은 아성출판사(亞成出版社)에서 1975년 5월 25일에 발행한 수필 동인지이다. 『수필인』 창간호의 판권사항을 보면, 발행 및 인쇄는 아성출판사, 편집은 수필인 동인이 담당했다. 부정기간행물로 시작하였으며, 정가는 200원으로 총 63면이다. 표지 제자(題字) 및 그림은 문인갑(文仁甲) 동인이 그렸다. 『수필인』 2호의 표지화 제작에는 김정희가 참여하였다. 동인지 연락처는 경남상업고등학교 교장실이며, 부정기간행물임을 밝히고 있다.

　본문에 앞서 동인으로 참여한 부산실업전문학교 장성만(張聖萬) 교장의 창간 축하 광고와 동인 명단이 있다. 수필인 동인으로는 김병규(金秉圭), 김문숙(金文淑), 문인갑, 문한규(文翰圭), 이성실(李聖實), 이진우(李珍雨), 장성만, 정신득(鄭辛得), 정재훈(鄭戴勳), 허천(許天) 등 10여 명이다. 이들이 직업은 교수, 교사, 의사, 교장, 신문사 기자 등으로 다양하다.

　본문에 앞서 〈서장(序章)〉과 〈편집일지〉가 있다. 〈서장〉은 『수필인』 동인을 결성하게 된 계기로 "거저 글을 좋아하기 때문에 글을 쓰는 것"이며, 별스러운 계획이나 욕심도 없이 놀기 삼아 써 본 것을 발표한다고 하였다. 〈편집일지〉에서는 1월 28일 오후 2시에 부산 동양관광호텔 커피숍에서 처음 창립모임을 가졌으며, 3월에 동인지를 내고, 1년에 두 번씩 간행하기로 결의 하였다. 회장은 정신득 동인이 맡기로 하고, 편집위원은 두사람씩 교대로 하기로 하였다. 3월 21일에 다시 만난 월례회에서는 동인지 이름을 〈수필인〉으로 하고, 표지 제자 및 그림은 문인갑 동인이 담당하고, 광고는 김문숙, 장성만 동인이 내기로 결정하였다.

　목차를 살펴보면 실린 글의 순서는 작가 가나다 순서로 실려 있으며, 참여 작가별로 적게는 2편, 많게는 4편까지의 글이 실려 있다.

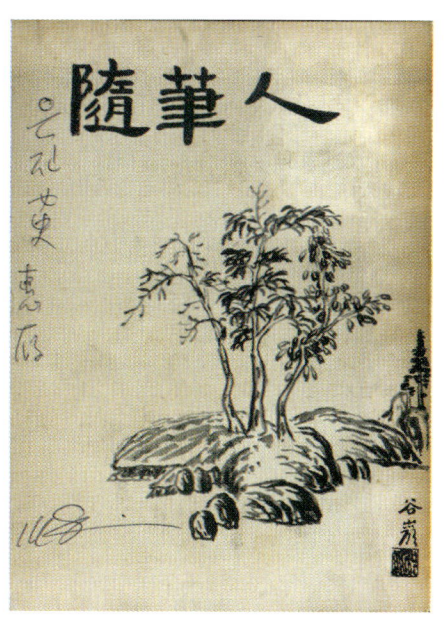

〈편집후기〉나 마무리와 관련된 알림사항은 없고 마지막에 아리랑관광여행사 광고가 실려 있다. 필진들의 면면을 살펴보면 사회 각계각층의 인물들이 모여 있다는 것을 알 수 있으며, 창간호에 실린 글들은 모두 세로쓰기로 되어 있다는 점이 특징이다.

『수필인』은 1970년대 부산지역을 대표할 만한 수필집이라 할 수 있다. 개인이 소장한『수필인』창간호를 DB화 하였다.

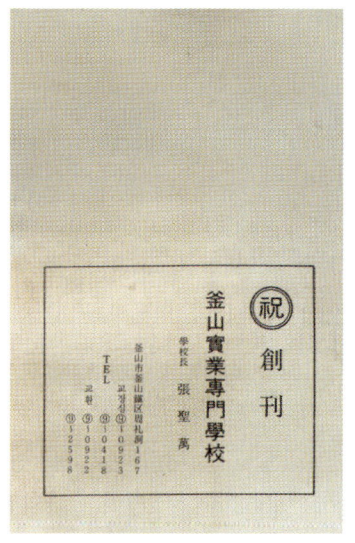

祝 創刊

釜山實業專門學校

學校長 張 聖 萬

TEL
試刊室①④⑩⑩
⑤⑩⑩⑨⑩
①⑨④⑨①⑧②③

釜山市釜山鎮区堀礼洞467
①⑨②②
①⑨②②
②⑤⑨⑧

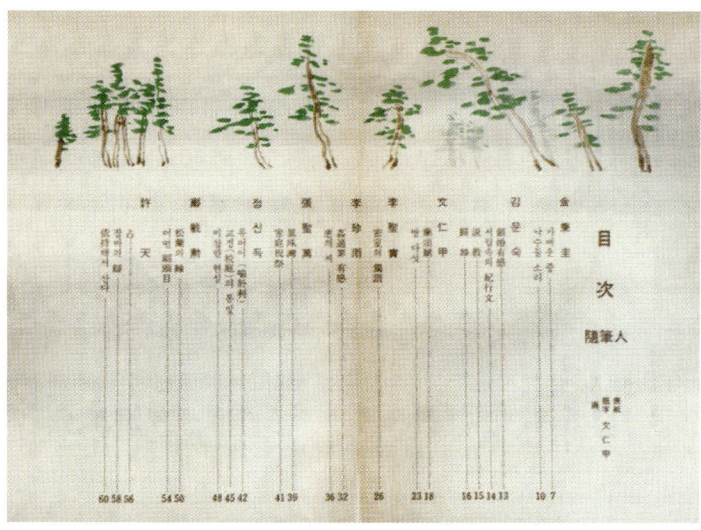

수험생

題　　號	受驗生 第5號	판　　형	15x21	
발 행 일	1953.01.01.	발행편집인	發行: 李寬昌, 編輯: 李元赫	
표지화, 컷	表紙,目次컷: 金鐵馬, 插畫: 姜春煥	간별, 정가	월간, 7,000원	
면　　수	132	인 쇄 소	考試學會印刷部(부산시 대청동 3가 14)	
발 행 처	受驗社(본사: 서울특별시 중구 을지로 3가 326, 임시사무소: 부산시 대청동 3가 14)	기　　타	부산, 월간지.	

『수험생(受驗生)』 수험사(受驗社)에서 발행한 월간지이다. 수집한 것은 『수험 생』 제2권 제5호(신년호)로, 1953년 1월 1일에 발간되었다. 수험사의 본사는 서울(을지로 3가 326)이지만 전쟁 중이어서 부산 임시 사무소(대청동 3가 14)에서 1월과 2월 합병호를 발행하였다. 제2권 제5호의 판권 사항을 보면, 발행처는 주식회사 수험사(受驗社), 발행인은 이관창(李寬昌), 편집인은 이원혁(李元赫), 인쇄소는 고시학회인쇄부(考試學會印刷部)이며, 총 133면에 정가는 7,000원이 고 '주문특별할인'이 가능하다. 표지목차 컷은 김철마(金鐵馬)가 맡았고, 컷 삽 화(插畫)는 강춘환(姜春煥)이 그렸다.

앞표지에는 해 뜨는 마을 전경 그림이 있고 앞표지 뒷장에는 전국대학 일 람표가 실려 있다. 목차를 보면, 조병화의 〈권두사〉「창」을 시작으로 〈학생논 총〉에는 조연현(趙演鉉)의 「학생과 문화」, 김광주(金光洲)의 「중국신문학발달사」 가 실려 있고, 〈특고(特告)〉 형식으로 「전국대학장회의에서 토의된 신년도대 학입시 시행요령」이 실려 있다. 이어 〈학생문단〉, 〈제4회 모의시험문제(문리 과)〉, 〈제3회 대학입시 모의문제(模擬問題)(영어과 모범해답)〉, 〈제2회 수학과 모

受驗生

第5號

新年号(1.2月合併号)

의시험〉 등이 있고 무엇보다 〈수험·자습강좌〉(64~132면)가 과목별로 정리되어 있다. 이희승(李熙昇)의 「국어문법」, 이원혁(李元赫)의 「국어고전문학강좌」, 유진(柳津)의 「영문법」, 이종수(李鍾洙)의 「영문해석」, 최윤식(崔允植)의 「미적분」, 이성헌(李星憲)의 「기하·삼각법·해석기하」, 정봉협(鄭鳳浹)의 「고등대수」, 방성희(方聖熙)의 「문리」, 김태봉(金泰鳳)의 「화학」, 유홍열(柳洪烈)의 「국사」 등이다. 이밖에 〈과학특집〉에는 5편의 글이 실려 있고, 문예란에도 〈콩트〉, 〈연재소설〉, 〈시〉가 있는데 〈콩트〉로는 김송(金松, 1909~1988)의 작품 「노모(老母)」가 눈에 띈다.

　판권지 위 지면을 채운 〈편집후기〉를 보면, 계사신춘(癸巳新春)과 함께 '세상없어도 남북통일 완전독립을 성취하도록 誌友(지우) 제군들도 신념을 굳게 가'질 것을 당부하였고, 2월 1일에 3월호를 내놓을 것이며, 『수험생』 한 권만으로도 대학입학시험을 돌파할 수 있으니 기대하라고 하였다. 이러한 『수험생』은 전쟁 중에 부산에서 임시 거처를 두고 발행한 잡지라는 점에서 자료적 가치를 지닌다. 개인이 소장한 『수험생』 제2권 제5호와 제3권 제2호를 DB화하였다.

★ 편(집)(을) 마(치)고 ★

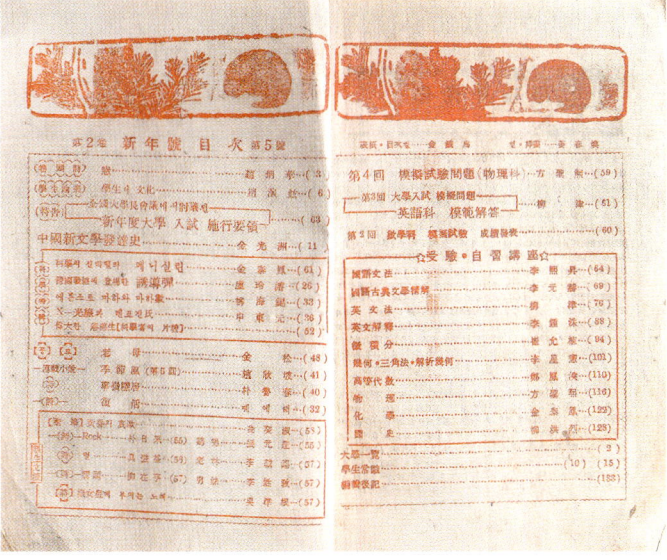

刊 受驗生
月

檀紀四二八五年十二月三十日 印刷
檀紀四二八六年一月一日 發行
第二卷第五號 新年號

發行人 李寬求
編輯人 李元壽

發行所
株式會社
受驗社

印刷所
考試學會印刷部

定價 七十圓
金 七十圓

수험연구

題　　　號	受驗研究 第6號	판　　　형	12.5x18
발 행 일	1952.06.05.	발행편집인	徐載壽
표지화, 컷		간별, 정가	월간, 1,000원
면　　　수	48	인 쇄 소	日神印刷所(釜山市 南富民洞 33)
발 행 처	受驗研究社(釜山市 大橋路 1街 13)	기　　　타	부산, 월간지.

　　『수험연구(受驗研究)』는 수험연구사(受驗研究社)에서 발행한 월간지이다. 수집한 것은 『수험연구』 제6호(1952년 6월 5일 발행), 제7호(1952년 7월 25일 발행), 제9호(1952년 10월 25일 발행), 제10호(1952년 11월 25일 발행), 제15호(1953년 7월 25일 발행)이다. 『수험연구』 제6호의 판권사항을 보면, 발행편집인은 서재수(徐載壽), 발행처는 수험연구사(釜山市 大橋路 1街 13), 인쇄소는 일신인쇄소(日神印刷所, 釜山市 南富民洞 33)이며, 총 48면에 임시정가는 1,000원이다. 『수험연구』 제7호, 제9호와 제10호, 제15호의 경우 편집발행인과 발행처는 제6호와 동일하나 인쇄소는 일신인쇄소, 대한인쇄소, 조광인쇄소의 이름이 각각 올라가 있다.

　　『수험연구』 제6호의 본문 구성은 〈헌법〉, 〈행정법〉, 〈형법, 형사소송법〉, 〈경찰법규〉, 〈국사(國史)〉, 〈상식〉, 〈경제〉 등으로 구성되어 있다. 내용은 각 국가시험 관련 문제답안 자료로 짜여져 있다. 이러한 구성은 『수험연구』 제15호까지 일관되게 이어지며, 제15호에서 와서는 분량이 32면으로 줄어들고, 정가가 10원으로 변화하는 현상도 볼 수 있다. 다만 전반적으로 〈권두언〉이나 〈편집후기〉 등이 없어 수험연구지 발간의 동기나 의도 등을 구체적으로 확인하기 어려운 것은 아쉬운 대목이다.

이러한 『수험연구』는 전쟁 중에 부산에서 속간으로 발행한 잡지라는 점에서 자료적 가치를 지닌다. 개인이 소장한 『수험연구』 제6호~제7호, 제9호~제10호, 제15호를 DB화 하였다.

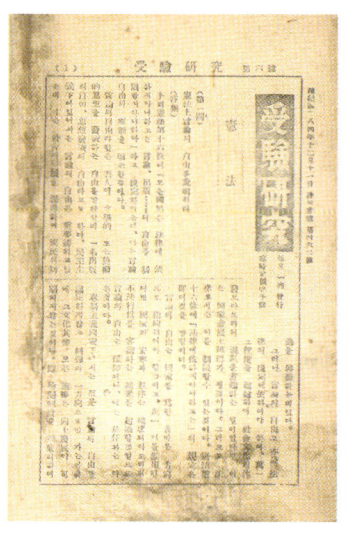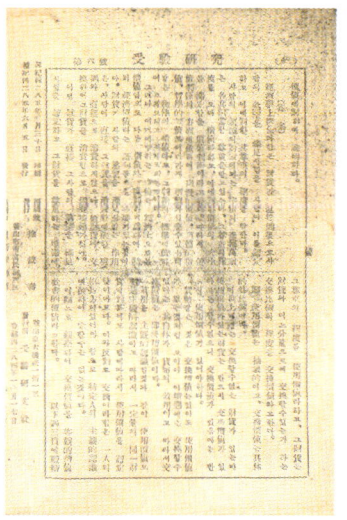

시로

題　　　號	詩路 제2집	판　　　형	14.5x21.8
발 행 일	1978.04.15.	발행편집인	發行: 詩路同人會, 編輯: 이병곤 · 임종성 · 신남석 · 정비동
표지화, 컷		간별, 정가	계간, 비매품
면　　　수	62	인 쇄 소	信興社
발 행 처	詩路同人會	기　　　타	부산, 한정판, 봄호, 동인지.

　『시로(詩路)』제2집은 시로동인회(詩路同人會)에서 1978년 4월 15일에 발행한 문학동인지이다. 『시로』제2집의 판권사항을 보면, 발행처는 시로동인회, 인쇄소는 신흥사(信興社)이다. 편집은 이병곤, 임종성, 신남석, 정비동 등이 담당했으며 한정판, 비매품으로 총 62면이다. 이병곤의 〈편집후기〉를 보면, 창간호를 낸 후 정확하게 179일 만에 『시로』제2집을 발행하였다. 이로 보아 『시로』창간호는 1977년 10월 중순에 발행되었음을 알 수 있다.

　표지 안쪽으로 "시로를 도와주신 분"이라는 광고가 있지만 화보는 없고 다만 글씨로 '최흥배', '사상조기회'라고 제시하였다. 뒤표지의 안쪽에 실린 '시로를 격려해 주신 분'이라는 광고에서도 임우택, 김종구, 브라운제화상사, 아진해운 등 명칭만 제시되었다. 다음 면에는 원광(圓光) 김경봉(金竟峰)이 쓴 서예작품 〈시로(詩路)〉가 있다. 따로 〈권두언〉이나 〈머리글〉은 보이지 않는다.

　목차를 살펴보면, 이병곤, 강갑재(姜甲在), 임종성(林鍾成), 권승학(權昇學), 김영훈(金英薰), 이광윤, 손차임, 정비동(鄭毘東), 신남석(申南錫)의 순서로 작품이 배열되어 있다. 이병곤은 「햇살이 좋아요」, 「오후의 한 순간」, 「소나기」, 「화자

詩 路

78 /봄

詩 路 同 人 会

㈜ 의 비밀(秘密)」, 「칼」, 「눈물」, 「댓닢」, 「시(詩)」, 「죄(罪) 때」 등 9편, 강갑재는 「소」, 「귀가(歸家)」 등 2편, 임종성은 「길」, 「선(線)」, 「어둠에 대하여」, 「낮달」, 「울 안의 새」, 「빈컵」, 「숲속의 길」, 「촛불의 손」 등 8편, 권승학은 「태풍」, 「닻」, 「시 작(始作)⑴」 등 3편, 김영훈은 「밤」, 「꽃」 등 2편, 이광윤은 「해돋이」 1편, 손차 임은 「맛사지」 1편, 정비동은 「해당화(海棠花)」, 「역사에게⑷」, 「그물의 말」 등 3 편을 실었다. 끝으로 신남석은 창간호에 이어서 두 번째로 케네스 코우크 (Kenneth Koch)의 「나는 아무에게도 말해보지 않았노라ー요양원에서 노인(老人) 을 위해 시작(詩作)을 가르치다」 번역문을 연재하였다. 〈편집후기〉를 보면, 케 네스 코우크의 글은 이번 호로 연재가 마감되고, 다음 호에는 알렌 긴스버그 와 케네스 코우크가 문학관련 대담한 내용을 번역하여 싣게 될 것이라고 예 고하였다.

〈편집후기〉 뒷면에는 동인 주소록이 실려 있다. 시로 동인으로 참여한 인 물은 이병곤을 비롯하여 총 16명이며, 대부분 부산에 거주하지만 진주, 서울 등에도 거주하고 있다. 이처럼 『시로』는 1970년대 후반 부산에서 활동한 시 로 동인의 문예 작품과 활동 양상을 살펴볼 수 있는 자료로 의미가 있다. 개 인이 소장한 『시로』 제2집을 DB화 하였다.

60

보고 싶어 한다. 그러나 어머니와 하늘은 보이지만 신앙 관대한 의�'思�`와 하느나라는 보이지 않는다.

시공부터 우리는 믿기로 하다. 보! 지 않는 동경의 아름다움과 그 막강한 처소를 보아 구체적인 눈으로 음미해 보자. 文`에 대해 生`에 대해 쓰게'눈을 빌려보자.

詩`들을 이어주는 물음에 감사드립니다.

〈成〉

□「나는 내 곁에서 너는 너의 안에서 나서을 한다. 아무도 한 가슴에

서 남자를 외치 못한다.」라는 깃발이 긴 이름의 포'수가 몇 미국 인디언들의 삶 속에 있었다.

지금은 땅을 깎은 짜'의 수술적인 아픔으로 그 포'수는 전략에 비틀거린 아무도 옛 인디언들이 부른 찬송'이고도 마력적인 그 포'수를 지공은 잃어 버렸다.

우리 詩路 同人`들은 빌어'세 그 포'수의 그'에 그려 드리려던 남'의 비우의 평안과 詩路`을 닿아 이었'을 뿐입니다.

〈錫〉

□ 季刊同人誌・詩路
1978年 4月 12日 印刷
1978年 4月 15日 發行
發行 : 詩路同人会
印刷 : 信陽社 42-2185
인 쇄 처 : 23-2908

□ 78 / 봄 (제2집)
□ 編輯 : 이 병 곤
임 종 성
신 남 식
정 이 동
□ 發行所 : 詩路同人会
〈限定版〉

詩　路

詩　路　第二集　78 / 봄

시문

題　　　號	詩門 제1집	판　　　형	19x25.5
발　행　일	1954.10.25.	발행편집인	發行: 詩門同人
표지화, 컷	表紙: 鄭晦根, 題字: 翠影	간별, 정가	부정기, 200원
면　　　수	40	인　쇄　소	之文社 (釜山市 芙蓉洞 1街 27)
발　행　처	南光文化社	기　　　타	부산, 동인지.

『시문(詩門)』은 시문동인회(詩門同人會)에서 발행한 시 동인지이다. 1954년 10월 25일 창간되었다. 수집한 판본은 『시문』 창간호로, 안호순(安虎淳) 선생 증정본이다. 창간호의 판권 사항을 보면, 발행인은 시문동인(詩門同人), 발행처는 남광문화사(南光文化社), 인쇄소는 지문사(之文社, 釜山市 芙蓉洞 1街 27)에서 했다. 표지화는 정회근(鄭晦根)이 그렸고, 제자는 취영(翠影)이 썼다. 가격은 200원이었고, 총면수는 40면이었다. 계간 발행을 내세웠으나 창간호 이후 계속 간행되었는지는 현재 확인되지 않는다.

시문동인회는 김태홍(金泰洪, 필명 살매), 안장현(安章玄), 손동인(孫東仁) 단 세 사람으로 구성된 동인회였다. 잡지의 구성도 단순하여, 세 사람의 동인이 쓴 작품 17편을 모아 둔 것이 전부다. 〈발간사〉나 〈편집후기〉 등이 없어 동인회원들의 이력이나 동인 구성의 동기, 동인지 발간의 포부 등은 확인하기 어렵다. 다만 잡지의 마지막에 「시문기(詩文記)」라는 토막글을 통해 동인 세 사람이 하고픈 이야기를 기록해 두었다. 이 중 장현의 기록이 눈에 띈다. 본명은 안장현이나 "마음놓고 살아볼수 없는 세월이기에 안(安)이란 성을 버렸"고, "언제나 저를 괴롭히는 돈(金)을 또 버"림으로써 장현(章玄)이 되었다 한다.

이처럼 『시문』은 한국전쟁 직후 부산 지역 아마추어 시인들의 열의를 보여주는 잡지로서 가치가 있다. 개인이 소장한 『시문』 창간호를 DB화 하였다.

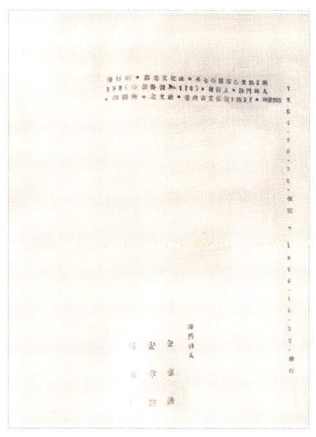

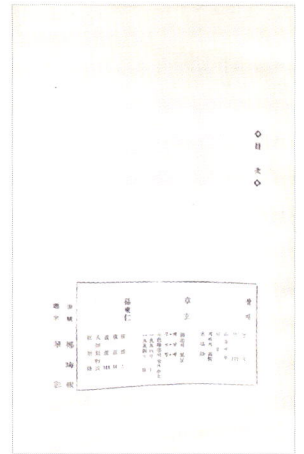

시연구

題　　　號	詩研究 第1輯	판　　　형	15x20
발　행　일	1956.05.31.	발행편집인	
표지화, 컷	全爀林	간별, 정가	부정기, 300원
면　　　수	112	인　쇄　소	南鮮協同印刷所
발　행　처	山海堂	기　　　타	부산, 문학지.

『시연구(詩研究)』 제1집은 산해당(山海堂)에서 1956년 5월 31일 발행한 문학
지로, '모더니즘 비판 특집'호이다. 판권지가 따로 있는 것이 아니라, 목차의
한쪽에 제시된 점이 특색 있다. 출판사는 산해당이며, 인쇄소는 남선협동인
쇄소(南鮮協同印刷所, 등록 340번)에서 하였다. 표지, 목차 컷은 전혁림(全爀林)이
담당하였으며, 총 112면에 가격은 300원이다. 편집위원에는 김현승, 김춘수,
김윤성, 김성욱, 김종길 등이 참여하였다.

〈권두언〉이라고 할 수 있는 「전망(展望)에서 반성(反省)으로」라는 글에서, 그
간의 현대시가 밀려드는 서구의 신사조로 인하여 혼란스러운 상황을 겪어왔
다는 점을 반성하고, 한국시의 과거를 반성하고 앞으로의 전망을 꾀하기 위
해 시에 대한 진지한 연구지로서 활동할 것을 천명하였다.

목차를 보면, 『시연구』 제1집은 총 4부로 구성되어 있는 것으로 보인다. Ⅰ
부는 유치환(柳致環)의 「회오(悔悟)의 신」, 윤일주(尹一柱)의 「형 윤동주(兄 尹東柱)
의 추억(追憶)」이고, Ⅱ부는 김현승(金顯承)의 「고전주의자」, 손경하(孫景河)의
「전신(轉身)」 외 1편, 이수복(李壽福)의 「무서움」 외 1편, 하연승(河然承)의 「체기
(滯氣)」 외 1편, 송욱의 「무엇이 모자라서」, 조영서(曺永瑞)의 「시간」 외 1편, 신

동집(申瞳集)의 「신설(新雪)」, 남윤철(南潤哲)의 「풍경」 외 2편 등 8인의 시 13편이 실려 있다. Ⅲ부는 〈모더니즘 비판〉 특집으로, 조지훈(趙芝薰)의 「현대시(現代詩)의 문제」, 김성욱(金聖旭)의 「모더니즘 소고」, 고석규(高錫珪)의 「현대시의 전개」, 김춘수(金春洙)의 「모더니즘과 니힐리즘」과 함께 T.S.엘리엇의 「문학(文學)과 현대세계(現代世界)」가 실려 있다. Ⅳ부는 「전망에서 반성으로」, 「합평(合評)」, 「후기(后記)」 등으로 구성되어 있다.

이러한 『시연구』는 전후 시기 궁핍한 기반 위에 세워진 탓에 지속적으로 발간되지 못한 한계는 있으나, 전후에 한국문화의 중심지 역할을 했던 부산의 자신감과 저력을 엿볼 수 있다. 개인이 소장한 『시연구』 제1집을 DB화 하였다. 부산근현대역사관 홈페이지(https://www.busan.go.kr/mmch/index)를 참고하였다.

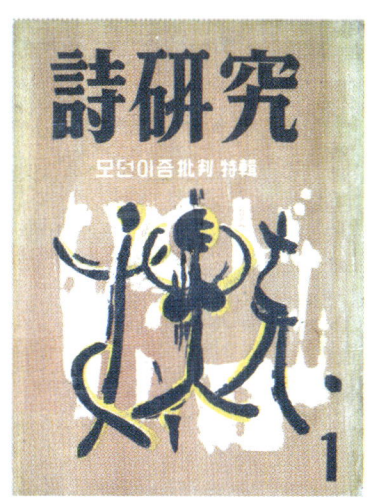
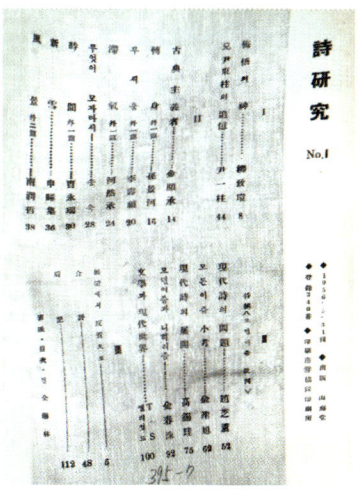

시작업

題　　號	詩作業 第2輯	판　　형	15x20.7
발 행 일	1978.02.05.	발행편집인	發行: 東亞大學校詩作業同人會
표지화, 컷		간별, 정가	부정기, 비매품
면　　수	58	인 쇄 소	第一印刷材料社 出版部
발 행 처		기　　타	부산, 동인지.

『시작업(詩作業)』 제2집은 동아대학교(東亞大學校) 시작업동인회(詩作業同人會)에서 1978년 2월 5일에 발행한 동인지이다. 『시작업』 제2집의 판권사항을 보면, 발행인은 동아대학교 시작업동인회이며, 인쇄소는 제일인쇄재료사 출판부(第一印刷材料社 出版部)이고, 총 58면으로 비매품이다. 편집위원은 박윤규(국3), 이계환(국3), 임재생(국2), 이용철(영2), 장영칠(국1), 김부식(국1) 등 6명이 참여하였다.

발행일이 1978년 2월이지만 속표지에는 "1977년"으로 표기되어 있으며, 발행인도 "동아대학교 시작업동인지(시항문학회(詩港文學會), 국어국문학과)"로 되어 있다. 표지화 및 제자(題字)에 대한 언급은 없다. 앞표지 뒷면과 뒤표지 및 뒤표지 안쪽으로는 광고가 실려 있고, 작품은 모두 세로쓰기로 되어 있다.

목차를 보면, 〈권두언〉이라 할 수 있는 구연식(具然軾) 교수의 「현대시(現代詩)와 원시주의(原始主義)」를 맨 앞에 싣고, 다음으로 시항회장(詩港會長) 박윤규(朴允圭)의 〈발간사〉라 할 수 있는 「2집을 내면서─생명의 작업」이 실려 있다. 박윤규는 〈발간사〉에서 동인지의 발간은 "詩精神(시정신)의 自由港(자유항)"을 건설하기 위한 시항문학회 주도로 이루어졌으며, 개개의 이질적 모순일지라

도 동시공존(同時共存)한 상태에서 사조(思潮)에 얽매이지 않은 작품들로 동인
지를 만들었다고 강조하였다.

시작품을 발표한 이는 동문인 임종성(林鍾成)을 포함하여 총 20여 명이며,
실린 시는 모두 40편이다. 대부분 국문과 학생이지만, 전자과, 사학과, 기술
과 학생도 포함되어 있어 국어국문학과를 넘어서 시항문학회 회원의 다양성
을 확인할 수 있다. 강우식(국4)은 단편소설 「휴일(休日)」을 발표하였다.

『시작업』제2집의 특이한 점으로는 시동인지를 표방하였음에도, 담당교수
구연식의 「현대시와 원시주의」라는 평론과 강우식(국4)의 단편소설이 실려 있
다는 점이다. 이에 대해서는 〈편집후기〉에서 윤(允)이 "삼층밥"을 닮았다고
표현하였다. 이처럼 『시작업』은 1970년대 후반 동아대학교 시작업동인회의
활동 양상과 작품 됨됨이를 살펴볼 수 있는 자료로 의미가 있다. 개인이 소장
한 『시작업』제2집을 DB화 하였다.

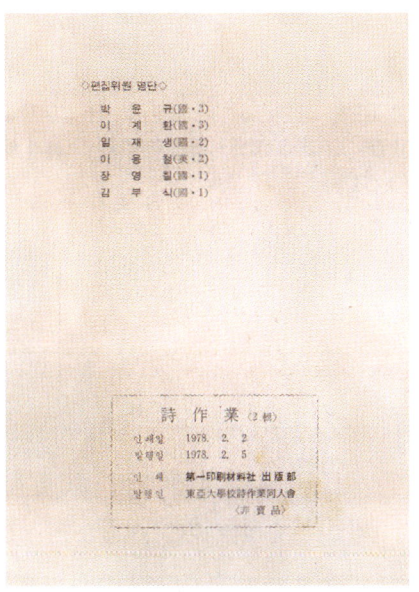

〈편집위원 명단〉

박 은 규 (國·3)
이 계 환 (經·3)
임 재 생 (國·2)
이 용 철 (美·2)
장 영 칠 (商·1)
김 무 식 (國·1)

詩 作 業 (2輯)

인쇄일　1978. 2. 2
발행일　1978. 2. 5
인　쇄　第一印刷材料社 出版部
발행인　東亞大學校詩作業同人會
〈非賣品〉

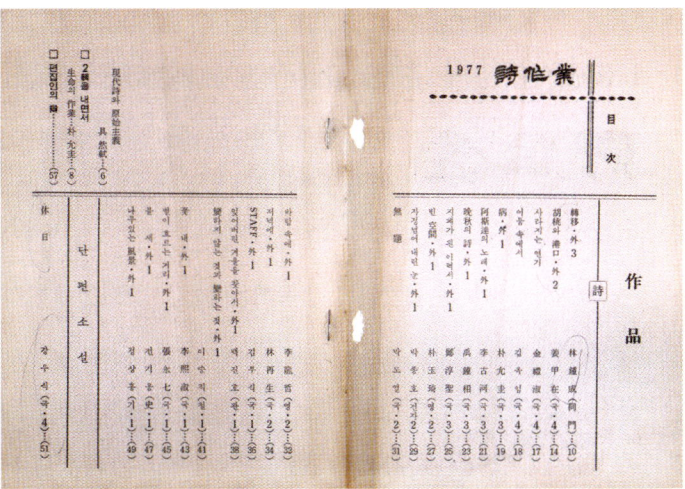

시조연구

題　　　號	時調研究 第1號	판　　　형	14.7x20.7
발　행　일	1953.01.05.	발행편집인	高斗東
표지화, 컷	表紙畵: 謙齋 鄭敾, 題字: 裵吉基	간별, 정가	격월간, 4000환
면　　　수	58	인　쇄　소	自由民報印刷部(釜山市 中央洞 4街 40番地)
발　행　처	時調研究會(釜山市 大橋路 2街 30番地의 7)	기　　　타	부산, 창간호가 종간호, 시조전문지.

　『시조연구(時調研究)』는 시조연구회(時調研究會)에서 발행한 시조전문지이다. 1953년 1월 5일 창간되었다. 수집한 것은『시조연구』창간호로, 창간호가 종간호이다. 『시조연구』창간호의 판권 사항을 보면, 발행 겸 편집인은 고두동(高斗東)이었고, 발행처는 시조연구회(釜山市 大橋路 2街 30番地의 7)였으며, 인쇄소는 자유민보인쇄부(自由民報印刷部, 釜山市 中央洞 4街 40番地)이다. 총면수는 58면에 정가는 4천환이었다. 표지화는 겸재(謙齋) 정선(鄭敾)의 '도산서원도(陶山書院圖)'를 사용했고, 제자(題字)는 배길기(裵吉基)가 맡았다.

　목차는 〈창간사〉와 〈시조 연구〉, 〈시조단(時調壇)〉, 그리고 〈학생란〉과 〈편집후기〉 등으로 구성되었다. 잡지의 창간 동기는 〈창간사〉를 통해 드러난다. 〈창간사〉는 "우리 시가문학에 시조가 가장 중요한 존재로 존속하여 왔"으나 "지금 와서야 시조연구회가 조직되고『시조연구』라는 기관지가 간행하게 됨은 만시지탄"이라고 말하고 있다. 또한 "한때 내노라 하고 이를 짓던 분도 많았으나 희지부지 그 자취를 감추고 지금은 몇몇이 아니된다"고 말한다. 이를 통해 한국 전통시문학을 대표하는 장르였던 시조에 대한 관심이 시들해지고

時調研究

第一號

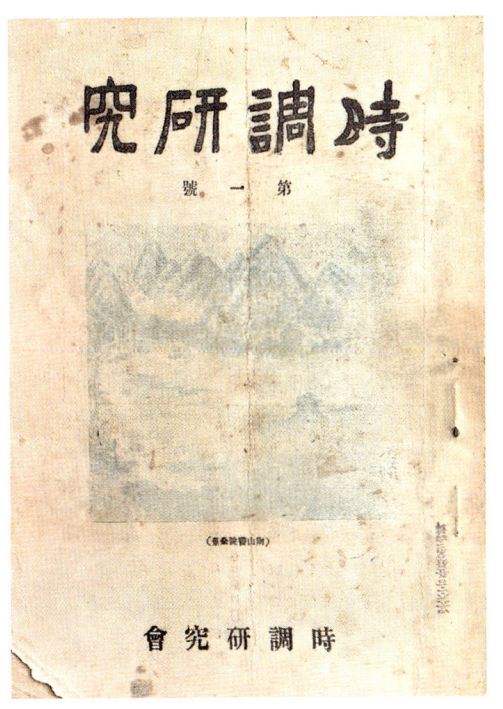

(附山曹架裝卷)

時調研究會

시조에 대한 연구가 활발히 진행되지 못하는 현실에 대한 안타까움이 발간의 동기가 되었음을 알 수 있다.

〈시조 연구〉에는 이병기(李秉岐)의 「역대시조(歷代時調)의 작풍(作風)」, 이희승(李熙昇)의 「시조 감상(感賞)」, 이주환(李珠煥)의 「시조창(時調唱)의 개설(概說)」, 정병욱(鄭炳昱)의 「3대 시조집의 전승체계소고(傳承體系小考)」, 고두동의 「시조작소고(時調作小考)」, 이태극(李泰極)의 「시조부흥론(時調復興論)」 등이 실려 있다. 〈시조단〉 코너에서는 시조시인 12명의 시조 20편을 수록하였는데, 한샘과 가람을 비롯하여 하보(何步), 이영도, 박재삼(朴在森), 서정봉 등의 이름과 작품이 눈에 띤다. 이어 〈학생란〉에서는 '학생시조현상모집(學生時調懸賞募集)'란을 마련하여 입선작으로 허원구, 이재두, 오경웅, 김규태의 작품을 집중적으로 다루고 있다.

이러한 『시조연구』는 1953년 당시 시조에 대한 학술적 논의와 작품들의 양상을 살펴볼 수 있는 잡지로서 가치가 있다. 개인이 소장한 『시조연구』 창간호를 DB화 하였다.

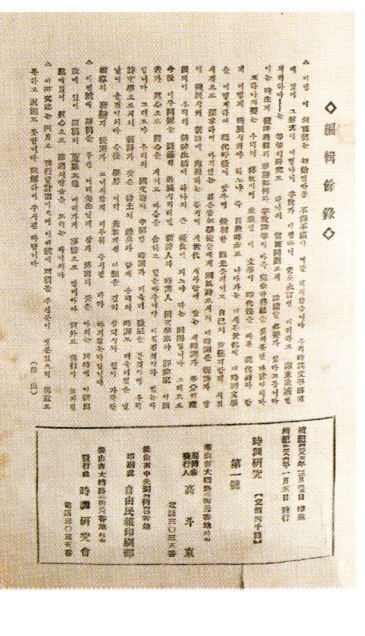

時調研究 [第一號 目次]

網羅된 모든 時調를 網羅하야 現代朝鮮文壇研究

第一號

發行日 昭和十四年一月二十六日 印刷
昭和十四年一月二十六日 發行

編輯兼發行人 高 斗 東

印刷所 自由民報印刷部

發行所 時調研究會

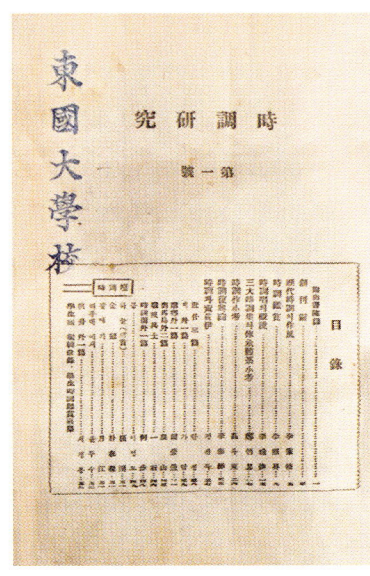

東國大學校

時調研究

第一號

目錄

신사조

題　　號	新思潮 第7卷 第1號	판　　형	15x20.5
발 행 일	1953.01.01.	발행편집인	金后今
표지화, 컷	目次·扉畵·卷頭(裝畵): 金榮注, 김승옥	간별, 정가	월간, 6,000원
면　　수	125	인 쇄 소	
발 행 처	新思潮社(釜山市 西大新洞 2街 281)	기　　타	부산, 신춘특대호, 철학잡지.

　『신사조(新思潮)』는 신사조사(新思潮社)에서 발행한 철학잡지이다. 『신사조』는 1950년 5월 1일 "철학잡지"로 창간했으며 발행인은 김후금(金后今), 편집 고문은 김영랑(金永郞)으로 발행처는 신사조사(서울시 중구 명동 2가 63), 인쇄소는 대한인쇄공사(서울시 서대문구 만리동 1가 62)에서 발행하였다. 『신사조』 통권 제7권 제1호는 신춘특대호(新春特大號)로 1953년 1월 1일 임시수도인 부산에서 발행하였다. 판권 사항을 보면, 발행 겸 편집 인쇄인은 김후금, 발행처는 신사조사(부산시 서대신동 2가 281)이며, 삽화는 김영주(金榮注), 총 125면이며 정가는 6,000원이다.

　본문의 구성은 〈국제조류(國際潮流)〉, 〈특집〉, 〈시(詩)〉, 〈사화(史話)〉, 〈소설〉로 이루어져 있다. 〈국제조류(國際潮流)〉는 김기석(金基錫)의 「민족사적 책임과 세계사적 책임」, 주요한(朱耀翰)의 「민족의 위기와 인간의 개혁─공산주의를 어떻게 극복할 것인가」, 편집부의 「인도의 중립외교」, 「냉전 하를 헤엄치는 중동제국」 등이 보인다. 「금년(今年)은 통일독립의 계사년(癸巳年)」을 주제로 한 〈특집〉에는 국내외 정치적인 글들이 주를 이루고 있다. 〈시〉에는 양명문(楊

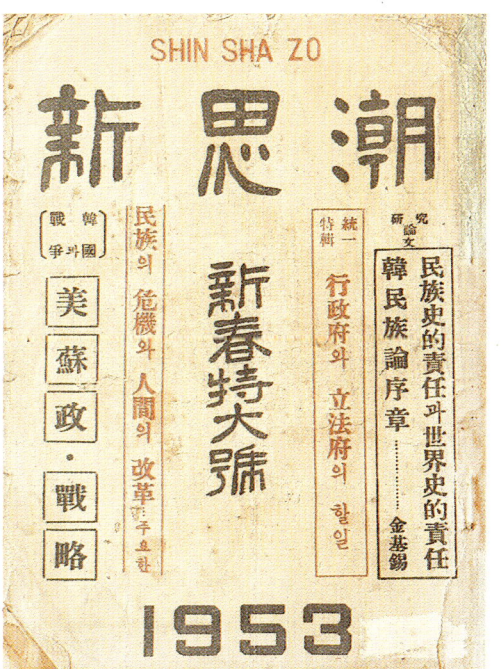

SHIN SHA ZO

新思潮

新春特大號

〔韓國과 戰爭〕
美蘇 政·戰略

民族의 危機와 人間의 改革을 위한

統一特輯
行政府와 立法府의 할일

研究論文
韓民族論序章 …… 金基錫

民族史的責任과 世界史的責任

1953

明文)의 「선(線)」이, 〈사화〉에는 윤백남(尹白南)의 「전화위복(轉禍爲福)-인조반정 (仁祖反正) 거사(巨事)의 이면(裏面)」이, 〈소설〉에는 최태응(崔泰應)의 「태교(胎敎)」 가 보인다. 김향안(金鄕岸)의 수필 「커피와 다방」이 게재되어 있는데 김향안은 시인 이상(李箱)의 부인이었던 변동림(卞東琳)의 필명이며, 이후 화가 김환기(金 煥基)와 재혼하였다.

1953년 5월 10일 발행한 제7권 제2호(5·6월호)는 국내외 정치 관련 글과 통 화개혁 이후의 경제계에 관련한 글들이 차지한다. 〈시〉에는 노천명(盧天命)의 「희(姬)야 돌아가라」가, 〈소설〉에는 김송(金松)의 「혈액(血液)」이 실려 있다. 월 간잡지지만 전시중이라 4개월 만에 발행한 점이 주목된다.

이처럼 『신사조』는 한국전쟁 발발 이전에 창간한 잡지로, 한국전쟁 기간 동안에도 꾸준히 간행된 것으로 보아 한국전쟁과 잡지의 영향 관계를 확인할 수 있는 잡지로 의의가 있다. 개인이 소장한 『신사조』 제7권 제1호와 제7권 제2호를 DB화 하였다.

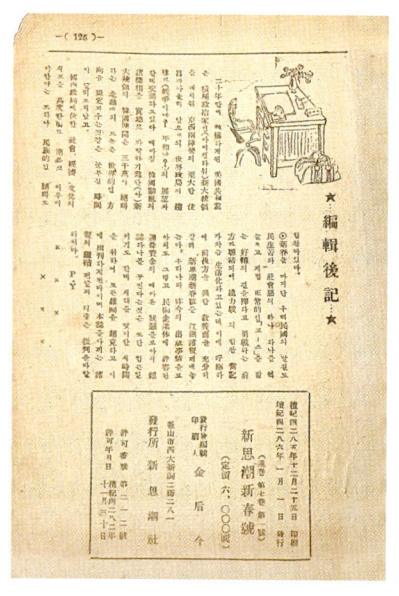

★…編輯後記…★

二十年만에 再編하게된 美國共和黨은 陸軍政治家인(아이젠하워)新大統領을 내세워 東西兩陣營의 巨大한 往[illegible]이나 혹은 앞으로의 世界政局의 趨勢가(戰爭이냐? 平和냐?)의 展望과 함께 [illegible]하고있다 때마침 韓國動亂의 諸樣相을 實地로 파악하기爲한(아)新大統領의 韓國訪問은 三千萬이 期待하는 焦點에서 오늘은 歡迎的인 方向을 設定지우는것같은 [illegible] 時間이 [illegible]고. 國內政局에依한 社會, 經濟, 文化의 제分野 高度한 [illegible] 이루어야할것은 [illegible] 民族的인 [illegible] [illegible]찾아있다.

⊙新春을 마지한 우리民國의 발전도 民主言論과 社會[illegible]의 하나 하나로 [illegible]늘고 제법 正常的인 「코ー스」를 밟는 好轉의 길을 [illegible]하고 [illegible]하는 [illegible]方이 團結되어 總力戰의 힘찬 [illegible]가 [illegible] 生活化하고있는데 이에 呼應하여 前後方을 통한 [illegible]을 充分히 살려 新思潮新春號는 [illegible] 諸賢께 [illegible]는다. 우리나라 [illegible] [illegible]을 또 하지도 그렇고 [illegible] [illegible] [illegible] [illegible] 論하나를 주[illegible]는것은 또한 [illegible] 이기도 한데 [illegible] 이 [illegible]時間을 위하여 모든[illegible]을 [illegible]하고 이에 [illegible]하지[illegible]이며 本誌를 아끼는 諸賢의 [illegible] 편달과 [illegible] [illegible]을바랍니다.

P·Y

× × ×

檀紀四二八五年十二月二十五日 印刷
檀紀四二八六年 一月 一日 發行
(通卷 第七卷 第一號)
新思潮新春號
(定價 六、〇〇〇圜)
發行兼編輯 印刷人 金 后 [illegible]
釜山市西大新洞二街二八一
發行所 新思潮社
許可番號 第一一二號
許可年月日 檀紀四二八二年 十一月三十日

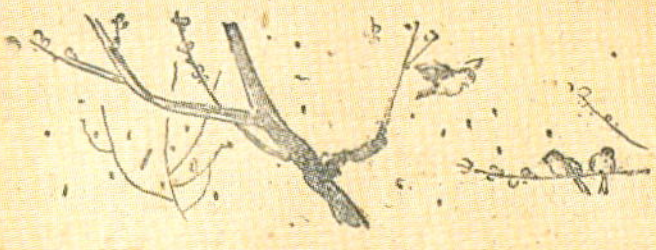

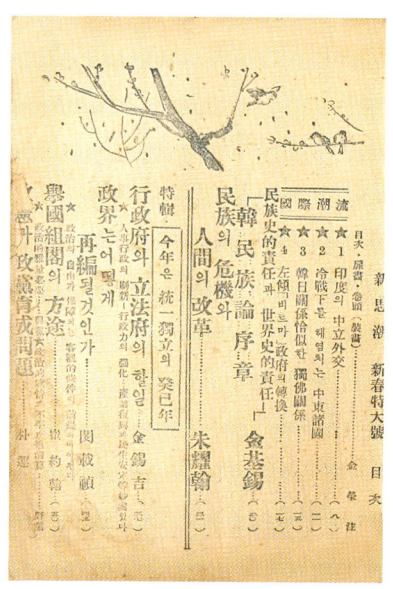

新思潮 新春特大號 目次

신생공론

題 號	新生公論 第1卷 第1號	판 형	14.5x21
발 행 일	1951.10.01.	발행편집인	金雨英
표지화, 컷	表紙: 金鍾植, 컷: 金鍾植, 金耕	간별, 정가	월간, 4,000원
면 수	94	인 쇄 소	大同出版印刷株式會社(釜山市 新昌洞 3街 36番地) 인쇄인: 張三徹
발 행 처	新生公論社(釜山市 富民洞 1街 18番地)	기 타	부산, 10월호, 종합잡지.

『신생공론(新生公論)』은 신생공론사(新生公論社)에서 월간으로 발행한 종합잡지이다. 수집한 판본은 1951년 10월 1일에 발간된 창간호 외에 제1권 제3호, 제2권 제2호, 제6권 제1호 등이다.

창간호의 판권 사항을 보면, 발행편집인은 김우영(金雨英), 인쇄인은 장삼철(張三徹), 발행처는 신생공론사(釜山市 富民洞 1街 18番地), 인쇄소는 대동출판인쇄주식회사(大同出版印刷株式會社, 釜山市 新昌洞 3街 36番地)이며, 총 94면에 4,000원이다. 표지화는 김종식(金鍾植)이 그렸고, 컷은 김종식과 김경(金耕)이 담당하였다.

창간호의 목차를 보면, 국내외 시사적인 내용을 중심으로 특히 〈대일강화(對日講和)〉 문제가 중심적으로 다루어진 가운데 노산 이은상(李殷相)의 「이충무공의 애국심」, G.A 핏취의 「YMCA와 한국」, 〈특별기고〉 김성식(金成植)의 「도솔산작전(兜率山作戰)과 한국해병대」, 김우영의 「회고록(1)」 등 다채로운 주제들이 게재되어 있다. 말미에 〈특별부록〉으로 「대한민국 헌법전문」이 게재된 것도 이색적이다. 한국전쟁기 국내외 사정을 아는 데에도 참고가 될 수 있을 것이다.

그 가운데 제1권 제3호는 1951년 12월 발행된 것으로 창간호와 마찬가지로 국내외 시사적인 문제가 다루어지고 있다. 이 가운데 〈1951년도 총결산〉 코너를 보면 '정치' 부문에서는 「국내 정계 일년의 회고」, '문화' 부문에서는 「문화 각계의 회고와 단상(短想)」, '교육' 부문에서는 「한국의 교육계」에 관한 글들이 실려 있다. 또한 「농촌과 정신계발(精神啓發)」, 「한일회담에 임하여」, 「전시(戰時) 영양문제(營養問題)」, 「신생활운동(新生活運動)의 검토(檢討)」를 비롯하여 「국사(國史) 연구초(研究抄)의 일단(一端)」 등 다양한 주제의 논단이 게재되어 있다. 더불어 〈시〉에는 이주홍(李周洪)의 「흘러간 시절(時節)」, 설창수의 「나룻배」, 윤영춘(尹永春)의 「부산항(釜山港)」 작품이 실려 있고 〈소설〉에는 유주현(柳周鉉)의 「슬픈 인연(因緣)」 외에 김송(金松)의 「방가(放歌)」가 연재되고 있다.

제2권 제2호는 1952년 2월 발간되었으며 「대일외교의 사적 고찰」, 「농촌의 재편성과 농업협동조합 문제」, 「한국의 정세와 세계 여론」 등 국내외 시사적인 문제가 조명된 가운데 〈특집〉으로 「차기 대통령」에 관한 사항이 집중적으로 다루어지고 있다. 또한 〈시〉에는 김규동(金奎東)의 「여백(余白)의 풍경(風景)」, 노천명(盧天命)의 「아름다운 얘기를 하자」가 실려 있고, 〈소설〉에는 정한숙(鄭漢淑)의 「ADAM의 행로」의 연재가 시작되고 있다.

한편 제6권 제1호의 경우 〈내외(內外)〉 시사문제와 〈논단〉 특집 이외에도 〈신인중신 문학특집〉 코너를 마련하여 다수 신인 작가의 시와 수필을 소개하는 등 문예적 내용이 더 강화되는 특징을 보인다. 이른바 '잡지소설'이라 하여 잡지의 공공성과 작가의 창조성을 의미있게 병존시키는 것이 강조되는데, 『신생공론』은 그러한 측면에서도 검토할 수 있는 자료로 평가된다.

개인이 소장한 『신생공론』 제1권 제1호, 제1권 제3호, 제2권 제2호, 제6권 제1호를 DB화 하였다.

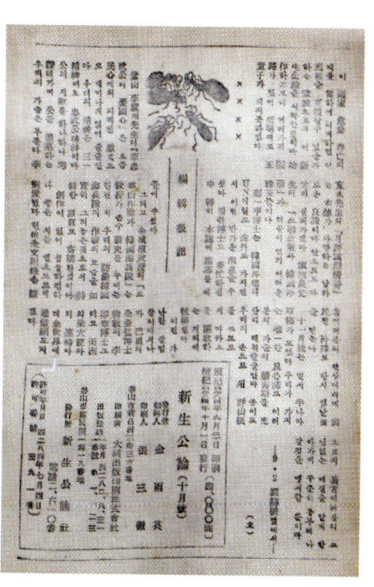

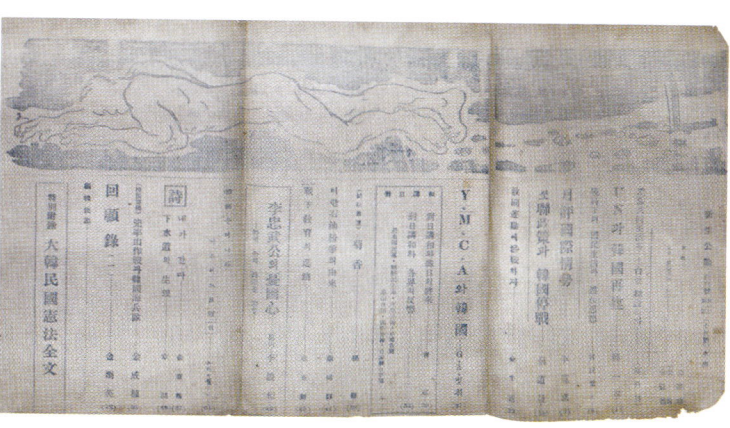

신생활

題 號	新生活 創刊號	판 형	15x20.5
발 행 일	1960.01.25.	발행편집인	發行: 朴如俊, 編輯: 崔文錫
표지화, 컷	表紙: 金耕, 컷: 宋蕙秀·嚴聖寬, 題字: 向波	간별, 정가	월간, 300원
면 수	208	인 쇄 소	國際印刷株式會社
발 행 처	新生活社(本社 서울特別市 鐘路區 瑞麟洞 109, 分室 釜山市 東區 大昌洞 3街 30)	기 타	부산, 主幹: 金一澤, 종합잡지.

『신생활(新生活)』은 신생활사(新生活社)에서 월간으로 발행한 종합잡지이다. 수집한 판본은 1960년 1월 25일에 발간된 창간호이다. 창간호의 판권 사항을 보면, 발행인은 박여준(朴如俊), 편집인은 최문석(崔文錫), 주간은 김일택(金一澤), 발행처는 신생활사(本社 서울特別市 鐘路區 瑞麟洞 109, 分室 釜山市 東區 大昌洞 3街 30), 인쇄소는 국제인쇄주식회사(國際印刷株式會社)이다. 총 208면에 정가는 300원이다. 표지화는 김경(金耕)이 그렸고, 컷은 송혜수(宋蕙秀)와 엄성관(嚴聖寬)이 맡았으며 제자(題字)는 향파(向波) 이주홍이 썼다.

본문의 내용은 발행인 박여준의 〈창간사〉를 시작으로 〈논단〉, 〈시론〉, 〈좌담회〉, 〈세계의 움직임〉, 〈수평선(水平線)의 용사(勇士)들〉, 〈신생활 야화(夜話)〉, 〈뉴스 스토리〉, 〈인터뷰〉, 〈수필〉, 〈대망(待望)의 영화(映畫)〉, 〈만화〉, 〈이달의 음악가〉, 〈시〉, 〈소설〉, 〈화보(畫報)〉, 〈현상(懸賞) 퀴즈·나는 누구일까요〉, 〈신인 작품모집〉, 〈기자초대석〉, 〈편집후기〉 등 매우 다채로운 코너로 구성되어 있다. 구체적으로 보면, 〈논단〉에는 이종률(李鍾律)의 「정치와 신생활」을 필두로 강재호(姜在鎬)의 「미국시찰(美國視察)을 마치고」, 손황(孫鎤)의 「음력과 양력

생활」, 김일립(金一粒)의 「향토와 오락」이 게재되어 있고, 이어 〈시론〉으로 김일택의 「독선(獨善)의 계절(季節)」과 〈신생활을 위한 좌담회〉가 소개되고 있다. 또 〈세계의 움직임〉 코너에서는 「아세아(亞細亞)의 경제적 가능성」, 「아이크 11개국 방문의 의의」 등 국내외 시사문제와 함께 「생활과 문학」, 「나의 생활백서」, 「영화의 대중성」 등 일상과 생활이 대비되어 조명되고 있다. 그밖에 〈신생활 야화〉 코너에는 「남필종부(男必從婦)라서야」, 「돈 없다고 옛 정(情)도」 등의 특색 있는 글이 실려 있다.

이 점에서 『신생활』은 그 시대적 배경으로 4·19 이후 학생들에 의해 전국적으로 전개된 국민계몽운동인 '신생활운동'과도 관련성이 엿보인다. 4·19 이후 학생들은 시야를 사회 전 영역으로 확대시키면서 국민계몽운동, 신생활운동, 7월 총선 참가운동 등을 전개하였다. 요컨대 서울대학교의 국민계몽대는 '4월 혁명 정신의 보급, 국민 정치의식과 주권의식의 고양, 경제복지의 추구, 신생활체제의 수립, 민족문화의 창조'를 그 강령으로 하고 있다. 이러한 운동을 전개하게 된 데는 '민주주의는 제도의 개선만으로 성취될 수 없고, 정치에 참가하는 국민들의 정치의식의 고양, 새로운 정치문화의 정착을 통해서 가능하다'라고 하는 개량주의적 사회인식을 근저로 하고 있다고 할 수 있겠다.

이처럼 국민계몽대의 활동과 신생활운동은 학생들의 사회참여 행위로서 권력당국과 다소간 갈등도 불러일으키기는 했으나, 구조적 모순의 한 표현으로서 정신적, 문화적 타락을 개개인의 자각과 주인의식의 함양을 통해서 성취하려 했다는 점에서 점진적 변혁을 도모하는 개량주의적 운동으로 평가되기도 한다. 물론 신생활운동의 대상인 '낡고 그릇된 것'과 운동 목표인 '새롭고 바른 것'에 대한 인식, 이에 따른 의제 설정에 따라 그 성격은 시기마다 다른 의미를 가질 수 있다. 개인이 소장한 『신생활』 창간호를 DB화 하였다.

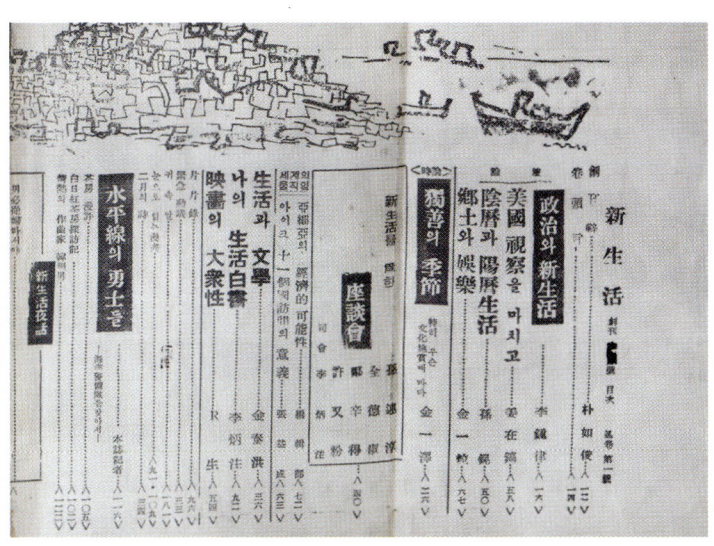

新 生 活

創刊 第壹卷第一號

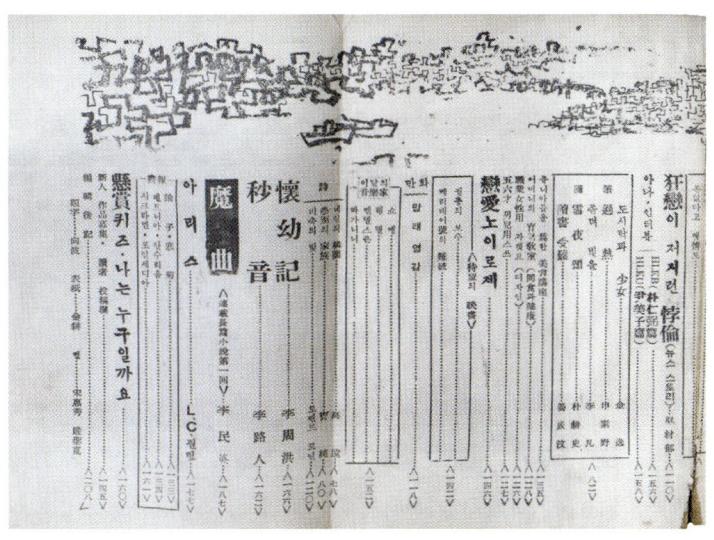

신시대

題　　　號	新時代 第1卷 第1號	판　　　형	18.5x26
발　행　일	1953.05.16.	발행편집인	發行: 李秉仁, 編輯: 高圭柱
표지화, 컷	表紙 컷: 白榮洙, 目次 컷: 李俊	간별, 정가	월간, 80환
면　　　수	82	인　쇄　소	인쇄인: 金成萬
발　행　처	文化新報社(서울特別市 鐘路區 鐘路 4街 24番地, 臨時本社 釜山市 光復洞 2街 22)	기　　　타	부산, 5月號, 종합잡지.

　　『신시대(新時代)』는 문화신보사(文化新報社)에서 발행한 종합잡지이다. 창간호는 1953년 5월 16일 발행했으며, 발행인은 이병인(李秉仁), 편집인은 고규주(高圭柱), 발행처는 문화신보사(서울특별시 종로구 종로 4가 24번지, 임시본사 부산시 광복동 2가 22), 인쇄인은 김성만(金成萬)이다. 표지 컷은 백영수(白榮洙), 목차 컷은 이준(李俊)이 맡았으며, 총 82면에 특가 80환이다.

　　창간에 맞춰 〈창간사〉는 싣고 있지 않으며 〈편집후기〉에는 "구태여 창간사가 필요하다면 좋은 잡지를 하나라도 더 내어놓자는 것 뿐일 것입니다. (중략) 소박하나마 꾸준히 나오는 신용 있는 잡지가 되는 편이 좋겠"다고 『신시대』의 의미를 밝히고 있다.

　　창간호는 〈명작 초역(抄譯)〉, 〈명작 감상〉, 〈세계를 움직이는 여성〉, 〈만화〉, 〈좌담회〉, 〈시〉, 〈여류수필〉, 〈미발표 비밀일기〉, 〈장편소설〉, 〈단편소설〉, 〈편집후기〉로 구성되어 있다. 〈명작 초역(抄譯)〉은 1896년 폴란드의 작가 헨리크 시엔키에비치가 쓴 『쿼바디스』를 김훈(金薰)의 삽화와 함께 간략히 소개한 작품이, 〈명작감상〉에는 조연현(趙演鉉)의 「도스토예프스키 카라마

조프의 형제」가 실려 있다. 〈세계를 움직이는 여성〉에는 이진섭(李眞燮)의 「판
딧트 여사」를, 〈만화〉에는 김일소(金一笑)가 그린 23컷의 「황금노예」가 보인
다. 〈좌담회-예술가 부인들의 남편을 말하는 좌담회〉에는 김말봉(金末峰)이
사회를 맡고, 화가 김환기(金煥基)의 부인 김향안(金鄕岸), 음악가 나운영(羅運榮)
의 부인 유경손(柳慶孫), 시인 양명문(楊明文)의 부인 김자림(金玆林), 소설가 김
래성(金來成)의 부인 김영순(金泳順), 평론가 조연현의 부인 최상남(崔祥南), 시
인 조병화(趙炳華)의 부인 김준(金埈)이 참여해 남편들의 작업에 대해서 이야기
하였다.

〈시〉에는 조병화(趙炳華)의 「장미가 피면」, 김상옥(金相沃)의 「비」, 김춘수(金春洙)의 「단장삼제(斷章三題)」가, 〈여류수필〉에는 노천명(盧天命)의 「산나물」, 전숙희(田淑禧)의 「진달래 붉게 피었는데」, 박기원(朴基媛)의 「평범한 행복」, 김향안(金鄕岸)의 「고향의 하늘가엔」을 볼 수 있다. 탐정 연재소설을 실은 〈장편소설〉은 김래성(金來成)의 「사상(思想)의 장미(薔薇)」, 손소희(孫素熙)의 「불꽃 속에서」를, 〈단편 소설〉에는 김광주(金光洲)의 「황혼병(黃昏病)」, 최태응(崔泰應)의 「까치집 소동(騷動)」이 보인다. 〈편집후기〉에는 다음 호에서 김말봉과 박계주(朴啓周)의 장편소설이 게재될 예정임을 안내하고 있다.

이러한 『신시대』는 부산에서 피난 생활을 하던 작가의 작품을 볼 수 있으며, 특히 다양한 여류 문인뿐만 아니라 작가의 부인들을 대상으로 하고 있어 의의가 있다. 개인이 소장한 『신시대』 제1권 제1호를 DB화 하였다.

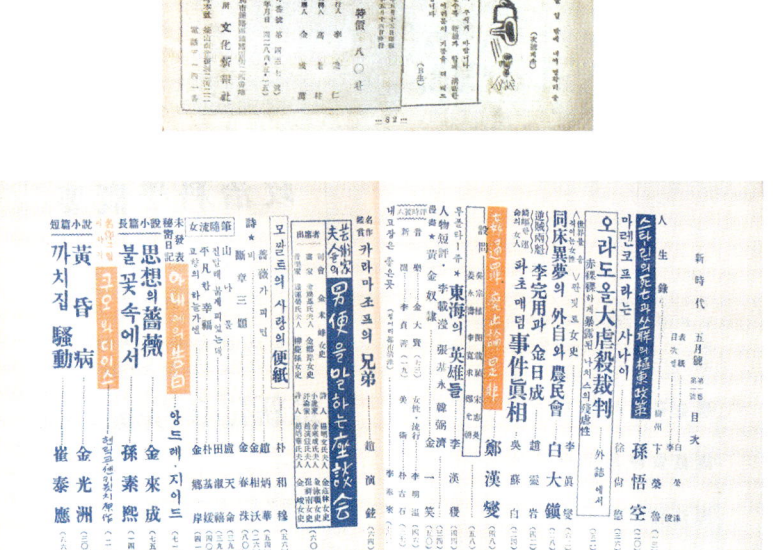

신앙생활

題　　　號	信仰生活 第11卷 第6號	판　　　형	15x21
발　행　일	1952.12.01.	발행편집인	金麟瑞
표지화, 컷		간별, 정가	월간, 2000원
면　　　수	30	인　쇄　소	修文館, 李淑瓊
발　행　처	信仰生活社(서울特別市 東大門區 昌信洞 660의 1, 釜山市 寶水洞 1街 93番地)	기　　　타	부산, 속간 제9호, 聖誕號, 기독교지.

　『신앙생활(信仰生活)』은 1932년 1월 김인서(金麟瑞)가 한국 교회의 분열과 혼란을 극복하고 기독교 복음으로 교회일치를 추구하고자 복음신앙·영화운동·인화주의의 3대 강령을 문서로 전하기 위하여 발행한 기독교 잡지이다. 1932년 1월 평양에서 창간하여 1941년 5월에 정간되었고, 1951년 부산에서 속간, 발행하다가 1956년에 폐간되었다. 수집한 판본은 『신앙생활』 제11권 제6호, 제12권 제4호, 제14권 제2호이다.

　1952년 12월 1일 성탄을 기념한 제11권 제6호(속간 제9호, 통권 제112호)의 판권 사항을 보면, 발행 겸 편집인은 김인서, 발행처는 신앙생활사(信仰生活社, 서울특별시 동대문구 창신동 660-1), 인쇄인은 이숙경(李淑瓊), 인쇄소는 수문관(修文館, 부산시 보수동 3가 77번지)이며, 총 30면에 정가는 2,000원이다. 월간으로 낸다고 하였으나 대부분 2개월에 한번 발행하였다.

　제11권 제6호에는 총 여덟 편의 글이 실려 있는데, 이 가운데 발행인인 김인서가 쓴 글이 다섯 편이나 차지하고 있다. 김인서는 「삼만 용사의 성탄제물」, 「성탄 설교-아부라함과 다윗의 자손」, 「세가리아서 강의」, 「신구(新舊)양

예수 中心의

信仰生活

宗敎·敎會·聖經

第十一卷(一五二)第六號
聖誕號

續刊第九號目次

三萬勇士의 .... 建議運動 .... 金 ○ 主
韓國民族과 .... 亡國民族 .... 金 ○ 澤
아브라함과 .... 이삭의 子孫 ...... 金 ○ 澤
너머진날의 다짐의지 二篇 .... 金 ○ 化
새가리아 最後心墙 .... 金 ○ 煥
가을의 .... 聖誕號 .... 金 ○ 軍
信仰別 .... 歌開答
調和別號

서울 信仰生活社 發行

교문답(兩敎問答)」, 「하나님의 사랑 2편」을 썼으며, 나머지 3편은 편집실에서 작성했다. 〈편집후기〉에는 잡지의 열악한 환경을 대변하듯 교회 및 학교의 대량구독과 장병들에게 잡지를 보낼 수 있도록 요청하고 있다.

제12권 제4호(7·8월 합병호, 속간 제30호, 통권 제116호)는 1953년 8월 1일 간행했으며 물가 폭등으로 정가를 3,000원으로 인상하였다. 제12권 제4호 또한 발행인 김인서의 글이 잡지의 절반을 차지하고 있다. 이 점에서 『신앙생활』은 발행인 김인서의 개인잡지로 보아도 무방하다. 이어 제14권 제2호(6·7월 합병호, 통권 제127호)는 1955년 7월 1일 발행하였다. 이번호에서 눈여겨볼 지면은 남은종의 「박윤선(朴允善) 목사에게 답(答)함」인데, 여기서 남은종은 김인서를 가리킨다. 이 글은 김인서가 앞선 호(제14권 제1호)에 게재한 「고신파(高神派)의 성경유오설(聖經有誤說)」에 대해 고려신학교장(高麗神學校長)이자 『기독교보』(基督敎報)의 주필(主筆)인 박윤선이 『기독교보』 제4호의 지면에서 자신의 글을 반박한 데에 대한 답변으로 작성한 글에 해당한다.

이처럼 『신앙생활』은 한국전쟁과 열악한 출판 환경에도 불구하고 기독교의 복음을 통해 시대의 곤란을 이겨내려는 의지를 엿볼 수 있어 의의가 있다. 개인이 소장한 『신앙생활』 제11권 제6호, 제12권 제4호, 제14권 제2호를 DB화 하였다. 『한국민족문화대백과사전』의 「신앙생활」 항목을 참조하였다.

編輯序

● 民族運命 他念之秋에 칼을잡는 ...

● 「興亡民族」은 「九五〇年 本雜部」에 실렸던 曹植 ... 民族指導理論으로 ... 「三萬男士의 覺醒을物」을 ...

● ...하야 ... 正義를 ...

● ...

● ...

● ...

● ...

● ...

● 人生知事業民 紙價絶女不盡
  乙巳年 一九五二年 十月二十日

社告

● 今年도 發刊하고보니 先金 萬二千圓 以上 ...

● 海運九萬圓用紙가 臺灣十九萬 圓郵料도 每期五百圓 ...
  賣定價二千圓 振替 釜山 二二二番으로

● 發送은 ...

● ...

● (村에) 團體로 ...
  每月印刷不能하 音分은 隔月 ...

受讀時에는 必送金하여주지요
停讀時에는 必通知하여주서요

定价 一部 二千圓以上

서울市中區太平路一街六一의九(第九卷)
檀紀四二八四年七月十一日 第三種郵便物認可
檀紀四二八五年十二月一日 發行

發行兼 編輯人 金順媛
印刷人 李宗瑢
印刷所 修文社
發行所 居仰生活社
(釜山市寶水洞二街三〇番)
定價 二千四百圓

신어

題　　　號	新語 第1輯	판　　　형	15x21
발　행　일	1965.05.20.	발행편집인	發行: 鄭景鎭, 編輯: 新語 〈서클〉
표지화, 컷	表紙: 한찬식, 題字: 金廣業, 컷: 성백주	간별, 정가	부정기, 40원
면　　　수	40	인　쇄　소	太和印刷所
발　행　처	가자出版社	기　　　타	부산, 500부 한정판, 曹永瑞 先生 惠存 증정본, 시동인지.

『신어(新語)』 제1집은 신어(新語) 동인들이 1965년 5월 20일에 발행한 시동인 지이다. 수집한 판본은 제1집 500부 한정판 가운데 조영서(曹永瑞) 선생 증정 본이다. 『신어』 제1집의 판권사항을 보면, 발행인은 정경진(鄭景鎭), 편집인은 신어 〈서클〉, 발행처는 가자출판사(出版社), 인쇄소는 태화출판사(太和出版社) 이며, 총 40면에 정가는 40원이다. 편집위원으로는 최계락(崔啓洛), 한찬식(韓 瓚植), 박재호, 김규태(金圭泰)가 참여하였다. 표지는 한찬식, 제자는 김광업(金 廣業), 컷은 성백주가 맡았다.

앞 표지 뒷장에는 부산시장 김현옥(金玄玉), 부산시교육위원회 교육감 오복 근(吳福根), 프리마 발레연구소 소장 김혜성(金慧星) 등의 축사가 들어 있는 것 으로 보아 당시 참여한 동인들의 면면이나 작가활동이 꽤 알려지고 왕성했음 을 알 수 있다.

본문의 내용은 동인 15명의 작품 15편과 〈동인수첩〉, 〈편집후기〉로 구성 되어 있다. 창간호에 시작품을 수록한 동인은 김규태, 박상배(朴商培), 강춘장 (姜春莊), 한찬식, 박재호, 박태문(朴泰芠), 신명석(申明釋), 손경하, 임수생(林秀

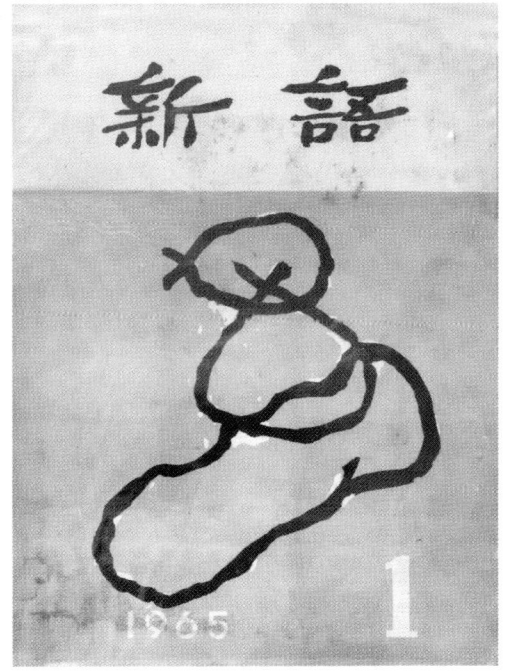

生), 장승재(蔣昇在), 박응석(朴應奭), 양병식(梁秉植), 이유경(李裕憬), 신명석(申明釋) 등이다. 본문에 실린 작품들은 목차 페이지 순서에 따르지 않고 다른 기준으로 정리하여 섞여 있다. 예를 들어 13명의 동인 생년과 발표작품을 수록한 〈동인수첩〉이 작품 사이에 들어 있다. 이 가운데 시 작품으로는 김규태의 「두 개의 전쟁(戰爭)」, 박상배의 「징역(懲役)의 술」, 한찬식의 「배수진」 등이 실려 있고, 산문으로는 신명석의 「시작산고(詩作散稿)」, 이유경의 「언어에 관한 낙서」 등이 있다. 현대 프랑스 작품을 번역하여 소개한 것도 주목할 만한데, 양태식은 마르크 알랭의 작품 「이마쥬 속의 세계」와 앙드레 뒤부세의 「불」 등 2편의 작품을 번역하고 작자 소개도 달아 두었다.

이러한 『신어』는 1960년대 부산에서 활동한 문학동인의 면면과 작품 양상을 살펴볼 수 있는 자료로 의미가 있다. 개인이 소장한 『신어』 제1집을 DB화하였다.

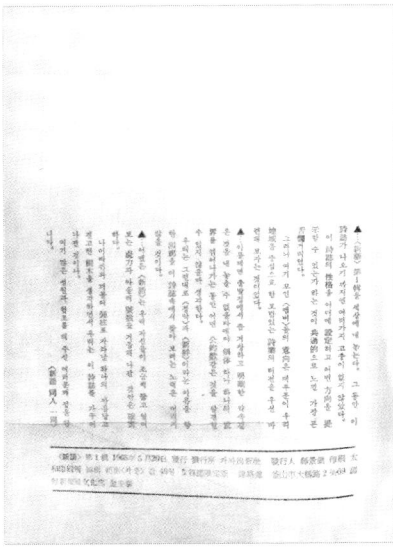

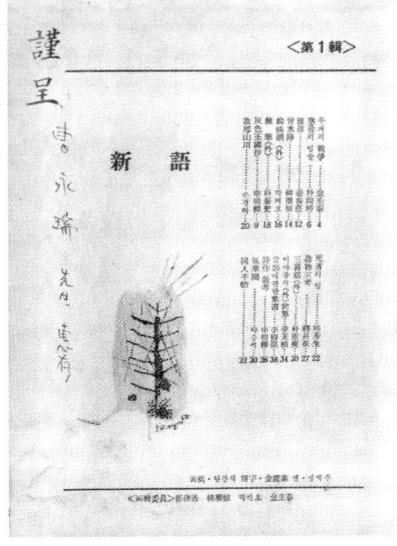

신작품

題 號	新作品 第7輯	판 형	15x21
발 행 일	1954.03.01.	발행편집인	發行: 新作品同人會, 編輯: 宋永擇
표지화, 컷		간별, 정가	부정기, 80환
면 수	42	인 쇄 소	三協印刷所
발 행 처	自由文化社(서울特別市 鐘路區 堅志洞 50)	기 타	부산, 1200부 한정, 동인지.

『신작품(新作品)』은 신작품동인회(新作品同人會)에서 발행한 동인지이다. 수집한 판본은 제7집으로, 내지에 "김정수 님"이라고 쓰여 있어 증정본임을 알 수 있다. 판권 사항을 보면 발행일은 1954년 3월 1일이었고, 발행처는 자유문화사(自由文化社, 서울特別市 鐘路區 堅志洞 50), 편집인은 송영택(宋永擇), 인쇄소는 삼협인쇄소(三協印刷所)이다. 총 면수는 42면, 정가는 80환에 1200부를 인쇄했다고 표시되어 있다. 발행처는 서울로 주소가 나와 있지만 〈편집후기〉에 해당하는 「엽서(葉書)」를 보면 부산에서 조판 인쇄되어 나온 동인지임을 알 수 있다.

제7집 발간에 참여한 동인은 김성욱(金聖旭), 고석규(高錫珪), 김재섭(金載燮), 조영서(曺永瑞), 하연승(河然承), 손경하(孫景河), 천상병(千祥炳), 송영택(宋永擇) 등이다. 내용은 김성욱과 고석규의 에세이와 김재섭, 조영서, 하연승, 손경하, 천상병, 송영택의 시, 그리고 송영택이 김재섭에게 보낸 것으로 짐작되는 사신(私信) 1편과 역시 송영택이 고석규에게 보낸 엽서 1편으로 구성되었다. 눈에 띄는 글로는 고석규의 에세이 「모더니티에 대하여」와 천상병의 시 「다음」이 있다.

이러한 『신작품』은 전쟁 중에 결성된 신작품동인회 구성원들의 관심사와 창작 경향에 대해 살펴볼 수 있는 자료로 의미가 있다. 개인이 소장한 『신작품』 제7집을 DB화 하였다.

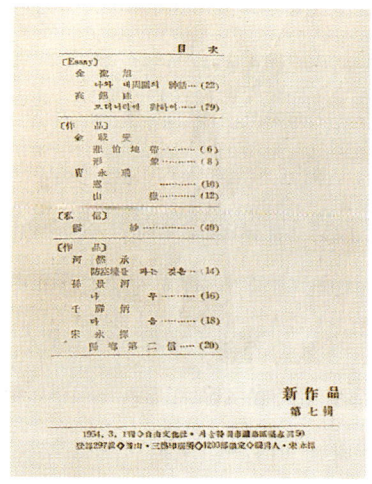

신조

題　　　號	新潮 創刊號	판　　　형	14.5x20.5
발　행　일	1951.06.01.	발행편집인	發行: 盧勳慶, 編輯: 金松
표지화, 컷	表紙畵 · 컷: 朴性圭	간별, 정가	월간, 3500원
면　　　수	128	인　쇄　소	
발　행　처	新潮社(서울特別市 樂園洞 207, 釜山市 南浦洞 2街 30)	기　　　타	부산, 종합문예지.

　『신조(新潮)』는 신조사(新潮社)가 한국전쟁이 한창일 때 임시수도인 부산에서 발행한 종합문예지이다. 수집한 판본은 1951년 6월 1일 발행된 창간호와 1952년 1월 25일에 발행한 제3호이다. 창간호의 판권지에는 발행인 노훈경(盧勳慶), 편집인 김송(金松), 발행처 신조사(서울特別市 樂園洞 207, 釜山市 南浦洞 2街 30)로 되어 있고, 제3호의 판권지에는 발행 겸 편집인은 노경훈으로 나와 있다. 분량은 각각 128면, 164면이며, 각각 정가는 3,500원과 6,000원으로 나타나 있다. 발행처는 서울과 부산으로 주소가 나와 있지만 지역 보급망이 있어 전국으로 배포된 것으로 보인다.

　창간호의 목차는 〈창간사〉에 이어 〈전시작품(戰時作品) 12인집〉, 〈수필〉, 〈시〉, 〈설문〉, 〈상념(想念)〉, 〈명작감상〉, 〈편집후기〉 등으로 구성되어 있다. 세부적으로 보면 〈전시작품 12인집〉에는 김말봉(金末峰)의 「합장(合掌)」, 최태응(崔泰應)의 「봄비」, 김광주(金光洲)의 「표정(表情)」, 윤금숙(尹金淑)의 「물」, 박영준(朴榮濬)의 「부산(釜山)」, 이오구(李璵求)의 「총(銃)」, 황순원(黃順元)의 「목수」, 손소희(孫素熙)의 「바다위에서」, 김동리(金東里)의 「귀향장정(歸鄕壯丁)」, 한무숙

(韓戈淑)의 「김일등병(金一等兵)」, 김영수(金永壽)의 「군인(軍人)댁」 등의 작품이 실려 있고, 〈수필〉에는 박종화(朴鍾和)의 「난중초(亂中抄)」, 이숭녕(李崇寧)의 「군복(軍服)」, 한흑구(韓黑鷗)의 「동해(東海)를 옆에 끼고」, 조흔성(趙欣城)의 「한중망(閑中忘)」이 실려 있다. 또 〈시〉에는 김달진(金達鎭)의 「안타까움」, 박두진(朴斗鎭)의 「고향(故鄕)」, 조향(趙鄕)의 「1950년의 유성(流城)」, 이인석(李仁石)의 「제주도 시초(詩抄)」, 유치환(柳致環)의 「황혼에서」 등이 수록되어 있다. 그밖에 「전란(戰亂) 중 문학자로서 가장 느낀 것은?」, 「위정자(爲政者)에 부탁하고 싶은 말은?」, 「문단 재건은 어떻게 해야 할까?」 항목으로 이루어진 〈설문〉의 내용도 이채롭다.

제3호의 경우에는 「전쟁과 문학」, 「심리주의적 레알리즘」, 「문학과 역사성」 등 〈논단〉에 이어 〈시〉, 〈신조직언(新潮直言)〉, 〈문인명단〉, 〈문단에 보내는 말〉, 〈걸작소설특집(傑作小說特輯)〉, 〈평론〉 외에 〈신인작품현상모집(新人作品懸賞募集)〉 등 문학계의 등용문으로서의 활약도 엿보인다.

이처럼 『신조』는 한국전쟁기 문학계의 흐름과 문인들의 활동상을 살펴볼 수 있는 자료로 가치가 있다. 개인이 소장한 『신조』 창간호와 제3호를 DB화 하였다.

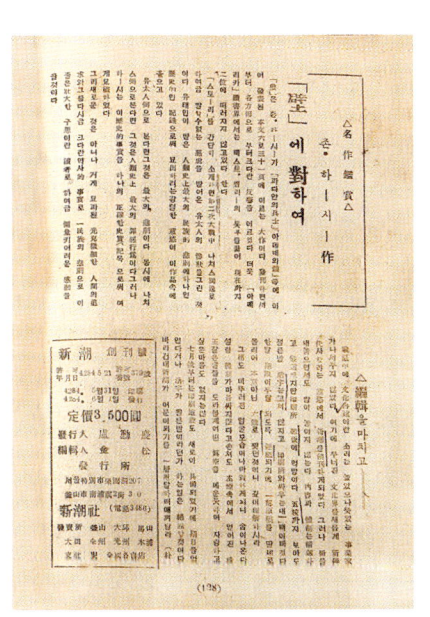

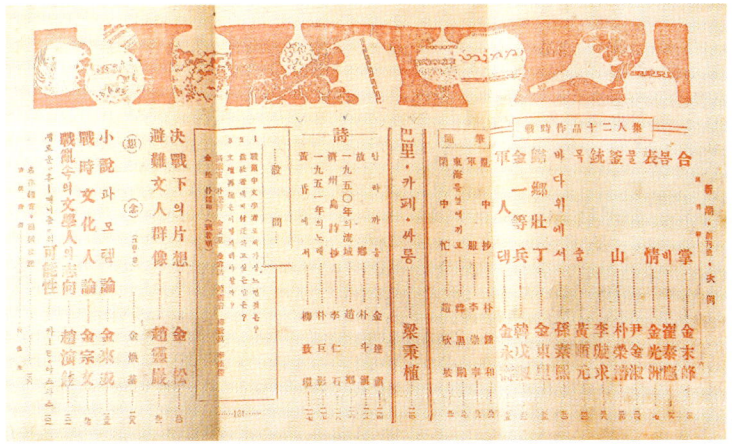

신조문학

題　　　號	新潮文學 創刊號	판　　　형	15x21
발　행　일	1958.05.01.	발행편집인	鄭相九
표지화, 컷	表紙: 秋淵槿, 畵: 向破	간별, 정가	월간, 200원
면　　　수	99	인　쇄　소	
발　행　처	新潮文學社(釜山市釜田洞553)	기　　　타	부산, 문예지.

　『신조문학(新潮文學)』은 신조문학사(新潮文學社)에서 발행한 문예지이다. 1958년 5월 1일 창간되었다. 창간호의 판권 사항을 보면, 발행 겸 편집인은 정상구(鄭相九), 발행처는 신조문학사(釜山市 釜田洞 553)였다. 정가는 200원이었고, 총면수는 99면이었다. 표지는 추연근(秋淵槿), 비화(扉畵)는 향파(向破) 이주홍(李周洪)이 그렸다.

　목차를 보면 〈소설〉, 〈시〉, 〈시조〉, 〈평론〉, 〈편집후기〉로 구성되었다. 이와 같은 『신조문학』의 창간 동기는 〈편집후기〉를 통해 확인할 수 있다. "세계사의 전환기"를 맞이하여 "민족적 과대망상증이나 봉쇄적 민족지상주의적 케케묵은 관념에 사로잡혀 언제까지나 우리 문화의 후진성이나 아세아적 침체성을 핑계삼고 지각생으로서 천대만 받고 있을 수는 없"으며, 따라서 "후진성을 극복하고 서구적인 새로운 사조를 받아 들여 다채로운 방법론적 실험을 모색하고 발전시켜서 현대인의 정신풍토에 보조를 맞추"겠다는 것이다.

　내용을 보면 〈소설〉에는 이주홍의 「연(緣)」과 오정환(吳正煥)의 「수각기(睡覺記)」, 〈시〉에는 양명문(楊明文)의 「독수리의 비가(悲歌)」, 홍두표(洪斗杓)의 「배신자(背信者)」, 설창수의 「진달래」, 정진업(鄭鎭業)의 「한 나무에 피는 꽃」, 조영서

(趙永瑞)의 「허제(虛題)」, 박지수(朴智帥)의 「전쟁과 코스모스와」, 조순(曺純)의 「낙엽(落葉)」, 신소야(申素野)의 「인간의 오늘」이 게재되어 있다. 이어 〈시조〉에는 이영도의 「인정(人情)」, 길창순(吉昌洵)의 「면도(面刀)」, 최상림(崔湘林)의 「하루」, 이동섭(李東燮)의 「도회지(都會地)」, 〈평론〉에는 조향(趙鄕)의 「DADA운동(運動)의 회고(回顧)」, 이태주(李泰柱)의 「문학에의 헌신(獻身)」, 양병식(梁秉植)의 「문학상(文學賞)의 공죄(功罪)」, 정상구(鄭相九)의 「한국작가연구―이광수론(李光秀論)」 등이 수록되어 있다.

이처럼 『신조문학』은 서구의 새로운 사조를 적극적으로 받아들이겠다는 의도에서 출발한 잡지로서, 우리 사회가 세계사에 뒤떨어져 있으며, 따라서 속히 이를 따라잡아야 한다는 1950년대 말 한국의 의식을 보여주는 자료다. 개인이 소장한 『신조문학』 창간호를 DB화 하였다.

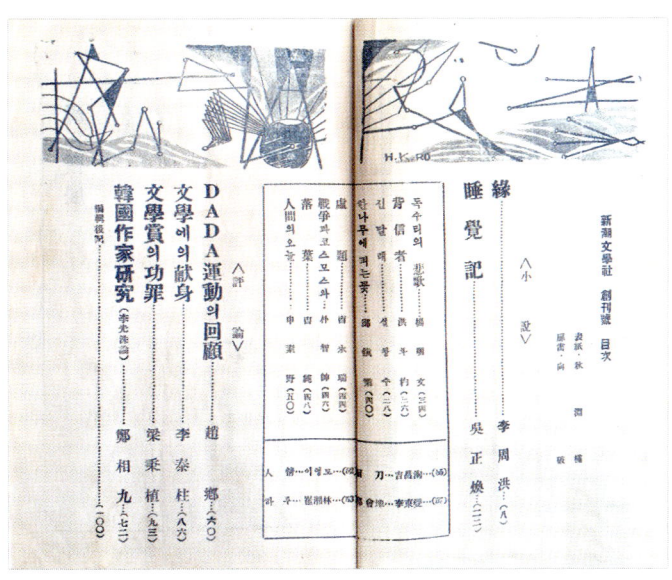

신지대

題　　　號	新地帶 創刊號	판　　　형	18.5x26
발　행　일	1955.09.01.	발행편집인	發行: 趙鄕, 編輯: 曺有路
표지화, 컷	表紙·컷: 金永周, 題字: 有路	간별, 정가	부정기, 비매품
면　　　수	49	인　쇄　소	靑文社(釜山市 南浦洞 2街 22)
발　행　처	自由莊(釜山市 東大新洞 3街 10)	기　　　타	부산, 시동인지.

『신지대(新地帶)』는 신지대동인(新地帶同人)이 발행한 시동인지이다. 창간호
는 1955년 9월 1일 발행했으며 발행인은 조향(趙鄕), 편집인은 조유로(曺有路),
발행처는 자유장(自由莊, 부산시 동대신동 3가 10), 인쇄소는 청문사(靑文社, 부산시
남포동 2가 22)이다. 제자(題字)는 조유로(曺有路), 표지 컷은 김영주(金永周)가 맡
았으며 총 49면, 정가는 기록되어 있지 않다.

창간호는 〈시 낭독회 특집〉, 〈기고(寄稿)〉, 〈시론(詩論)〉, 〈후기(後記)〉로 구
성되어 있다. 〈시 낭독회 특집〉은 동인인 조유로의 「이방인(異邦人)」, 천종민
(千種民)의 「파설(破說)」, 염병구(廉秉九)의 「허탈(虛脫)한 지표(指標)」, 안탁준(安卓
俊)의 「바퀴」, 권경옥(權敬玉)의 「망각(忘却)의 세례(洗禮)」, 한봉옥(韓奉玉)의 「바다
의 단층(斷層)」, 정화식(鄭和植)의 「나비의 주소」가 실려있다. 〈기고〉에는 동인
이 아닌 시인 정진업(鄭鎭業)의 「가로수(街路樹)」, 살매의 「장미 가지는」, 장현(章
玄)의 「흡혈접(吸血蝶)」, 김일구(金日球)의 「진상(眞相)」 등이 보인다. 〈시론〉에는
발행인 조향의 「현대시(現代詩)는 과연 어려운 것인가?」를 싣고 있다. 〈후기〉
에는 『신지대』가 경상남도 지사, 부산시장, 부산시의회 의장, 국제신보사, 기
업 등의 협찬에 특히 감사를 표하고 있다.

1950년대 문예지에는 의무적으로 '우리의 맹세'를 수록했으며, 특히 『신지대』에서는 이 문구가 판권 사항과 함께 세로 형태로 독특하게 배치되어 있는 점이 특징적이다. 또한 국가의 정책 표어를 동인지의 성격에 맞춰 창작해 실은 사례도 있어, 이 잡지는 당대의 시대성과 문예 활동을 함께 살필 수 있는 자료로서 가치가 있다. 개인이 소장한 『신지대』 창간호를 DB화 하였다.

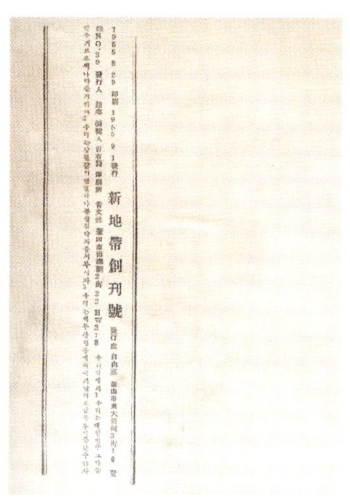

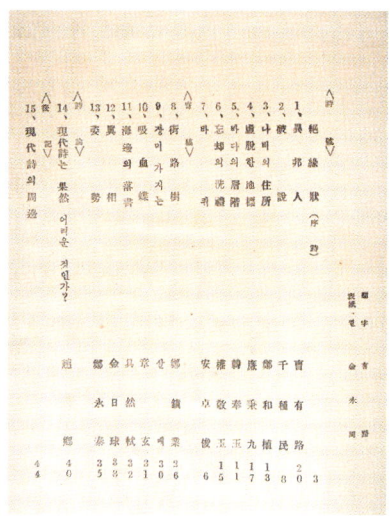

십자군

題　　　號	十字軍 제5호	판　　　형	15x21
발　행　일	1952.01.15.	발행편집인	金在俊
표지화, 컷		간별, 정가	월간, 2,000원
면　　　수	52	인　쇄　소	釜山合同印刷株式會社
발　행　처	教界春秋社(서울特別市 中區 東子洞 17番地, 現 釜山市 南富民洞 22番地)	기　　　타	부산, 속간 1月號, 기독교잡지.

　　『십자군(十字軍)』은 교계춘추사(教界春秋社)에서 발행한 기독교잡지이다. 수집한 판본은 1952년 1월 15일에 발행한 속간 제5호이다. 제5호의 판권 사항에 따르면, 발행편집 겸 인쇄인은 김재준(金在俊), 인쇄소는 부산합동인쇄주식회사(釜山合同印刷株式會社), 발행처는 교계춘추사(서울특별시중구동자동17번지)인데, 현 주소는 부산시 남부민동 22번지(한국신학대학교 내)로 표기되어 있다. 총 32면에 임시 책값은 2,000원으로 나와 있다. 전시 중이어서 '편집 → 편즙', '인쇄 → 인쇠' 등 목차와 판권지에 오탈자가 보이나, 가로쓰기 인쇄본으로 가독성을 높였다.

　　판권지 다음 페이지에는 조선방직주식회사(朝鮮紡織株式會社) 대구공장(大邱工場) 심문(沈文)과 동양제계방직주식회사(東洋製系紡織株式會社) 박봉수(朴奉守)의 협찬을 표기하였으며, 뒤표지에는 속간을 축하하는 주식회사 공생사(共生社) 대표취체역(代表取締役) 박승우(朴承佑), 월간 리더스 다이제스트의 광고가 들어있다.

　　목차를 보면 속간사 「선언(宣言)」에 이어 장공(長空)의 「어제와 오늘」, 김재준의 「전체로서의 이해에 살자」, 장공의 「들포도 맺히었다」, 정대위(鄭大爲)의 「신학하는 태도」 등이 실렸고, 이어 편집자 편 「피터 왈도와 "리용의 貧者"」, 김재준의 「예언자의 성격」, 장공의 「순례의 길(1)」, 다시 김재준의 「성경을 읽으며」 등으로 구성되어 있다. 필진이 김재준, 정대위 편집자로 국한되어 있는 점이 특징이다. 「선언」에는 이 잡지의 탄생에 대해 알 수 있는 대목이 있는데 『십자군』이 1937년 5월 1일 간도 용정에서 창간되었고 1938년 2월까지 계속 발행하다가 휴간된 이후 1950년 1월 서울에서 복간되었다가 전쟁으로 다시 정간(停刊)되었으며, 제4호와 제5호도 인쇄소에서 불타버리는 사태가 발생했다고 알렸다.

한편 주간(主幹)은 〈편집후기〉에서 '예수님이 제자들에게 취한 방법대로 세 사람씩으로 한 세포로 하고, 네 세포, 즉 열두 사람으로 한 단위를 만들어 기도와 교회봉사와 전도와 사회봉사와 기타 모든 선한 일에 단순한 마음으로 순종하며 정진하기를 바란'고 있다고 전했다. 이러한 『십자군』은 전쟁 중에 부산에서 임시 거처를 두고 발행한 잡지라는 점에서 자료적 가치를 지닌다. 개인이 소장한 『십자군』 제5호를 DB화 하였다.

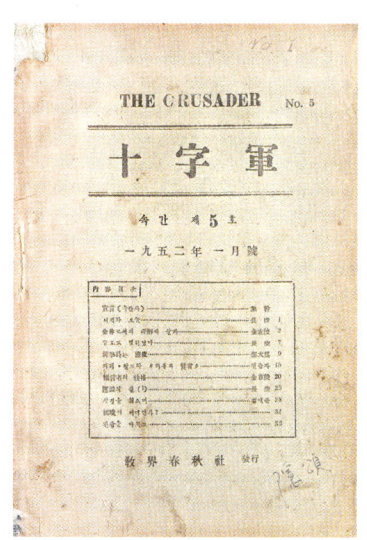
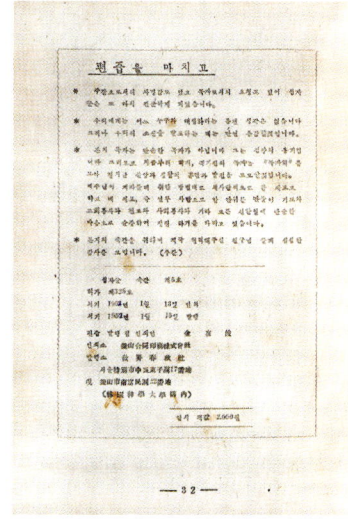

십자기

題　　　號	十字旗 創刊號	판　　　형	15x20.5
발　행　일	1952.07.01.	발행편집인	金瑩覩
표지화, 컷		간별, 정가	부정기, 비매품
면　　　수	35	인　쇄　소	海東印刷公司
발　행　처	國防部 軍牧室	기　　　타	부산, 종교잡지.

『십자기(十字旗)』는 국방부 군목실(軍牧室)에서 발간한 월간 종교잡지이다. 창간호의 판권사항을 보면 1952년 7월 1일에 발행하였고, 발행 겸 편집인에 김형도(金瑩覩), 인쇄소는 해동인쇄공사(海東印刷公司), 발행처는 국방부 군목실 이며, 총 35면에 비매품이다.

대략적인 구성은 〈창간사〉, 〈설교〉, 〈축사〉, 〈군목현황〉을 비롯하여 신 앙, 기독교, 전쟁, 미국의 사회상, 전도 등에 대한 글로 짜여졌다. 〈창간사〉 에 따르면 "죽음을 앞에 놓고 싸우는 이 나라 아들들의 영혼의 구원을 위하 여 전도하고 있다. 저들을 영생의 세계로 인도하여야 하겠고, 저 청년들이 하나님의 사랑과 계명을 알아야 승리한 한국은 먼저 정신적 독립국이 될 것 이다. 각 부대에서 이런 성역(聖役)에 종사하는 군목제형(軍牧諸兄)들의 활동에 도움이 되기 위하여 월간 『十字旗(십자기)』를 보내며 아울러 건투를 빌어 기도 한다."라고 잡지 창간의 의의와 목적을 밝히고 있다.

문학작품으로는 유일하게 한국광복군 출신인 장호강(張虎崗) 중령의 시 「하 늘을 쳐다보라」가 실려 있다. 이 가운데 김형도는 「전쟁(戰爭)과 기독교(基督 敎)」를 통해 "지상에서 창조주 하나님의 성호(聖號)를 말살시킬려고 하며 인간

十字旗

創刊号

國防部軍牧室　發行

의 존엄성이나 개인의 인권을 말살시킬려는 공산주의 대 민주주의의 전쟁에 있어서 전쟁국 국민으로써의 기독교인의 취할 바 태도가 자명하여지리라고 믿는다."고 하였다. 다음으로 박석생(朴石生)은 「내가 본 미국의 사회상」에서 "미국의 최근 사회상은 세속주의에로 타락의 길을 걷고 있다고 말할 수 있으나 그대로 미국으로 하여금 아직도 성장하며 발전 중에 있게 함은 건국시에 있어서 청교도의 기독교정신이 아직도 유산으로 상속받아 미국 사회의 기초가 되어 있기 때문이다."라고 하였다.

이처럼 『십자기』는 한국전쟁 당시 국방부와 기독교 사이의 관계나 기독교의 전쟁 인식을 살펴볼 수 있는 자료로 가치가 있다. 개인이 소장한 『십자기』 창간호를 DB화 하였다. 윤선자, 「6・25 한국전쟁과 군종활동」, 『한국기독교와 역사』, 한국기독교역사연구소, 2001을 참고하였다.

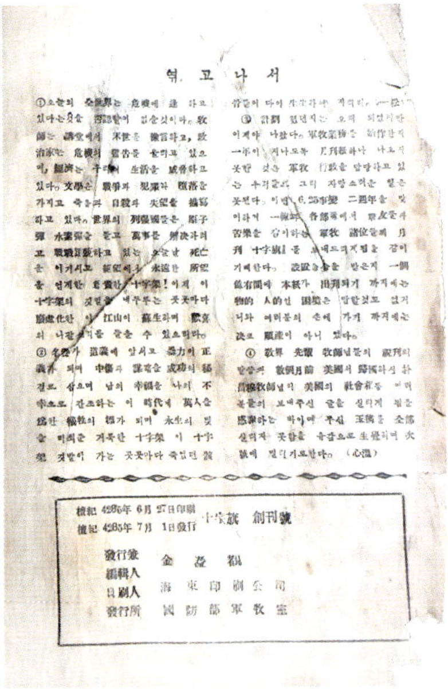

엮 고 나 서

①오늘의 全世界는 危機에 逢하고 있다는것을 否認할이 없을것이다。牧師는 講堂에서 末世를 豫言하고, 政治家는 危機의 警告를 發하고 있으며, 經濟는 우리들의 生活을 威脅하고 있다。文學은 戰爭과 現實과 墮落을 가지고 죽음과 自殺과 失望을 描寫하고 있다。世界의 列强國들은 原子彈 水素彈을 들고 萬事를 解決하려고 戰戰兢兢하고 있는 오늘날 死亡을 이기시고 罪惡에서 永遠한 所望을 얻게한 重寶한 十字架! 이제 이 十字架의 깃발을 내꾸꾸는 곳곳마다 廢虛化한 이 江山이 蘇生하며 歡喜의 나팔소리를 들을 수 있으리라。

②名譽가 道義에 앞서고 暴力이 正義가 되며 中傷과 謀略을 成功의 秘결로 삼으며 남의 幸福을 나의 不幸으로 간조하는 이 時代에 萬人을 爲한 犧牲의 標가 되며 永生의 빛을 비최는 거룩한 十字架 이 十字架 깃발이 가는 곳곳마다 죽었던 靈[illegible]들이 다시 [illegible]하여 지리라。[illegible]

③ 計劃 되었던지는 오래 되었지만 이제야 나왔다。軍牧業務를 創作한지 一年이 지나도록 月刊誌하나 나오지 못한 것은 軍牧 行政을 담당하고 있는 우리들의 그러 자랑스러운 일은 못된다。이번 6.25事變 二周年을 맞이하여 一線의 各部隊에서 戰友들의 苦樂을 같이하는 軍牧 諸位들께 月刊 十字旗를 보내드리게됨을 같이 기뻐한다。 設置令을 받은지 一個年有間에 本紙가 出刊되기 까지에는 物的 人的의 困難은 말할것도 없거니와 여러분의 손에 가기 까지에는 決코 順調이 아니 했다。

④ 敎界 先輩 牧師님들의 祝刊의 말슴과 數個月前 美國서 歸國하신 朴昌稷牧師님의 美國의 社會相等 여러분들의 보내주신 글을 실리게 됨을 感謝하는 바이며 주실 玉稿를 全部 실리지 못함을 유감으로 生覺하여 次號에 빌리기로한다。 (心溫)

檀紀 4285年 6月 27日印刷
檀紀 4285年 7月 1日發行 十字旗 創刊號

發行兼 編輯人 金 瀅 觀
印刷人 海 東 印 刷 公 司
發行所 國 防 部 軍 牧 室

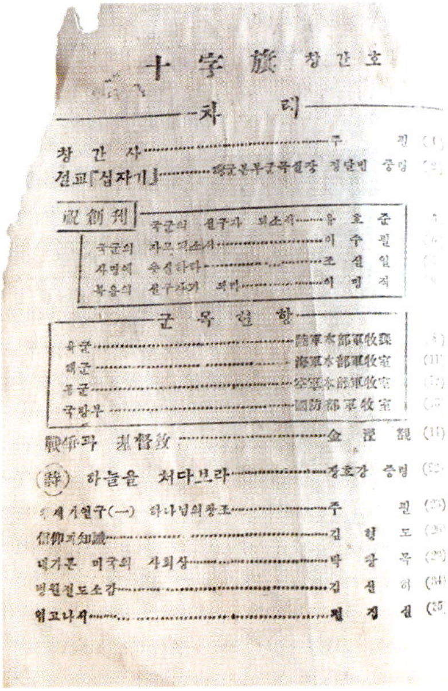

十 字 旗 창간호

차 례

CCC

題　　　號	CCC Vol.IV No.11	판　　　형	14.2x23.3
발 행 일	1931.02.10.	발행편집인	池田貴
표지화, 컷		간별, 정가	부정기, 비매품
면　　　수	20	인 쇄 소	岐阜刑務所印刷部
발 행 처	コレクヌークラブ(고려수집구락부, 釜山幸町二町目32)	기　　　타	부산, 수집잡지.

　　『CCC(COREA COLLECTOR CLUB)』는 우표 및 엽서 수집동호회인 고려수집구
락부(朝鮮蒐集俱樂部)가 발행한 동호회지이다. 한글 표기는 '고려수집구락부'로
되어 있지만, 한자 표기는 '조선수집구락부(朝鮮蒐集俱樂部)'이다. 『CCC』 제4권
제11호는 1931년 2월 10일에 발행되었다. 발행 겸 편집인은 이케다 미노루
(池田實), 인쇄소는 일본 기후형무소 인쇄부(岐阜刑務所印刷部), 발행처는 콜렉터
클럽(부산 행정(幸町) 2정목 32)이다. 총 20면이며 비매품으로 발행되었다.

　　동호회지는 우표 및 엽서 수집에 관한 기사, 회원들의 활동, 그리고 해외
수집 관련 소식 등으로 구성되어 있다. 특히, 일본 제국 스탬프연구소 야마
가 요시노리(山鹿義教)의 「일본 우편 우표에 대한 희망」, 나고야에 사는 스가우
라 도구치(杉浦德治)의 「여행 그림엽서를 말하다」, 조선의 서병현(徐柄玄)의 「구
(舊) 한국 우표 연구(3)」, 1930년 10월 16일부터 20일까지 부산에서 개최된 우
표전람회를 기록한 유켄코(郵券子)의 「제2회 우권전람회 기록」은 우표 관련 전
문 글들을 볼 수 있다. 동호회지는 외국의 다양한 우편에 대해서도 기록하
고 있는데, 영국에 체류하던 일본 우편 소인(消印) 연구의 일인자인 에구치 효

이치로(江口彪一郎)의 「재일본 외국 우편국에 대해서」, 타이완의 황장하(黃長河)의 「대만 우표사」와 같이 해외에 체류한 회원의 글도 싣고 있다. 또한 에스페란토어를 통해 1만여 종류의 외국 우표를 모은 「모범회원 소개(3)」, 「처음으로 외국인과 교통하는 분들께」를 통해 회원 간의 수집 노하우를 공유하며 전문성을 높이고 있는 것을 확인할 수 있다.

회지는 세계 각 지부에서 활동하는 회원들의 소식도 다루고 있으며, 일본, 대만, 만주, 북미, 유럽, 아프리카 등 다양한 지역에서 활동 중인 회원 525명 중 일부의 수집 사례를 소개하고 있다. 또한 「향토문예소개」와 같은 지역별 문예 활동을 다루는 코너도 있다.

이처럼 『CCC』는 우표수집이라는 취미를 함께하는 국내외의 다양한 회원들의 전문적인 글을 소개하고 있어 동호회지의 역사를 알 수 있는 자료로서 의의가 있다. 개인이 소장한 『CCC』 제4권 제11호를 DB화 하였다.

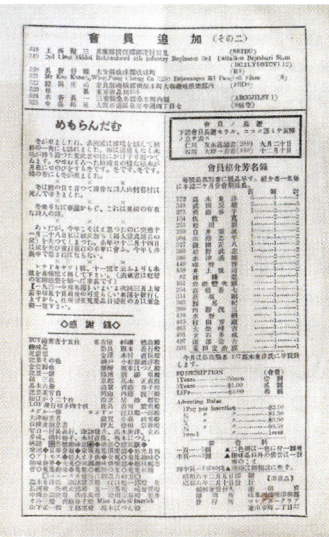

약학연구지

題　　　號	藥學研究誌 第9卷 第1號	판　　　형	19x26.3
발 행 일	1975.12.31.	발행편집인	發行: 徐錫洙, 編輯: 梁漢錫 · 李京熙
표지화, 컷	題字: 東溪 朴明讚	간별, 정가	연간, 비매품
면　　　수	45	인 쇄 소	
발 행 처	釜山大學校 藥學大學	기　　　타	부산, 학술지.

　『약학연구지(藥學研究誌)』는 부산대학교 약학대학(藥學大學)에서 발행한 학술지이다. 현재 제9권 제1호와 제13권 제1호를 확보하였다. 제9권 제1호의 판권사항을 보면 발행일은 1975년 12월 31일이고, 발행인은 서석수(徐錫洙), 편집위원은 양한석(梁漢錫) · 이경희(李京熙)이며, 총 45면이다. 다음으로 제13권 제1호의 판권사항을 보면 발행일은 1979년 12월 31일이고, 발행인은 이상록(李相祿), 편집위원은 이치호(李致浩) · 이경희(李京熙), 제작은 신한인쇄 · 출판사(新韓印刷 · 出版社)이며, 총 24면에 비매품이다.

　잡지의 대략적인 구성을 보면 권두언이나 발간사는 따로 없고, 표지에 목차를 기록하였다. 제9권 제1호에는 8편, 제13권 제1호에는 5편의 논문이 실려 있다. 이 가운데 제9권 제1호에 실린 김기헌(金琪憲)의 「Nalidixic acid 배합약품(配合藥品)의 투석(透析)에 관(關)한 연구(研究)」, 제13권 제1호에 실린 임광식(任光植)의 「잔대로부터 얻은 α-Sophorose의 동정(同定)」 등이 주목된다. 제13권 제1호의 말미에는 「약학연구지(藥學研究誌) 집필규정(執筆規程)」이 첨부되어 있다.

이처럼 『약학연구지』는 부산대학교 약학대학 구성원들의 약학연구 경향에 대해서 살펴볼 수 있는 자료로 가치가 있다. 원광대학교 도서관에서 소장하고 있는 『약학연구지』 제9권 제1호와 제13권 제1호를 DB화하였다. 부산대학교 70년사 편찬위원회, 『부산대학교 70년사 : 1946-2016』, 부산대학교, 2016을 참조하였다.

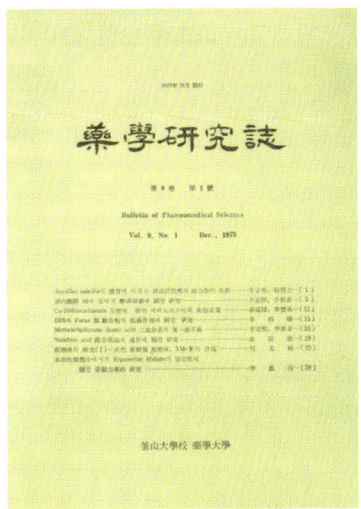
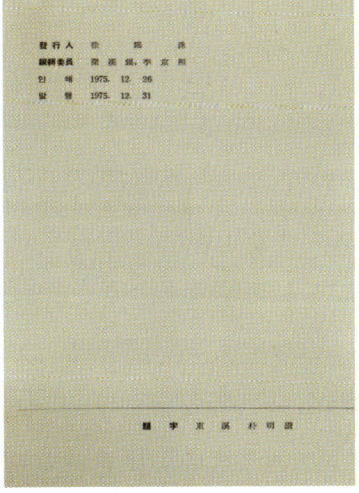

어문교육논집

題　　號	語文教育論集 第1輯	판　　형	15x20.2
발 행 일	1976.12.30.	발행편집인	발행: 노재찬
표지화, 컷		간별, 정가	부정기, 비매품
면　　수	374	인 쇄 소	제일인쇄소
발 행 처	부산대학교 사범대학 국어교육과	기　　타	부산, 학술지.

『어문교육논집(語文教育論集)』은 부산대학교 사범대학 국어교육과에서 발행한 학술지이다. 제1집의 판권사항에 따르면 발행일은 1976년 12월 30일이고, 발행처는 부산대학교 사범대학 국어교육과, 발행인은 노재찬, 인쇄소는 제일인쇄소이며, 총 374면에 비매품이다.

학과장 노재찬(盧在燦)은 〈창간사(創刊辭)〉에서 "論文集(논문집)을 通(통)해서 비로소 우리의 業績(업적)이 評價(평가)되고 또한 叱責(질책)을 받을 수 있게 된다. … 卒業論文集(졸업논문집)이 없이 卒業生(졸업생)을 輩出(배출)한다는 것은 그 成果(성과)에 있어서 無意味(무의미)하다는 認識(인식)에 到達(도달)하게 되는 것이다. … 今年度(금년도)의 卒業生(졸업생)을 中心(중심)으로 해서 選擇(선택)된 몇 篇(편)과 敎授(교수)님들의 論文(논문) 若干(약간) 篇(편)만을 揭載(게재)하게 되었음은 遺憾(유감)된 일이 아닐 수 없다."라고 논문집 발간의 목적과 의의를 밝히고 있다.

목차의 대략적인 구성은 〈창간사〉에서 밝히고 있는 바와 같이 〈교수논문(敎授論文)〉 4편과 〈졸업논문(卒業論文)〉 10편으로 구성되어 있다. 〈교수논문〉 중에는 양왕용(梁汪容)의 「육당(六堂)·춘원(春園)의 시(詩)에 나타난 기독교(基

督教) 영향(影響)」, 〈졸업논문〉 중에는 조명희의 「불완전명상의 준굴곡에 대하여」, 이성한의 「현대시(現代詩)의 分析的(분석적) 해독지도시고(解讀指導試攷)」가 주목된다.

이처럼 『어문교육논집』은 부산대학교 사범대학 국어교육과 교수와 졸업생들의 학문적 소양을 살펴볼 수 있는 자료로 가치가 있다. 고하문학관에서 소장하고 있는 『어문교육논집』 제1집을 DB화하였다. 부산대학교 70년사 편찬위원회, 『부산대학교 70년사 : 1946-2016』, 부산대학교, 2016을 참조하였다.

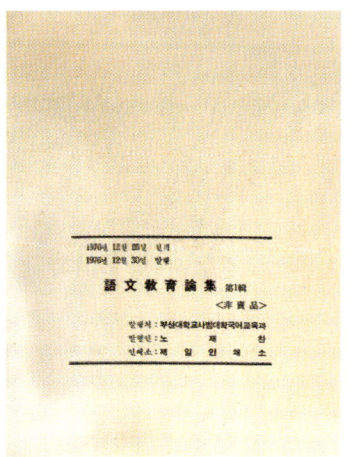

어업기술연구

題　　號	漁業技術研究 第1卷	판　형	19×26
발 행 일	1965.10.20.	발행편집인	發行: 金再午, 編輯: 崔正日
표지화, 컷		간별, 정가	연간, 비매품
면　　수	44	인 쇄 소	大新堂印刷所
발 행 처	釜山水産大學 漁撈學會	기　타	부산, 학술지.

『어업기술연구(漁業技術研究)』는 부산수산대학(釜山水産大學) 어로학회(漁撈學會)에서 발행한 학술지이다. 부산수산대학의 전신은 1941년에 설립된 부산고등수산학교(釜山高等水産學校)이고, 1996년에 부산공업대학교(釜山工業大學校)와 통합하여 현재 부경대학교(釜慶大學校)가 되었다. 제1권의 판권사항을 보면 발행일은 1965년 10월 20일이고, 발행인은 김재오(金再午), 편집대표(編輯代表)는 최정일(崔正日), 발행처는 부산수산대학 어로학회, 인쇄소는 대신당인쇄소(大新堂印刷所)이며, 총 44면이다.

어로학과장(漁撈學科長) 장지원(張志元)이 쓴 〈권두언(卷頭言)〉을 보면 "오늘에 있어서도 어려운 問題(문제)는 日本技術人(일본기술인)을 招請(초청)하여 問疑(문의)하는 水産界(수산계)의 움직임으로 미루어 學界活動(학계활동)이 無視(무시)될 程度(정도)의 地境(지경)에 빠져 있음은 恨歎之事(한탄지사)가 아닐 수 없다. … 學生(학생)들도 이제 研究(연구)와 學術(학술)의 課外活動(과외활동)을 活潑(활발)히 展開(전개)하여 水産界(수산계)에 불어오는 現時期(현시기)의 熱風(열풍)을 타고 飛躍的(비약적) 效果(효과)를 企圖(기도)하는 것도 一意(일의)있는 着想(착상)"이라며 학술지 발간의 의미를 부여하고 있다.

이러한 『어업기술연구』의 대략적인 구성은 〈권두언〉, 〈발간사〉를 시작으로 4~5편의 논문이 수록되어 있고, 「회원명단(會員名單)」이 부록으로 실려 있다. 1966년 11월 24일에 발행된 제2권에는 「어로학회회칙(漁撈學會會則)」도 함께 실려 있다. 이 가운데 제2권에 실린 이병기(李秉錤)의 「쌍끌이 기선저인망(機船底引網)의 양선간격(兩船間隔)과 망형형식(網形形式)」, 제3권에 실린 장지원의 「회류수조(洄流水槽)」 등이 주목된다.

이처럼 『어업기술연구』는 부산수산대학 어로학과의 어로학 연구 경향을 살펴볼 수 있는 자료로 가치가 있다. 원광대학교 도서관에서 소장하고 있는 『어업기술연구』 제1권~제3권을 DB화하였다. 부산수산대학교 부경대학교 어업학과 70년사 편찬위원회, 『부산수산대학교 부경대학교 어업학과 70년사 : 1941~2011』, 부산수산대학교 어업학과 총동창회, 2012를 참조하였다.

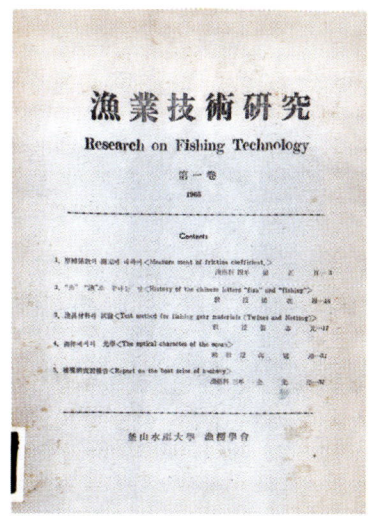
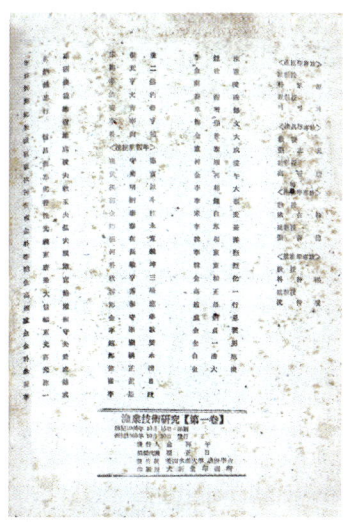

어우

題　　　號	漁友 第22號	판　　형	20×27
발　행　일	1930.04.15.	발행편집인	山田純太郎
표지화, 컷		간별, 정가	월간, 10전
면　　　수	16	인　쇄　소	川井印刷所, 印刷人 : 川井亮吉
발　행　처	慶尙南道廳內慶尙南道 漁業組合聯合協會	기　　타	부산, 일문, 협회지.

　『어우(漁友)』는 경상남도(慶尙南道) 내에 설치된 경상남도어업조합연합협회(慶尙南道漁業組合聯合協會)에서 발행한 회지이다. 1928년 6월 23일 우편물로 인가 받아 동년 6월에 제1호를 발간했으며, 매월 15일에 발행하였다. 수집한 판본은 『어우』 제22호, 제42호, 제45호이다. 1930년 4월호로 발행된 제22호의 판권 사항을 보면, 발행 겸 편집인은 야마다 준타로(山田純太郎), 인쇄소는 가와이 인쇄소(川井印刷所), 인쇄인은 가와이 료키치(川井亮吉), 발행처는 경상남도(慶尙南道) 내에 설치된 경상남도어업조합연합협회(慶尙南道漁業組合聯合協會)이다. 타블로이드판 16면으로 발행되었으며 정가는 10전이다.

　제22호의 본문은 〈투고 글〉, 〈전망대(展望臺)〉, 〈영화극(映畵劇)〉, 〈어우문답(漁友問答)〉으로 구성되었다. 〈투고 글〉에는 전라남도 수산시험장에 근무하는 마쓰자와 사다고로(松澤定五郎)의 「원산지 제조와 소비지 제조(原産地製造と消費地製造)」, 아이치현(愛知県) 수산과장인 와키 도모노스케(和氣友之助)의 「북미의 수산업(北米の水産業)」, 아마노(天野壽之助)의 「정어리 이야기(イワシの話)」, 어업조합 이사인 사사키 이치로(佐々木一郎)의 「굴 판매 만담(牡蠣販賣漫談)」, 농림성 사

무관인 데라다 쇼이치(寺田省一)의 「어업자와 어업조합(漁業者と漁業組合)」 등 조선과 일본의 수산업 전문가의 관련 글을 싣고 있다. 〈전망대(展望臺)〉는 러시아의 북대서양 어업 진출로 인한 국내 어업환경의 변화를 전망하는 글을 일본어와 한자를 병기한 한글로 싣고 있다. 〈영화극(映畫劇)〉에는 어촌의 근검을 강조하는 시나리오 「태양은 쉬지 않고 웃는다(太陽は休まず笑ふ)」가 보인다. 현재로 보면 희곡작품으로 국산품을 애용하자는 내용이다. 〈어우문답〉은 작업복에 방수 처리의 방법을 문의하는 내용에 대한 답변이 보인다.

1932년 2월에 발행된 『어우』 제42호와 1932년 5월에 발행된 『어우』 제45호는 발행처가 경상남도어업조합연합회(慶尙南道漁業組合聯合會)로 이름을 바꿨으며, 인쇄인은 이병희(李秉熙), 인쇄소는 협동인쇄합자회사(協同印刷合資會社)로 변경되었다. 그러나 본문 구성은 제22호와 일관되게 이어지고 있다. 이 가운데 제42호에서는 식수에 좋은 물을 마셔 위생에 신경을 쓰자는 내용을 다룬 「어촌위생청결의 필요」와 제45호에서는 삼천포어업조합의 상황을 보고서 형태의 기사로 기고하여 어민에게 홍보한 「좋은 성적의 자금 대부사업(好成籍の 資金貸付事業)」 등의 글이 눈에 띈다. 일본어를 먼저 표기하고 옆면에 조선어로 번역하여 동시에 읽을 수 있게 한 편집 구성도 주목된다.

이처럼 『어우』는 수산업 관련 조합에서 발행한 잡지로, 조선인 수산업자를 위해 한글로도 소개하고 있다는 점에서 가치가 있다. 또한 수산업 잡지임에도 당시 최고의 인기 장르였던 영화 시나리오를 싣고 있다는 점도 특색이다. 개인이 소장한 『어우』 제22호, 제42호, 제54호를 DB화 하였다.

（十六）　漁　友　第二十號（昭和五年四月十五日）

昭和三年六月二十三日
第三種郵便物認可

昭和五年四月十一日印刷
昭和五年四月十五日發行

定價一部金十錢

어화

題　　　號	漁火 第1輯	판　　　형	14.7x20.5
발　행　일	1956.11.25.	발행편집인	發行: 金夏得, 編輯: 朴順元
표지화, 컷	표지화: 向破	간별, 정가	부정기, 비매품
면　　　수	106	인　쇄　소	太和印刷所
발　행　처	釜山水産大學 附設 中等教員養成所 水産教育研究會	기　　　타	부산, 연구회지.

『어화(漁火)』는 부산수산대학(釜山水産大學) 부설 중등교원양성소(中等教員養成所) 수산교육연구회(水産教育研究會)에서 발행한 연구회지이다. 부산수산대학은 현재 부경대학교(釜慶大學校)의 전신으로 1990년에 종합대학으로 승격하였고, 1996년에 부산공업대학교(釜山工業大學校)와 통합하여 현재에 이르고 있다. 제1집의 판권사항을 보면 발행일은 1956년 11월 25일이고, 발행인은 김하득(金夏得), 편집인은 박순원(朴順元), 인쇄소는 태화인쇄소(太和印刷所), 발행처는 부산수산대학 부설 중등교원양성소 수산교육연구회이며, 총 106면이다.

〈권두언(卷頭言)〉「지성(知性)의 총동원(總動員)」을 보면 "새로운 世代(세대)의 價値觀(가치관) 健全(건전)한 社會(사회)의 실현(實現)을 가져오기 爲(위)하여 우리들 젊은 知性(지성)은 總動員(총동원) 다음 世代(세대)의 거름이 되자는 것이다. 特(특)히 앞으로 敎職(교직)을 擔當(담당)할 우리들의 任務(임무)란 技術的(기술적) 職業的(직업적)인 單調(단조)로운 觀念(관념)으로부터 脫皮(탈피)하여 … 政治(정치) 經濟(경제) 文化(문화)의 不自然(부자연)한 風土(풍토)위에 淸新(청신)한 未來(미래)의 精神(정신)만이 切實(절실)히 要望(요망)되는 此際(차제) … 今般(금반) 學報

漁火

第 1 輯

釜山水産大學附設中等教員養成所

(학보)를 發刊(발간)하는 意義(의의)가 實(실)로 앞으로 뚜렷이 나타날 것을 期待(기대)하는 바이다.”라고 잡지 발간의 의의를 밝히고 있다.

　대략적인 구성은 〈권두언〉을 시작으로 교육 관련 기고글, 〈특집〉, 〈강좌〉, 〈시〉, 〈설문〉, 〈수기〉, 〈일기〉 등으로 짜여있다. 이 가운데 이영희(李永熙)의 「도의교육사견(道義敎育私見)」, 전용수(田溶守)의 「현실(現實)과 학생(學生)의 갈길」, 윤재수(尹在洙)의 「식민정책(植民政策)과 강제노동(强制勞動)」, 이병돈(李秉暾)의 「부산지방(釜山地方)의 패류목록(貝類目錄)」 등이 눈에 띤다. 문학작품으로는 김부생(金富生)의 시 「푸른 바다」, 월림(月林)의 시 「거울 앞에서」 등이 있다. 이밖에 이주홍(李周洪)의 「어군(魚群)을 찾아서」도 실려 있다.

　이처럼 『어화』는 부산수산대학 부설 중등교원양성소 구성원들의 학문적인 동향과 문학적 소양을 살펴볼 수 있는 자료로 가치가 있다. 이주홍문학관에서 소장하고 있는 『어화』 제1집을 DB화 하였다. 국립부경대학교 기획처 대외협력과, 『국립부경대학교 창학 100년사』, 국립부경대학교 기획처 대외협력과, 2004를 참조하였다.

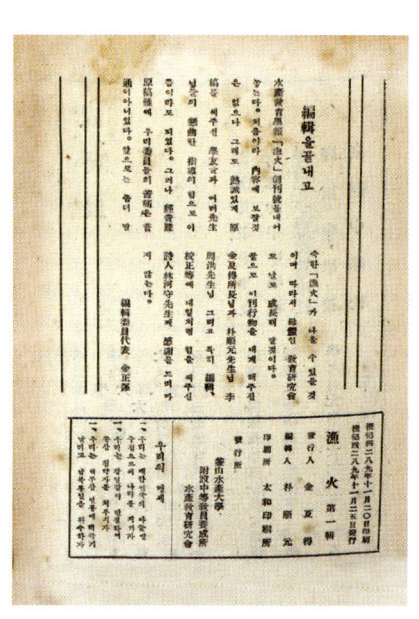

漁火 第一輯

發行所 釜山水産大學 附設中等敎育研究會 水産校育研究會
印刷所 太和印刷所
編輯人 林原晃
發行人 金夏得

編輯을끝내고

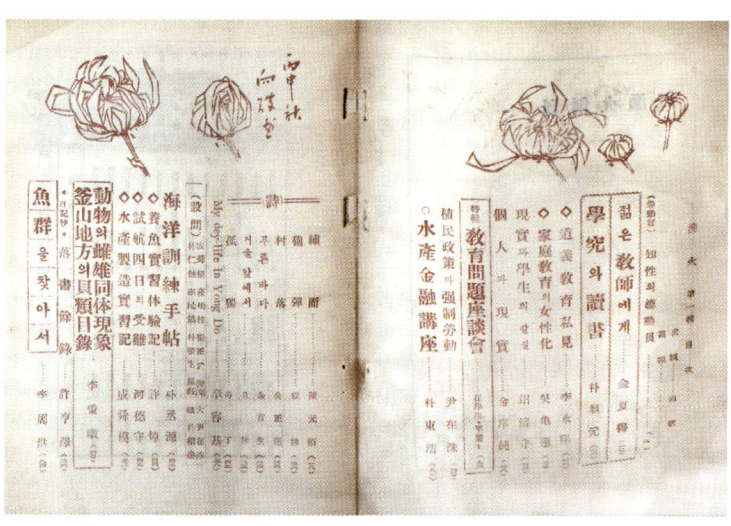

詩

언어연구

題 號	언어연구 제1집	판 형	19x26
발 행 일	1978.12.30.	발행편집인	발행: 김종태, 편집: 이기태
표지화, 컷		간별, 정가	부정기, 비매품
면 수	124	인 쇄 소	
발 행 처	부산대학교 어학연구소(부산시 동래구 장건동 산30)	기 타	부산, 학술지.

『언어연구』 제1집은 부산대학교 어학연구소에서 1978년 12월 30일에 발행한 학술지이다. 『언어연구』 제1집의 판권사항을 보면 발행인은 김종태이고 편집위원은 이기태, 송태용, 안동환인데 그 중 이기태가 편집인이라고 되어 있다. 발행처는 부산대학교 어학연구소(부산시 동래구 장건동 산30)이며, 총 124면에 비매품이다.

앞표지에는 목차 정보가 나와 있고, 뒤표지에는 목차 정보 영문이 실려 있다. 123면에는 연구소 소식이, 124면에는 부산대학교 어학연구소 '언어연구' 투고 규정, 원고작성요령, 연구소 기구 조직도 등이 있다.

집필진은 부산대학교 문리대와 사범대 소속이며, 제자(題字)는 「명황계감언해(明皇誡鑑諺解)'에서 집자(集字)」라고 일러두기가 붙어 있다. 목차를 보면 박태권의 「『번역 노걸대』의 가리킴 말에 대한 의미론적 연구」, 신창순의 「국어 통사 구조의 이론과 실제」, 김종태의 「Illocutionary force에 관하여」, 이기태의 「음운변화의 관점에서 본 생성음운론 비평」, 박근우의 「생성 변형문법 이론과 외국어 학습」, 장병기의 「소쉬르 방법론에 관한 소고(小考)」 등의 글이 실린 학술지였음을 알 수 있다.

이처럼 『언어연구』는 1970년대 후반 부산대학교 어학연구소의 학술적 경향을 살펴볼 수 있는 자료로 의미가 있다. 우석대 도서관이 소장한 『언어연구』 제1집을 DB화 하였다.

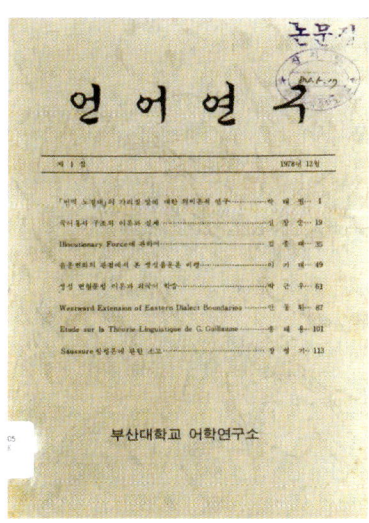
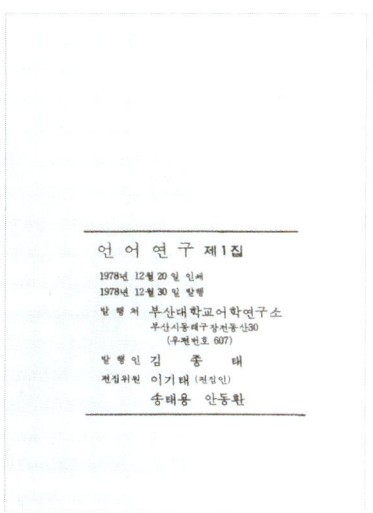

역사학보

題 號	歷史學報 第1輯	판 형	15x21
발 행 일	1952.09.15.	발행편집인	發行: 邊宇景, 編輯: 洪以燮
표지화, 컷		간별, 정가	부정기, 6,000원
면 수	160	인 쇄 소	慶性印刷所
발 행 처	歷史學會臨時事務所(釜山市 草場洞 3街 42番地)	기 타	부산, 학술지.

『역사학보(歷史學報)』는 역사학회(歷史學會)에서 발행한 학술지이다. 창간호는 1952년 9월 10일 발행했으며, 편집은 역사학회, 대표는 홍이섭(洪以燮), 발행은 수도문화사(首都文化社), 발행 대표는 변우경(邊宇景)이고, 인쇄소는 경성인쇄소(慶性印刷所)이다. 창간호는 역사학회의 임시사무소(釜山市 草場洞 3街 42番地)에서 발행했으며, 총 160면, 값은 6,000원이다. 〈휘보(彙報)〉에서 "본 학보는 미국 공보원의 원조에 의해 간행"되었다고 감사의 뜻을 기록하고 있다.

역사학회는 1952년 3월 1일 창립해, 3월 16일에 부산시에 있던 서울대학교 문리과대학 임시 교사에서 김철준(金哲俊), 천관우(千寬宇), 한우근(韓沾劤), 전해종(全海宗) 등이 발기인 대회를 개최해 활동을 시작했다.

창간호는 〈논총(論叢)〉 6편, 〈서평(書評)〉 4편, 〈휘보(彙報)〉로 구성되어 있다. 〈논총〉에는 김원룡(金元龍)의 「경주 구정리(九政里) 출토 금석병용기(金石倂用期) 유물」, 김철준의 「신라 상대(上代)사회의 Dual Organization (上)」, 이병도(李丙燾)의 「서동(薯童) 설화에 대한 신고찰(新考察)」, 이보형(李普珩)의 「미국 극동 정책의 역사적 변천(變遷)」, 한우근(韓沾劤)의 「임진란 원인에 대한 검토」, 홍이섭(洪以燮)의 「Gores 시고(試攷)」가 실려 있다. 〈서평〉에는 하타다 다카시(旗田巍)가 쓴 『조선사(朝鮮史)』, 위트포오겔의 『중국사회사 요대(遼代)』, 베아드의 『THE REFUBLIC』, 오스구우드의 『예술과 학문』에 대한 서평이 보인다.

이러한 『역사학보』는 2024년 3월에 제261집을 발간하며 국내 역사 관련 학술지의 대표적인 학술지로서 학술지의 역사를 알 수 있어 가치가 있다. 개인이 소장한 『역사학보』 창간호를 DB화 하였다.

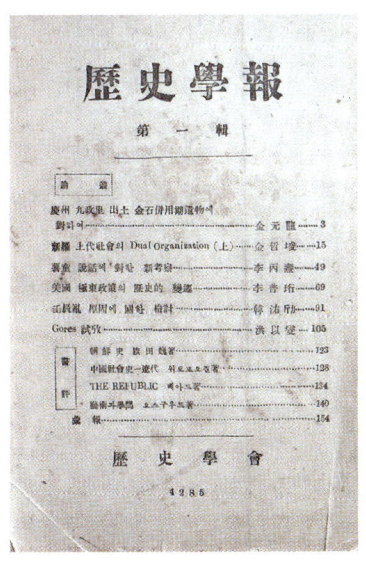
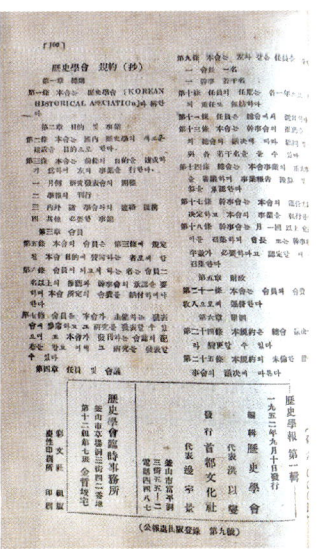

연구

題　　　號	研究 第1輯	판　　　형	15x20
발　행　일	1955.11.30.	발행편집인	發行: 尹仁駒, 編輯: 金永福
표지화, 컷		간별, 정가	부정기, 비매품
면　　　수	206	인　쇄　소	高聖印刷所
발　행　처	釜山大學校 學徒護國團 學藝部	기　　　타	부산, 교지.

　『연구(研究)』 제1집은 부산대학교 학도호국단(釜山大學校 學徒護國團)에서 1955년 11월 30일에 발행한 학술지이다. 『연구』 제1집의 판권사항을 보면 발행인은 윤인구(尹仁駒)이고 편집인은 김영복(金永福)이며 발행처는 부산대학교 학도호국단 학예부(學藝部), 인쇄소는 고성인쇄사(高聖印刷社)이며, 비매품으로 총 206면이다. 앞표지에는 목차 정보가 나와 있고, 뒤표지에는 목차 정보를 영문으로 번역해 두었으며 1단 세로글씨 인쇄본이다.

　내용을 보면 〈창간사〉, 〈격려사〉, 〈편집후기〉도 없이 부산대학교 교수진과 졸업생, 재학생들의 연구논문만 실려 있다. 수록 논문들의 경우 다양한 전공과 주제를 다뤘는데 백창석(白昌錫)의 「노동법(勞動法)의 체계(體系)」를 첫 번째 글로 실었고, 다음으로 백도광(白道光)의 「자연법(自然法)의 본질(本質)」, 이상태(李相泰)의 「미당(米糖)의 효소 화학적(酵素 化學的) 연구」 외 2편에 이어, 사회과학 분야로 김병무(金秉武)의 「말사스 인구론(人口論)의 개요와 그 현대적 의의」, 신봉주(辛奉注)의 「절약논의(節約論議)에 대한 일고(一考)」, 김영복(金永福)의 「한국직포고시론(韓國織布考試論)(1)」이 있고, 인문예술 분야로 김영송(金永松)의 「순음소고(脣音小考)」, 고석규(高錫珪)의 「문체(文體)의 방향」 등의 글이 들어 있어 다채로운 구성으로 꾸몄음을 알 수 있다. 당시 학술 논의가 많지 않았던 시기임을 상기할 때 이 학술지가 지닌 가치가 상당했을 것을 짐작할 수 있다.

이러한 『연구』는 1950년대 부산대학교 구성원들의 수준 높은 학술적 논문을 살펴볼 수 있는 자료로 의미가 있다. 개인과 원광대학교 도서관이 소장한 『연구』 제1집을 DB화 하였다.

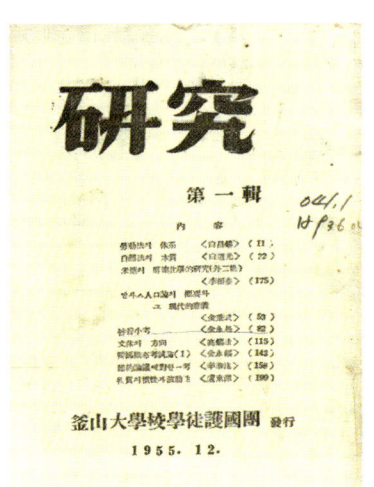

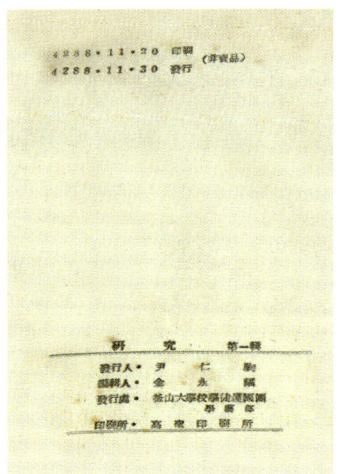

열린시 5인집

題 號	열린詩 5人集 제2집	판 형	13x21
발 행 일	1980.09.09.	발행편집인	열린詩同人會
표지화, 컷		간별, 정가	부정기, 1,000원
면 수	72	인 쇄 소	
발 행 처	신한출판사(新韓出版社)	기 타	부산, 5인집, 시동인지.

『열린시 5인집(열린詩 5人集)』제2집은 열린시동인회(열린詩同人會)에서 1980
년 9월 9일에 발행한 동인지이다. 『열린시 5인집』동인은 강유정, 강영환, 박
태일, 엄국현, 이윤택이 참여했고 주소지는 엄국현을 제외한 4인은 부산이
며, 엄국현은 밀양 외송동에 거주하는 것으로 되어 있다. 제2집의 판권사항
을 보면 저자는 열린시동인회(詩同人會), 인쇄발행처는 신한출판사(新韓出版社),
총 72면에 가격은 1,000원이며, 〈계엄사 검열필〉이라 적혀 있다. 앞표지에
는 동인 정보가 나와 있고, 뒤표지에는 '열린 시' 글자 여럿과 신한출판사 한
자 표기가 적시되어 있다.

차례에는 「동인(同人)의 말」을 서두로 강유정(姜呦靜) 편에는 「별똥별」외 13
편의 작품이, 박태일(朴泰一) 편에는 「문림리(文林里)」외 9편의 작품이, 엄국현
편에는 「독자(讀者)에게」외 8편의 작품이, 이윤택(李潤澤) 편에는 「시간(時間)」
연작(連作) 11편의 작품이, 강영환(姜永奐)의 「하늘구멍(장시 · 長詩)」외 1편의 작
품이 수록되어 있으며, 마지막으로 「동인주소(同人住所)」가 들어 있다. 차례 다
음 면 「동인의 말」에는 '열린 시가 다양성(多樣性)과 모순(矛盾)의 도가니에서 솟
아오른 시를 의미한다'는 문장으로 시작하였다. '시란 발전하는 것이 아니라

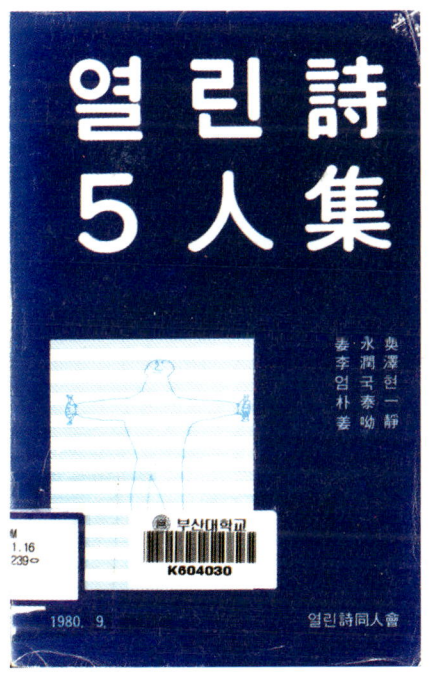

열린詩 5人集

奧澤현一靜
姜·永潤국泰呦
李
엄朴姜

1980. 9.

열린詩同人會

는 말을 인정한다 하더라도 동서고금(東西古今)의 시는 제각기 독특한 모습과 향기를 지니고 있는 것이기에 우리는 다양성이 지닌 모순을 해결하여 새로운 시의 질서로 종합하여 힘을 변증법적(辨證法的) 상상력(想像力)이라고 부르고자 한다.'라고 열린 시 동인의 철학을 표방하였다. 또한 동인 강유정을 영입한 사실을 밝히고 있다.

구체적으로 들어가 보면 강유정 편에는 「별똥별」, 「떠나는 자(者)들」, 「풍경」, 「비 젖은 개울」, 「산방일기(山房日記) ①, ②, ⑤, ⑥, ⑦, ⑧, ⑨, ⑩, ⑪, ⑫, ⑬」 등의 시가 들어 있고 「산문(散文) 시작(詩作) 노트」가 붙었다. 박스 안에는 강유정 작가 소개가 들어 있는데, '강유정은 본명 강선학. 53년 마산 생. 부산대학교 사범대학 미술교육과 졸업. 76년 부대 문학상 시부 수상. 부대신문사 편집국장. 76년 현대문학에 「이 강물 마시고」 외 1편, 77년 「내 손바닥 흐르는 물소리」 외 2편으로 완료 추천을 이원섭 선생님께 받음. 지금은 부산 사직 여중에서 미술 선생을 하고 있음.'이라고 되어 있다. 새로 동인이 되었으므로 작가 소개를 달았다. 한편 박태일 편에는 「문림리」, 「물 그림자」, 「오십천곡(五十川曲)」, 「축산항(丑山巷)⑤」, 「야행(夜行)」, 「원평리(遠平里)가는 길」, 「낮잠」, 「그대의 주막(酒幕)」, 「자갈마당」, 「창(窓)」 등의 시가 실려 있고, 박스 안에 다른 성격의 글이 들어 있는 것이 확인된다. '근간 내 관심의 방위(方位)가 한눈에 든다.' 등으로 시작되는 근간 시인의 창작 방법이나 관심을 달았다.

이러한 『열린시 5인집』은 부산에서 활동한 열린시동인회의 모습을 볼 수 있는 잡지라는 점에서 자료적 가치를 지닌다. 부산대학교가 소장한 『열린시 5인집』 제2호를 DB화 하였다.

「열린詩」동 인 주 소

강 유 정 : 부산시 동래구 사직동 사직여자중학교
　　　　　 (84-5708)
강 영 환 : 부산시 동구 초량4동 827 선화여자상업
　　　　　 고등학교 (43-0405)
박 태 일 : 부산시 동래구 거제동 제성여자상업고
　　　　　 등학교 (82-4893)
엄 국 현 : 경남 밀양군 삼랑진읍 외송동 359
이 윤 택 : 부산시 중구 중앙동 부산일보사
　　　　　 (44-5101~4)

열린詩　2輯

1980년 9월 5일 인 쇄
1980년 9월 9일 발 행

저 자 : 열 린 詩 同 人 會
발행소 : 신 탄 춘 판 사
　　　　 등록 제 가 3-93
　　　　 전화 : 67-6363~4

〈계열사 겸열필〉　　　값 1,000원

차 례

열매

題 號	열매 創刊號	판 형	14.7x20.5
발 행 일	1962.10.05.	발행편집인	編輯: 釜山教育大學學生會 文藝班
표지화, 컷	컷: 문순상, 題: 김영훈	간별, 정가	부정기, 비매품
면 수	84	인 쇄 소	
발 행 처	釜山教育大學新聞社	기 타	부산, 학생회지.

　『열매』는 부산대학교 교육대학 문예반(文藝班)에서 발간한 잡지이다. 창간호의 판권사항을 보면 발행일은 1962년 10월 5일이고, 발행처는 부산교육대학신문사(釜山教育大學新聞社), 편집인은 부산교육대학 학생회 문예반이고, 총 84면에 비매품이다. 표지 컷은 문순상이 맡았고, 제자(題字)는 김영훈이 담당하였다.

　〈창간사〉, 〈권두언〉, 〈편집후기〉 등은 따로 없고 이를 대신하여 "나는 人間(인간)을 좀 더 사색하게 만들어 그들을 순화하고 원리적으로 향상하게 하려한다. 진실로 이 소원을 지니고 나는 이 세계에서 일한다."라는 알베르트 슈바이처의 말을 목차 다음에 싣고 있다. 잡지는 모두 17인의 시 17편으로 구성되어 있다. 이 가운데 홍영식(洪永植)의 「화산릉(華山陵)」, 이용(李勇)의 「기다리는 마음」, 유준형의 「여정(旅情)」, 최충웅(崔忠雄)의 「석상(石像)」, 정종두의 「여로(旅路)」, 김구용의 「늦가을」, 이해웅(李海雄)의 「노을송(頌)」, 장희경의 「능금」 등이 눈에 띈다.

　이처럼 『열매』는 부산대학교 교육대학 문예반 구성원들이 가지고 있던 시에 대한 소양을 살펴볼 수 있는 자료로 가치가 있다. 이주홍문학관에서 소장하고 있는 『열매』 창간호를 DB화하였다. 부산교육대학교 60년사 발간위원회, 『부산교육대학교 60년사 : 1946-2006』, 부산교육대학교, 2006을 참조하였다.

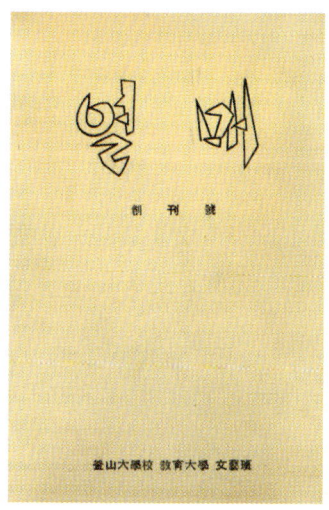

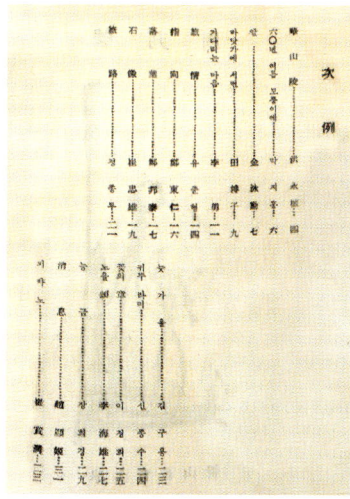

영락

題　　號	영락	판　　형	17x25
발 행 일	1964.12.20.	발행편집인	김종하
표지화, 컷		간별, 정가	부정기, 비매품
면　　수	58	인 쇄 소	인쇄인: 정봉옥
발 행 처	부산영락교회 청년회	기　　타	부산, 등사판, 기독교지.

　『영락』 제1호는 부산영락교회 청년회에서 1960년 12월 20일에 발행한 기독교지이다. 『영락』 제1호 판권 사항을 보면, 발행인은 부산영락교회 청년회장 김종하이고, 편집인은 부산영락교회 청년 2인이며, 필사본으로 총 58면이다. 회장 김종하가 쓴 〈권두언〉 「영락의 참뜻을 살펴」에 따르면 영생복락의 줄임말인 '영락'이라는 말이 자랑스럽고, 1. 가장 표본, 2. 가장 번창, 3. 가장 조화성이 있다고 정리했고, 그 뜻을 새겨 이 잡지를 내었다고 하였다. 대부분 한글로 기록하였다.

　차례를 보면, 목사(牧師)와 장로(長老)의 〈설교〉, 〈강단〉, 〈논단〉 외에 〈특별기고〉, 〈교양〉, 〈문예란〉이 있고, 〈앙케트〉, 〈우스운 이야기〉, 〈자녀교육 십계〉로 꾸몄다. 〈설교〉에는 윤병식 목사의 「마음을 지키다」와 김형경 장로의 「교육관에 대하여」, 〈강단〉과 〈논단〉에는 박학모 장로의 「청년과 신앙」, 최신원 집사의 「향상의 도」, 강오현 목사의 「성경의 권위」 등이 실려 있다. 이어 〈특별기고〉에는 한철수 교수의 「현대인과 기독교」, 윤용일 선생의 「우리의 자세」가 실려 있으며, 〈문예란〉에는 교인들의 〈수필〉 5편, 〈일기초〉 1편, 〈시〉 2편이 수록되어 있다. 〈교양〉에는 5편의 글이 들어있는데 그중에는 강

수범 선생의 「성가대를 위한 나의 메모」라는 글도 있고, 조진규 집사의 「건강 강좌(감기)」 등의 글도 보인다.

이처럼 『영락』은 목사, 장로, 교수, 집사, 선생의 글을 모아서 영락청년회에서 발행한 교회 기관지였음을 알 수 있다. 개인이 소장한 『영락』 제1호를 DB화 하였다.

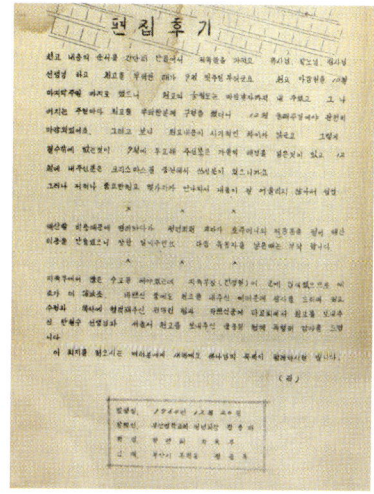
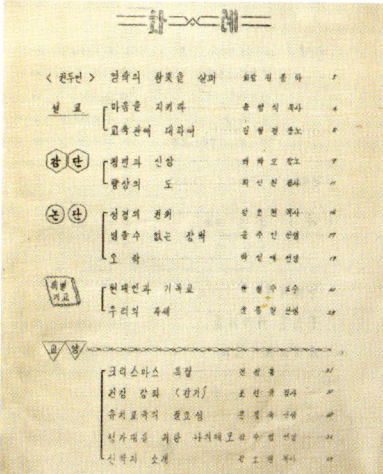
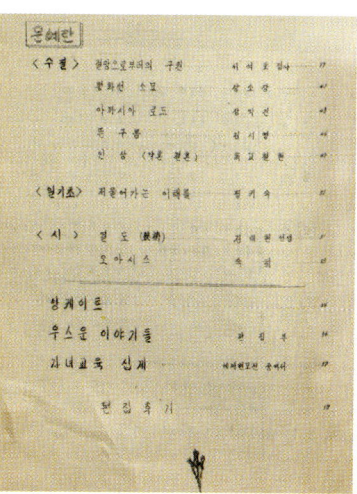

오늘의 문학

題　　　號	오늘의 文學 제1권 제1호	판　　　형	15x20.7
발　행　일	1977.09.10.	발행편집인	발행: 太和出版社, 편집: 金秉圭
표지화, 컷		간별, 정가	계간, 700원
면　　　수	252	인　쇄　소	太和印刷社(부산시 서구 토성동 1가 9)
발　행　처	釜山敎育大學校新聞社	기　　　타	부산, 주간: 尹正奎, 문예지.

　　『오늘의 문학(오늘의 文學)』은 낙동문학회(洛東文學會)가 발행한 문예지이다. 낙동문학회는 문학과 관련된 학문 연구자나 비평가들로 구성된 단체로, 한국문학 전공자뿐만 아니라 한국어학이나 사회과학 분야의 학자들이 포함된 복합단체였다. 창간호의 편집후기를 보면, 『오늘의 문학』은 "동인지가 아니"며, "좋은 뜻의 동인지적 성격을 살리면서, 아울러 식상해 가는 일반 상업 문예지의 병폐를 탈피한, 새로운 상업지적 성격을 가미하는 기획 편집으로 독자들에게 현대적 문예지의 장을 열어줄 것"이라는 포부를 밝혀 두었다.

　　이러한 『오늘의 문학』 창간호와 제3집을 수집하였다. 창간호는 1977년 9월 10일, 가을호로 발행되었다. 발행인은 태화출판사(太和出版社), 편집인은 김병규(金秉圭), 편집위원은 박지홍(朴智弘), 최해군(崔海君), 서인숙(徐仁淑), 강남주(姜南周), 김중하(金重河), 김용태(金容泰), 임신행(任信行), 이성순(李性順)이었고, 편집주간은 윤정규(尹正奎)였다. 인쇄소는 태화인쇄사(太和印刷社)이다.

　　목차의 구성을 보면, 권두에 김병규의 〈창간사〉「세계문학에의 발돋움」에 이어 〈좌담〉「한국문화현상을 비판한다」를 통해 창간의 포부를 밝혔다. 〈시〉, 〈소설〉, 〈수필〉, 〈동화〉 등 장르별로 코너를 마련하였으며, 코너를 특

부산잡지해제

00392

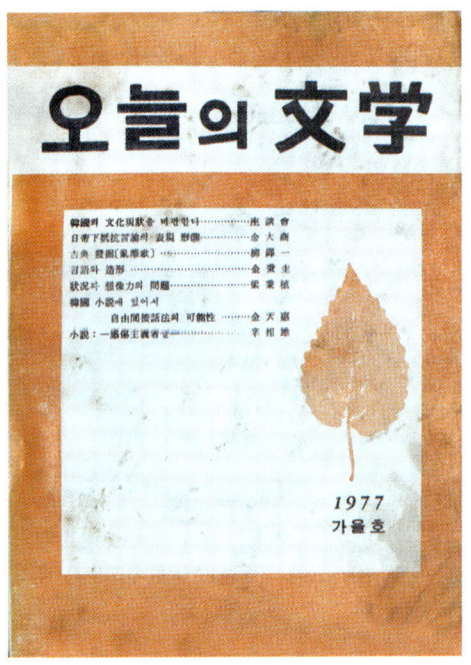

오늘의 文学

1977
가을호

정하지 않은 채 회원들의 연구 성과물과 평론 및 당대 문학에 대한 제언에 해당하는 글들을 함께 실었다. 시대의 변화에 민감하게 반응하며 현재성을 지켜나가겠다는 의지를 밝힌 〈창간사〉와 식상해져 가는 당대 문예지의 폐단을 지적하며 이를 탈피한 문예지를 만들어가겠다는 포부를 밝힌 〈좌담〉의 내용이 눈을 끈다.

제3집은 요산 김정한 고희 기념 특집으로 발행되었다. 발행일은 1978년 10월 30일이다. 발행인은 송금조(宋金祚), 편집인은 김병규, 편집주간은 윤정규, 편집은 김중하와 이성순이 맡았다. 인쇄소는 영남인쇄소(嶺南印刷所)이다. 정가는 3800원, 총면수는 317면이었다. 창간 당시의 편집위원 구성이 축소되어 있으며, 계간으로 발행하겠다던 창간 당시의 의도 역시 실행되지 않았음을 확인할 수 있다. 목차는 요산과의 대담, 요산소설 재록 2편, 요산 소설에 대한 평론 2편 등을 〈특집〉으로 구성하였고, 〈시〉, 〈수필〉, 〈평론〉, 〈소설〉 등의 코너가 마련되어 있다.

이처럼 『오늘의 문학』은 1970년대 말 문학과 인접한 국문학과 교수나 젊은 문예평론가들이 모여 문학에 대한 새로운 시각을 보여주겠다는 포부를 펼치고자 했던 문예지이다. 개인이 소장한 『오늘의 문학』 창간호와 제3집을 DB화하였다.

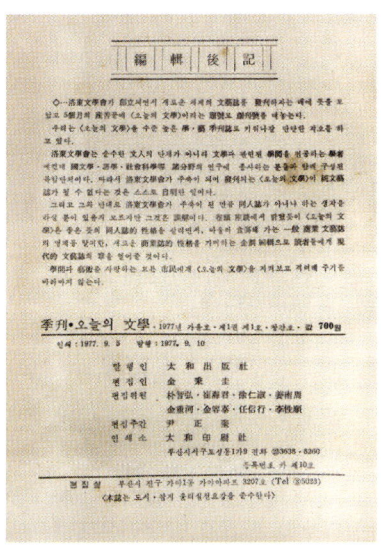

編輯後記

◇…活禽文學會가 創立되면서 가長은 세계의 文藝誌를 數列하지는 데에 뜻을 모으고 5個月의 歲月끝에 〈오늘의 文學〉이라는 題號로 創刊號를 내놓는다.

우리는 〈오늘의 文學〉을 수준 높은 學·藝 季刊誌로 키워나갈 생각을 하고 있다.

本誌를 도서·잡지 윤리위원회규정을 준수한다

季刊•오늘의 文學•1977년 가을호•第1卷 第1號•정가표•값 700원

印刷 : 1977. 9. 5 　　　發行 : 1977. 9. 10

발행인　太和出版社
편집인　金　秉　圭
편집위원　朴智弘•崔海君•俞仁淑•姜南周
　　　　金重河•金泰喜•任信行•李秋順
편집주간　尹　正　憲
인쇄소　太和印刷社

부산시서구토성동1가9 전화 ㉓3638•8360
등록번호 가 제10호

발행소　부산시 중구 가야1동 가야아파트 3207호 (Tel ㉓5033)

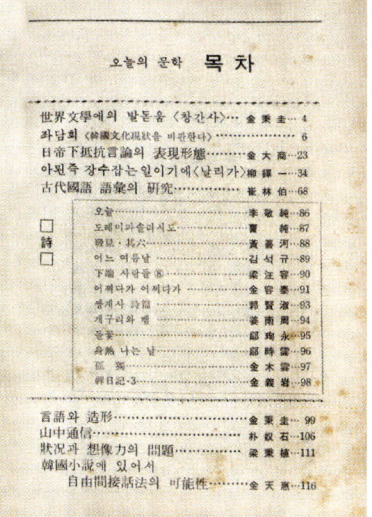

Y-부산

題　　　號	Y-부산 창간호	판　　　형	17.4x24.4
발 행 일	1958.07.05.	발행편집인	梁聖奉
표지화, 컷		간별, 정가	월간, 비매품
면　　　수	17	인 쇄 소	
발 행 처	부산 YMCA(釜山市 中區 大廳洞 2街 23)	기　　　타	부산, 主幹: 李東燮, 기관지.

　『Y-부산(와이-부산)』은 YMCA 부산지부에서 발행한 기관지이다. 1958년 7월 5일 창간되었다. 창간호의 편집겸 발행인은 당시 부산 YMCA 회장이었던 양성봉(梁聖奉)이었고 주간은 이동섭(李東燮)이 맡았으며, 발행처는 부산 YMCA(釜山市 中區 大廳洞 2街 23)였다. 비매품이었고, 총면수는 17면이다. 목차를 보면, 양성봉이 쓴 「친애하는 시민 여러분」과 「창간의 변」에 이어 배상갑(裵上甲)과 양봉옥 등의 축사가 실렸고, 주요 지면은 주로 YMCA의 역사와 YMCA 운동 등을 소개하는 글과 투고자들의 신앙생활수기 등으로 채워져 있다.

　YMCA 운동의 현황과 전망을 진단한 「Y운동에 대한 전망」은 "현재는 이 운동이 활발한 움직임을 보여주지 못하고 있다"고 진단하며, 그 이유로 "해방 후에 조직된 기관으로서 불과 수년 후 6·25 사변을 당하여 심한 피해를 입고도 다른 기관들에 비하여서 그 복구가 늦어"져 "청소년들이 여가선용의 장소로서 이용할 수 있는 회관 건물이 없다는 것"을 들고 있다. 그러던 것이 이제 "YMCA국제위원회의 후의에 의하여 전세계적으로 회관신축 급 재건운

동이 전개되고 있으며 우리나라에서도 중요도시의 회관건축계획이 확립"되고 있어 "전진에 대한 희망"이 생기고 있다고 전망한다. 「편집후기」를 보면, "여러 난관을 극복하여 새 용기와 희망으로 "Y" 사업을 활발하게 추진함에 따라 자연히 그에 대한 소식이 회원들에게 전달되어야 하고 또 회원들도 이에 적극 참여하여 늘 밀접한 관계를 가져야 될 것이다. 그러기 위해 여기에 「Y−부산」이란 "Y"기관지가 어린 새싹을 맺게 되었다"고 하여 창간의 동기를 밝혀 두었다. YMCA 회관을 신축함으로써 청소년의 여가선용 선도를 통한 YMCA의 선교 운동을 다시 활발히 전개할 전망이 생겼고, 그에 따라 기관지를 창간하게 되었다는 것이다.

이처럼 『Y−부산』은 1950년대 부산 YMCA의 상황과 활동을 보여주는 잡지로 의미가 있다. 개인이 소장한 『Y−부산』 창간호를 DB화 하였다.

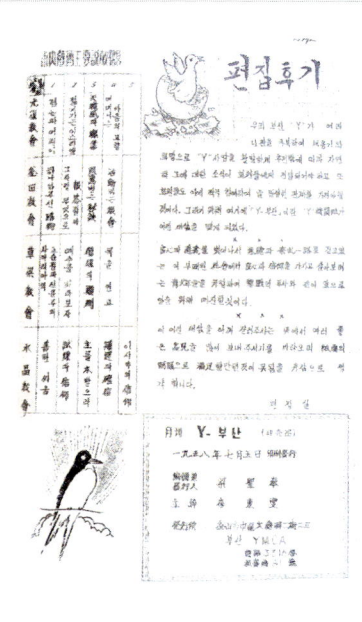

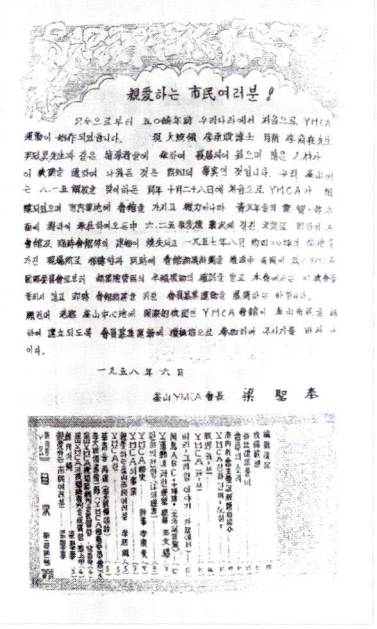

외무통보

題　　　號	外務通報 創刊號	판　　　형	15x21
발 　행 　일	단기 4285년 11월 (1952.11.30.)	발행편집인	發行: 崔文鄕
표지화, 컷		간별, 정가	부정기, 비매품
면　　　수	153면, 영문 22면	인 　쇄 　소	株式會社 三協印刷社(釜山市 光復洞 3街 39番地), 印刷人: 高鴻基
발 　행 　처	大韓民國 外務部 情報局	기　　　타	부산, 기관지

　『외무통보(外務通報)』는 단기 4285년 11월(1952년 11월 30일)에 대한민국 외무부(外務部) 정보국(情報局)이 한국전쟁 당시 임시수도인 부산에서 창간한 기관지이다. 창간호의 판권사항에 따르면 발행 겸 편집인은 대한민국 외무부 정무국장(政務局長) 최문향(崔文鄕), 인쇄인은 대한민국 외무부 정보국 문화과장(文化課長) 고홍기(高鴻基), 인쇄소는 부산시 광복동(光復洞) 3가 39번지 주식회사 삼협인쇄사(三協印刷社)이며, 총 175면이다.

　구성은 크게 2부분으로 나뉜다. 우선 앞쪽은 『외무통보』라는 제목으로 국한문을 사용한 세로쓰기이고, 뒤쪽은 『FOREIGN MINISTRY BULLETIN』이라는 제목의 영문 가로쓰기로 제책되어 있다.

　앞쪽 『외무통보』는 「대통령(大統領) 각하(閣下) 존영(尊影)」, 「부통령(副統領) 각하 존영」, 「외무부장관(外務部長官) 각하 존영」 등 사진을 시작으로 외무부차관의 〈권두언〉, 정보국장의 〈창간사〉, 대통령과 외무부장관 및 외무차관의 담화를 모은 〈담화초집(談話抄集)〉, 제2대 이승만 대통령 취임식과 관련한 〈화기(和氣)넘친 민족(民族)의 성전(聖典)〉, 초대 주한미국대사 무쵸(John J. Muccio)

의 이임(離任)에 대한 〈무쵸〉 미 대사(美 大使)의 이한(離韓)을 애석(愛惜)함〉을 비롯하여 정치, 외교, 국제경제, 군사, 학술과 관련된 〈논설(論說) 및 평론관계(評論關係)〉, 그리고 〈보도관계자료(報道關係資料)〉, 〈외무활동상황(外務活動狀況)〉, 〈조사자료관계(調査資料關係)〉, 〈한국전쟁관계중요자료(韓國戰爭關係重要資料)〉 등으로 구성되어 있다.

뒤쪽 『FOREIGN MINISTRY BULLETIN』은 이승만 대통령의 담화인 「The Formal Inaugural Address Delivered by His Excellency」, 외무부장관의 담화를 모은 「Press Releases by His Excellency」, 주미한국대사 양유찬(梁裕燦)의 「Korea: The Frontier of Freedom」, 항공기자(航空記者) 탈버트(Ansel E. Talbert)가 1952년 6월 13일 『뉴욕 헤럴드 트리뷴(New York Herald Tribune)』에 실렸던 「Protrait of Dr. Rhee」와 함께 「The Political Crisis in Korea」, 「Why are the U.N. Forces in Korea」 등의 글이 실려 있다. 『FOREIGN MINISTRY BULLETIN』은 『외무통보』와 겹치는 부분이 있기는 하지만 대부분 영어독자를 대상으로 한 별도의 내용으로 구성되었다고 할 수 있다.

이처럼 『외무통보』는 한국전쟁 당시 대한민국 외무부의 정책과 외교활동의 방향을 살펴볼 수 있는 자료로 가치가 있다. 개인이 소장한 『외무통보』 창간호를 DB화 하였다. 윌리엄 스툭 지음, 서은경 옮김, 『한국전쟁과 미국 외교정책』, 나남출판, 2005를 참고하였다.

外 務 通 報 ||目 次||

우취보급

題　　　號	郵趣普及 창간호	판　　　형	15.5x21.5
발 행 일	1965.05.25.	발행편집인	
표지화, 컷		간별, 정가	월간, 비매품
면　　　수	8	인 쇄 소	
발 행 처	부산우표수집회	기　　　타	부산, 등사판, 회보.

　『우취보급(郵聚補給)』 창간호는 부산우표수집회(PUSAN STAMP COLLECTORS CLUB)에서 1965년 5월 25일에 발행한 동인지 성격의 회보이다. 『우취보급』 창간호의 판권사항을 보면, 발행처는 부산우표수집회, 통신처는 부산우체국 사서함 제262호, 비매품으로 총 8면이다. 창간을 축하하는 우표사 4곳(국제우표사, 동양우표사, 세계우표센터, 취미우표사—모두 부산 소재)은 뒤표지에 실었다.

　앞표지에는 '우표수집을 위한 월간 뉴스지(誌)'라는 정보와 함께 「창간에 부치는 글」을 고일웅이 게재했는데 '수집은 수도(修道)라는 말이 있듯이 누구나가 즐길 수 있는 우표 수집은 오늘날 국가적으로는 그 나라의 문화의 척도를 소개하고, 개인적으로는 산 지식을 기르는데 인색하지 않을 것이며, 건전한 취미로서 군임(림–誤植)하고 있는 것입니다.'로 시작하여, 이 월간지를 통하여 상호 친목을 도모하자고 하였다. 다음 장에는 국내 뉴스로 발행한 6개의 최신 우표 소식을 싣고 체신부 장관의 기자회견 소식도 넣었으며, 5센트 미국 처칠 수상, 캐네디 항공서간 도안 등 미국 해외 뉴우스, 영국, 일본 소식도 알렸다. 5월 5일과 5월 9일에는 우표 「춤의 시작」(64.4.20. 일 초판) 판매소에 5~6천 명이 줄을 지었다고 하였고, 그밖에 필리핀, 네덜란드령 수리남, 키

프로스 등의 우표와 관련한 국가 상황도 소개하였다. 광고란에는 〈카아바〉
부(F.D.C)를 안내하였는데 수시로 예치금을 보내면 새로 우표가 발행될 때마
다 가정으로 우표를 배달하는 서비스다.

  이러한 『우취보급』은 부산에서 우표수집가들의 모임이 활발했음을 알려
주는 잡지라는 점에서 자료적 가치를 지닌다. 개인이 소장한 『우취보급』창간
호와 제2호를 DB화 하였다.

 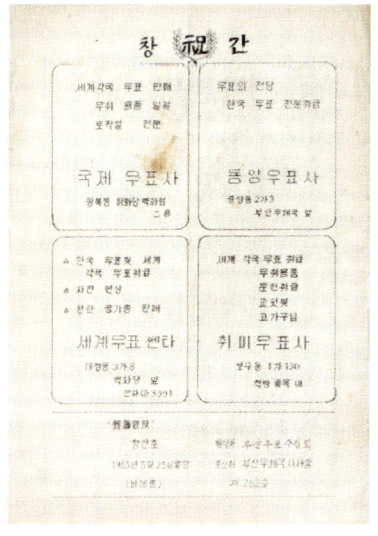

우취회보

題 號	우취회보 제7호	판 형	17.5x25.5
발 행 일	1961.08.04.	발행편집인	
표지화, 컷		간별, 정가	부정기, 비매품
면 수	20	인 쇄 소	
발 행 처	O.F.C. 우취회(부산 우체국 사서함 제155호)	기 타	부산, 등사판, 이창성 귀하 근정본, 회보.

『우취회보』는 O.F.C 우취회에서 발행한 회지이다. 1961년 8월 4일 발행한 회지는 표지에 "1961. 7"이라고 쓰여 있는 것으로 보아 제7호인 것으로 보인다. O.F.C의 의미를 밝히고 있지 않아 명확한 정보를 확인할 수 없으나, 우표수집을 취미로 하는 우취(郵趣, philately)와 연관되어 있다. 『우취회보』제7호는 회장에 한강양, 부회장에 오가실, 총무에 신성철이 맡고 있으며, 총 20면에 필사한 글을 등사판으로 인쇄한 회지이다.

『우취회보』에는 국내외 우표에 관한 글들이 눈에 띤다. 세계의 우표를 소개하는 편집부의 「우표 뉴스 편집부」, 보이스카우트와 우표를 다룬 심승섭의 「Boy Scout의 유래와 기념 우표」, 한강양의 「각국의 첫 우표 발행년도」, 편집부의 「한국 우표 목록 (4)」, 우표에 관한 정보를 다룬 「제2회 우취 퀴즈」 등으로 구성되어 있다. 「제2회 우취 퀴즈」는 총 5문항으로 되어 있으며 세 번째 문제는 "한국의 독도 우표는 언제 발행하였느냐?"로 우리 영토 독도에 관한 퀴즈를 확인할 수 있다. 편집후기에 해당하는 페이지에서 우취회의 정보를 확인할 수 있다. 제18회 예회는 1961년 7월 22일 부산시 광복동 고려민속예술학원에게 개최했으며 총회원 36명이 참석했음을 확인할 수 있다. 또한 부산고, 부산중, 경중, 경상, 경고, 동아고, 경여고 학생이 회원인 것으로 확인된다.

이처럼『우취회보』는 부산지역 중·고등학생 중 우표수집을 취미로 하는 학생들의 동호회 잡지로, 우표를 통해 세계 정보 및 역사, 자연과학 등 다양한 방면에 대한 지식을 쌓고 있음을 확인할 수 있으며 1960년대 청소년들의 취미 활동을 엿볼 수 있다는 점에서 의의가 있다. 개인이 소장한『우취회보』제7호를 DB화 하였다.

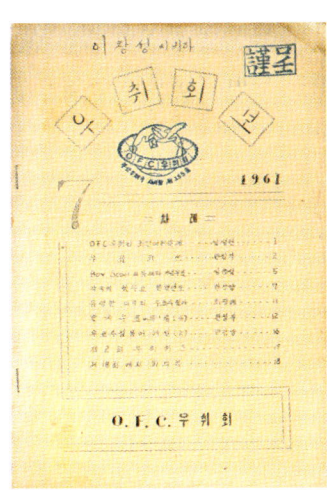
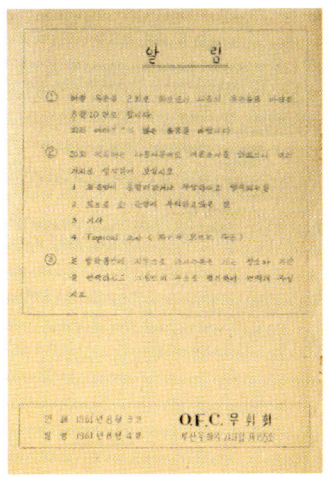

운석

題　　　號	隕石 第5輯	판　　　형	15.5x20.7
발 행 일	1956.07.10.	발행편집인	編輯: 韓瓚植
표지화, 컷		간별, 정가	부정기, 비매품
면　　　수	27	인 쇄 소	中央印刷所
발 행 처	한글문예사(釜山市 東大新洞 3街 79의 77)	기　　　타	부산, 동인시집.

　『운석(隕石)』은 운석동인(隕石同人)들이 발간한 동인시집이다. 『운석(隕石)』은 부산대와 동아대의 문과 학생들이 주도하여 만들었던 『시영토(詩領土)』의 후신으로, 1956년 1월 20일에 창간하였다. 동인 가운데 한찬식, 이석, 박철석, 추영수, 강경은 시(詩)로, 박돈목은 어린이시로, 하근찬은 소설로 제도문단에 나갔다. 현재 확보한 제5집의 판권사항을 보면 1956년 7월 10일에 한글문예사(부산시 동대신동 3가 79-77)에서 발행하였고, 편집은 한찬식(韓瓚植), 인쇄는 중앙인쇄소(中央印刷所)이며, 총 27면이다.

　〈발간사〉, 〈권두언〉, 〈편집후기〉 등은 없고, 내지에 '李周洪 先生 惠存(이주홍 선생 혜존)'이라고 적혀 있다. 총 11편의 시가 수록되어 있다. 수록 작품을 일별하면, 이성환(李星煥)의 「방석(方席)」과 「첨루(簷漏)」, 정상옥(鄭相玉)의 「바다에서」, 추영수(秋英秀)의 「밤」, 한찬식의 「나비」, 강경(姜耕)의 「교외(郊外)에서」와 「성묘(省墓)」, 정혜옥(鄭惠玉)의 「점경(點景)」, 손서영(孫西影)의 「추념(秋念)」, 유창열(柳昌烈)의 「문(門)」과 「묵(黙)」 등이다.

　이와 같이 『운석』은 운석동인들의 문학적 소양을 살펴볼 수 있는 자료로 가치가 있다. 이주홍문학관에서 소장하고 있는 『운석』 제5집을 DB화 하였다. 이순욱, 「정전협정 이후 부산 지역 동인지 시문학 연구」, 『한국문학논총』 69, 2015를 참조하였다.

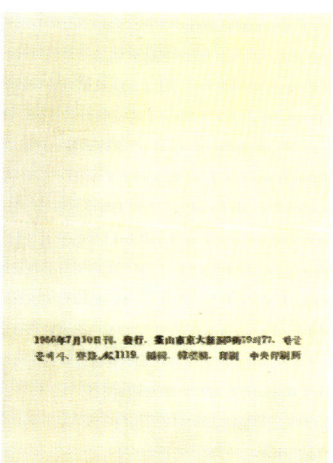

웅계

題　　　號	雄鷄	판　　　형	14.7x20
발　행　일	1955.03.	발행편집인	編輯代表: 김태경
표지화, 컷		간별, 정가	부정기, 비매품
면　　　수	96	인　쇄　소	
발　행　처	釜山高等學校 文藝班	기　　　타	부산, 판권지 없음, 문예지.

　『웅계(雄鷄)』는 부산고등학교 문예반(文藝班)에서 발행한 문예지이다. 수집한 판본은 판권 사항이나 권호 표기가 따로 없다. 다만 편집대표 김태경(金泰敬)이 쓴 〈편집후기(編輯後記)〉의 작성 날짜가 1955년 3월로 적혀 있어 발행 시기를 대략적으로 추측할 수 있다. 총 96면에 비매품이다.

　전체적인 구성은 〈권두언〉을 대신하여 수록한 이주홍(李周洪)의 산문 「어떤 소묘(素描)」를 비롯하여 20편의 시와 5편의 산문으로 짜여있다. 시 가운데는 양영모의 「어느 날 저녁」, 하성환의 「새날」, 이상택의 「추억」, 김용원의 「희망」, 전도일의 「초가집」, 박지홍(교사)의 「피안(彼岸)의 길」, 손일석의 「20세기 후반」, 이달홍의 「삶」 등이 눈에 띄고, 산문 가운데는 김춘복의 「두 소년」, 김수남(金秀南)의 「전설(傳說)의 마을」, 김태경의 「도회(都會)의 풍경(風景)」 등이 주목된다.

　이처럼 『웅계』는 부산고등학교 문예반 구성원들의 문학적 소양을 살펴볼 수 있는 자료로 가치가 있다. 이주홍문학관에서 소장하고 있는 『웅계』를 DB화 하였다. 부산고60년사 편찬위원회, 『부산고등학교 60년사』, 고등학교총동창회, 2005를 참조하였다.

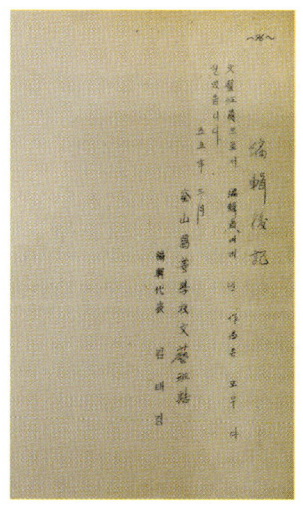

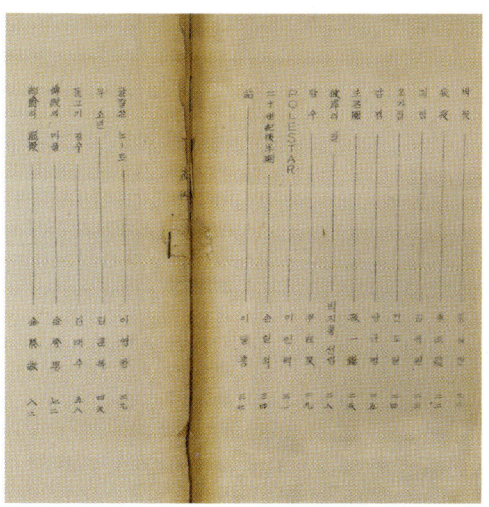

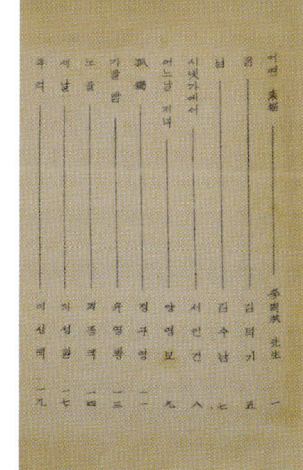

원의 벗

題　　　號	원의 벗 제1집	판　　　형	17.5x25
발 행 일	1970.01.25.	발행편집인	발행: 원불교부산학생연합회 편집: 정의태 · 노옥련 · 김득호 · 박태진
표지화, 컷	표지: 태진, 컷: 의태	간별, 정가	연간, 비매품
면　　　수	138	인 쇄 소	
발 행 처	원불교 부산 학생 연합회	기　　　타	부산, 회지.

　『원의 벗』은 원불교부산학생연합회에서 발행한 회지이다. 수집한 판본은
『원의 벗』 제1호부터 제5호까지이다. 『원의 벗』은 원불교 관련 잡지인 까닭에
발간연도가 '원기(圓紀)'로 표기되어 있다. 창간호의 판권 사항을 보면, 1970
년 1월 25일 발행하였으며, 발행인은 원불교부산학생연합회, 편집인은 정의
태 · 노옥련 · 김득호 · 박태진이며, 총 138면에 비매품이다. 표지화는 박태진
이 그렸고, 컷은 정의태가 담당하였다.

　목차 구성을 보면 서두는 '학생회가'에 이어 이도옥의 〈서시〉「창간호에 부
쳐」, 종법사 대산의 〈신년법설〉「온 인류가 잘 사는 길」, 교감 양도신의 〈훈사〉
「원불교 학생의 자세」, 초량교무 박은섭의 〈격려사〉「마음 공부를 돕는 "원의
벗"이 되기를」 등으로 이루어져 있다. 이어 본문은 〈논단〉과 〈시단〉, 〈수필〉
등으로 이루어져 있는데, 〈논단〉은 6편, 〈시단〉은 17편, 〈수필〉은 12편의 작
품이 수록되어 있으며, 말미에는 독후감「수호지를 읽고」가 있어 이채롭다.

　한편 1971년 1월 25일 발행된 제2호에서는 구성 체제가 다소 바뀌어 〈기고〉,
〈기행문〉, 〈사랑의 노래〉, 〈콩트〉와 〈부록〉 등이 새롭게 추가되어 있다. 이

러한 지면 구성은 1974년에 발간된 『원의 벗』 제5호까지 일관되게 이어졌는데, 분량이 점차 증가하면서 다채로움도 더해지는 특징을 볼 수 있다.

　이러한 『원의 벗』은 1970년대 원불교부산학생연합회의 활동과 상황을 보여주는 자료로 의미가 있다. 원광대학교 도서관에서 소장한 『원의 벗』 제1호~제5호를 DB화 하였다.

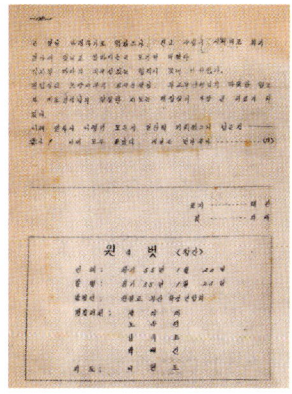

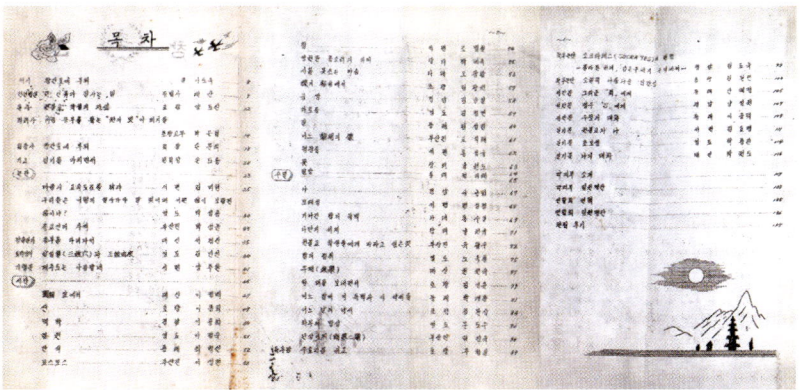

윤좌

題　　　號	輪座 제1집	판　　　형	15x21
발　행　일	1965.06.05.	발행편집인	發行: 秋盛龜, 編輯: 박지홍 · 李周洪 · 許彰
표지화, 컷	題字 · 裝畫: 向破	간별, 정가	부정기, 50원
면　　　수	50	인　쇄　소	太和印刷所
발　행　처	太和出版社	기　　　타	부산, 동인지.

　『윤좌(輪座)』는 태화출판사(太和出版社)에서 1965년 6월 5일에 발행한 수필 중심의 동인지다. 『윤좌』 창간호의 판권사항을 보면, 발행인은 추성구(秋盛龜), 인쇄발행 · 편집위원은 박지홍, 이주홍(李周洪), 허창(許彰), 발행처는 부산 태화출판사, 인쇄소는 태화인쇄소(太和印刷所), 연락처는 부산일보사 허창이며, 정가 50원으로 총 50면이다. 표지의 제자(題字) 및 장화(裝畫)는 향파(向破) 이주홍이 했다. 표지 다음 면에 동인이 가나다 순으로 배치되었으며, 다음 면에 목차와 제시되어 있다. 본문이 시작되기 전에 「동인선언 : 윤좌에(同人宣言 : 輪座에)」라는 제목으로 청마(靑馬) 유치환(柳致環)이 '윤좌' 동인의 결성 목적을 제시하였다. 청마는 뚜렷한 목적의식 없이 "서로가 주고 받는 심중을 속임 없이 이야기하고 듣는 사이에 마음과 마음의 통로와 유대를 서로가 아끼게" 되었기에 동인이 되었다고 말하였다.

　동인으로는 김석환(金錫煥), 요산 김정한(金廷漢), 김종출(金鍾出), 동물학자이자 교육자 김하득(金夏得), 박지홍, 시인 청마 유치환, 작곡가 이상근(李相根), 시인 이영도, 식물학자 이용기(李溶基), 이주호(李柱鎬), 이주홍, 최준호(崔俊鎬),

소설가 최해군(崔海君), 영화평론가 허창 등 다양한 직업의 문인들이 동인으로 참석하였다.

시는 청마 유치환의 「이제(二題)」, 영화비평으로 허창의 「영화에서 본 여인상」이 있다. 다양한 필진이 모인 탓에 글의 종류는 시, 소설, 영화평 등이 다양하게 실려 있다. 또한 글 중간 중간에 쇼펜하우어의 『수상록(隨想錄)』, 고전명구(古典名句) 등에서 나온 글들을 〈해이낭(解頤囊)〉 코너의 「파고다 별원(別苑)」, 「도리원(桃李園)」란에 소개하는 한편, 같은 란에 유머를 싣기도 했다.

특히 〈고비청람(考備淸覽)〉 코너에서는 박목월(朴木月), 박경리(朴景利), 한무숙(韓戊淑), 김윤경(金允經), 최현배(崔鉉培), 허웅(許雄), 김송(金松), 이가원(李家源) 등 당대 국어국문학계에서 이름을 떨치고 있는 문인들의 소식을 전하는 내용의 편지글이 실려 있어 흥미를 돋운다. 〈지란실(芝蘭室)〉은 『윤좌』의 운영 방안에 대한 내용을 실었다. 계간이나 절간(節刊)으로 정해진 것도 아니고, 내용도 어느 방향을 정한 것도 아니기에 형편만 되면 동인지를 발간한다고 하였다. 그냥 돌림노래 삼아 한 자리씩 이야기를 모아서 내기로 한 것이다. 끝으로 동인들의 거소(居所)가 실려 있다. 동인들의 거소는 대부분 부산 지역의 대학교로 되어 있다. 뒤표지에는 부산지역 출판사의 광고가 실려 있다.

『윤좌』는 창간호를 낸 이후, 같은 해 10월 20일에 제2집이 발간되었다. 제2집에는 21명의 문인들이 참여하였다. 제2집에서 유치환은 「아라비안나이트」라는 시와 「교장선생님의 고추는」이라는 산문을 선보이기도 했다. 반면 『윤좌』 제3집은 1969년 7월 10일, 제4집은 1973년 10월 5일에 발간하였다. 이로 보아 발간주기는 부정기적이었음을 알 수 있다. 다만 지면의 구성은 1979년에 발간된 『윤좌』 제11집까지 일관되게 이어졌으며, 표지제자 역시 향파 이주홍이 계속 담당했다. 필진으로도 제3집에는 20명의 동인이, 제4집에는 11명의 동인이, 제5집에는 다시 20명의 동인이 집필에 참여하였다. 제4집에 1969년 4월 27일 청마 묘소 앞에서 찍은 동인 사진을 게재하고 제5집에 〈연각선생(硯覺先生) 고희기념(古稀記念) 특집〉을 마련한 것도 특징적이다.

이러한 『윤좌』는 『문학시대』와 더불어 1960년대를 대표하는 부산의 문예지이자 동인지로서 가치가 있다. 개인이 소장한 『윤좌』 제1호~제4호, 이주홍문학관이 소장한 『윤좌』 제2호~제3호, 제5호, 제11호, 고하문학관이 소장한 『윤좌』 제6호를 DB화 하였다.

編輯·第1輯·1965·6
編·許 雄·金松·李家源
崔鈺培·朴木月·朴榮利·韓戊淑·金允經

表紙·題字·揷畵 向菴

(輪座) 第1輯·1965년 6월5
일 印刷發行·編輯委員·마차
동·李兩吉·許雄·發行人·扶
餘太郎·太郎出版社·印
刷·太郎印刷所·領價 50원·
連絡處·釜山日報社 許雄

"輪座"에

세계의 가정 行路 위에서 앞서 가고 뒤서 가고 하는 줄 지국의
우편과 이웃의 한 우리의 一行임에 포음아, 게기엔 차이로운 그
우정도 있을 턱이 없다.

게게거리 마음 내린 형제이고 동기이면서도 서로가 주고 받는
신물을 수집 없이 이야기하고 또 듣고 하는 가운데 어느께 마련
된 마음과 마음의 우료와 유애를 키오가 하게게 된 그것일 것이다.

그게쳐 안정을 가름하여 알맞은 시간에 앉었던 곳, 렬리 도
일 후렴의 한 그우 나무 그늘에서 엷은 제우가술 같은 색서 점을
곤 과여 돌아설과서 무거웠던 마음들을 솔어 놓곤 다시 서로거 이
야기에 꽃을 피우는 것이리라.　　　　馬生

20세기

題　　　號	20世紀 창간호	판　　　형	15x21.2
발　행　일	1952.04.01.	발행편집인	發行: 成壽益, 編輯: 李奉根
표지화, 컷		간별, 정가	부정기, 2000원
면　　　수	54	인　쇄　소	共榮印刷株式會社
발　행　처	20세기사	기　　　타	부산, 종합지.

　『20세기(20世紀)』 창간호는 20세기사(20世紀社)에서 1952년 4월 1일에 발간한 종합지이다. 『20세기』 창간호의 판권사항을 보면, 편집인은 이봉근, 발행겸 인쇄인은 성수익, 발행처는 20세기사(부산시 부용동 6번지), 인쇄소는 공영인쇄주식회사(부산시 부평동 2가 56)이며, 정가 3,000원으로 총 54면이다.

　차례는 〈창간사〉, 〈파괴된 국토재건책(國土再建策)〉, 〈임진국난(壬辰國難)과 그 시대의 세계〉, 〈우리나라의 전쟁과 식량사정〉, 〈정전(停戰)은 무엇을 가져오나〉, 〈스파이는 이렇게〉, 〈지-드의 문학과 생활〉, 〈수필〉, 〈미스코리아 한태원과〉, 〈법창만필(法窓漫筆)〉, 〈소설〉 등으로 구성되어 있다.

　종합잡지를 표방한 만큼 〈창간사〉는 주간(主幹)이 작성하였다. 〈창간사〉에서는 세계사의 흐름과 우리의 능력을 올바로 파악하여 잡다한 실정을 바르게 세우고 불같은 힘을 모아 천추에 유한이 없도록 하여야 한다고 주장하였다. 〈파괴된 국토재건책〉에서 최호진(崔虎鎭)은 「아국기술빈곤(我國技術貧困)의 극복(克服)」이란 제목으로 기술개발을 통해 빈곤을 극복할 것을 제안하였으며, 황병준(黃炳俊)은 「노동력문제(勞動力問題)와 그 시책(施策)의 방향」의 글에서 기술화한 노동력을 길러야 한다는 점을 강조하였다. 『20세기』는 시사문제

20世紀

特輯
破壞된國土再建策
全民國難과 그 時代의 世界
休戰이가저오는것

創刊號

뿐만 아니라 〈미스 · 코리어 한태원(韓泰媛)과〉에서는 인터뷰 기사, 〈법창만필 (法窓漫筆)〉에서는 법률상식, 〈지-드의 문학과 생활〉, 〈수필〉, 〈소설〉 등에서 는 번역문학, 생활수필, 단편소설 등의 문예 글을 게재함으로서 종합잡지로 서의 면모를 갖추려고 노력하였다. 차례에는 〈편집후기〉가 54면에 있는 것 으로 되어 있으나, 54면에는 정상화(鄭尙華)가 번역한 모파상의 작품 『사랑흥 정』의 끝부분과 판권지만 있다.

이처럼 『20세기』는 전쟁기 부산에서 발행한 종합잡지라는 점에서 의미를 가진다. 개인이 소장한 『20세기』 창간호를 DB화 하였다.

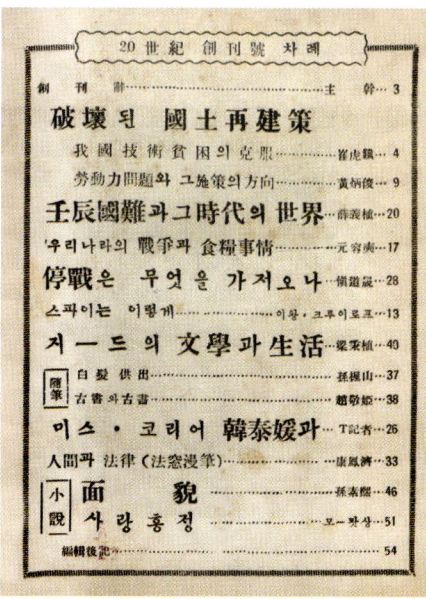

일신

題 號	日新 第10號	판 형	15.5x22
발 행 일	1938.07.10.	발행편집인	發行: ミスエム・エスデービス 編輯: 金韓林
표지화, 컷	表紙: 須須先生	간별, 정가	부정기, 비매품
면 수	147	인 쇄 소	漢城圖書株式會社(京城府 堅志町 32番地), 印刷人: 金成均
발 행 처	東來日新女學校校友會(東萊郡 東萊邑 福泉洞 500番地)	기 타	부산, 일문과 국문 혼용, 교우회지.

『일신(日新)』은 동래일신여학교(東萊日新女學校, 현 동래여자고등학교) 교우회가 발행한 교지이다. 동래일신여학교는 1895년 호주 여자 전도부에서 설립한 사립 일신여학교로 시작했으며 1925년 동래일신여학교로 교명을 변경했고 신사참배 거부로 1940년 3월 30일 폐교되었다. 해방 후인 1946년 9월 1일 동래여자중학교로 명칭을 변경해 재교(再校)하였다.

수집한 교우회지는 『일신』 제10호이다. 1938년 7월 10일 발행한 제10호는 편집인은 김한림(金韓林), 발행인은 미스 M.S. 데이비스(ミス・エム・エス・デービス), 발행처는 동래일신여학교 교우회(동래군 동래읍 복천동 500번지)이며 인쇄인은 김성균(金成均, 경성부 견지동 32번지), 인쇄소는 한성도서주식회사(경성부 견지동 32번지)이다. 『일신』 제10호는 한글과 일본어가 혼용되어 있으며 총 147면이며 비매품이다.

교지는 〈강연〉, 〈기행〉, 〈소식(消息)〉, 〈보고〉, 〈잡록(雜錄)〉, 〈학생작품〉, 〈시가(詩歌)〉, 〈감상·소품(小品)〉, 〈언니들 소식〉, 〈편집실 인사 말씀〉으로 구성하였다. 〈기행〉은 일본의 나라, 교토, 벳푸로 간 수학여행에 대한 학생들의 글

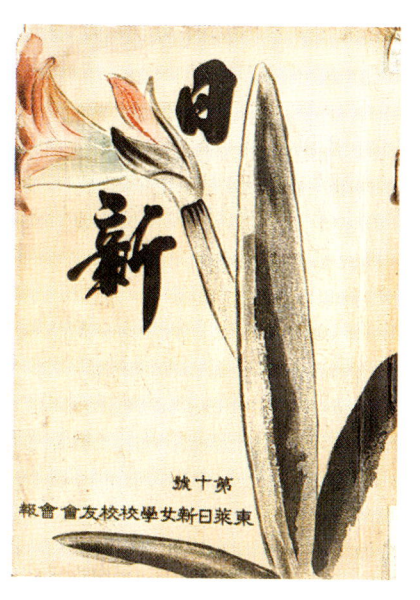

日新

第十號
東萊日新女學校校友會會報

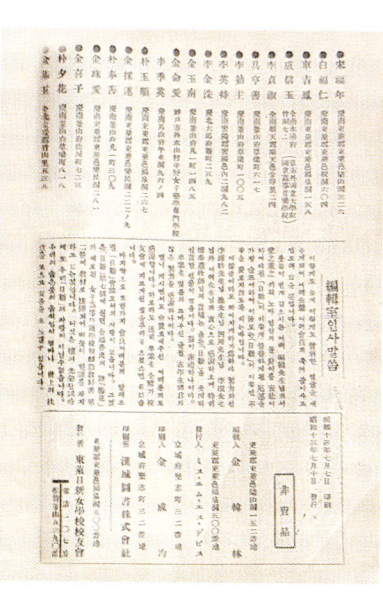

을 싣고 있으며, 〈소식〉은 학교와 교사, 재학생, 졸업생의 소식을 전하고 있다. 특히 주목할 내용은 졸업생 소식을 전하는 「언니들 소식」으로 이필련(李必連) 졸업생의 경우, "오사카(大阪)서 많으신 자녀 키우시며 유치원일 보시며 살림 사시며 부군(夫君)의 학(學)의 길까지 도와드린다니 이 어찌 현모양처가 아니리오. 그러나 과로의 결과인지 건강이 불승(不勝)하시다구요. 우리 다 기도로나 도와드립니다."라고 전하고 있다. 국내는 물론 국외의 졸업생의 소식을 상세히 알리고 있을 만큼 네트워크가 잘 정비되어 있음을 확인할 수 있다. 〈학생작품〉에는 당시 시대상을 알 수 있는 「출정군인의 환송(出征軍人の見送り)」, 「지나사변에 대해서(支那事變に就いて)」, 「북지사변에 대해서(北支事變について)」, 「전쟁의 가부(戰爭の可否)」 등의 시대상을 반영한 학생들의 작품을 볼 수 있다. 〈시가(詩歌)〉와 〈감상·소품〉은 한글로 된 학생들의 작품으로 구성되어 있다. 〈편집실 인사 말씀〉에는 『일신』 제7호에 실린 재학생 김복선(金福善)양의 시(詩) 「매화(梅花)」가 여자고등보통학교 조선어 교과서 제2권에 채택되었음을 알리고 있다.

이처럼 『일신』은 신사참배 거부로 인해 폐교를 앞둔 시기의 학교 교육 현장에 만연한 조선총독부의 군국주의 교육정책을 확인할 수 있는 자료로 의미가 있다. 개인이 소장한 『일신』 제10호를 DB화 하였다.

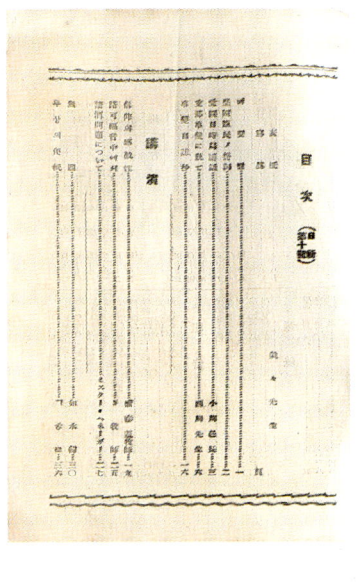

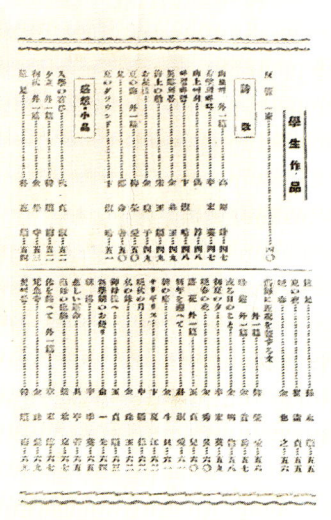

자유세계

題　　　　號	自由世界 創刊號	판　　　　형	15x21
발　행　일	1952.01.25.	발행편집인	趙炳玉
표지화, 컷	表紙 · 扉 · 컷: 金榮柱, 目次 · 컷: 白榮洙	간별, 정가	월간, 7,000원
면　　　　수	196	인　쇄　소	印刷人: 李啓武
발　행　처	弘文社(서울特別市 敦岩洞 89의 7, 釜山市 南浦洞 2가 14)	기　　　　타	부산, 종합잡지.

　　『자유세계(自由世界)』는 홍문사(弘文社)에서 발행한 종합잡지이다. 현재 수집되된 자료는 제1호, 제2호, 제3호, 제6호, 제8호, 제2권 제3호이다. 1952년 1월 25일에 제1호가 발행되었고, 1952년 3월 5일에 제2호, 1952년 4월 1일에 제3호, 1952년 10월 1일에 제6호, 1953년 1월 15일에 제8호, 1953년 6월 25일에 제2권 제3호가 발행되었다. 제1호에서 제3호까지의 판권 사항을 보면, 공히 발행 겸 편집인은 조병옥(趙炳玉), 인쇄인은 이계무(李啓武), 발행처는 서울과 부산 두 곳으로 등록되어 있는 홍문사(서울特別市 敦岩洞 89의 7, 釜山市 南浦洞 2가 14)로 되어 있다. 면수는 대략 200면 전후에 정가는 7,000원으로 동일하다. 표지화 컷은 김영주(金榮柱)가 그렸고, 목차 컷은 백영수(白榮洙)가 담당하였다. 한편 제6호부터는 편집인 임긍재(林肯載)의 이름이 발행인 조병옥과 나란히 올라가 있다. 정가도 10,000원으로 올랐다가 제2권 제3호에 와서는 화폐개혁이 반영되어 정가 백오십 환으로 나타나 있다. 이로 보아『자유세계』는 1952년 부산에서 개헌파동을 전후하여 정치지도자 조병옥이 직접 지휘하여 만든 일종의 정치 종합잡지임을 알 수 있다.

창간호의 구성은 조병옥의 〈창간사〉를 시작으로 〈논단〉, 〈인물평론〉, 〈시사문답〉, 〈좌담회〉, 〈수필〉, 〈평론〉, 〈시〉, 〈연재소설〉 등으로 구성되어 있다. 주요 내용을 보면 김수선(金壽善)의 「대통령중심제(大統領中心制)와 내각책임제(內閣責任制)」, 함상훈(咸尙勳)의 「집단(集團) 안정보장(安全保障)과 재군비(再軍備)」, 신태환(申泰煥)의 「재군비와 세계경제의 동향(動向)」, 주요한(朱耀翰)의 「정전협정(停戰協定)과 한국의 전도(前途)」, 이병도(李丙燾)의 「임진란(壬辰亂)의 역사적 고찰」, 홍종인(洪鍾仁)의 「강화일본(講和日本)의 정치동향(政治動向)」 등 시사적인 정치 주제가 눈에 띈다. 또 「전시하(戰時下)의 교육문제(敎育問題)」를 주제로 당시 한국전쟁 시기의 교육 현안을 다룬 〈좌담회〉를 비롯하여 염상섭(廉想涉)이 연재 시작한 「홍도(紅焰)」라는 연재물도 있어 이색적이다.

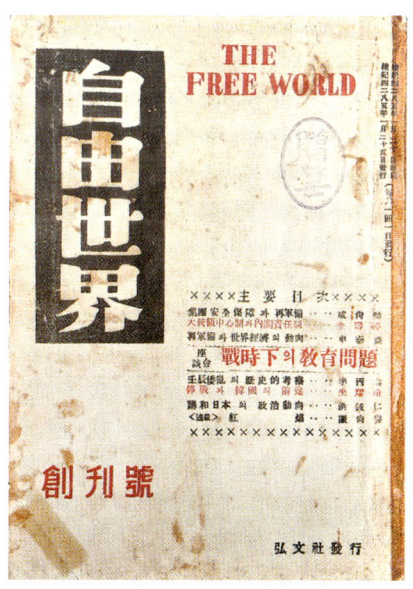

이러한 지면 구성은 제2권 제3호까지 일관되게 이어졌다. 제2호에서는 전쟁과 경제의 의미를 고찰한 최호진(崔虎鎭)의 「동란(動亂)과 한국경제계(韓國經濟界)의 위기(危機)」와 〈좌담회〉 「한국경제의 총비판(總批判)」 등이 눈에 띄고, 제3호에서는 〈특집〉으로 다룬 「금일(今日)의 중국 실태(實態)」와 함께 개헌안 부결 비판, 〈좌담회〉 「현하(現下) 한국정국(韓國政局)을 재단(裁斷)함」 등이 눈에 띈다. 또한 제6호에서는 개헌파동의 전모를 폭로한 〈특집〉 「5·26정치파동(政治波動)의 전모(全貌)」와 함께 주요한(朱耀翰)의 「밑으로부터의 민주주의」라는 글이 주목된다. 이후 자유당의 독재와 전시(戰時)상황이라는 여러 가지 악조건 속에서 결호(缺號)를 하면서도 발간하다가 결국 1953년 6월 제2권 제3호로 종간되었다.

이처럼 『자유세계』는 생명이 그리 길지 못하였지만, 정치적으로 가장 혼란하였을 때 나름대로의 방향을 제시한 권위 있는 종합잡지로 평가된다. 개인이 소장한 『자유세계』 제1호, 제2호, 제6호, 제8호, 제2권 제3호와 대구문학관이 소장한 제3호를 DB화 하였다. 김근수, 『한국잡지사』, 청록출판사, 1980을 참고하였다.

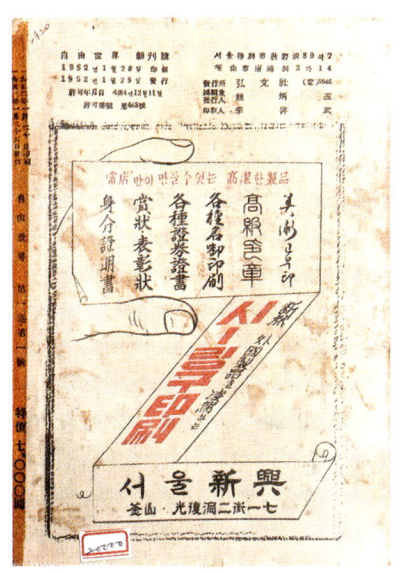

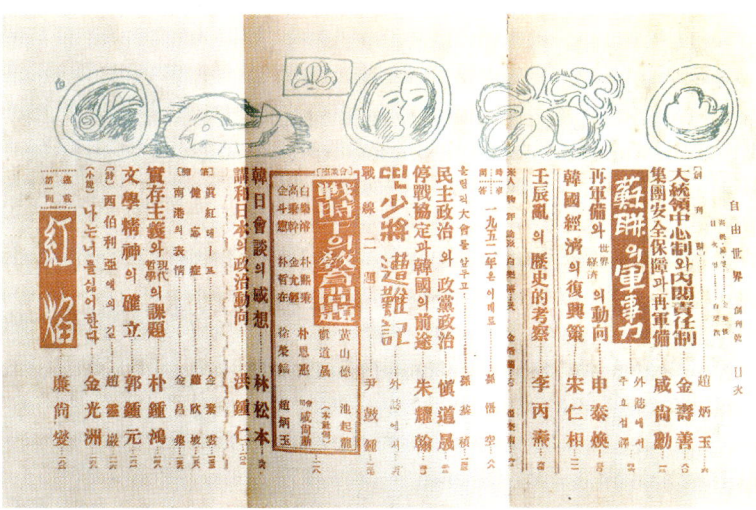

자유예술

題　　號	自由藝術 第1號	판　　형	15x21
발 행 일	1952.11.05.	발행편집인	自由藝術人聯合
표지화, 컷	表紙컷: 金榮柱, 白榮洙	간별, 정가	부정기, 5,000원
면　　수	128	인 쇄 소	
발 행 처	自由藝術人聯合(臨時事務所 釜山市 南浦洞 2가3)	기　　타	부산, 문예지.

　『자유예술(自由藝術)』은 1952년 6월 28일 결성된 자유예술인연합(自由藝術人聯合)에서 발행한 문예지이다. 1952년 11월 5일 창간되었다. 창간호의 발행 겸 편집인은 자유예술인연합(臨時事務所 釜山市 南浦洞 2가3)이었고, 정가는 5,000원이었으며, 총 면수는 128면이었다. 표지·컷은 김영주(金榮柱)와 백영수(白榮洙)가 맡았다.

　목차를 보면, 김광섭(金珖燮)이 쓴 〈창간사〉에 해당하는 글 「자유예술창작에 제(際)하여」에 이어 잡지의 앞부분에는 평론 및 논문을, 뒤에는 〈시〉, 〈소설〉 등 문예작품을 수록하는 체재로 구성하였다. 평론 및 논문으로는 김송(金松)의 「민주문화(民主文化)의 방향(方向)」, 박기준(朴琦俊)의 「한국예술인(韓國藝術人)의 민주적(民主的) 참여(參與)」, 양병식(梁秉植)의 「현대소설의 문제」, 전창근(全昌根)의 「전쟁(戰爭)하는 한국영화(韓國映畵)」 등이 실려 있다. 문예작품으로는 오상순(吳相淳)의 「힘의 샘꼬는 터지다」, 김경린(金璟麟)의 「나는 불행(不幸)한 녹음기(錄音機)인가」, 김규동(金奎東)의 「진공회담(眞空會談)」, 노천명(盧天命)의 「불덩어리가 되어」 등의 시와 최태응(崔泰應)의 「무지개」, 유주현(柳周鉉)의 「심화(心

火)」, 박연희(朴淵禧)의 「인간실격(人間失格)」 등의 소설 작품이 실려 있다. 마지막으로 〈부록〉으로는 자유예술인연합 「선언(宣言)」과 「헌장(憲章)」, 「유네스코와 세계자유예술인(世界自由藝術人)에게 보내는 메시지」, 「정부와 국회에 보내는 메시지」, 「건의서」 등이 실려 있다.

한국전쟁 중에 나온 잡지답게 '자유진영'에 대한 예술적 참여라는 목적을 선명히 드러내고 있다. 잡지의 부록에 실린 「선언」은 "오늘 우리는 국제적으로 연결된 반공투쟁 속에서 정치적 위기와 사회적 혼란에 봉착하고 있다"며, "민족의식이 자유세계를 향하여 자주적으로 발전하여 나아가는 이 위대한 역사적 시련 과정에 처하여" "사색하며 행동하는 혁신적인 신흥사회의 형성 속에서 예술인의 지위를 차지하고 있는 민족의 순수한 아들로서 민중의식의 전위에 엄연히 서서 일체의 예술 활동을 국가와 민족에게 봉사하면서 신흥사회의 건설과 제도에 우리의 문화의식을 반영시키고자 한다"고 포부를 밝히고 있다.

이처럼 『자유예술』은 한국전쟁 시기 문인들 및 기타 예술인들이 '자유진영'에 참여하여 활동하는 양상을 보여주는 자료다. 개인이 소장한 『자유예술』 제1호를 DB화 하였다.

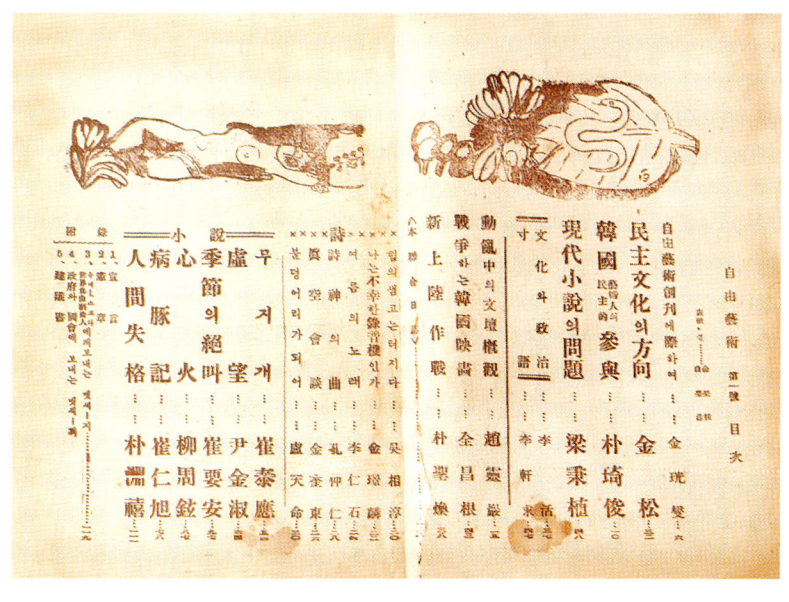

자유평론

題 號	自由評論 創刊號	판 형	19x26
발 행 일	1951.09.01.	발행편집인	金度演
표지화, 컷	表紙・컷: 宋彬	간별, 정가	월간, 2,000원
면 수	38	인 쇄 소	啓文社(代表: 金成萬), 印刷人: 吳周煥
발 행 처	救國總力聯盟(釜山市 中央洞 4街 46)	기 타	부산, 9月號, 종합잡지.

『자유평론(自由評論)』 창간호는 구국총력연맹(救國總力聯盟)에서 1951년 9월 1 일에 발행한 종합잡지이다. 『자유평론』 창간호의 판권사항을 보면 발행 겸 편 집인 김도연(金度演), 인쇄인 오주환(吳周煥), 인쇄소는 계문사(啓文社, 대표 김성 만), 발행처는 구국총력연맹으로 부산시 중앙동 4가 46에 주소를 두었다. 정 가 2,000원으로 총 38면이다.

앞표지에는 목차 정보 간략본이 나와 있고, 뒤표지에는 창간을 축하하는 대선발효공업주식회사(大鮮醱酵工業株式會社)의 광고가 실려 있으며, 표지 장식 과 컷은 송빈(宋彬)이 맡았다.

'새나라 건설'을 다짐하는 간결한 〈창간사〉에 이어 최재희의 「자유주의의 본질」, 공학박사 원태상(元泰常)의 「전후부흥기획(前後復興企劃)의 지침(指針)」이 들어 있어 지금이 전시 체제인 것을 실감할 수 있으며 이 잡지가 구국총력연 맹의 기관지임을 알게 한다.

구체적으로 살펴보면, 주요 〈논단〉으로 김도연의 「전시(戰時)재정(財政) 및 금융책(金融策)에 대하여」, 신도성(慎道晟)의 「세기(世紀)의 고뇌(苦惱)-국제정세

전망(國際情勢展望)」, 김삼규(金三奎)의 「현정국(現政局)의 동향(動向)과 전망(展望)」, 조규동(趙奎東)의 「친일강화(親日講和)와 한국의 입장」이 있으며, 곧이어 〈좌담〉 「정전(停戰) 뒤에 오는 문제」를 세 사람이 참여해 토의했다. 〈지상문답(紙上問 答)〉으로 4명의 청년이 '내가 장관이 된다면'에 답한 글도 눈에 띈다. 이밖에 〈수필〉, 〈시〉, 〈소설〉 등도 있는데 안수길(安壽吉)의 수필 「급수공덕(給水功德)」, 김동오(金東鳴)의 시 「창의문(彰義門)밖」과 함께 염상섭의 소설 「비스킷과 수류 탄」이 6페이지에 걸쳐 게재되어 있다.

〈편집후기〉를 보면 『자유평론』의 전신(前身)이 『구국(救國)』임을 알 수 있으 며, 김삼규의 원고가 잘려 나갔다는 것도 알 수 있다. 전시 중에 새로운 이름 으로 발간된 『자유평론』은 부산에서 구국총력연맹이 발행한 잡지라는 점에 서 자료적 가치를 지닌다. 개인이 소장한 『자유평론』 제1호를 DB화 하였다.

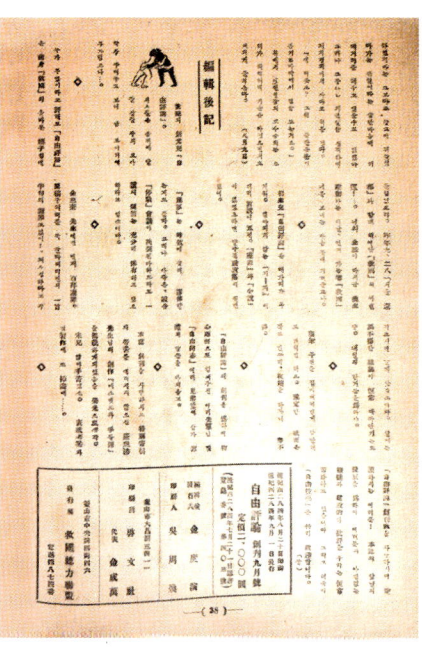

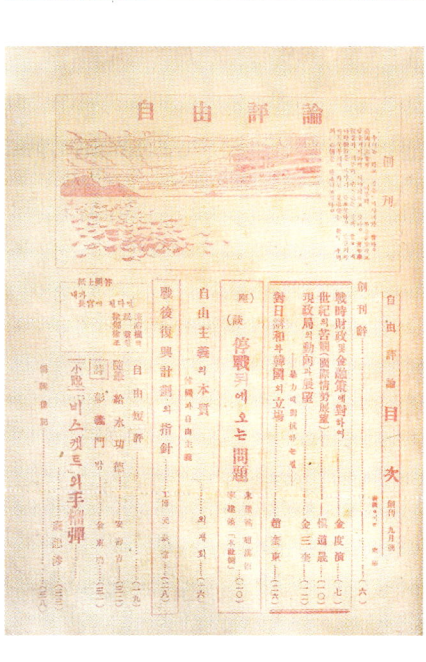

자정

題　　　號	子正 創刊號	판　　　형	14.8x20.5
발　행　일	1974.04.14.	발행편집인	동아대학교 子正文學同人會
표지화, 컷	題字: 金奉根	간별, 정가	부정기, 비매품
면　　　수	30	인　쇄　소	반도인쇄사
발　행　처		기　　　타	부산, 指導: 具然軾, 문학동인지.

　　『자정(子正)』창간호는 동아대학교 자정문학동인회(子正文學同人會)에서 1974
년 4월 14일 인쇄, 발행한 동인지이다. 판권사항을 살펴보면, 발행 겸 편집인
은 동아대학교 자정문학동인회, 인쇄소는 반도인쇄사(전화 42-4155), 총 30면
으로 비매품이다. 세로쓰기로 되어 있다. 제자(題字)는 김봉근(金奉根) 교수, 지
도는 구연식(具然軾) 교수가 담당하였다.

　　목차를 살펴보면, 첫 면에 〈시(詩)에 에스프리〉라는 제목이 있고, 그 아래
목차가 제시되었다. 동인지 창간호답게 〈자정선언(子正宣言)〉으로 동인지를
시작하고 있다. 1971년 10월에 작성된 〈자정선언〉에서 "건강한 생리와 차분
한 문학정신의 본질을 사명으로 개성의 신념을 주장하기 위해서 동인회를 결
성"한다고 주장하였다. 또한 삶의 진실이 분명히 존재하는 사실의 확신으로
최대한 용기를 가지며, 그 용기로 진실을 찾아내는 것이 가장 강력한 사명이
기에 이에 동참할 동아대학교 학생들의 참여를 바란다는 내용으로 마무리를
하였다.

　　〈권두언〉이라 할 수 있는 구연식 교수의 「7De'의 미학(美學)」이 실려 있다.
이후 배형우의 「73 여름이야기(I)」를 비롯하여 총 12명의 작품 24수가 실려

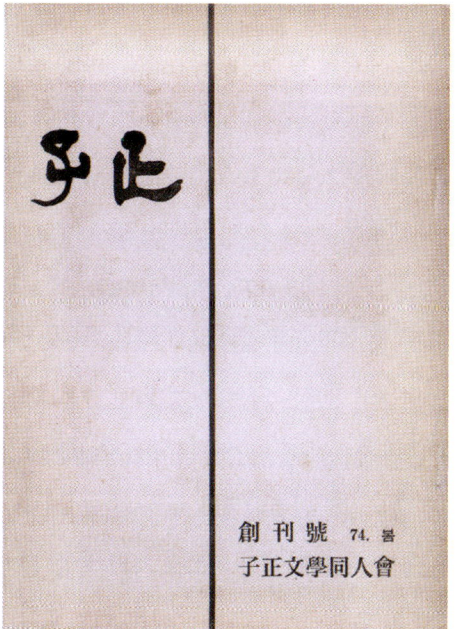

子正

創 刊 號 74. 봄

子正文學同人會

있다. 시 작품의 말미에는 "작가의 변"이라고 할 수 있는 칸이 마련되어 있어, 시를 대하고 삶을 대하는 시인들의 마음을 드러내고 있다.

끝에는 〈동인 명단〉과 〈편집후기〉, 〈판권지〉가 한 면에 제시되어 있다. 〈동인명단〉을 살펴보면, 배형우(국문과 졸업), 전경수(경제과 졸업), 안종락(경제과 졸업), 황정자(가정과 졸업), 정함용(국문과 졸업), 김옥임(국문과 재학), 최상찬(원예과 재학), 강영환(경영과 재학), 홍일동(경제과 재학), 백지영(화학과 재학), 조남숙(가정과 재학), 이수영(법학과 재학) 등 총 13명이며, 졸업생과 재학생이 고루 섞여 있는 구성을 보여주고 있다. 동인들의 학과는 국문과, 경제과, 가정과, 음악과, 원예과, 경영과, 경제과 법학과 등으로 매우 다양한 점이 특징이다.

이처럼 『자정』은 동아대학교 졸업생과 재학생으로 구성된 자장문학동인회의 작품 활동 양상을 살펴볼 수 있는 자료로 가치가 있다. 개인이 소장한 『자정』 창간호를 DB화 하였다.

【동인명단】

이수영 (박약과)
조남숙 (규정과)
백지영 (회화과)
홍일동 (경영과)
강영환 (천예과)
희삼란 (국문과)
김옥인 (국문과)
정합룡 (음악과)
안경숙 (가정과)
황정자 (경제과)
안종락 (경제과)
전경수 (국문과총합)
애현우

【편집후기】

처음부터 끝까지 흩어진 힘을 앞것 같으나, 실려 해 주신 지도교수님의 덕분으로 일제 빛을 보게된 子正. 여러가지 고심을 아끼지 않은 반도인쇄사에 감사를 드린다.

가정의 힘이 드디어 나타나는 것임을 나타낸 것이니 동인 모두가 인쇄소 등니이 낭도록 경과 이리라.

〈松〉
〈강〉

文學同人誌
子 正 創刊號

《비 램》

편집發行
印刷 一九七四年 四月 十四日
발행 동아대학교 子正文學同人會
인쇄처 반도인쇄사
전화 ④二—一五五

— 30 —

編字 : 金奉楗 敎授
指導 : 具滋赦 敎授

<詩와 에스프리>

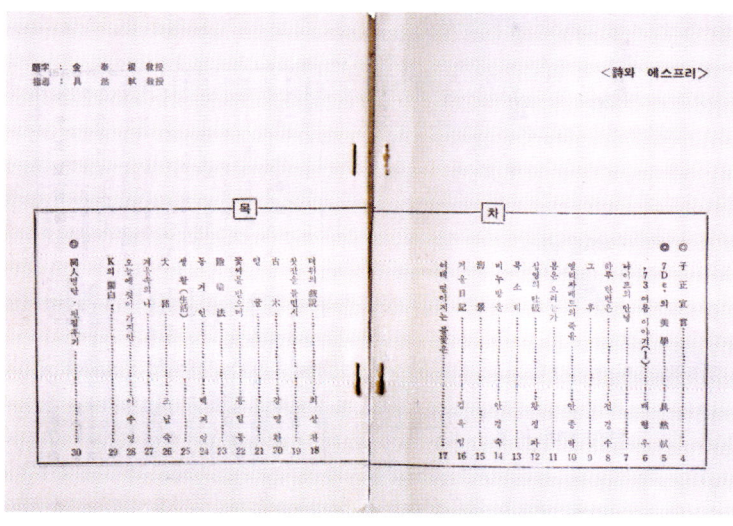

전시과학

題　　　號	戰時科學 第1卷 第1號	판　　　형	14.5x21
발 행 일	1951.08.15.	발행편집인	發行: 金東一, 編輯: 趙奎東
표지화, 컷	表紙·컷: 趙炳德	간별, 정가	격월간, 3000원
면　　　수	93	인 쇄 소	韓國出版社印刷工場 金天櫂
발 행 처	戰時科學研究所(釜山市 中央洞 3街 10)	기　　　타	부산, 종합과학잡지.

　『전시과학(戰時科學)』은 전시과학연구소(戰時科學研究所)가 발행한 종합과학
잡지이다. 수집한 판본은『전시과학』제1호와 제2호이다. 전시과학연구소는
소장 김동일, 부소장 김기석(金基錫)이 맡았으며 인문과학연구와 자연과학연
구를 중심으로 "전시하의 학자로서 과학인으로서 기술자로서 전쟁 수행에
도움이 될 이론과 실적면의 연구와 그 실적을 통하여 전시 국가가 요망하는
바 사명을 다하고저" 창립한 단체이다.

　1951년 8월 15일 발행한 제1호의 판권 사항을 보면, 편집인은 조규동(趙奎
東), 발행인은 김동일(金東一), 인쇄인은 김천운(金天櫂), 발행처는 전시과학연
구소(부산시 중앙동 3가 10), 인쇄소는 한국출판사 인쇄공장(韓國出版社 印刷工場)이
다. 표지 컷은 조병덕(趙炳悳), 총 93면이며 특가 3,000원이다. 앞표지 속지에
는 부산 소재『국제신보(國際新報)』의 창간 축하 광고와 전시연합대학교(戰時聯
合大學校)[1]의 명단이 실려 있고, 판권지 위에는 창간을 축하하는 목포일보사(木

---

1) 전시연합대학교: 국립서울대학교, 연희대학교(현, 연세대학교), 고려대학교, 이화대학
　　　　(현, 이화여자대학교), 조선대학교, 단국대학교, 동아대학교, 대구사범
　　　　대학, 여자의과대학.

浦日報社) 사장 김대중(金大仲)의 광고가 실려 있다. 훗날 대한민국 제15대 대통령이 된 김대중의 한자명이 金大中이 아니라 金大仲으로 표기되어 있는 점이 인상적이다. 김대중의 한자명이 오늘날의 金大中으로 개명된 시점은 정확하게 밝혀진 바가 없다.

한편 소장 김동일은 〈창간사〉를 통해『전시과학』은 "우리나라 과학인의 지적 활동이 다소라도 활기를 더하게 되고, 또 동시에 그 지성과 기술과 정열과 센스가 本誌(본지)를 통하야 일반 사회에 전달"하는 것을 목적으로 하고 있음을 알렸다. 이를 위해『전시과학』에서는 과학뿐만 아니라 정치. 경제, 의학, 농업 등 다양한 내용을 실었으며, 구성은 인문과학과 자연과학 연구자들의 글로 이루어져 있다. 구체적으로 보면, 서울대학교 문리대 교수 이숭녕(李崇寧)의 「전시(戰時) 문화정책론(文化政策論)」, 고려대학교 총장 유진오(俞鎭午)의 「개헌론 시비(是非)」, 신도성(慎道晟)의 「민주주의의 근본적 고찰」, 최호진(崔虎鎭)의 「한국경제의 당면 과제」, 서울대학교 대학원 원장 윤일선(尹日善)의 「전시 의학론(戰時 醫學論)－전쟁과 의학」, 전 농림부 차관 주석균(朱碩均)의 「한국 식량문제의 분석」, 공학박사 전풍진(田豊鎭)의 「전시(戰時) 대한제지공업(大韓製紙工業)을 논(論)함」 등이 보인다. 〈편집후기〉에는 부산의 출판 현황이 열악해 대구에서 인쇄했다고 전하고 있다.

1951년 10월 30일 발행한 제2호는 서울대학교 교수인 이병도(李丙燾)의 「민족정기론(民族正氣論)」 등 연구자들의 글과 6편의 〈해외과학 소식〉이 게재되어 있다. 〈학자 소식〉에는 부산에서 체재하고 있는 전시연합대학 교수인 박종홍(朴鍾鴻), 유진오, 김기석, 이상백(李相柏) 등 40여 명의 일상과 전쟁 참여 시찰 등을 소개하고 있다.

『전시과학』은 한국전쟁 당시 저명한 지식인들의 사고와 전쟁상황에 대한 인식을 살펴볼 수 있는 귀중한 자료이다. 개인이 소장한『전시과학』제1호와 제2호를 DB화 하였다.

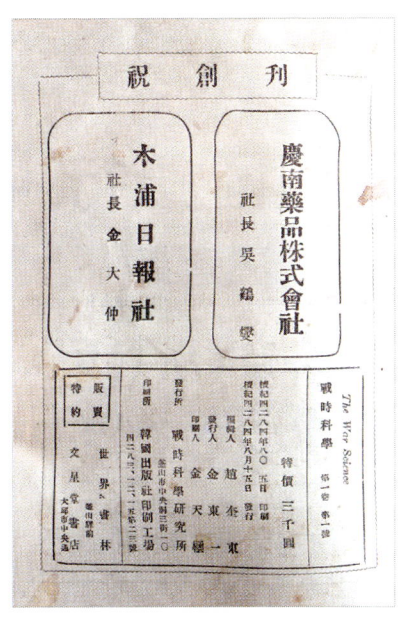

祝 創刊

慶南藥品株式會社
社長 吳碩燮

木浦日報社
社長 金大仲

The War Science
戰時科學 第一卷 第一輯

特價 三千圓

檀紀四二八四年八〇五日 印刷
檀紀四二八四年八月十五日 發行

編輯人 趙在東
發行人 金天東
印刷人 金一東
印刷所 韓國出版社印刷工場
發行所 戰時科學研究所
釜山市中央洞三街一〇

販賣特約 世界書林
交星堂 大邱府中央通

전우

題　　　號	電友 創刊號	판　　　형	15x21
발　행　일	1953.03.10.	발행편집인	發行: 朴萬西, 編輯: 姜在殷
표지화, 컷	表紙: 池熙慶	간별, 정가	월간, 비매품
면　　　수	97	인　쇄　소	啓文社印刷所(釜山市 大昌洞 341番地), 代表 金成萬
발　행　처	南鮮電氣株式會社(釜山市 土城洞)	기　　　타	부산, 기관지.

　　『전우(電友)』는 남선전기주식회사(南鮮電氣株式會社, 현 한국전력공사 전신)에서 발간한 사보(社報)이다. 수집한 판본은 1953년 3월 1일에 발행한 제1호이다. 제1호의 판권 사항을 보면, 발행인은 박만서(朴萬西), 편집인은 강재은(姜在殷), 발행처는 남선전기주식회사(釜山市 土城洞), 인쇄소는 계문사인쇄소(啓文社印刷所, 釜山市 大昌洞 341番地)이며, 총 97면에 비매품이다. 표지화는 지희경(池熙慶)이 그렸다.

　　잡지 창간에 대한 정보는 남선전기주식회사의 사장 박만서의 〈창간사〉를 통하여 구할 수 있다. 〈창간사〉는 네 개 단락으로 되어 있는데 첫 번째 단락에는 남선전기주식회사의 연혁과 규모, 당시 전기 공급 상황 등이 제시되어 있으며 이를 통하여 박만서는 사람들에게 해방과 전쟁으로 인한 국가 존망의 최전선에서 남선전기의 역할이 중요하다는 사실을 상기시키고 있다. 사외보 『전우』의 창간 목적이 두 번째 단락에서 드러나는데 구성원 3,800여 명의 소통을 위해, 그리고 전기 기술에 관한 본사의 동정을 알리기 위해, 마지막으로 구성원의 마음의 양식을 위한 것이라고 밝혔다. 이로써 『전우』가 민족생활

부산잡지해제

00446

의 과학화를 위한 전위가 되겠다는 포부를 드러내었다. 1887년 건청궁 향원
정에 전깃불을 밝힌 이후, 1948년 단전의 위기를 맞아 1950년대는 전력 공급
대란으로 기록되어 있다.

　제1호의 구성은 〈창간사〉를 시작으로 〈축사(祝辭)〉, 〈송(頌)〉, 〈일인일제(一人
一題)〉, 〈수양(修養)〉, '새로운 기술'과 회사 관련 글, 〈프로필〉, 〈르포르타주〉,
〈시〉, 〈수필〉, 〈창작〉, 〈편집후기〉 등으로 구성되어 있다. 〈축사〉에는 부통
령 함태영(咸台永)의 축사와 민의원(民議院) 의장 신익희(申翼熙)의 「전력은 국력
의 원천」이라는 원고가 들어있으며, 함태영의 붓글씨 '양양남전 전우영창'(洋
洋南電 電友永昌)에 관인이 찍혀서 창간사 앞에 놓았다. 당시 부통령의 축사가
들어있다는 것은 이 지역 잡지의 시대적 중요성을 시사한다. 목차에서 강조

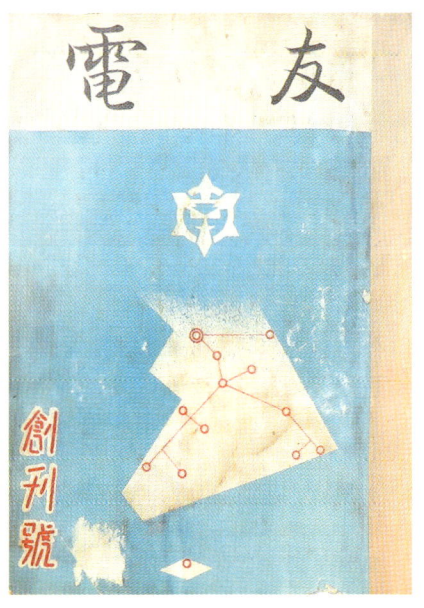

하고자 하는 원고는 크고 굵은 글씨로 되어 있는데 소오(小梧) 설의식(薛義植)의 〈송〉「3·1절」, 이용우의 「현 요금면(現 料金面)으로 본 남전운영(南電運營)의 고경(苦境)」, 〈창작〉 가운데 김동리의 「마음에 피는 꽃」과 오영수의 「이사(移舍)」가 크고 굵게 강조되어 있다. 김달진(金達鎭)의 「천대(賤待)받는 마음」이라는 시 작품도 눈에 띈다.

〈편집후기〉에는 〈수양〉 란에 「회사원의 길」을 기고한 이건혁 선생에 대해서 감사를 밝히고 있다. 또한 한국영화평론계의 거성 이청기(李淸基)의 글을 유감스럽게도 이번 호에 실지 못했다는 것과 양병식(梁秉植)의 「예술가와 동심(童心)」이 재수록임을 밝혔다. 편집위원회 멤버는 위원장 강재은, 논설부장 김상신, 기술부장 정진양, 문예부장 정건양, 편집부장 안효길이 맡았고 각 부에 속한 부원들의 이름도 명기되어 있다. 논설부, 기술부, 문예부에 부원이 4명씩이고 편집부 부원은 윤태원 한 명이다. 〈편집후기〉를 통해서 『전우』가 매월 발행된다는 것을 알 수 있다. 다만 창간호 이후 몇 호까지 발행되었는지는 현재 알 수 없다.

『전우』는 당시 설립 인가를 받았던 한성전기, 경선전기, 남선전기, 조선전업 중 남선전기회사에서 월마다 발행한 잡지로서 1961년 한국전력주식회사로 통합되기까지 전기 관련 글과 더불어 다양한 문예 글을 확인할 수 있다는 점에서 검토가 필요하다. 전력 공급이 문명사에서 차지하는 위치를 생각하면 전력과 관련한 잡지 『전우』의 위치를 추측할 수 있다. 개인이 소장한 『전우』 제1호를 DB화 하였다. 하채현, 『1950년대 지역 잡지 電友에 발표된 오영수의 「이사」의 판본 연구』, 2022를 참고하였다.

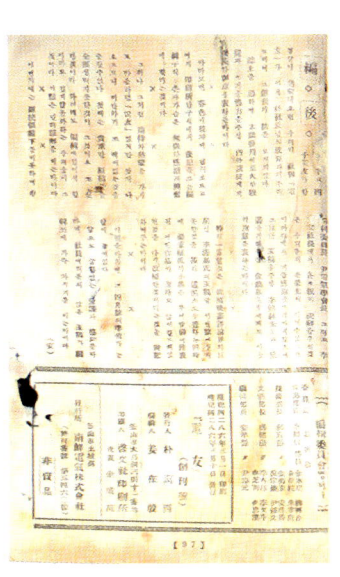

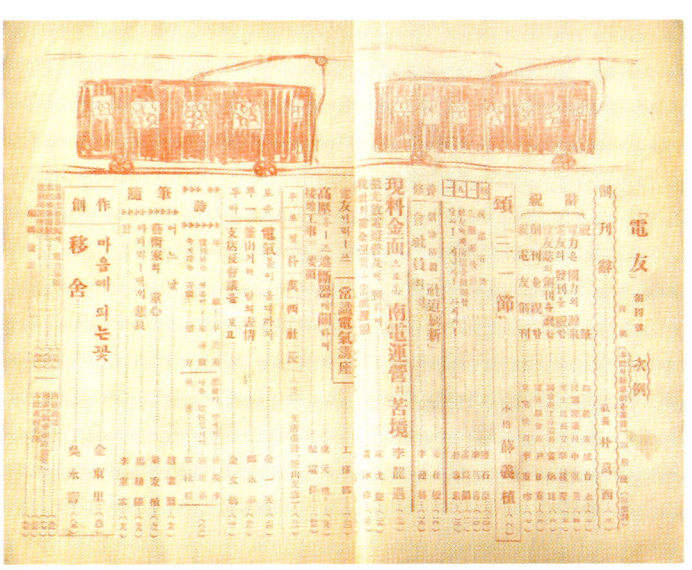

절대시

題　　　號	絶對詩 6人集	판　　　형	14.5x20.8	
발　행　일	1980.10.15	발행편집인	發行: 盧圭鉉	
표지화, 컷		간별, 정가	부정기, 1200원	
면　　　수	52	인　쇄　소		
발　행　처	連谷書館	기　　　타	부산, 著者: 絶對詩同人會, 문예지.	

　　『절대시(絶對詩)』는 연곡서관(連谷書館)에서 1980년 10월 15일에 발행한 문예지이다. 『절대시(絶對詩)』의 판권사항을 보면, 발행인은 노규현(盧圭鉉), 저자는 절대시 동인회(絶對詩 同人會), 발행처는 연곡서관(부산시 중구동광동 3가 7-2번지, 전화 23-0609)이며, 정가 1200원으로 총 52면이다. 절대시 동인은 총 6인으로, 하현식(河賢埴), 진경옥(陳景玉), 유병근(劉秉根), 양왕용(梁汪容), 박청륭(朴清隆), 김성춘(金成春)이다. 김성춘을 제외한 다른 동인은 모두 부산시에 거주하였으며, 양왕용은 부산대학교 사범대학 국어교육과에 재직하였고, 김성춘과 하현식은 고등학교 교사이다.

　　동인지의 성격을 알 수 있는 서문이나 권두언, 혹은 서평 등이 존재하지 않는다. 차례는 시인 이름의 가나다 순서로 배치하였으며, 김성춘의 「풀잎제(祭)」 외, 박청륭의 「아쟁이 풍(風)」, 양왕용의 「점묘(點描)의 고뇌(苦惱)」, 유병근의 「목탄화(木炭畵)」 외, 진경옥의 「명자나무 분(盆)」 외, 하현식의 「근황(近況)」 외 등으로 구성되었다. 각각의 시인들 작품을 제시하기 위한 첫 면은 시인 이름과 작품 제목만 제시하고 있을 뿐, 작가의 말이나 후기 등도 없다.

이러한『절대시(絕對詩)』는 6인으로 구성된 절대시 동인회의 창작 활동을 살펴볼 수 있는 자료로 가치가 있다. 개인이 소장한『절대시(絕對詩)』를 DB화 하였다.

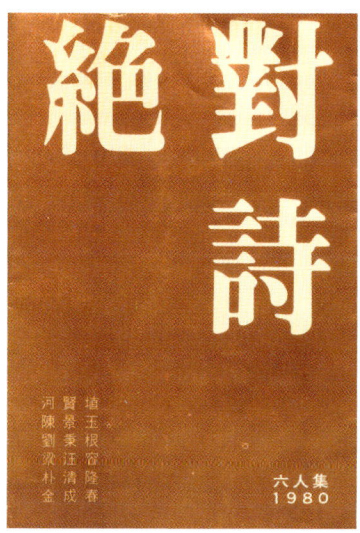

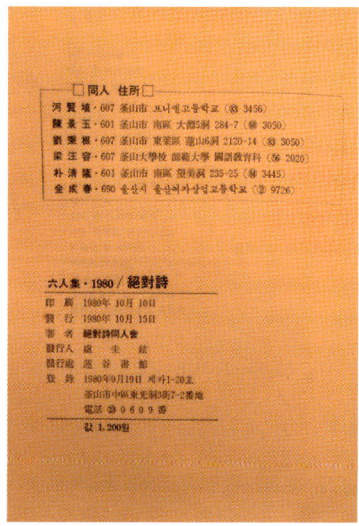

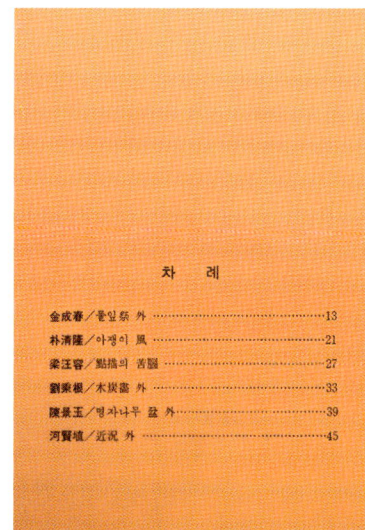

정토문화

題　　號	淨土文化 第12號	판　　형	15x20.8
발 행 일	1959.04.01.	발행편집인	發行: 李法弘, 編輯: 金道鉉
표지화, 컷		간별, 정가	월간, 150환
면　　수	58	인 쇄 소	淨土文化社工務局(釜山市 草梁洞 4街 768)
발 행 처	淨土文化社(釜山市 草梁洞 4街 843)	기　　타	부산, 4月號, 불교잡지.

『정토문화(淨土文化)』는 정토문화사(淨土文化社)에서 발행한 불교잡지이다. 현재 확보한 제12호(4월호)의 판권사항에 따르면 1959년 4월 1일에 발행되었으며, 발행 겸 편집은 이법홍(李法弘), 주필 겸 편집국장은 김도현(金道鉉), 발행처는 정토문화사(부산시 초량동 4가 843), 인쇄는 정토문화사 공무국(부산시 초량동 4가 768)이다. 총 58면으로, 매달 1회 발간하였으며, 정가는 150환(圜)이다.

정토문화사에서는 목차 뒤편에 「독자 제현에게 부탁의 말씀」을 실어 "간신히 한국에 하나밖에 없는 불교지임으로 책을 보신 분은 속히 속히 한 사람이라도 더 많이 읽게 하여 본사업의 뜻에 성원하여 주심을 간절히 바랍니다."라고 당부하였다. 이를 통해 당시 유일한 불교잡지로서 『정토문화』가 가진 의미를 살펴볼 수 있다.

목차의 구성은 〈사진뉴스〉와 〈권두사(卷頭辭)〉를 시작으로 여러 투고 글과 〈특집〉, 〈독자의 페지〉 등의 코너로 짜여있다. 이 가운데 뇌허(雷虛) 김동화(金東華)의 「미타사상(彌陀思想)의 제문제(諸問題)」, 김도현의 「지성인(知性人)의 불교(佛敎)」가 주목된다. 다음으로 독자 투고 코너인 〈독자의 페지〉에 실린 박이

술(朴二述)의 시 「낙동강」과 김혜명(金慧明)의 시 「인과(仁果)」도 눈에 띤다.

이처럼 『정토문화』는 부산지역 불교계의 동향을 살펴볼 수 있는 자료로 가치가 있다. 개인이 소장한 『정토문화』 제12호를 DB화 하였다. 김광식 편저 · 윤창화 사진, 『한국불교 100년:1900~1999』, 민족사, 2000을 참조하였다.

JUNG TO MUN HWA

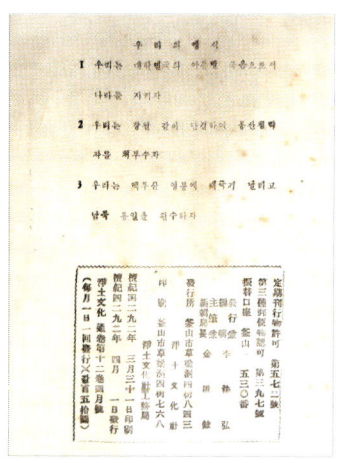

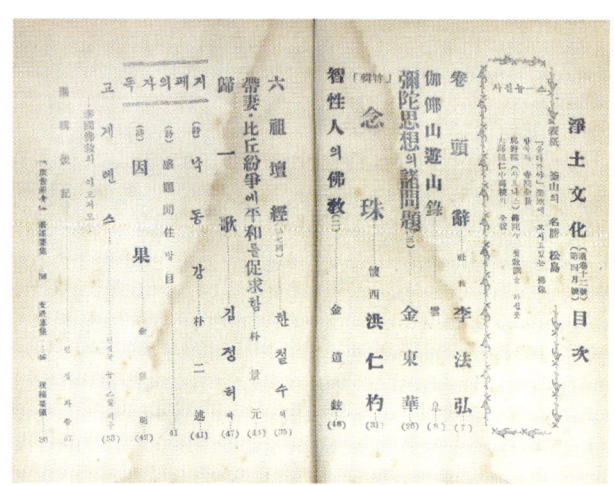

종

題　　　號	종 제9호	판　　　형	15x20.5
발 행 일	1956.07.20.	발행편집인	펴낸 이: 강재호, 엮은 이: 부산사범학교 학도호국단 문예반
표지화, 컷	표지 및 속표지: 교사 김윤민, 컷: 3학년 박자금, 제자: 교장 강재호	간별, 정가	연간, 비매품
면　　　수	130	인 쇄 소	
발 행 처		기　　　타	부산, 교지.

　『종』제9호는 부산사범학교(오늘날 부산교육대학교) 학도호국단 문예반에서 1956년 7월 20일에 발행한 교지이다. 『종』제9호의 판권사항을 보면, 펴낸이는 강재호이고, 엮은이는 부산사범학교 학도호국단 문예반이며, 비매품으로 총 130면이다. 제자는 교장 강재호, 표지 및 속표지의 그림은 교사 김윤민이 그렸으며, 컷은 3학년 박자금이 담당하였다. 목차에 앞서 학교의 교훈(校訓) "일하자 배우자"가 화보와 함께 배치되어 있다.

　목차를 살펴보면, 교장, 교감의 당부의 말을 시작으로 〈논단〉, 〈시단〉, 〈일기문〉, 〈기행문〉, 〈추도문〉, 〈수필〉, 〈창작〉 등이 있고, 사이사이에 토막글 등이 삽입되어 있다.

　당부의 말로는 강재호 교장의 「휴가(休假)로 가정에 돌아가는 학생들에게」, 교감 김계원의 「내리적기(縱書)와 가로적기(橫書)」, 교사 김현중의 「인격과 교육」이 있다. 〈논단〉은 교사와 학생들이 게재한 것으로 해양개척, 민주주의, 태양력과 태음력, 천직, 우정 등 다양한 주제를 다루고 있다. 교사 배옥희의 시 「수(愁)」, 교사 남궁한의 수필 「잠꼬대」, 교사 이득재의 수필 「모순」이 실린

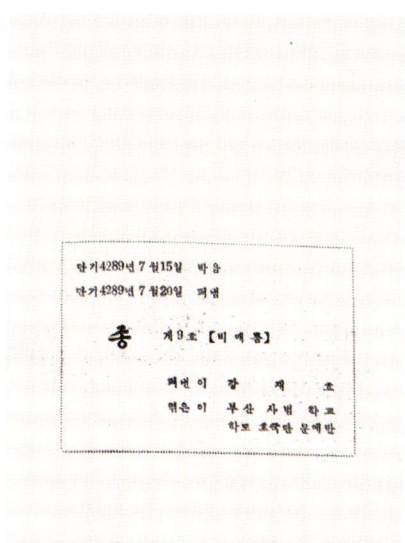

단기4289년 7월15일 박음
단기4289년 7월20일 펴냄

종   제9호【비매품】

펴낸이 강   재   호
엮은이 부 산 사 범 학 교
학도 호약단 문예반

뒤에 본격적으로 학생들의 시가 실린 〈시단〉이 이어진다. 〈시단〉에는 2학년 이항의 「고독」부터 3학년 하양명의 「천륜」까지 총 23편의 시가 실려 있다. 〈수필〉에는 3학년 송금자의 「뜻하지 않은 이별」을 포함하여 총 10편의 작품이 실려 있다. 〈창작〉코너는 4편의 짧은 소설작품과 조금 긴 「귀착」이 실려 있다.

끝으로 〈편집후기〉에서는 편집과 관련하여, 한정된 지면에 많은 작품을 싣지 못한 아쉬움, 교지의 발전을 위한 마음에 넣은 만화 몇 편, 여름방학을 맞이하여 발간하게 된 기쁨과 고민 등과 함께 다음 호인 10주년 기념호에 대한 기대를 드러내고 있다.

이처럼 『종』은 1950년대 중반 부산사범학교 구성원들의 다양한 관심사와 문예 작품을 살펴볼 수 있는 자료로 가치가 있다. 개인이 소장한 『종』 제9호를 DB화 하였다.

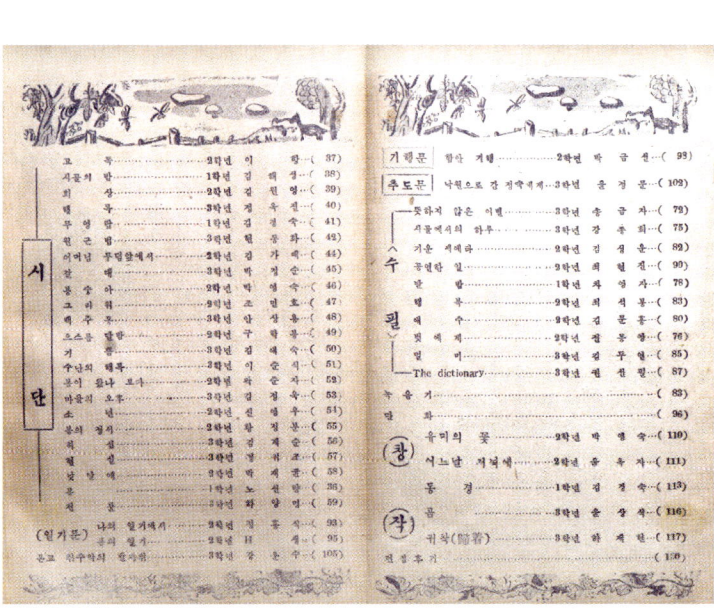

종친회회보

題　　　號	宗親會會報 第4號		판　　　형	16.7x25	
발 행 일	1954.		발행편집인		
표지화, 컷			간별, 정가	부정기, 비매품	
면　　　수	51		인 쇄 소		
발 행 처	釜山金海金氏宗親會		기　　　타	부산, 종친회지.	

　『종친회회보(宗親會會報)』는 부산 김해김씨 종친회 (金海金氏宗親會)에서 발간한 회지이다. 종친회는 1946년 부산에서 설립한 것으로 보이며 한국전쟁 이전 제3호까지 간행한 후, 전후인 1954년 제4호를 간행하였다. 수집한 제4호의 판권 사항을 보면, 종친회 회장은 김달범(金達範), 부회장은 김자장(金子章)이며 판권 사항은 기록하지 않았으며, 등사로 인쇄한 회지로 총 51면이다.

　재무부장 김명찬(金明贊)의 「본지 속간에 제(際)하여」에서 회보의 목적을 "회보 편집에 있어 부산에 치중된 偏傾(편경)을 制禦(제어)하는 동시에 지방 각 종친회의 소식을 넓이 채택(採擇)하는데 중점"을 두었음을 밝히며 지방종친회의 협력을 요청하고 있다.

　회보는 종친의 글과 〈연중행사표〉, 〈지방 소식〉, 〈편집후기〉로 구성되어 있다. 회장 김달범의 「씨족단결과 종친회의 재구성」, 이사 김인화(金仁和)의 「개국공사업(開國公事業) 추진에 대하여」, 편집부의 「김해김씨 대동보세계(大同譜世系)」, 김영욱(金榮昱)의 「서악서원(西岳書院) 참배 소감」이 보인다. 〈지방 소식〉에는 양산, 밀양, 진주, 고성, 부산 종친회의 소식과 각 지역 역원명부를 싣고 있다.

이처럼『종친회회보』는 해방과 한국전쟁이라는 역사적 혼란기에도 종친회
의 단결을 엿볼 수 있는 귀중한 자료이다. 개인이 소장한『종친회회보』를 DB
화 하였다.

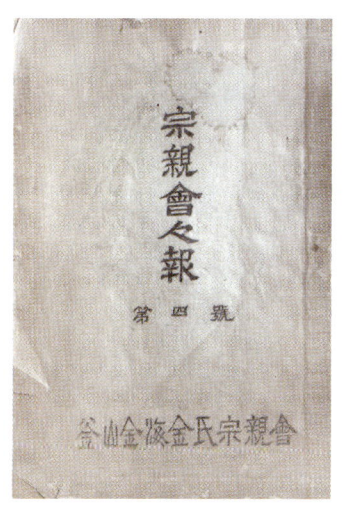

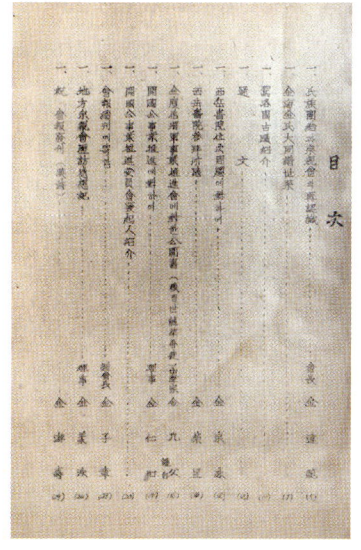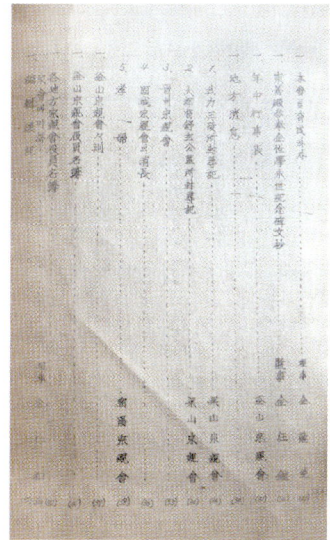

주간경제

題　　　　號	週刊經濟 第7號	판　　　　형	18.5x26
발 　행 　일	1952.09.01.	발행편집인	發行: 宋秉暉, 編輯: 尹泰葉
표지화, 컷		간별, 정가	주간, 비매품
면　　　수	44	인 　쇄 　소	金龍圖書直營印刷工場(釜山市 凡一洞 1282), 印刷人: 金時必
발 　행 　처	大韓商工會議所(釜山市 光復洞 2街 41)	기　　　타	부산, 상공회지.

　　『주간경제(週刊經濟)』는 대한상공회의소(大韓商工會議所)에서 발행한 주간 상공회지이다. 『주간경제』는 원래 서울에서 발행하였으나 한국전쟁기에는 임시수도였던 부산에서 발행하였다. 이 가운데 확보한 제7호의 판권사항을 보면 발행일은 1952년 9월 1일, 발행인은 송병휘(宋秉暉), 편집인 윤태섭(尹泰葉), 발행처는 대한상공회의소 (부산시 광복동(光復洞) 2가 41), 인쇄인은 김시필(金時必, 부산시 범일동(凡一洞) 1282 금룡도서직영인쇄공장(金龍圖書直營印刷工場) 대표)이며, 총 44면에 비매품이다.

　　대략적인 구성은 〈시평(時評)〉, 〈주간전망(週間展望)〉, 〈수상(隨想)〉, 〈회고좌담(回顧座談)〉, 〈주력(週曆)〉, 〈서비스란(欄)〉, 〈통계편(統計編)〉 등의 코너와 각종 경제 관련 기사와 상식 그리고 〈편집후기(編輯後記)〉로 구성되어 있다. 이 가운데 김영휘(金永徽)는 「한국경제(韓國經濟)와 산업은행(産業銀行)」을 통해 산업은행에 대한 구상은 "선진국가에 있어서와 마찬가지 방식으로 유통 과정에 대한 금융만으로서는 해결할 수 없는 문제를 직접적으로 산업면에 직결주입(直結注入)케하여 그 시기와 효과를 단축시키겠다는 적극적 의도가 있음을 인

BUSINESS WEEK

週刊經濟

第七號　4285年 9月1日　發行
1952年

大韓商工會議所 發刊
CHAMBER OF COMMERCE OF KOREA

식"해야 한다고 주장하였다. 다음으로 이동욱(李東旭)은 「자본주의(資本主義)와 사회주의(社會主義)의 대결(對決)」에서 "자유방임주의(自由放任主義)가 긴 안목으로 볼 때 사익(私益)과 공익(公益)과 일치되는 방향으로의 대도(大道)라 하지 않을 수 없"다고 하였다. 이밖에 박종식(朴鍾植)의 「수산업(水産業)의 부진(不振)을 타개(打開)하려면」, 이상덕(李相德)의 「미국(美國) 민주(民主)·공화(共和) 양당(兩黨)의 경제(經濟) 및 대외정책(對外政策)」 등이 눈에 띤다.

이처럼 『주간경제』는 한국전쟁기 경제상황 및 대한상공회의소의 경제인식을 살펴볼 수 있는 자료로 가치가 있다. 개인이 소장한 『주간경제』 제7호를 DB화 하였다. 홍정완, 「한국전쟁과 한국 경제학계의 지적 프레임 변동」, 『한국학연구』 59, 인하대학교 한국학연구소, 2020을 참고하였다.

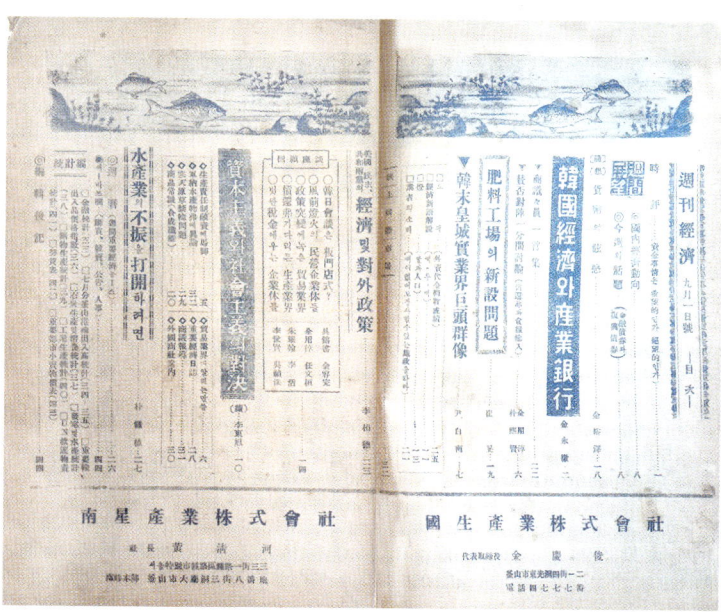

중성

題　　　號	衆聲 第9號	판　　　형	15x21
발　행　일	1949.04.10.	발행편집인	發行: 金煥善, 編輯: 金碩浩
표지화, 컷		간별, 정가	부정기, 150원
면　　　수	80	인　쇄　소	衆聲社 印刷部
발　행　처	衆聲社(釜山府 芙蓉洞 1街 20番地)	기　　　타	부산, 主幹: 金瓚珠, 종합잡지.

『중성(衆聲)』은 중성사(衆聲社)에서 발행한 우익 성향의 월간잡지이다. 1946년 2월 20일에 창간되었다. 현재 제9호를 확보하였다. 제9호의 판권사항을 보면 발행일은 1949년 4월 10일이고, 발행인은 김환선(金煥善), 주간(主幹)은 김찬주(金瓚珠), 편집인(編輯人) 김석호(金碩浩), 발행처는 중성사(부산부 부용동 1가 20번지), 인쇄소는 중성사 인쇄부(衆聲社 印刷部, 부산부 부용동 1가 20번지)이며, 총 80면에 정가는 150원(圓)이다. 발행인 김환선은 피복공장과 인쇄소를 경영하였고, 1949년 부산상공회의소 상임위원을 역임하였다.

주간 김찬주의 〈권두언(卷頭言)〉「미(美)와 통일(統一)」을 보면 "解放 四年(해방 사년)에 吾等 韓族(오등 한족)은 南北(남북)으로 南北(남북)은 또 各各(각각) 左右(좌우)로 … 結局(결국) 四分 對立(사분 대립)한 이 嚴肅(엄숙)한 現實(현실)이 아직껏 繼續(계속)하고 있다는 事實(사실)은 不快 以上(불쾌 이상)의 不快的 事實(불쾌적 사실)이라 아니할 수 없다."라고 하여 해방 직후 좌우대립이 극심하던 상황에서 잡지가 발행되었다는 것을 확인할 수 있다.

목차의 구성은 〈권두언〉을 시작으로 시사, 역사, 현안 등과 관련된 각종 논설과 함께 〈수필(隨筆)〉, 〈시(詩)〉, 〈창작(創作)〉 등의 문학작품도 수록하고 있다. 이 가운데 타임즈(Times)의 기사를 이승욱(李昇旭)이 번역한 「신중국(新中

國)의 영도자(領導者) 모택동(毛澤東)」, 이동순(李東淳)의 「비폭력주의(非暴力主義)와 간디 옹(翁)」 등이 주목된다. 문학작품으로는 현천(玄天)의 시 「오늘을 사랑함은」, 망월대인(望月台人)의 수필 「마음과 피」 등이 있다.

이처럼 『중성』은 해방 직후 부산 지역의 사회적 동향과 문학적 경향을 살펴볼 수 있는 자료로 가치가 있다. 이주홍문학관에서 소장하고 있는 『중성』 제9호를 DB화 하였다. 이순욱, 「광복기 부산 지역 문학 사회의 형성과 창작 기반」, 『석당논총』 50, 동아대학교 석당학술원, 2011과 부산역사문화대전 (https://busan.grandculture.net/?local=busan)을 참조하였다.

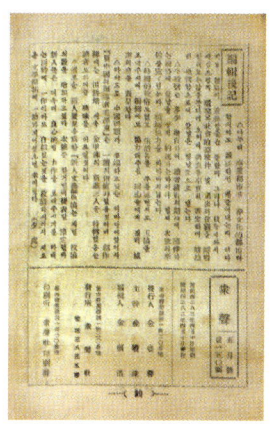
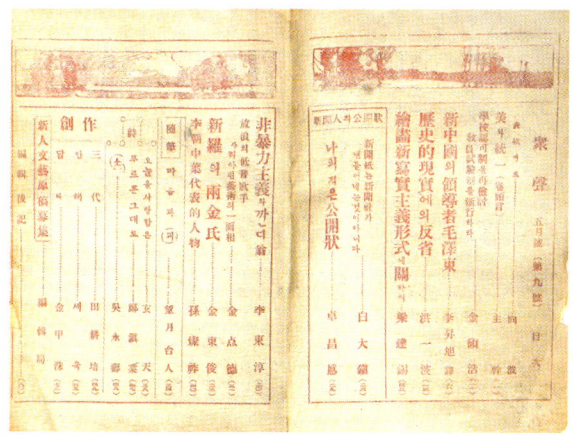

천국복음

題　　　號	天國福音 第13號	판　　　형	15x22
발 행 일	1935.06.01.	발행편집인	編輯: 李昇遠(慶南 東萊郡 魯浦面 魯浦里 430)
표지화, 컷		간별, 정가	부정기, 5전
면　　　수	20	인 쇄 소	漢城圖書株式會社(京城府 堅志洞 32番地) 印刷人: 金鎭浩(京城府 堅志洞 32番地)
발 행 처	天國福音社(慶南 東萊郡 魯浦面 魯浦里 430)	기　　　타	부산, 기독교지.

　『천국복음(天國福音)』은 천국복음사(天國福音社)에서 발행한 종교잡지이다. 현재 확보한 제13호의 판권사항을 보면 발행일은 1935년 6월 1일, 저작 겸 발행자(著作兼發行者)는 이승원(李昇遠), 인쇄인은 경성부 견지동(堅志洞) 32번지 김진호(金鎭浩), 인쇄소는 경성부 견지동 32번지 한성도서주식회사(漢城圖書株式會社), 발행처는 경남 동래군 구포면(龜浦面) 구포리(龜浦里) 430 천국복음사이다. 총 20면으로 1부 정가는 5전(錢)이고 1년 정기구독은 60전이다.

　발간사나 축사는 따로 없이 기도문, 설교문, 찬송가사 등 기독교 포교를 위한 글로 구성되어 있다. 이 가운데 임학찬 목사의 「예수 믿지 않는 분들에게 간청하는 두 가지 말」, 문명록(文明祿)의 「십자가(十字架)의 도(道)」, 이승원의 「한 문둥병자의 믿음」 등이 눈에 띈다. 이밖에 정준모(鄭駿謨) 장로는 한시(漢詩) 8수(首)로 구성된 「위존신지이후(爲尊神旨而憂)하라」를 실었다.

　이처럼 『천국복음』은 식민지시기 부산지역의 기독교 신앙을 살펴볼 수 있는 자료로 가치가 있다. 개인이 소장한 『천국복음』 제13호를 DB화 하였다. 김승태, 『식민권력과 종교』, 한국기독교역사연구소, 2012를 참고하였다.

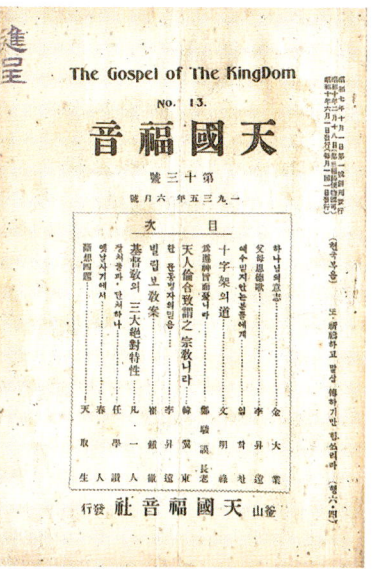

The Gospel of The KingDom

NO. 13.

音福國天

第十三號

一九三五年六月號

目次

天人倫合致謂之宗敎니라 ………………………… 鄭　明

飛罷神前而聲… …………………………………… 文　異

十字架의道 ………………………………………… 李大業

基督敎의 三大絶對特性 …………………………… 任昇賢

빌립보敎案 ………………………………………… 凡　一

예수의지신상살을게 ……………………………… 天春生

發行　釜山　天國福音社

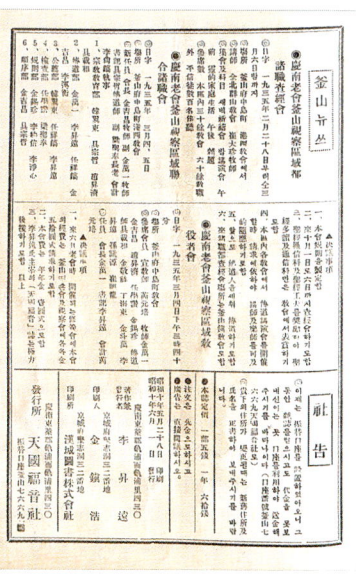

청구

題　　　號	靑鳩 第13號	판　　　형	15x21
발　행　일	1969.01.05.	발행편집인	이인이
표지화, 컷	表紙 및 題字: 교사 金奉鎭, 內容컷: 2년 최주련	간별, 정가	연간, 비매품
면　　　수	252	인　쇄　소	연문인쇄사
발　행　처	慶南女子高等學校	기　　　타	부산, 편집위원: 이인필 · 박정남 · 이옥정 · 이경임, 교지.

　『청구(靑鳩)』제13호는 경남여자고등학교에서 1969년 1월 5일에 발간한 교지이다.『청구』제13호의 판권사항을 보면 지도교사는 구거홍, 편집위원은 이인필, 박정남, 이옥정, 이경임이며, 발행 겸 편집인은 이인이가 담당했다. 인쇄소는 연문인쇄사이며, 총 252면으로, 비매품이다. 표지 및 제자는 교사 김봉진이 그렸으며, 내용 컷은 2학년 최주련이 그렸다. 목차의 앞뒤로는 교지 발간과 졸업을 축하하는 내용의 기업, 동창회, 기성회, 서점 등의 축하광고문이 실려 있다.

　구체적으로 목차를 살펴보면, 학교장 이인이(李仁伊)의 「어엿한 여성」을 비롯한, 교감, 기성회장, 동창회장, 학생회장, 부회장 등의 졸업 〈축사〉가 있다. 이후에는 교지로서의 면모를 보이는 〈논단〉, 〈특별기고 : 현대시론〉, 〈측면에서 본 경남여고〉, 〈대학순례〉, 〈시원〉, 〈수필〉, 〈기행 · 일기〉, 〈콩트〉, 〈창작〉, 〈특별 활동 회고기〉, 〈우리는 이렇게 맺어졌다(자매결연)〉, 〈편집후기〉가 이어진다.

　교지인 만큼 목차의 뒤를 이어, 학교활동과 관련된 사진화보가 실려 있다.

青鳩 1969. 13호

慶南女子高等學校

화보에는 수업을 듣기 위해 학교에 등교하는 학생들의 모습, 교내합창경연대회, 교훈(校訓), 반공교육 표창장, 동아리활동, 어머니 감사제, 교가(校歌), 학생자치회 회의 등 다양한 학생활동의 모습을 담고 있다.

『청구』 제13호는 학교 교지라고는 하지만, 〈특별기고 : 현대시론〉에는 부산여대 교수인 안장현(安章鉉)이 논문을 실었고, 〈측면에서 본 경남여고〉란에는 학무국장, 소설가, 미술평론가, 작곡가, 의사 등 사회지도층이라 할 수 있는 인물들이 글을 실어서 교지로서의 무게감을 살리고 있다.

〈우리는 이렇게 맺어졌다(자매결연)〉 이후에 실린 〈1968년도 수상 일람표〉는 1968년도에 경남여자고둥학교 학생들이 미술, 문예, 음악, 웅변, 체육 활동 등 각종 대외행사에 참석하여 상을 받았던 것들을 기록하였다.

이처럼 『청구』는 1960년대 말 경남여자고등학교 교사와 학생들의 관심사와 문학적 소양을 살펴볼 수 있는 자료로 가치가 있다. 이주홍문학관에서 소장하고 있는 『청구』 제13호를 DB화 하였다.

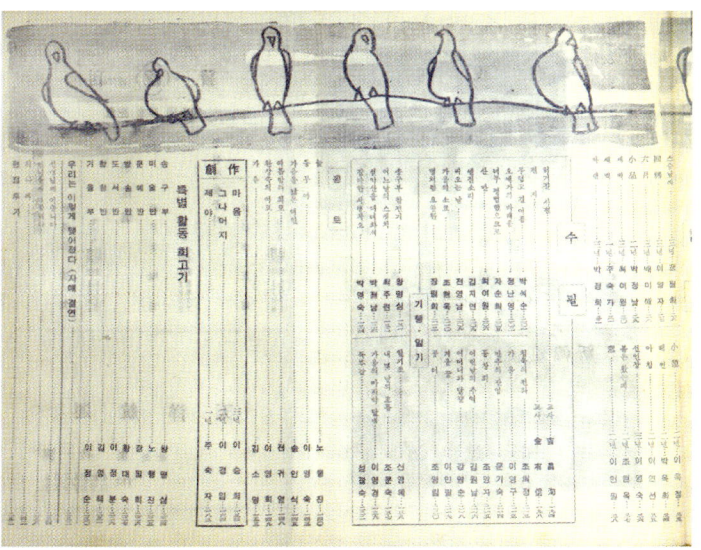

청문

題　　　號	靑文 제1집	판　　　형	15x21
발　행　일	1956.06.10.	발행편집인	發行: 釜山大學校 文藝部, 編輯: 靑文同人
표지화, 컷	裝幀: 曺秉喆	간별, 정가	부정기, 비매품
면　　　수	23	인　쇄　소	美高堂印刷所
발　행　처		기　　　타	부산, 동인지.

『청문(靑文)』은 청문동인(靑文同人)이 발행한 시 동인지이다. 수집한 판본은 『청문』 제1집이다. 제1집의 판권사항에 따르면 발간은 1956년 6월 10일, 발행인은 부산대학교 문예부(文藝部), 편집인은 청문동인, 인쇄소는 미고당인쇄소(美高堂印刷所)이다. 총 23면으로 장정(裝幀)은 조병철(曺秉喆)이 맡았다.

구성은 창간사, 발간사, 취지서 등이 없고 바로 동인들의 작품을 수록하는 형태이다. 제1집에 시를 실은 동인은 김희동(金喜東), 원문갑(元文甲), 서석돈(徐錫敦), 반명덕(潘明德), 조병철이며, 김희동은 「바위」와 「정(靜)」, 원문갑은 「닭(1)」과 「닭(2)」, 서석돈은 「향연(香煙)」, 반명덕은 「마음」, 조병철은 「광(狂)」과 「순(順)이한테」를 실었다. 이 가운데 '너를 위한 자세로 대불(大佛)이 되어 서 있겠다'는 기다림의 정서를 담은 김희동의 「바위」, '영원이 당신만을 인정하고 싶다'는 사모의 정을 노래한 반명덕의 「마음」 등이 눈에 띈다.

이처럼 『청문』은 청문동인의 시세계와 부산대학교 동인지 문학운동의 흐름을 살펴볼 수 있는 자료로 가치가 있다. 개인이 소장한 『청문』 제1집을 DB화 하였다. 이순욱, 「정전협정 이후 부산 지역 동인지 시문학 연구」, 『한국문학논총』 69, 한국문학회, 2015를 참고하였다.

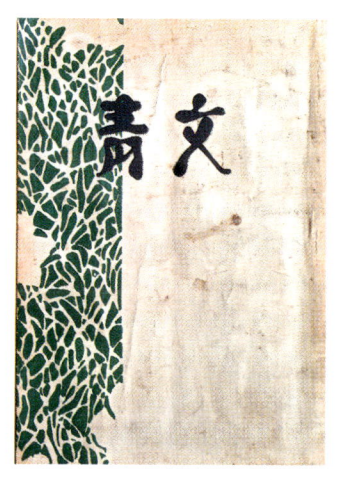

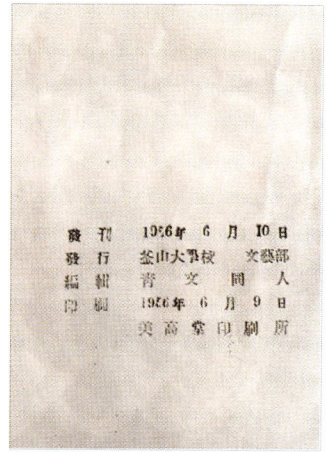

發　刊　1956年 6 月 10 日
發　行　釜山大學校　文藝部
編　輯　靑　文　同　人
印　刷　1956年 6 月 9 日
　　　　美高堂印刷所

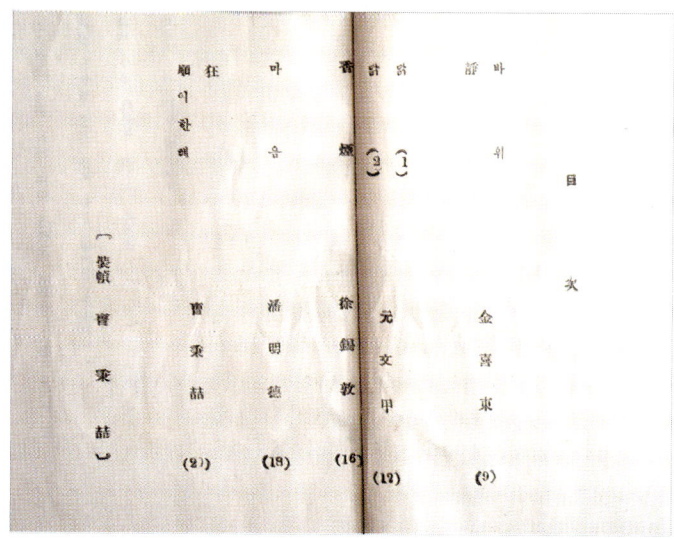

청우

題　　號	청우 제2호	판　　형	17x25.5
발 행 일	1961.10.31.	발행편집인	발행: 한강양
표지화, 컷		간별, 정가	월간, 비매품
면　　수	20	인 쇄 소	
발 행 처	靑郵會	기　　타	부산, 등사판, 50부 제작, 주필: 서한섭 · 심송섭, 회보

　『청우(靑郵)』는 청소년 우표수집 모임인 청우회(靑郵會)에서 발행한 회보(會報)이다. 청우회는 부산에 사는 청소년 26명이 조직한 단체로 "우표 문화의 연구와 그 자료의 수집을 위한 상호 협조로서 한국 우표 문화의 향상에 기함"을 목적으로 하고 있다. 〈회원명단〉에 기록된 연령이 16~18세까지인 것으로 보아 부산지역 고등학생들인 것으로 보인다.

　수집한 판본은 『청우』 제2호, 제3호, 제5호이다. 제2호는 1961년 10월 31일, 제3호는 1961년 11월 30일, 제5호는 1962년 6월 28일 발행하였다. 발행 주기로 보아 초기에 월간으로 발행하였다가 차츰 부정기로 발행되었음을 알 수 있다. 제2호의 판권 사항을 보면, 주필은 서환석과 심송섭, 발행인은 한강양(韓康陽)이다. 회지는 등사로 인쇄했으며 총 20면, 비매품으로 총 50부를 발행하였다.

　구성은 〈머리말〉, 〈서신〉, 〈회의록 알림〉, 〈회원명단〉, 〈편집후기〉, 회원 글로 되어 있다. 작품은 국내외 우표를 소개하는 한강양의 「거북비(碑) 우표의 연구」, 강경태의 「일본 관광 우표의 연구」, 김정길의 「미국의 유명 기념 우표 시리즈」, 편집부의 「세계 우표 시장」이 보인다.

『청우』제5호에 와서는 제호(題號)가 이전 한글 "청우"에서 한문 "靑郵"로 변경되었다. 또한 회장인 한강양의 군 입대로 인해 박연호가 회장 겸 발행인을 맡았다. 청우회의 운영을 둘러싸고 회원간 내부 갈등으로 인해 회원들의 탈퇴를 안내하고 있다. 1962년 4월 14일에 지정한 회칙에서는 회원 연령을 20세 전후로 확대했으며, 매월 회비 20원, 부산에 본부를 두고 사업발전에 따라 지부를 둘 수 있다고 정하고 있다.

　『청우』는 부산소재 청소년의 우표 취미를 확인할 수 있으며 전문적인 영역으로 취미를 확장하는 것을 볼 수 있어 잡지와 청소년의 영향관계를 확인할 수 있는 자료로 의의가 있다. 개인이 소장한 『청우』제2호, 제3호, 제5호를 DB화 하였다.

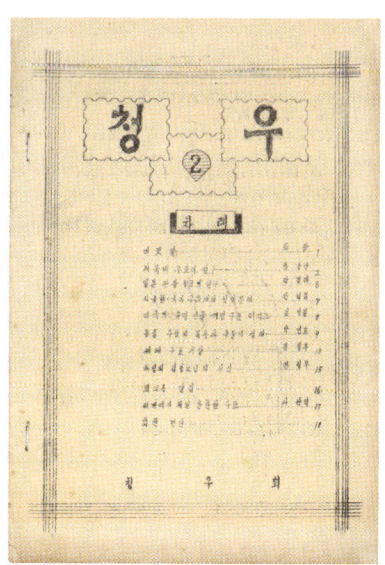
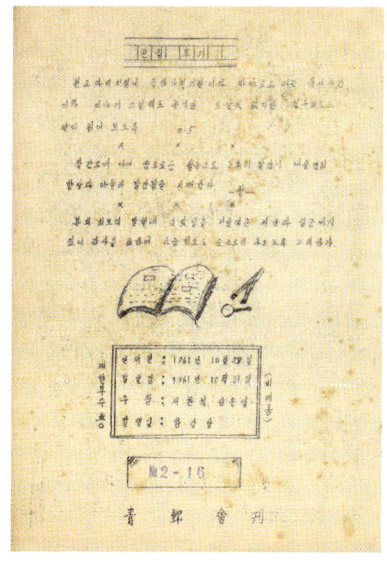

청조

題　　　號	靑潮 第2號	판　　　형	14.7x21.2
발 행 일	1953.06.11.	발행편집인	發行: 金夏得, 編輯: 釜山高敎文藝班
표지화, 컷	장정.컷: 金昤敎, 題字: 李家源	간별, 정가	부정기, 비매품
면　　　수	100	인 쇄 소	第一新報社工務局
발 행 처	釜山高等學校	기　　　타	부산, 교지.

『청조(靑潮)』는 부산고등학교(釜山高等學校)에서 발행한 교지이다. 제2호와 제
6호를 확보하였다. 제2호의 판권사항을 보면 1953년 6월 11일에 발행하였고,
발행인은 김하득(金夏得), 편집인은 부산고등학교 문예반(文藝班), 인쇄소는
제일신보사(第一新報社) 공무국(工務局), 발행처는 부산고등학교이며, 총 100면
으로 비매품이다. 제6호의 판권사항을 보면 1957년 2월 20일에 발행되었고,
발행인은 강정용(姜正龍), 발행처는 부산고등학교, 인쇄소는 국제신보사(國際
新報社) 제2공장으로, 총 191면이다.

김하득은 〈권두사(卷頭詞)〉를 통해 "敎育(교육)을 通(통)해서 우리들의 사명
(使命)의 貫徹(관철)이 切實(절실)히 要求(요구)되기도 하거니와 모든 젊은 사람–
靑年學生(청년학생)–들은 姑息(고식)에서 積極(적극) 懷疑(회의)에서 勇斷(용단) 枯
渴(고갈)에서 潤澤(윤택)으로 一大飛躍的(일대비약적) 契機(계기)를 內蓄(내축)해야
할 것"이라고 『청조』의 발간에 대한 소회를 밝히고 있다.

대략적인 목차의 구성은 제2호와 제6호가 동일하지는 않다. 하지만 대략
적으로 보자면 〈권두언〉을 시작으로 〈논설〉, 〈단상(斷想)〉 등 의견이나 주장
을 정리한 글과 〈수필〉, 〈시〉, 〈창작〉 등 문학작품으로 짜여있다. 이 가운데
제6호에 실린 한보현(韓輔賢)의 「건국(建國)과 학생(學生)」, 박운백(朴雲伯)의 「희망

(希望)과 이념(理念)」 등의 글이 눈에 띈다. 문학작품 가운데는 제2호에 실린 박종현의 수필 「학생(學生)의 궤도(軌道)」, 임진권(林鎭權)의 시 「허공(虛空)의 밤」, 최근식(崔根植)의 시 「유성(流星)」, 제6호에 실린 김춘복(金春福)의 소설 「탈출기(脫出記)」 등이 주목된다. 특히 김춘복의 「탈출기」는 경남문예콩쿠르 특선작품이다.

　이처럼 『청조』는 부산고등학교 구성원들의 학술적인 관심과 문학적 소양을 살펴볼 수 있는 자료로 가치가 있다. 이주홍문학관에서 소장하고 있는 『청조』 제2호와 제6호를 DB화 하였다. 부산고60년사 편찬위원회, 『부산고등학교 60년사』, 부산중고등학교총동창회, 2005를 참고하였다.

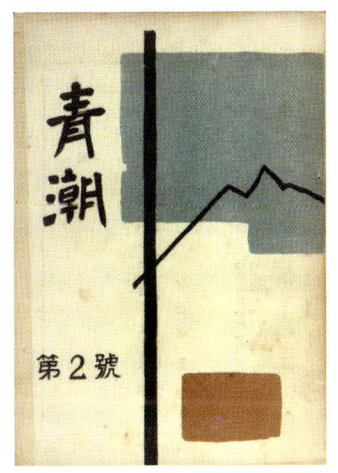

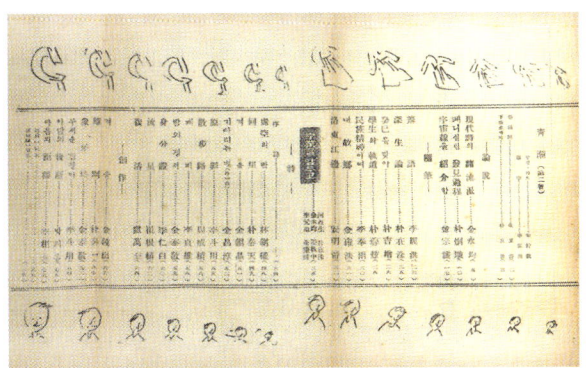

초록별

題　　號	초록별 제1호	판　　형	20.5x18
발 행 일	1968.07.22.	발행편집인	발행: 남성국민학교장
표지화, 컷		간별, 정가	반년간, 비매품
면　　수	209	인 쇄 소	태화인쇄소
발 행 처	남성국민학교 문예부	기　　타	부산, 교지.

　『초록별』은 부산의 남성국민학교에서 발행한 교지 성격의 작품집이다. 제
1집의 판권사항을 보면 발행일은 1968년 7월 22일, 발행인은 남성국민학교
장, 발행처는 남성초등학교 문예부, 인쇄소는 태화인쇄소이며, 총 209면에
비매품이다. 「엮고 나서」에 보면 학교의 내외에서 지은 글을 모았다고 적은
것으로 보아 교내의 백일장 혹은 각종 문학대회 등에서 남성국민학교 학생들
이 참여해 지은 작품들을 모아서 책으로 엮은 것으로 보인다. 한 가지 주목해
야 할 부분은 아동문학가인 향파(向破) 이주홍(李周洪)이 표지를 꾸며주었다고
한 것으로 보아 『초록별』의 발행에 그가 관련되어 있었음을 알 수 있다.

　대략적인 구성을 보면 창간사나 발행사 등 축사는 없고 1학년부터 6학년
까지 학년별로 학생들의 작품을 싣고 있다. 현재 확보한 제1집~제4집에 수
록된 작품수를 보면 200~300여 편이 넘는데, 주로 동시와 산문 등의 글로
구성되어 있다. 같은 제목의 작품이 여러 개 보이는데, 이는 백일장 대회에
나가서 지정된 제목으로 글을 쓰고 이를 모아서 엮었기 때문인 것 같다. 눈
에 띄는 작품으로는 제2집에 실린 이성욱의 「개」, 제3집에 실린 노흥순의 「얼
굴」, 제4집에 담긴 백승엽의 「오줌 싼 날」 등이 있다. 등이 있다.

이처럼『초록별』은 남성국민학교 학생들의 글쓰기 경향이나 당시 아동에 대한 문학교육의 사례를 보여주는 자료로 가치가 있다. 이주홍문학관에서 소장하고 있는『초록별』제1집~제4집을 DB화 하였다. 남성초등학교,『남성 교육30년사』, 남성초등학교, 1996을 참고하였다.

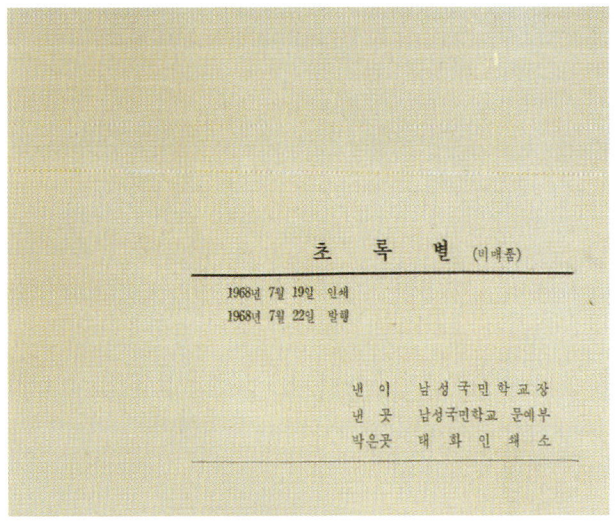

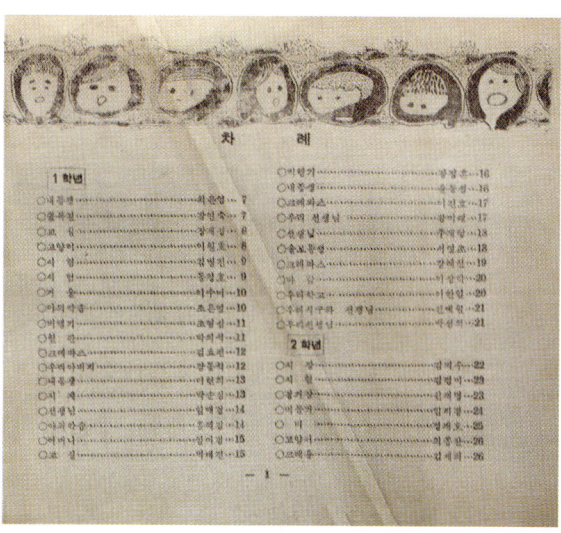

부산진지해제

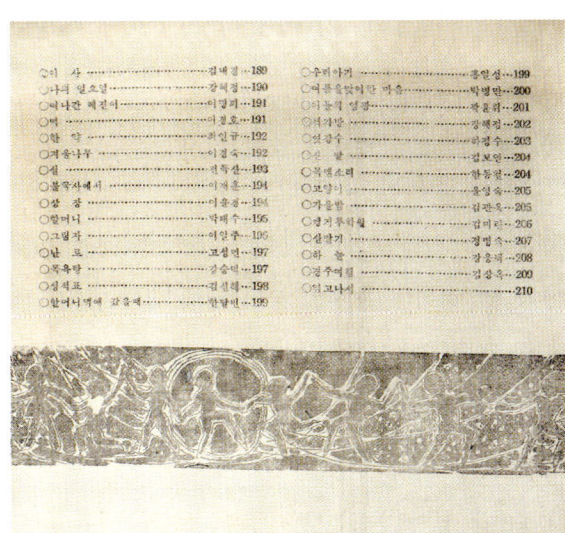

출진

題　　　號	出陣 第2號	판　　　형	18.7x25.7
발　행　일	1953.09.10.	발행편집인	金德俊
표지화, 컷		간별, 정가	부정기, 비매품
면　　　수	92	인　쇄　소	高光社(서울特別市 鍾路 2街 45)
발　행　처	陸軍下士官學校	기　　　타	부산, 정훈잡지.

　『출진(出陣)』 제2호는 육군하사관학교(陸軍下士官學校)에서 1953년 9월 10일에 발행한 정훈잡지이다. 1951년 3월 1일 창설된 육군하사관학교는 1961년 9월 이후 1군(원주), 2군(익산), 3군(가평) 하사관학교가 차례로 창설되기 전까지 부산에 위치하고 있었다. 이후 1981년 10월에 육군하사관학교로 재통합되면서 2군하사관학교 위치로 이전되었다가 2001년 3월 27일에 육군부사관학교로 명칭이 개칭되었다.

　『출진』 제2호의 판권사항을 보면, 발행 겸 편집인은 김덕준(金德俊), 발행처는 육군하사관학교, 인쇄소는 고광사(高光社, 서울특별시 종로2가 45), 발행 총면수는 92면이며, 비매품이다. 표지는 정훈실(政訓室)에서 제공하였으며, 권두화 및 컷은 통신대에서 제공하였다. 표지화는 방패 모양의 안쪽에 펜, 날개, 소총을 배치한 것을 칼라 인쇄하였으나, 속지는 갱지에 등사인쇄를 하였다. 표지에 이어 내지에는 교훈(校訓)이 있으며, 이어서 목차가 제시된다.

　대략적인 목차를 살펴보면, 〈권두사〉를 대신하여 「육군총참모장 각하 8·15 결의사(決意辭)」가 있다. 이어서 편집실에서 작성한 「소련의 세계정책」, 「미소(美蘇) 양 진영(兩 陣營)의 현세(現勢)와 군확(軍擴)」, 「후보생 지상좌담회(우

出陣

第2號

陸軍下士官學校

리는 북진(北進)만 기다리고 있다)」, 「모성(母性)의 애국지성(愛國之誠)－사랑하는 아들에게」 등과 함께 위관, 영관급 장교들의 군생활과 관련된 내용이 수록되어 있다. 한편으로는 〈수필〉, 〈시〉, 〈전투수기〉 〈상식교실〉 등을 수록하여 딱딱한 군대라는 이미지를 벗어나기 위해 노력하였다. 〈학교일지〉에는 7월과 8월의 육군하사관학교 일정이 제시되어 있다. 일지를 보면, 6월 말에 도착하였을 것으로 짐작되는 하사관 후보생이 8월에 배출이 되고 있어, 이 시기 하사관 후보생의 교육은 대략 한 달 전후로 진행되었음을 알 수 있다. 끝에 실린 〈편집후기〉를 보면, 『출진』 제2호는 8·15광복절까지 발간하려고 하였으나 시기가 늦어져 7월~8월 합편으로 발간되었음을 밝히고 있다.

　이처럼 『출진』은 군인들이 지녀야 할 군대 상식 및 군 전투에 얽힌 병사들의 회상과 더불어 문학적 감수성을 길러줄 수 있는 시, 수필, 상식 등을 수록하여 종합지로서의 면모를 갖추려 노력하였음을 알 수 있다. 개인이 소장한 『출진』 제2호를 DB화 하였다. 육군부사관학교 홈페이지(https://www.nco.mil.kr:456/)를 참고하였다.

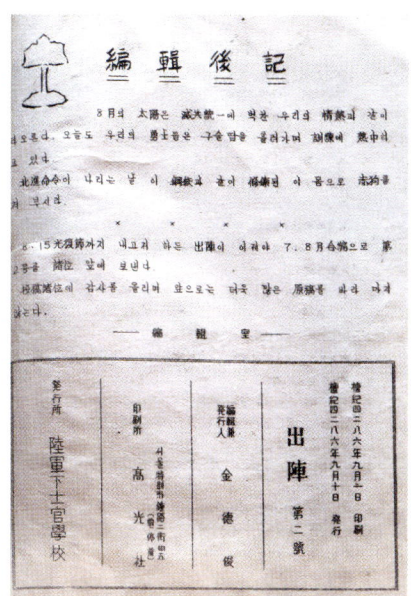

編輯後記

8月의 太陽은 滅共戰一에 벅찬 우리의 情熱과 같이 뜨겁게 오른다. 오늘도 우리의 鬪志들은 구슬땀을 흘려가며 訓練에 熱中하고 있다.

北進命令이 나리는 날이 鋼鐵과 같어 福祉들이 이 몸으로 未約을 하고 빈다.

8·15光復節까지 내고저 하는 出陣이 이처럼 7·8月合併으로 第二號를 諸位 앞에 보낸다.

紙破限位에 감사를 올리며 앞으로는 더욱 많은 原稿를 바라 마지 않는다.

——— 編輯室 ———

	編輯兼	檀紀四二八六年八月一日 印刷
發行所	發行人	檀紀四二八六年八月十日 發行
陸軍下士官學校	金 德 俊	出陣 第二號
印刷所 高光社		

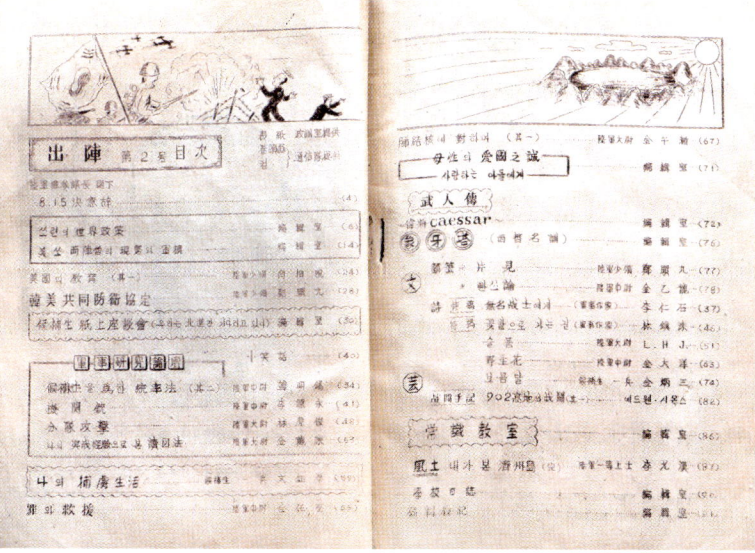

통계기보

題　　號	통계기보 제1호	판　　형	14.7x25.7
발 행 일	1969.07.20.	발행편집인	발행: 부산시 조사통계과
표지화, 컷		간별, 정가	부정기, 비매품
면　　수	174	인 쇄 소	신흥인쇄사
발 행 처		기　　타	부산, 기관지.

　『통계기보』는 부산시 조사통계과에서 발행한 기관지이다. 수집한 판본은 『통계기보』 제1호이다. 제1호 판권 사항에 따르면, 발행인은 부산시 조사통계과, 인쇄소는 신흥인쇄사이며, 총 174면에 비매품이다.

　제1호의 내용을 보면 부산시 면적 및 행정구역부터 기후, 인구, 공무원, 시민소득, 재정 및 금융, 가계 및 물가, 관광 운수, 도시건설, 상수도, 상공, 농림 및 어업, 보건위생, 사회복지, 교육 및 문화, 통신, 전력, 해운, 치안, 국내통계, 부록으로 구성되어있다.

　해방 이후 우리나라 통계는 1948년 정부 수립과 동시에 공보처의 통계국으로 발족되었다. 1955년 통계자료의 효율적 수집을 위하여 내무부로 이관되었다가 1961년에 경제기획원이 발족되면서 국가계획 수립과 통계의 연계성을 제고하는 견지에서 경제기획원의 내국으로 이관되었다. 그리고 다시 1963년 12월에 정부 기능상 통계 작성 업무의 중요성과 특수성이 고려되어 경제기획원의 외국으로 되었다가 1990년 12월 통계청으로 승격되어 오늘에 이르고 있다.

　하지만 지역의 통계연보는 일제강점기를 비롯하여 해방 이후 개별 지자

체별로 매년 발행되고 있으며, 특히 1995년 지방자치제도의 실시 가운데 그 의의나 가치는 더욱 커져 가고 있다. 부산시의 경우에는 5 · 16 군사정변 이후 국가재건최고회의에 의해 1962년 11월 21일 「부산시 정부 직할에 관한 법률」이 공포되었고, 1963년 1월 1일 직할시로의 승격이 이루어지면서 행정 조직과 시역(市域)이 대규모로 확장된다. 1963년 2실 8국 31과이던 행정 조직은 1972년 2실 9국 1본부 5담당관 40과로 팽창하였으며, 공무원 정원도 1,500여 명에서 4,200여 명으로 증가하였다. 제3차 확장이 이루어진 때의 시역은 동래군의 구포읍 · 사상면 · 북면과 기장군의 송정리를 편입하여 면적이 360.25㎢로 늘어난다.

따라서 『통계기보』는 1960년대의 마지막 해인 1969년 부산지역의 사회경제 관련 주요 지표를 알려주는 통계연보로 그 의미와 가치를 지닌다. 개인이 소장한 『통계기보』 제1호를 DB화 하였다.

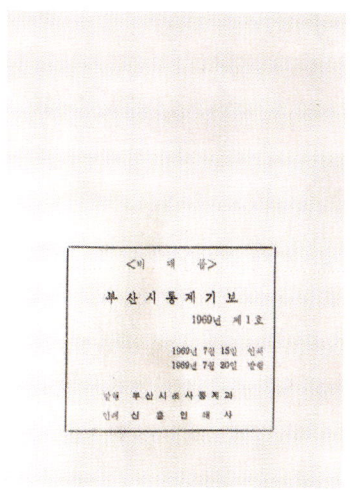

총 목 차

통 계 표 목 차

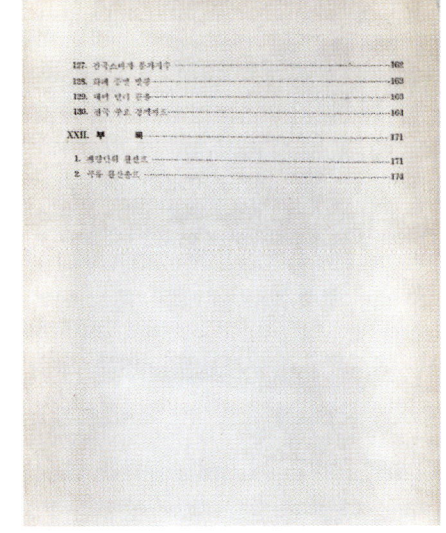

통일논총

題　　　號	統一論叢 第2輯	판　　　형	19x26
발 행 일	1980.02.29.	발행편집인	發行: 朴基采, 編輯: 千代承
표지화, 컷		간별, 정가	부정기, 비매품
면　　　수	164	인 쇄 소	第一印刷材料社 出版局
발 행 처	釜山大學校 統一問題研究所	기　　　타	부산, 학술지.

　　『통일논총(統一論叢)』은 부산대학교(釜山大學校) 통일문제연구소(統一問題研究所)에서 발행한 학술지이다. 제2집을 확보하였다. 제2집은 1980년 2월 29일 발행되었다. 발행인은 박기채(朴基采), 편집인은 천대승(千代承)이었고, 발행처는 부산대학교 통일문제연구소였다. 인쇄소는 제일인쇄재료사(第一印刷材料社)이다. 비매품이었고 총면수는 164면이었다. 판권사항 위에 "본 논문집은 1979년도 문교부 학술연구지 발간 보조비의 지원(일부)에 의하여 출간"되었다고 표기되어 있다.

　　목차를 보면 총장 박기채의 〈간행사〉「『통일논총』 제2집의 출간에 부침」에 이어 민병채(閔丙彩), 신창순(申昌淳), 이대우(李大雨), 김기우(Ki-Woo Kim), 옥양련(玉亮鍊)·박수명(朴秀明), 서희수(徐禧洙), 최용부(崔龍夫)의 논문이 실려 있다. 수록된 논문으로는 「북한(北韓)의 계획경제(計劃經濟)와 무역(貿易)」, 「북한문법(北韓文法)의 비판(批判)」, 「북한(北韓)의 공산주의(共産主義) 교육이념(教育理念) 및 실태(實態)」, 「북한(北韓)의 행정조직(行政組織)에 관한 연구」 등 북한 문제를 다룬 것이 주를 이루고 있으며, 「러시아 혁명과 농민문제」와 「A Comparative study of Marx's Revolutionary Idea and Mao's Peasant Revolution」처럼 러시아와 중국 사회주의와 관련된 주제를 다룬 논문이 소수 포함되어 있다.

　이처럼『통일논총』은 부산대학교 통일문제연구소의 학문적 관심사와 학술
논문을 살펴볼 수 있는 자료로서 의미가 있다. 원광대학교 도서관에서 소장
한『통일논총』제2집을 DB화 하였다.

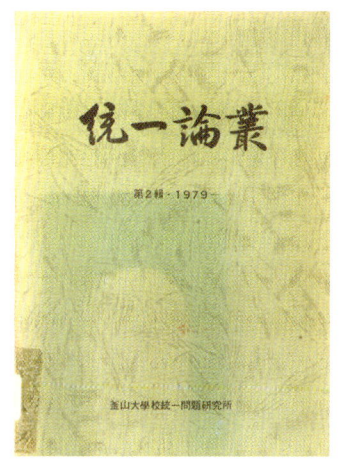
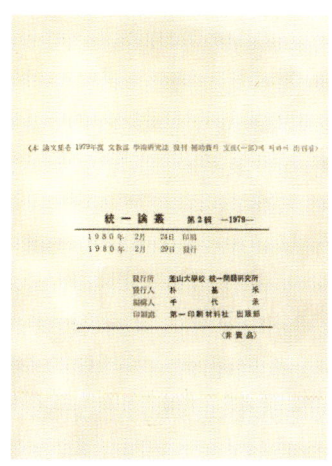

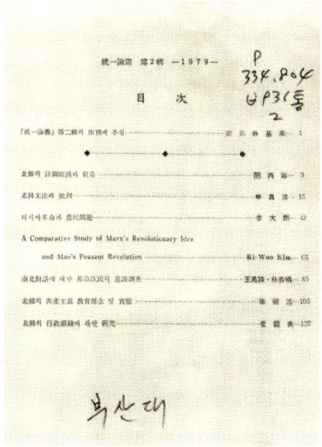

투쟁지

題　　　號	鬪爭誌 第8號	판　　　형	27x37
발　행　일	1952.07.01.	발행편집인	
표지화, 컷		간별, 정가	부정기, 비매품
면　　　수	8	인　쇄　소	
발　행　처	民意貫徹全國地方議員 代表者鬪爭委員會	기　　　타	부산, 기관지.

　『투쟁지(鬪爭誌)』는 민의관철 전국지방의원 대표자 투쟁위원회(民意貫徹 全國 地方議員 代表者 鬪爭委員會)에서 발간한 기관지 성격의 잡지이다. 수집한 판본 은 당시 임시수도인 부산에서 1952년 7월 1일에 발행한 것이나, 판권지가 따 로 없어 호수(號數)에 대한 정보는 확인되지 않는다. 전체 면수는 앞뒤 표지를 포함하여 8면으로, 앞면에는 지방의회의 대국회해산 관련 주장이 실려 있고, 뒷면에는 당시 투쟁위원회의 전국 조직망이 소개되어 있다.

　전쟁기 당시 임시수도인 부산에서 이승만 초대 대통령은 1951년 11월 28 일 대통령 직선제와 상·하 양원제를 골격으로 하는 개헌안을 국회에 제출했 다. 그런데 신당, 즉 자유당의 조직운동 가운데 정부측의 개헌안을 둘러싸고 단원제와 대통령 간선제를 지지하는 원내 의원들과 정부 측 개헌안을 지지하 는 원외 인사들 사이에 의견이 대립하였다. 이후 개헌에 따라 정·부통령선 거법이 새로이 제정되고 이에 따른 선거가 1952년 8월 5일에 실시되어 이승 만이 대통령으로 재선된다. 또한 이른바 '부산정치파동'이라 하여 그 뒤 여야 사이의 정치 운영방식을 둘러싼 폭력 대결과 극한대립의 양상이 드높았던 시 기였다.

『투쟁지』는 바로 이 시기의 것으로, 1950년대 부산의 임시수도시대 정치상황에 대한 이해 가운데 전국지방의원 대표자들의 정치 투쟁관련 정보를 제공해주는 자료로 가치가 있다. 개인이 소장한『투쟁지』제8호를 DB화 하였다.

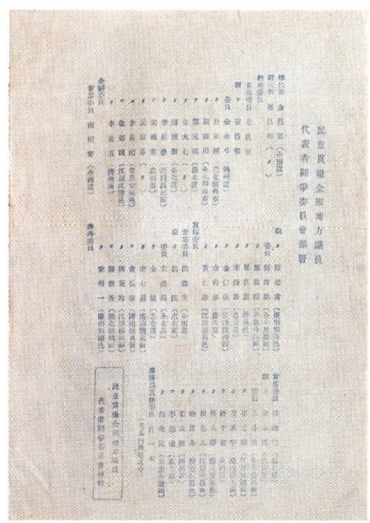

파수군

題　　號	把守軍 第8號		판　　형	14.5x21
발 행 일	1951.08.01.		발행편집인	高麗出版社(釜山市 新仙洞 1街 115)
표지화, 컷	표지사진 토마스목사		간별, 정가	월간, 1000원
면　　수	32		인 쇄 소	大同出版印刷株式會社(釜山市 新昌洞 3街 36)
발 행 처			기　　타	부산, 기독교 잡지.

　　『把守軍(파수군)』은 1948년 12월 고려신학교(高麗神學校)에서 창간한 기독교 잡지이다. 창간호는 학우(學友)·동창회(同窓會)의 이름으로 발행되었다. 이후 고려파교회 목회자나 교회 지도자이 주도한 교회쇄신운동의 확산에 큰 역할을 담당하였다. 이 가운데 제8호의 판권사항을 보면 1951년 8월 1일에 발행하였고, 편집발행처는 고려출판사(高麗出版社, 부산시 신선동(新仙洞) 1가 115), 인쇄소는 대동출판인쇄주식회사(大同出版印刷株式會社, 부산시 신창동(新昌洞) 3가 36)이며, 총 32면에 가격은 1,000원(圓)이다. 표지배경으로는 순교자 토마스 목사의 사진을 실었다. 이어서 제2권 제2호는 1952년 2월 1일에 발행하였고, 편집발행과 인쇄소는 동일하며, 총 37면에 가격은 1,500원이다.

　　구성은 칼빈주의 신앙을 주장한 「우리들의 주장」을 시작으로 설교와 논문 및 논설, 가정서간(家庭書簡) 등이 실려 있다. 이 가운데 제8호에서 대한예수교 장로회 총회와 경남노회(慶南老會)의 분규를 다룬 송상석의 「정시하자 한국교회의 앞날을」과 기독교인들이 나아가야 할 길을 기독교 역사를 통해 제시한 박윤선의 「신앙노선에 대한 고찰」, 제2권 제2호에 실린 안용준의 「손양원

목사님의 옥중서신집⑵」와 전영창의 「주님의 발자취를 따라서 ⑷」 등이 눈에 띤다.

　이처럼『파수군』은 해방 이후 부산 · 경남 지역의 고려파 교회의 동향이나 교회쇄신운동 및 고려신학교의 상황을 파악할 수 있는 자료로 가치가 있다. 개인이 소장한『파수군』제8호와 제2권 제2호, 제2권 제5호와 제2권 제9호를 DB화 하였다. 이상규, 「교회재건운동과 고려파의 형성(1945~1952)」, 「논문집」 12, 고려신학교, 1984와 「고신뉴스 KNC」(2022.03.16.) 「다큐 '고신교회 70년 역사 산책'⑴7) 교회쇄신운동의 나팔수 '파수군', '기독교보', '진리운동'」을 참고하였다.

표현

題　　　號	表現 第1輯	판　　　형	14.7x19.8
발　행　일	1956.12.	발행편집인	
표지화, 컷		간별, 정가	부정기, 비매품
면　　　수	22	인　쇄　소	
발　행　처	표현동인회	기　　　타	부산, 시동인지.

　　『표현(表現)』은 표현동인(表現同人)이 발행한 시동인지(詩同人誌)이다. 『표현』은 부산대학교 동인지 문학운동의 일환이었다. 판권지가 없어 『표현』이 발행되었던 당시의 정확한 판권사항은 확인하기 힘들다. 다만 제일 마지막에 표현동인의 이름으로 실린 「의미(意味)」에 1956년 11월 22일이라고 날짜가 적혀 있어 발행시기를 추측할 수 있을 뿐이다. 총 22면이다.

　　내용을 보면 권두언이나 목차는 따로 없고, 바로 동인들의 작품이 실려 있다. 수록된 작품은 정혜옥(鄭惠玉)의 「국화(菊花)」, 김희동(金喜東)의 「귀로(歸路)」, 원문갑(元文甲)의 「추정일기(秋庭日記)」, 노태교(盧泰嬌)의 「축도(縮圖)」, 조병철(曺秉喆)의 「월영소묘(月影素描)」이다.

　　이 가운데 정혜옥은 「국화」에서 "이렇게도 남루하게 타오르는 계절 옆에 아— 당신은 한떨기 국화로 피어나셨읍니까?"라며 외로움과 그리움을 표현하고 있다. 또 조병철은 「월영소묘」에서 "여기에는 너의 빛깔이 떨어진다. 목이 긴 밤을 아 바람이어 바다는 취한 듯 꼭 그와 같은 달빛으로……"라고 쓸쓸한 감정을 그리고 있다.

　　당시 부산 지역의 기성문단은 전시 피난문단 중심의 활동 속에 편입되어

지역 문학의 독자성이 약하였다. 하지만 학생동인회는 '임시수도'라는 특수성과 '피난문학'이라는 자산을 밑거름으로 문학적 감수성을 키웠다. 동시에 당시의 문학 후속세대는 학생동인지 시대라고 할 정도로 동인지 문학운동을 활발하게 전개하였다. 『표현』 역시 이러한 분위기 속에서 한국전쟁 직후 동인지 문학 운동에 참여하였던 부산대학교 학생문인들의 경향을 살펴볼 수 있는 잡지로 가치가 있다. 개인이 소장한 『표현』 제1집을 DB화 하였다. 이순욱, 「정전협정 이후 부산 지역 동인지 시문학 연구」, 『한국문학논총』 69, 한국문학회, 2015를 참고하였다.

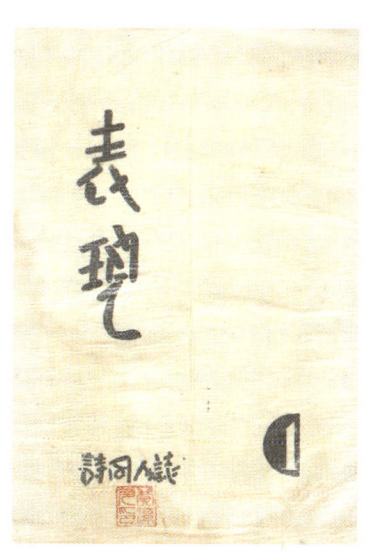
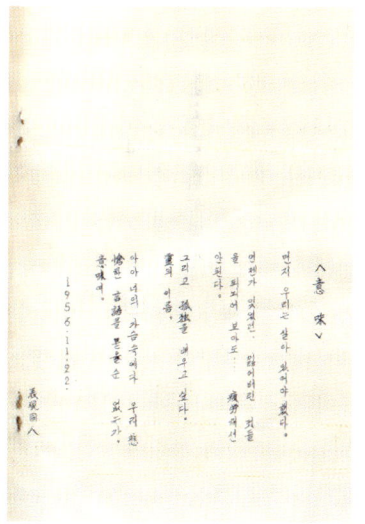

학보

題　　　　號	學報 第1卷 第1號	판　　　형	15x21
발　행　일	1958.12.10.	발행편집인	發行: 韓孝東, 編輯: 金廷漢
표지화, 컷	標紙·컷: 白榮洙	간별, 정가	부정기, 비매품
면　　　수	273	인　쇄　소	東亞出版社 工務部
발　행　처	釜山大學校 文理科大學	기　　　타	부산, 교지.

『학보(學報)』는 부산대학교 문리과대학(釜山大學校 文理科大學)에서 발행한 교지이다. 확보된 것은 제1권 제1호이다. 개인에게 확보한 자료에는 271면 이후의 지면이 유실되어 있다. 기관에서 확보한 판본에 따르면, 제1권 제1호는 1958년 12월 10일에 발행하였으며, 발행인은 한효동(韓孝東), 편집인은 김정한(金廷漢), 인쇄소는 동아출판사 공무부(東亞出版社 工務部)이었다. 표지·컷은 백영수(白榮洙)가 담당하였다. 표지에는 '인문 사회 자연'이라는 문구가 쓰여 있어 주로 인문·사회·자연과학을 다루었음을 알 수 있다.

목차를 보면, 학장 한효동이 쓴 〈권두사〉를 시작으로 7편의 수필을 수록한 〈수필〉 코너가 이어지고, 그 뒤에 12편의 〈학술논문〉이 수록되었으며, 마지막으로 한로단(韓路檀)이 번역한 테네시 윌리엄스의 희곡 「뜨거운 양철지붕위의 고양이」가 실려 있다. 〈수필〉 코너에 김정한과 이주홍의 이름이 보인다. 수록된 논문은 언어, 문학, 주역(周易), 역사, 경제, 화학, 생물학, 지구과학, 천문학 등 다양한 분야를 다루고 있다.

이처럼 『학보』는 당시 부산대학교 문리과대학의 학술 활동을 보여주는 자료로서 가치가 있다. 개인과 원광대학교 도서관이 소장한 『학보』 제1권 제1호를 DB화 하였다.

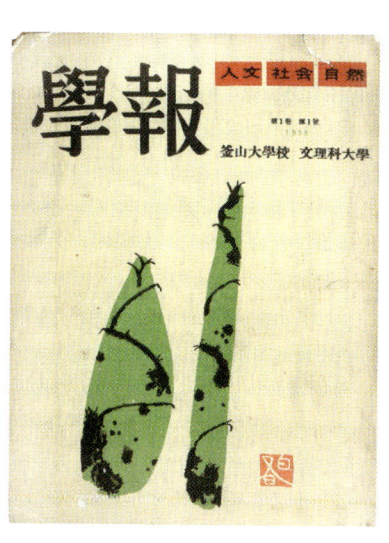

한국은행조사월보

題　　　號	韓國銀行調査月報 第42號	판　　　형	18.8x26
발　행　일	1952.01.31.	발행편집인	李相德
표지화, 컷		간별, 정가	월간, 3,000원
면　　　수	180	인　쇄　소	韓國銀行印刷所 釜山臨時工場 (釜山市 光復洞 3街 34番地)
발　행　처	韓國銀行 調査部 (釜山市 大廳洞 1街 44番地)	기　　　타	부산, 기관지.

　『한국은행조사월보(韓國銀行調査月報)』는 한국은행 조사부(調査部)에서 월간으로 발행한 기관지이다. 수집한 판본은 한국전쟁 기간인 1952년 1월 31일에 부산에서 발간한 『한국은행조사월보』 제42호이다. 제42호의 판권 사항을 보면, 발행 겸 편집인은 이상덕(李相德), 발행처는 한국은행조사부(釜山市 大廳洞 1街 44番地), 인쇄소는 한국은행인쇄소(韓國銀行印刷所) 부산임시공장(釜山臨時工場)(釜山市 光復洞 3街 34番地)이며, 총 180면에 정가는 3,000원이다.

　본문의 구성을 보면 한국경제의 경제동향(Economic Trend)이라는 영문 보고를 시작으로 「자금 군색(資金 窘塞)의 요인(要因) 검토(檢討)」, 「국내경제(國內經濟) 실정(實情)」, 「지방금융(地方金融) 경제개황(經濟槪況)」, 「세계경제(世界經濟) 동향(動向)」, 「지방증권(地方證券)의 산업자금화(產業資金化) 문제(問題)」, 「4285년도 예산안(豫算案)의 검토(檢討)」, 「국제수지조사(國際收支調査)의 기본요령(基本要領)」, 「자금분석(資金分析) 개설(槪說)」, 「경제일지(經濟日誌)」, 「동란일지(動亂日誌)」, 「금융계(金融界) 인사소식(人事消息)」, 「내외중요(內外重要) 경제통계(經濟統計)」로 이어지고 있다.

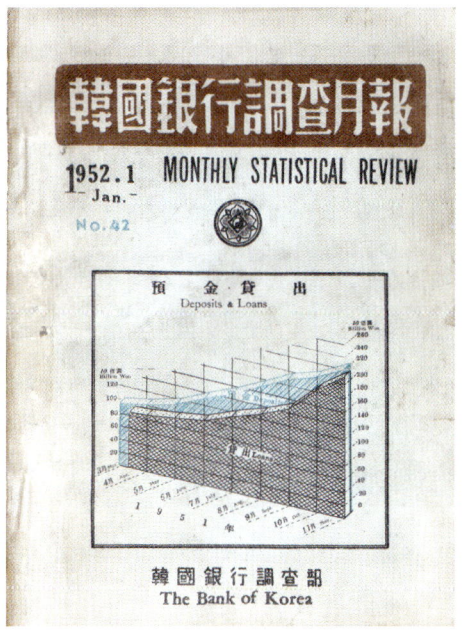

韓國銀行調査月報

MONTHLY STATISTICAL REVIEW

1952.1
Jan.

No. 42

預 金 貸 出
Deposits & Loans

韓國銀行調査部
The Bank of Korea

이러한 『한국은행조사월보』는 한국은행 설립 이전인 1947년 5월 조선은행 시기에는 『조선은행 조사월보』로 그 발간을 시작한다. 이후 한국은행 시대에 이르러 『한국은행조사월보』, 『조사통계월보』 등으로 제호가 바뀐다. 전체 발행 건수는 통권 891호에 이른다. 2023년 3월호를 끝으로 폐간되었다. 이후 『조사통계월보』는 전통적인 종이책 형태의 발간 대신 콘텐츠 등 자료 성격에 따라 한국은행의 통계 데이터베이스인 『경제통계시스템(ECOS)』, 『경제전망보고서』, 『통화신용정책보고서』, 『BOK이슈노트』, 『BOK경제연구』 등으로 매체 형태를 다양화하여 제공되고 있다.

따라서 이 자료는 한국은행 초기, 특히 한국전쟁기의 경제사정을 살펴볼 수 있는 자료 가운데 하나라는 점에서 의미를 가진다. 개인이 소장한 『한국은행조사월보』 제42호를 DB화 하였다.

禁無斷轉・謄寫

◇ 實費頒布價 3,000圜 ◇

韓國銀行調査月報・第42號・

檀紀 4285年 1月30日 印刷
檀紀 4285年 1月31日 發行

釜山市大廳洞一街四番地
編輯兼發行人 李 相 悳
發 行 所 韓國銀行調査部

釜山市東光洞三街三五番地
印 刷 所 韓城銀行印刷所職釜山臨時工場

MONTHLY STATISTICAL REVIEW, No. 42

Published on : Jan. 31, 1952

Editor & Publisher : Sang Duk Lee
  Manager, Research Dept., The Bank of Korea,
  44, 1 ka, Dai-chung Dong, Pusan, Korea.

Published by : The Bank of Korea, 34, 3 ka, Dang-kwang
  Dong, Pusan, Korea.

韓國銀行調査月報

第42號 目次

1952.1

한글문예

題　　號	한글문예 제1집	판　　형	15x21
발 행 일	1956.01.20.	발행편집인	안장현
표지화, 컷	제자: 이주홍, 표지 그림 및 내용 컷: 김경	간별, 정가	부정기, 150환
면　　수	56	인 쇄 소	주식회사 계문사
발 행 처	한글문예사(부산시 동대신동 3가 79의 77)	기　　타	부산, 문예지.

　『한글문예』는 한글문예사에서 발행한 문예지이다. 제1집은 1956년 1월 20
일에 발행하였다. 제1집의 판권사항을 보면, 발행 및 편집인은 안장현, 인쇄
소는 주식회사 계문사, 인쇄인은 김성만, 발행처는 한글문예사(부산시 동대신동
3가 79의 77)이며, 정가 150원으로 총 56면이다. 제자(題字)는 이주홍이 썼고,
표지 그림 및 내용 컷은 화백 김경이 그렸다. 본문에 앞서 '신인작품모집'과
'학생작품모집'을 알리는 한글문예사의 광고가 실려 있으며, 뒤표지에는 『한
글문예』 창간을 축하하는 현대기업주식회사 현대극장(부산시 중앙동 3가 18번지)
사장 손학이 명의의 광고가 실려 있다. '우리나라 최초의 완전한 입체 음향'
이라는 광고 문구와 함께 현대극장의 전경 사진을 실은 것이 인상적이다.

　목차를 보면 〈창간사〉나 〈권두언〉 등이 없고, 〈시〉, 〈번역시〉, 〈수필〉, 〈평
론〉, 〈소설〉, 〈엮고 나서〉 등으로 구성되어 있다. 발행편집인 안장현은 〈엮고
나서〉에서 '우리글만으로 엮어진 문예지가 한 권도 나타나질 않는 일에 통탄
하여 한글전용으로 엮어진 문예지'를 만들었다고 발간 배경을 밝히고 있다.
이를 반영하듯, 창간호에는 그 발간 취지나 배경에 공감한 전국 각지의 시인

을 비롯하여 한글학회와 '시문'동인회 회원, 부산 문인 구락부 회원들이 필진
으로 참여하고 있다.

　구체적으로 〈시〉에는 유치환의 「구름장 아래에서」, 김용호의 「곡」, 이경순
의 「낚시 · 여운」, 소정의 「소쩍새」, 김규동의 「검은 날의 샹송」, 이숭자의 「강」,
장호의 「동결」, 고원의 「눈이 내리듯」, 하보의 「해를 보내며」, 고두동의 「민 충
정공 50주기에 읊음」, 조향의 「푸르른 영원」 등이 실려 있고, 〈수필〉에는 김
정한의 「글 빛」, 이영도의 「애정의 갈래 길」, 구연식의 「유자」, 손풍산의 「원고
료 진담」, 김태홍의 「감나무」, 성수익의 「느낀 것 몇 가지」 등이 수록되어 있
다. 또한 〈평론〉으로는 김춘수의 「〈현대시〉 론」, 조향의 「〈현대소설〉 론」, 정
태용의 「문학과 정신」 등이 실려 있고, 〈소설〉에는 정진업의 「수없이 웃었습
니다」, 이주홍의 「닭국집」, 손동인의 「녹슨 이야기」 등이 수록되어 있다.

이런 필진들의 면면을 고려해 보면 『한글문예』가 부산 지역에 한정된 문예지가 아니었다는 사실을 알 수 있다. 아울러 제1집에 실린 글들 모두 가로쓰기로 되어 있으며, 순 한글체라는 점도 주목되는 특징이다. 이러한 『한글문예』는 10년 만인 1966년 11월 20일에 제3집을 계간으로 발간하면서 『한글문학』으로 제호를 바꿨다. 이후 제3집에서는 〈시〉에 이경순, 설창수, 신동엽, 이준범, 홍윤숙, 김창직, 〈수필〉에 김용호, 유경환 〈아동문학〉에 최계락, 조유로, 〈소설〉에 이주홍, 이봉구, 최진우, 구인환 등이 작품을 게재하였고, 제4집에서는 이희승, 이효상, 이설주, 유치환, 전규태, 이원수, 김소운, 최정희, 정진업, 이동희 등이 주요 필진으로 이름을 올렸다.

이처럼 『한글문예』는 우리나라 최초의 한글 전용 문예지로 전쟁기와 1960년대 부산에서 활동했던 전국 문인들의 작품을 살펴볼 수 있는 자료라는 점에서 의미가 있다. 개인이 소장한 『한글문예』 제1집과 『한글문학』 제3집~제4집, 제6집을 DB화 하였다.

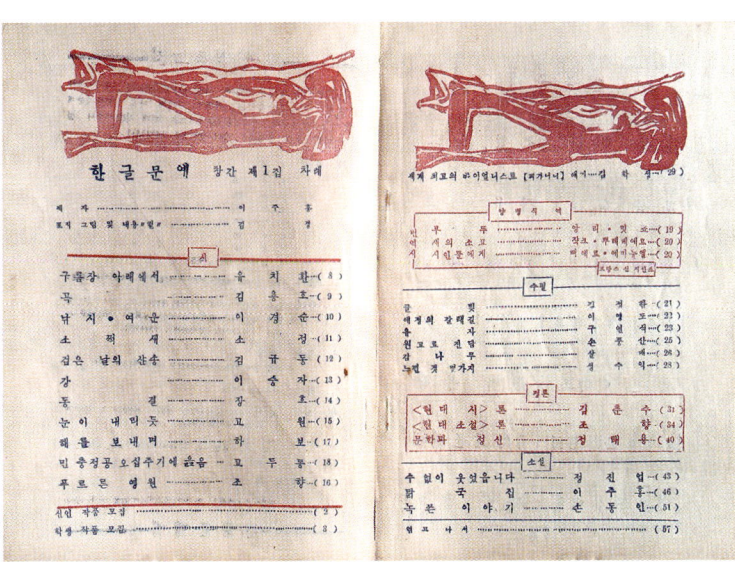

한얼

題　　　號	한얼 창간호	판　　　형	15x21
발　행　일	1946.05.01.	발행편집인	발행: 류열, 편집: 장삼식
표지화, 컷		간별, 정가	부정기, 18원
면　　수	64	인　쇄　소	대신당인쇄소(부산시 토성정 2의 18), 대표자 임규봉
발　행　처	한얼몯음(부산시 초량정 744)	기　　　타	부산, 한글잡지.

　　『한얼』은 한얼몯음에서 발행한 기관지이다. 창간호의 판권사항에 따르면 발행일은 1946년 5월 1일이고, 편집인은 장삼식, 발행인은 류열, 인쇄소는 대신당 인쇄소(대표자 임규봉, 부산시 토성정 2의 18), 발행처는 한얼몯음(부산시 초량정 744)이며, 총 64면에 정가는 창간호에 한하여 18원이다.

　　『한얼』은 잡지명인 '한얼'에 대해 일반 대중의 인지도가 낮고, 특정 종교단체의 기관지로 오인될 우려가 있으며, 지나치게 국수적인 인상을 준다는 판단에 따라 제3호(1947년 6월)부터 제호를 『국어』로 변경하였다. 그러나 이를 마지막으로 종간되었다.

　　한얼몯음은 해방 직후 부산에서 결성된 최초의 한글운동단체로, 류열이 밀양의 정진학교 교사직을 마치고 부산으로 돌아와 창립하였다. 단체의 목표는 '한글을 닦고 갈아 넓히며, 역사를 캐고 찾아 가다듬고, 다른 나라의 좋은 문화를 배워 상고하여 우리 문화를 높이는 데 이바지함'에 있었다. 정확한 결성 시기는 명확하지 않으나, 1945년 9월 혹은 10월 초로 추정된다. 이후 한얼몯음은 영남국어학회로 조직을 확대 개편하고, 강연회와 강습회 개최, 학보 및 조사보고서, 월간 잡지 발간 등의 활동을 전개하였다.

『한얼』 창간호는 한 가나다의 〈창간사〉를 비롯하여 이극로와 추월영의 〈축사〉, 〈논문〉, 〈시〉, 〈독자란〉 등으로 구성되어 있다. 류열의 「초등 국어 교본과 한글 첫걸음을 읽고」, 장삼식의 「한글맞춤법 통일한 풀이(解說)」, 「한글 가로글씨 단상」, 「한글의 유래와 뜻」 등 다수의 한글 관련 글이 수록되어 있으며, 이는 해방기 어문생활의 혼란을 극복하는 데 중점을 두었음을 보여준다. 또한 시, 수필, 탐방기, 시조 감상 등의 글도 함께 실려 있어 종합잡지로서의 성격도 지닌다. 아울러 본문 마지막에는 한얼몯음에 책을 보내온 잡지의 정보가 나와 있다. 부산시인민해방보사의 『전선(前線)』 창간호, 민우사(진주시 동봉정)의 『민우(民友)』 제3호, 중성사(부산시 중도정 1의 20)의 『중성(中聲)』 제3호, 부산제일공립공업학교의 『백수왕(百獸王)』 창간호, 경남고등여학교의 『학교소식』 제3호의 발행 소식이 나와 있는데, 모두 월간으로 기록되어 있다

이처럼 『한얼』은 해방 이후 부산지역 국어학자들의 한글운동과 국어교육의 상황에 대하여 알 수 있는 잡지로 가치가 있다. 개인이 소장한 『한얼』 창간호를 DB화 하였다. 이순욱, 「광복기 부산 지역 한글운동과 『한얼』」, 『우리문학연구』, 우리문학회, 2017을 참고하였다.

△【주문은 반드시 선금으로】

【하여 주시오▷】

▲ 지방에 물을의 지부를 희망하는 분은 글월로 연락하여 주시오。

▲ 지점에 광고를 내시려는 분은 전화로나 글월로 물어 주시오。

끝에서나마 대선달 인쇄소 여러분의 밤 낮을 가리지 않고 수고하여 주신 성의에 거듭 인사드립니다.

「오직 우리글를 우리말을 위한 마음으로만 일하니 몸은 여위면서도 잔돈을 모르겠소」하는 여러분의 마음에는 우리도 크게 깨우고 재첩습니다.　（ス.ㅅ.ㅅ）

4279 ＝ 4. 25 일 박음　잔간호에 한하여
4279 ＝ 5. 1 일 냄 (함)　18원으로 결합

전 집 자　　장 금 식

발 행 자　　을 열

인 쇄 소　　대선말 인쇄소
　　　　　대표자 임 규 봉
　　　　　부산시 로선정 2의 18

발 행 소　　한열 몬음
　　　　　부산시 초량정 744
　　　　　전 화 4148

한일문화

題　　　號	韓日文化 第1卷 第1號	판　　　형	18.7x26
발 행 일	1962.09.20.	발행편집인	金洵植
표지화, 컷		간별, 정가	계간, 비매품
면　　　수	192	인 쇄 소	嶺南印刷所
발 행 처	釜山大學校 韓日文化研究所	기　　　타	부산, 학술지.

　『한일문화(韓日文化)』는 부산대학교 한일문화연구소(韓日文化研究所, 현 일본연구소)가 발행한 학술지이다. 연구소는 1960년 6월 25일에 개소했으며 초대 소장은 정중환(丁仲煥)이다. 1981년 5월 21일 일본문화연수로, 2000년 5월 16일에 일본연구소로 개칭해 현재에 이르고 있다.

　『한일문화』 제1집 제1권은 1962년 9월 20일 발행했으며 발행인은 부산대학교 총장 김순식(金洵植), 인쇄소는 영남인쇄소, 총 192면, 비매품이다. 제1집 제1권은 총 6편의 논문으로 구성되어 있다. 부산대학교 교수 이명섭(李明燮)의 「한일 양국어의 비교언어학적 고찰」, 부산대학교 전임강사 박지홍(朴智弘)의 「양산(梁山) 방언의 연구」, 부산대학교 교수 김용기(金龍基)의 「명조(明朝)의 대일정책(對日政策)에 대하여」, 문교부 국사편찬위원회 편수관 이현종(李鉉淙)의 「삼포왜란(三浦倭亂) 후 왜인 접대(接待)무역에 대하여」, 부산대학교 강사 김용욱(金容旭)의 「부산 조계고(租界考)」, 전 충남대학교 조교수 김열규(金烈圭)의 「한일 근대시(近代詩)의 일반문학적 고찰」이 학술지에 실린 논문이다.

　1962년 12월 31일 발행한 제1집 제2권은 김의환(金義煥)의 「한말(韓末) 의병운동의 분석―이강년(李康年) 의병부대를 중심으로」 등 4편의 논문과 함께 2편의 〈자료〉로 구성되어 있다. 〈자료〉는 김의환이 의병장 이강년의 창의록과 박정수와 강순희의 종군기를 모아 엮은 의병록인 「운강(雲岡)선생 창의일록(倡義日錄)」을 32면에 걸쳐 게재하고 있다. 정중환은 임진왜란 당시 공신록인 「선무원종공신록권(宣武原從功臣錄券)」의 방대한 인물 자료를 84면에 걸쳐 제시하고 있다.

이러한 『한일문화』는 1960년 당시 국내 유일의 한일문화관계 국가 연구기관이었던 한일문화연구소의 활동을 확인할 수 있으며 학술지에 게재된 부산과 관련된 역사 자료를 발굴하고 소개하고 있다는 점에서 의의가 있다. 개인이 소장한 『한일문화』 제1권 제1호와 원광대학교 도서관에서 소장한 『한일문화』 제1권 제1호와 제1권 제2호를 DB화 하였다.

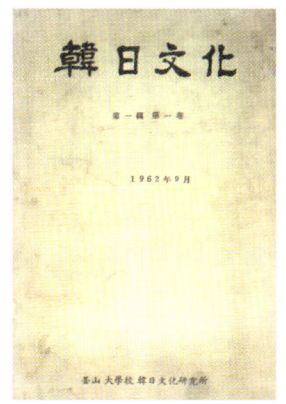
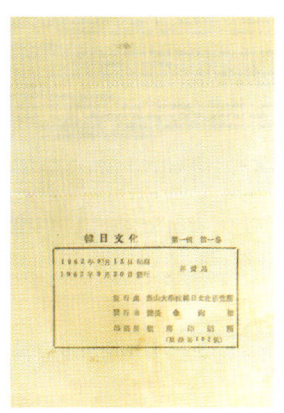

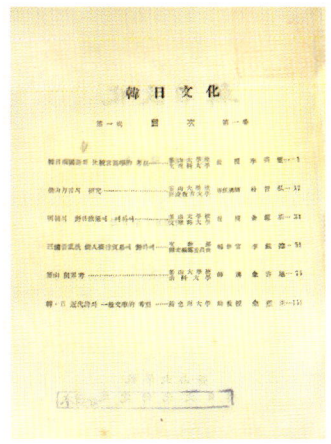

항도부산

題　　　號	港都釜山 第1號	판　　　형	14.5x20.5
발 행 일	1962.12.30.	발행편집인	發行: 金玄玉, 編輯: 金萬用
표지화, 컷		간별, 정가	부정기, 비매품
면　　　수	552	인 쇄 소	太和印刷所
발 행 처	釜山市史編纂委員會	기　　　타	부산, 기관지.

　　『항도부산(港都釜山)』은 부산시사편찬위원회(釜山市史編纂委員會)에서 발행한 향토지(鄕土誌) 성격의 기관지이다. 수집한 판본은 1962년 12월 30일에 발행한 『항도부산』 제1호이다. 제1호의 판권 사항을 보면, 발행자는 부산시사편찬위원회 위원장 김현옥(金玄玉), 편집자는 상임위원 김만용(金萬用), 발행처는 부산시사편찬위원회, 인쇄소는 태화인쇄소(太和印刷所)이며, 총 552면에 비매품이다.

　　목차에 앞서 부산시사사료집(釜山市史史料集)이라는 표기와 함께 시사편집위원회 기념사진과 명단이 실려 있다. 이어 부산시사편찬위원회 위원장이자 부산시장인 김현옥의 「발간사」와 국제신보사(國際新報社) 사장 오종식(吳宗植)의 「축사」가 나오는데, 「발간사」에는 '정부직할시 출범'과 '한국의 관문, 동양의 국제항'이라는 포부와 미래 비전이 잘 담겨져 있다. 또한 본문에서는 「부산시(釜山市)정부직할시(政府直轄市) 승격관계법령(昇格關係法令)」 및 「부산시(釜山市)정부직할시(政府直轄市) 승격경위(昇格經緯)」, 「부산시관계(釜山市關係)역대선생안(歷代先生案)」과 「부산시내(釜山市內) 금석문(金石文) 및 현판사료조사보고(懸板史料調査報告)」, 「동래부지(東萊府誌)」와 「충렬사지(忠烈祠誌)」 뿐 아니라 「부산시(釜山市)

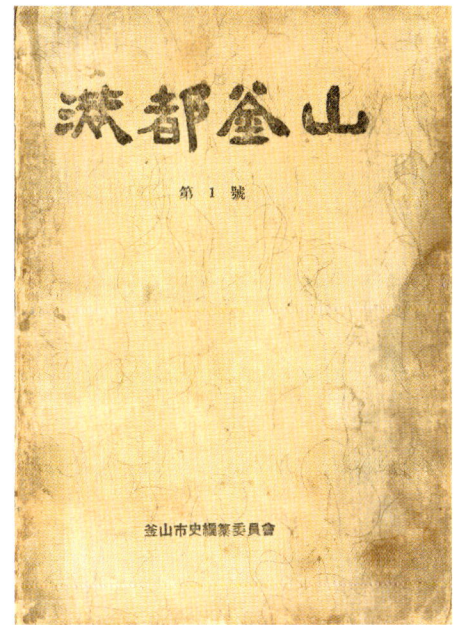

관계문헌자료소개(關係文獻資料紹介)」, 「부산시(釜山市) 일대(一帶)의 동식물분류목록(動植物分類目錄)」, 「부산지방(釜山地方)의 패총(貝塚)」, 「경상남도청(慶尙南道廳) 이전관계자료(移轉關係資料)」, 「부산남항(釜山南港)매축관계자료(埋築關係資料)」 등 부산직할시와 각 구·군의 역사·문화·지리·산업 관련 내력이 자세히 소개되고 있다.

이처럼 1962년부터 부산의 역사성과 문화적 가치를 축적해 온 『항도부산』은 2018년 학술지의 전문성 등을 인정받아 한국연구재단 등재 학술지로 선정되었으며, 2025년 8월 현재 제50집 발간(연 2회)을 이어가고 있다.

이러한 『항도부산』은 부산 지역의 역사와 문화를 일구어 온 주체와 객체 그리고 매개체의 유기적 관계를 살펴볼 수 있는 자료로 가치가 있다. 부산대학교 도서관이 소장한 『항도부산』 제1호를 DB화 하였다. 『부산시사』 1·2·3·4권, 부산직할시사편찬위원회, 1989·1990·1991을 참조하였다.

港 都 釜 山

第 一 號

四紀 1962年 12月 20日 印 刷
四紀 1962年 12月 30日 發 行

發行者 釜山市史編纂委員會
委 員 長 金 玄 玉
編輯者 常任委員 金 萬 用
印刷所 太 和 印 刷 所

目 次

해양

題　　　號	海洋 창간호	판　　　형	15x21
발　행　일	1974.01.05.	발행편집인	발행: 윤효량, 편집: 부산 해양고등학교 교지편집부
표지화, 컷		간별, 정가	부정기, 비매품
면　　　수	192	인　쇄　소	태화인쇄소
발　행　처	부산해양고등학교	기　　　타	부산, 교지.

　『해양(海洋)』은 부산해양고등학교에서 발행한 교지이다. 수집한 판본은 1974년 1월 5일에 발간한 『해양』 제1호이다. 제1호의 판권 사항을 보면 발행인은 윤효량, 편집인은 부산해양고등학교 교지편집부, 인쇄소는 태화인쇄소이며, 총 192면에 비매품이다. 교지편집 지도교사로는 박종봉, 편집위원으로는 심준섭, 진인현, 이강영이 참여하였다.

　본문은 학교장 윤효량의 〈창간사〉, 학교감 권석희의 〈권두언〉, 이사장 황갑주의 〈이사장 제언〉, 육성회장 권덕수와 해사문제연구소장 윤상송의 〈격려사〉, 수산대학장 김광옥, 부산항만관리청장 김정학, 전파감시국장 김동화의 〈축사〉 등으로 시작된다. 이어서 〈논단〉, 〈특별 기고〉, 〈학생회장 제언〉, 〈외부에서 본 해양〉, 〈수필〉, 〈해양시단〉, 〈항해 일기문〉, 〈영화 감상〉, 〈기행〉, 〈학생 논단〉, 〈교사 앙케트〉, 〈특집 / 교사논단〉, 〈소설〉, 〈독후감〉, 〈특별기재〉, 연혁, 사업 기관 일람표, 교직원 명단, 해양 광장 등으로 짜임새 있는 구성이다.

　구체적으로 〈논단〉에는 한국어선통신사협회장 이현수의 「어선 통신장으

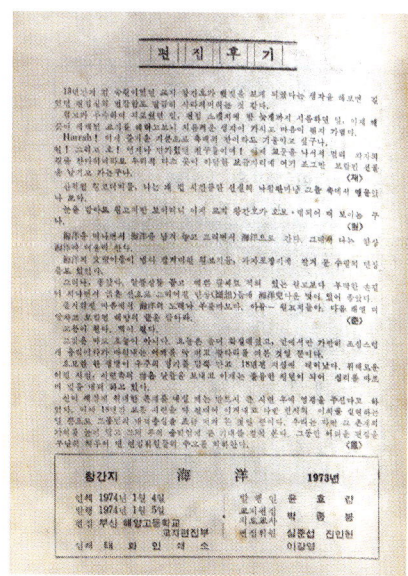

로서의 자세」, 선박통신사협회장 박원규의 「선박통신사의 임무와 전망」, 실과 과장 교사 박만업의 「승선 실습상 유의사항」 등의 글이 실려 있고, 〈특집 / 교사논단〉에는 교사 김성재의 「선장의 직무와 권한」, 교사 유명삼의 「무선통신의 발달과 그 전망」, 교사 김선길의 「생활지도에 대한 소고」, 교사 지삼업의 「전국 체육대회와 본교 체육부의 어제와 오늘」 등의 글이 실려 있다. 그리고 〈해양시단〉, 〈수필〉, 〈소설〉, 〈독후감〉, 〈항해 일기문〉, 〈영화 감상〉, 〈기행〉 등에는 재학생들의 글이 수록되어 있다.

이처럼 『해양』은 1970년대 부산해양고등학교라는 특수목적 학교의 사정에 대한 이해 뿐 아니라 '해양'에 대한 인식을 살펴볼 수 있는 자료라는 점에서 의미가 있다. 개인이 소장한 『해양』 제1호를 DB화 하였다.

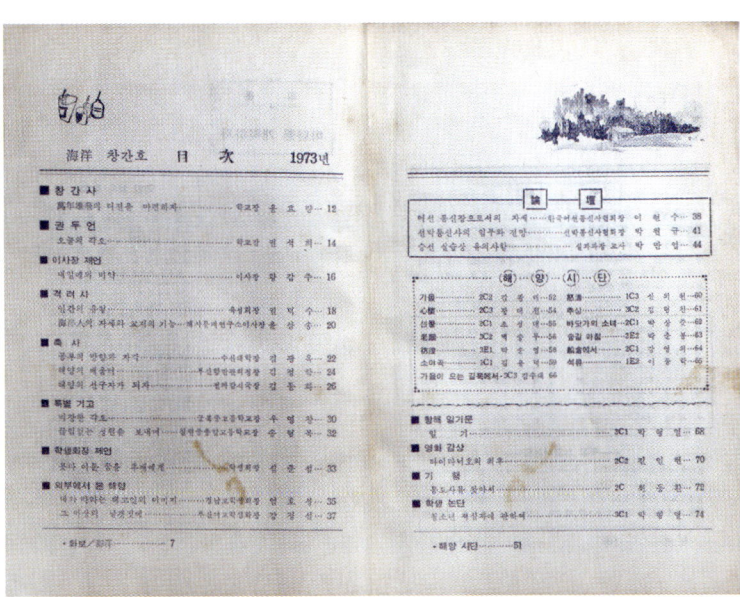

海洋 창간호　目 次　1973년

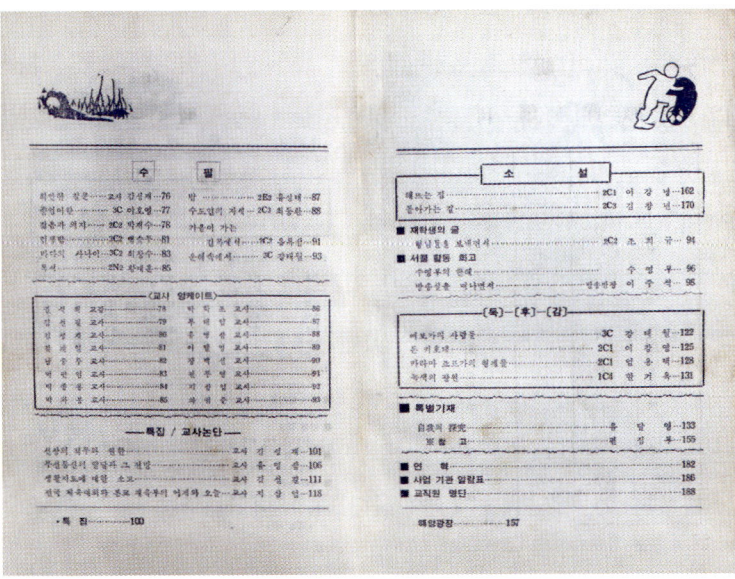

향나무

題　　　號	향나무 제1호	판　　　형	15x21
발　행　일	1978.12.30.	발행편집인	발행: 이영구, 편집: 문예반
표지화, 컷	표지 · 제자 · 목차: 송대호, 컷: 오정석	간별, 정가	부정기, 비매품
면　　　수	154	인　쇄　소	신한인쇄사
발　행　처	감만중학교	기　　　타	부산, 교지.

『향나무』는 감만중학교에서 1978년 12월 30일에 창간한 교지이다. 『향나무』라는 제호는 감만중학교의 교목인 향나무에서 따온 것이다. 창간호의 판권사항에 따르면 발행처는 감만중학교, 발행인은 이영구, 편집인은 문예반, 인쇄인은 신한인쇄사이며, 총 154면이다. 『향나무』의 창간과 관련하여서 교장인 이영구는 「향나무 창간호에 부친다」라는 〈권두언〉을 통하여 "신설학교, 전통이 없는 학교에 다니는 학생들은 상급생으로부터의 자극도 적게 받고 대외적으로 위축도 되기 쉽다는 현실"을 언급하면서 "배운 것을 잘 행동으로 옮기어 좋은 생활습관을 정착시켜 나아가는 가운데 또한 훌륭한 인격과 인성이 다듬어진다는 사실을 다시 한 번 더 강조하고 싶다."는 소회를 밝히고 있다.

목차를 보면 〈권두언〉, 〈격려사〉를 비롯하여 학교장과 각 주임의 글을 실은 〈주시는 글〉, 졸업생과 재학생을 대표하여 애국소년단장과 부단장의 글을 수록한 〈떠나는 마음〉과 〈보내는 마음〉 그리고 학생들의 문학작품을 담은 〈향나무 시원〉, 〈붓따라 마음따라〉 등의 코너로 구성되어 있다. 이밖에

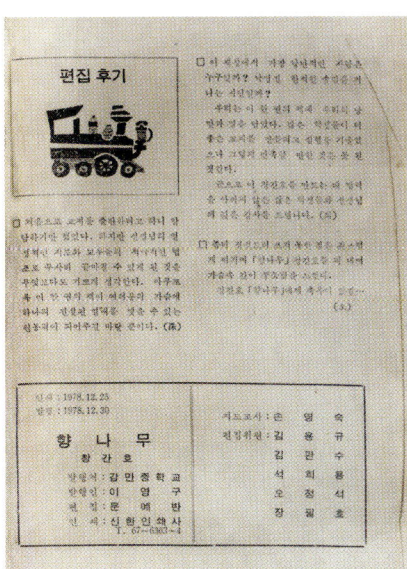

〈오가는 정의 여울목〉, 〈독서교실〉, 〈특별활동기〉 등의 학창생활을 주제로 한 코너도 있다. 전반적으로 보면 전형적인 교지의 구성에서 크게 벗어나지 않는다.

이 가운데 눈에 띄는 글로는 생활을 불편함을 개선하는 것이 발명이고 이를 통해 국가를 빛내고 인류에 공헌하는 과학자가 되자는 교무주임 이성두의 「생활을 창조하는 젊은 발명가가 됩시다」가 있다. 다음으로 수질오염, 대기오염, 환경관리 등의 문제를 환기하고 있는 박한봉의 「자연 보호 보존 문제」도 주목할 만하다. 문학작품 가운데는 3학년 정화열의 시 「번뇌의 밤」, 3학년 김태형의 시 「동해」, 2학년 이동근의 수필 「소풍」, 4학년 심중보의 수필 「오월」 등이 있다.

이처럼 『향나무』는 당시 감만중학교 구성원의 활동과 문학적인 소양뿐만 아니라 일상생활의 편린을 살펴볼 수 있는 자료로 가치가 있다. 개인이 소장한 『향나무』 창간호를 DB화 하였다. 감만중학교 홈페이지(https://school. busanedu.net/gamman-m/main.do)를 참고하였다.

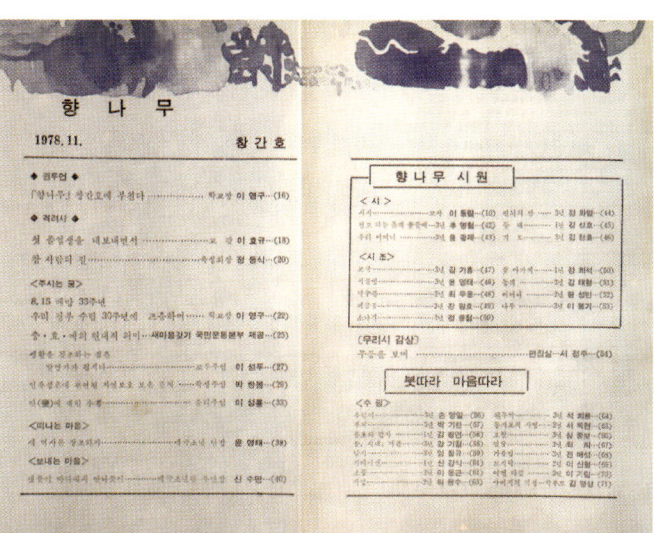

향 나 무

1978. 11.　　　　　　　　　　　창 간 호

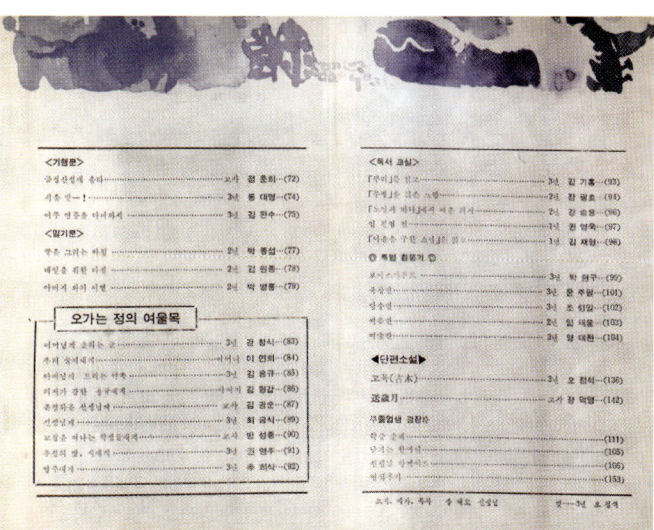

향토문화

題　　　號	鄕土文化 創刊號	판　　　형	15x21
발 행 일	1953.09.25.	발행편집인	編輯: 申鶴祥
표지화, 컷	題字: 梁聖率	간별, 정가	부정기, 비매품
면　　　수	86	인 쇄 소	協同印刷株式會社(釜山市 草梁洞593)
발 행 처	密陽古蹟保存會·在釜密陽鄕友會	기　　　타	부산, 향우회지.

『향토문화(鄕土文化)』는 밀양고적보존회(密陽古蹟保存會)·재부밀양향우회(在釜密陽鄕友會)에서 발행한 향우회지이다. 발행기관에 부산 밀양향우회가 참여하게 된 이유는 〈편집후기〉에 "자랑스런 영남루(嶺南樓)를 단청하고 수리하는데 막대한 수리비를 요함으로 생활고에 허득이는 지방민의 부담을 경감하고저 이 향토문화의 지대(誌代)로 이 수리비에 충당할 것입니다. 고적연구회가너무나 빈약하므로 이번에 재부밀양향우회의 원조를 얻어 출판을 보게 된 것입니다."라고 한 것에서 확인할 수 있다.

창간호는 1953년 9월 25일 발행했으며 편집인은 신학상(申鶴祥), 인쇄소는협동인쇄주식회사(協同印刷株式會社, 부산시 초량동 593)이다. 제자(題字)는 양성솔(梁聖率), 총 86면, 비매품이다.

『향토문화』 창간호는 〈머리말〉, 〈향토문화발행을 축(祝)함〉, 〈대한의 승지밀양〉, 〈밀양의 명승〉 코너와 「여쭐 말씀」, 「밀양의 기적(奇蹟)」, 「밀양의 명물(名物)」, 「밀양의 노래」, 〈편집후기〉로 구성되어 있다. 「여쭐 말씀」은 옛 문헌의한글화를 통해 "사료, 전설, 일화, 야담 같은 것도 모아 고래(古來)로 내려오는명현, 충신, 효자, 열녀, 위인, 열사의 조사연구와 명승고적, 풍속, 제도 같은

것을 조사 연구하여 우리 민족의 고유사상을 찾으며 또한 이를 보급" 해야 된다고 밝히고 있다. 〈대한의 승지 밀양〉 코너에서는 국보인 영남루(嶺南樓), 아랑(阿娘)과 아랑각(阿娘閣), 밀양 대군단(大君壇), 제일선찰(第一禪刹) 표충사(表忠寺), 삼국고찰(三國古刹) 무봉사(舞鳳寺), 구국성사(救國聖師) 사명당(四溟堂), 점필재(佔畢齋) 김종직(金宗直), 춘정(春亭) 변계량(卞季良) 등 밀양의 유적과 인물을 소개하고 있다. 〈밀양의 명승〉 코너에서는 농암대(籠岩台), 월연정(月淵亭), 백송(白松), 고적(古蹟) 및 전적지(戰蹟地)를 들고 있다. 「밀양의 기적」에는 얼음골(氷谷), 땀 흘리는 사명당비(四溟堂碑), 태극(太極) 나비, 설순(雪筍)을, 「밀양의 명물」에는 은어(銀魚), 밤 숲(栗林)을 소개하고 있다.

이러한 『향토문화』는 영남루 재건 비용을 마련하기 위해 발행한 잡지라는 의미와 지역의 문화유산을 자세히 소개하고 있다는 점에서 지역사 자료로 의의가 있다. 개인이 소장한 『향토문화』 창간호를 DB화 하였다.

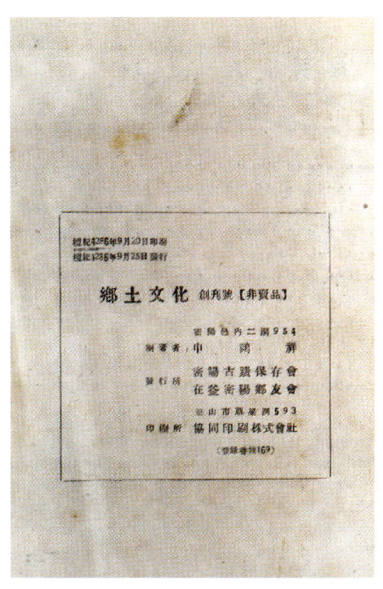

檀紀4286年9月20日印刷
檀紀4286年9月25日發行

鄕土文化 創刊號【非賣品】

　　　　　　　密陽邑內二洞954
編著者: 申　灝　澤
發行所: 密陽古蹟保存會
　　　　在釜密陽鄕友會
　　　　　　釜山市草梁洞593
印刷所: 協同印刷株式會社
　　　　　　（登錄番號167）

鄕土文化

─（次 例）─

머리말

鄕土文化發行을祝함

현대문학

題　　　號	現代文學 제1호	판　　　형	15x21
발　행　일	1954.11.12.	발행편집인	發行: 趙鄕, 編輯: 章玄
표지화, 컷	表紙銅版畵: 아아키팬코의 〈어머니와 아들〉(1919)	간별, 정가	부정기, 100환
면　　　수	23	인　쇄　소	共榮印刷株式會社(釜山市 富平洞 2街 6)
발　행　처	自由莊(釜山市 東大新洞 3街 10)	기　　　타	부산, 문학지.

　『현대문학(現代文學)』은 부산 지역에서 활동했던 현대문학연구회가 발행한 동인지 성격의 문학지이다. 1954년 11월 12일 창간되었다. 제1집의 발행인은 조향(趙鄕), 편집인은 장현(章玄)이었고, 발행처는 자유장(自由莊, 釜山市 東大新洞 3街 10)이었다. 인쇄소는 공영인쇄주식회사(共榮印刷株式會社, 釜山市 富平洞 2街 6)이다. 가격은 100환이었고 총 면수는 23면이었다.

　차례를 보면, 창간 선언인 「MANIFESTO (NO1)」과 조향의 평론 「현대시의 역정 (1)」을 앞에 배치하고, 나머지 지면은 모두 시로 채웠으며, 끝에 「편집후기」를 덧붙였다. 잡지 전반에서 모더니즘과 아방가르드에 대한 지향이 선명하게 드러난다. 「MANIFESTO」와 조향의 평론, 편집후기 등은 기성의 문학에 대한 강력한 저항과 실험을 통해 새로운 문학의 앞날을 만들어 내겠다는 포부를 직접 드러내고 있다. 「MANIFESTO」에서는 "『새로운 의미의 세계』, 그것은 이미『순수』에의 공전일 수는 없다. 우리는 우리의 문학 · 예술을 「아방 · 걀드」 회장으로 데리고 가야 한다."고 말하며, 조향의 평론에서는 "modernisme의 길이란 언제나 혁명의 길이었다. 그것은 avant-gard의 가는 길이었다."고 말한다. 「편집후기」 역시 "낡은 세력에 대한 무자비한 저항이 없는 한 새로운 문학의 앞날은 없다."고 말한다.

표지의 안쪽면에는 「RADAR : A la page 사냥」이라는 글이 수록되어 있는데, 차례에는 표기되어 있지 않다. 이 글은 특히 기성 문단에 대한 강력한 공격의 의도를 드러내고 있어 눈에 띤다. "곽종원(郭鍾元)·「비평문학의 새로운 기능」(『문화세계』창간호)이란 무슨 때늦은 잠꼬대인지 알 수 없다."거나 "임긍재(林肯載)·평론가라는 면허증(만약 불행히도 그런 것이 주어져 있다면)을 반납하는 것이 어떨까? (…)『문화세계』라는 것도 글이라고 원고료가 나왔다면 한국문단 일도 참 낭패다.", "조연현(趙演鉉)·이런 사람을 나는 편문학주의자(偏文學主義者), 혹은 문학광신자라고 한다." 라는 표현 등이 그것이다.

또한 이상의 미발표원고라고 기재된 시가 한 편 수록되어 있어 눈길을 끄는데, 이미 1938년 『맥』 4호를 통해 「무제」라는 제목으로 발표된 것이다. 임종국이 편찬한 『이상전집』에는 「이유 이전」이라는 제목으로 실려 있다. 조향은 이 원고를 입수하게 된 경위와 함께 본래 "편지지 두 장에 빈약하게 씌어진 원고에는 무제로 되어 있는 것을 「지도에 없는 지리」라고 내가 붙여 보았다"고 부기해 두었다.

이처럼 『현대문학』은 당시 기성문단에 대한 저항과 혁신의 포부를 지니고 아방가르드를 표방하며 만들어진 잡지라는 점에서 의미가 있다. 개인이 소장한 『현대문학』 제1집을 DB화 하였다.

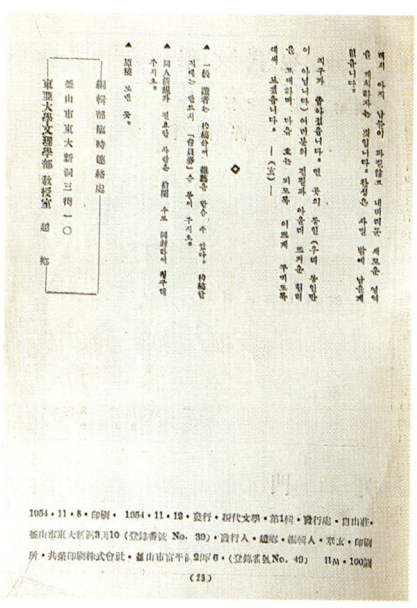

1954·11·8·印刷 · 1954·11·12·發行·現代文學·第1輯·發行處·自由莊
釜山市東大新町3의10·(登錄番號 No. 39)·發行人·趙鄕·編輯人·章末·印刷
所·共榮印刷株式會社·釜山市官平로 2의6·(登錄番號 No. 40)·11M·100圓

(23)

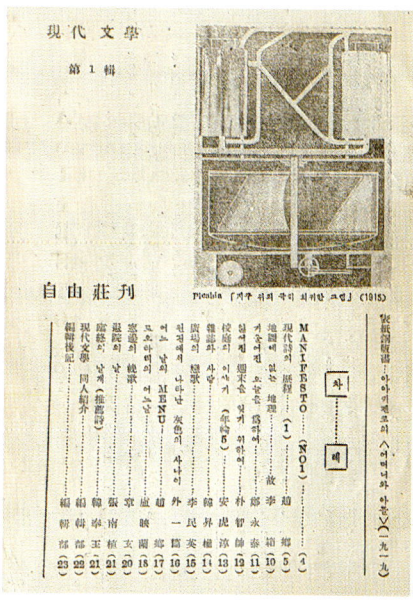

現代文學

第 1 輯

自由莊刊

Picabia 「처녀 위의 옷을 벗기라 그림」(1915)

활화산

題　　　號	活火山	판　　　형	15x21
발　행　일	1980.10.25.	발행편집인	活火山同人會
표지화, 컷		간별, 정가	부정기, 1,000원
면　　　수	54	인　쇄　소	영남인쇄사
발　행　처	도서출판 시로	기　　　타	부산, 4인 동인집, 동인지.

　『활화산(活火山)』은 활화산동인회(活火山同人會)에서 1980년 10월 25일에 발행한 문예동인지이다. 저자는 활화산동인회이고, 발행처는 도서출판 시로(전화 44-7251번, 등록 제가 1-24호)이며, 인쇄소는 영남인쇄사이고, 정가 1,000원으로 총 54면이다. '계엄사 검열필'이라는 문구가 있어, 당시 계엄 상황 하에서 동인지를 발간하였음을 말해준다. 광고, 권두언이나 서문, 편집후기처럼 동인의 성격 혹은 문예지의 방향성을 설명하는 란은 없다. 동인은 백정애, 장현숙, 정귀련, 이은희 등 4인으로 모두 부산에 거주하고 있다.

　따로 목차란이 마련되어 있지 않고, 백정애, 장현숙, 정귀련, 이은희의 시 작품이 배치되어 있다. 예를 들면, 백정애의 작품 소개란을 보면, 첫 면에 백정애의 작품 제목과 작가의 말이 있다. 작품이 배열된 후에는 장현숙 시인을 소개하는 란이 있고, 다시 시 작품이 배열되는 식이다.

　본문에는 백정애 시인의 경우, 「산란기(産卵期)」, 「푸닥거리」, 「실향민(失鄕民)」, 「견습도(見習圖)」, 「배반의 장(背叛의 章)」, 「금식기도」 등 6편, 장현숙 시인의 경우, 「일몰(日沒)」, 「그해 겨울바람」, 「우기(雨期)」, 「반딧불」, 「목각인형의 말」, 「변명」 등 6편, 정귀련 시인의 경우, 「모습」, 「그날의 강(江)」, 「종이꽃Ⅰ」, 「종이

꽃Ⅱ」, 「갯마을」, 「추석대목」, 「불면기Ⅰ」, 「잘못 꾼 꿈」, 「눈뜬 날」, 「캠퍼스의 아침」, 「겨울연습」 등 11편, 이은희 시인의 경우, 「섬Ⅰ」, 「큰비」, 「부르는 소리 Ⅰ」, 「부르는 소리Ⅱ」, 「다시살고, 다시죽고, 그리고 봄은」, 「사계(四季)」, 「놀이터 풍경」, 「낮 세시 법원(法院) 앞」, 「열 살 덜 된 어느 날」 등 9편이 실려 있다.

이처럼 『활화산』은 4인으로 구성된 활화산 동인회의 작품 양상과 특징을 살펴볼 수 있다는 점에서 의미가 있다. 개인이 소장한 『활화산』을 DB화 하였다.

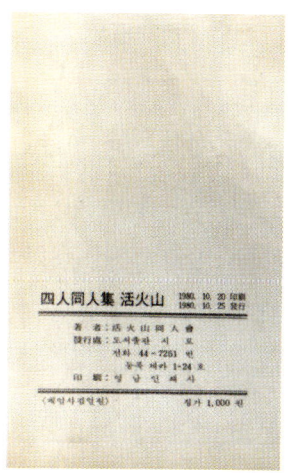
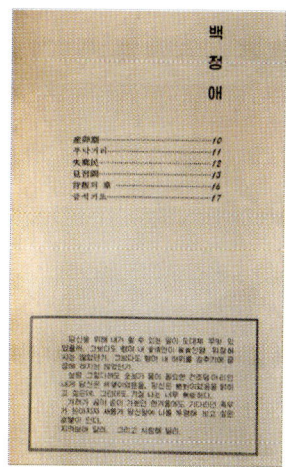

효원

題　　　號	曉原 第1輯	판　　형	15x20.5
발 행 일	1957.10.30.	발행편집인	發行: 尹仁龜, 編輯: 李海珠
표지화, 컷	表紙・題字: 李周洪	간별, 정가	연간, 비매품
면　　수	233	인 쇄 소	國際新報社第2工場
발 행 처	釜山大學校 學藝部	기　　타	부산, 학술지.

　『효원(曉原)』은 부산대학교 학예부(學藝部)에서 발간한 교지다. 수집한 판본
은 1957년 10월 30일에 발행한『효원』제1집과 1959년 9월 25일에 발행한『효
원』제3집이다. 발행주기로 보아 연간으로 발행되었음을 알 수 있다. 제1집
의 판권사항을 보면 발행인은 부산대학교 총장 윤인구(尹仁駒, 1903~1986), 편
집인은 이해구(李海珠)이고, 인쇄처는 국제신보사(國際新報社) 제2공장이다. 표
지와 제자는 이주홍(李周洪)이 맡았으며 총 233면이다. 앞표지에는 형이상학
적인 도안이 연두색과 회색 선으로 둘러져 있고 다음 페이지에는 창간을 축
하하는 '한국흥업은행 부산지점', '한국상업은행 부산지점', '농업은행 동래지
점' 이름이 들어 있다. 총장의 사진과 부산대학교 교가가 3절까지 들어 있으
며 그밖에 부산대학교 도서관, 의대 등의 사진들이 흑백으로 배치되어 있다.

　본문의 구성은 〈창간사〉를 시작으로 〈논단〉, 〈연애론〉, 〈작가와 작중인
물〉, 〈수필〉, 〈시〉, 〈창작〉, 〈편집후기〉 등으로 이뤄져 있으며, 내용은 교수
진과 재학생들의 원고로 채워져 있다. 〈창간사〉는 부산대학교 학도호국단장
(學徒護國團長)이 썼는데 10월이어서 농업 수확에 대한 소회부터 시작하여 학
문의 길이 뜻깊으므로 정진하라고 하였다. 눈에 띄는 필진으로는 문리대 부

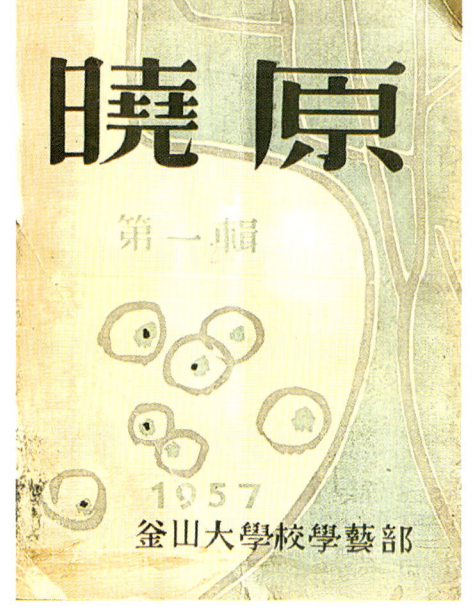

曉原

第一輯

1957

釜山大學校學藝部

교수 이종률이 있다. 이종률은 일제강점기에 좌익잡지 『이러타』를 발행한 경력이 있는데, 부산대 교수 신분으로 8·15해방까지의 독립운동 단체나 사회운동 단체의 설립 과정과 인물들에 대해 기술한 「우리 근대(近代) 정치결사사략고(政治結社史略考)」를 게재한 점이 눈에 띈다. 이어 이완영(李完永)의 「공무원제도」, 황성록(黃成祿)의 「가명(歌名) 〈쌍화점〉의 원의소고(原意小考)」, 이경선(李慶善)의 「한국 한문학의 사적 고찰과 그 국문학적 가치」 등의 글도 주목된다. 그 밖에 문예 작품으로는 〈수필〉 4편과 〈시〉 4편이 실려 있으며, 〈창작〉으로는 김사로(金史路)의 「오후(午後)의 단면(斷面)」이 게재되었다.

이처럼 『효원』은 1950년대 부산대학교 교수진과 재학생들의 학문적 관심사와 문예활동의 양상을 살펴볼 수 있는 자료로 의미가 있다. 개인이 소장한 『효원』 제1집과 제3집을 DB화 하였다.

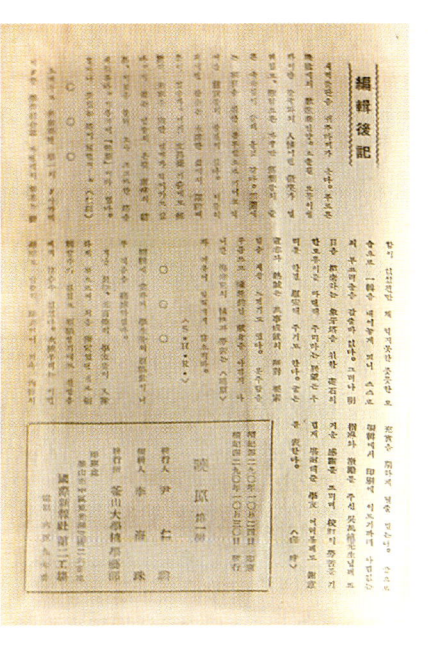

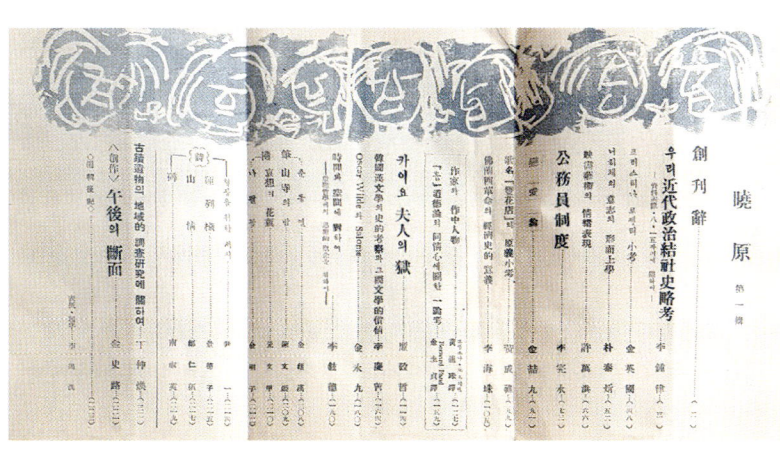

희망

題　　　　號	希望 創刊號	판　　　　형	19x25
발　행　일	1951.07.	발행편집인	
표지화, 컷	表紙: 具仁會, 컷: 具仁會·金榮柱	간별, 정가	월간, 미상
면　　　수	76면 이후 낙장	인　쇄　소	
발　행　처	希望社	기　　　타	부산, 대중잡지.

　『희망(希望)』은 희망사(希望社)에서 발간한 대중잡지이다. 수집한 판본은 1951년 7월에 발행한 『희망』 제1권 제1호(7월호), 1952년 8월 1일에 발행한 제2권 제7호(8월호) 1953년 9월 1일에 발행한 제3권 제9호(9월호)이다. 수집한 창간호에는 76면 이후의 지면이 유실되어 있다. 그에 따라 판권지가 없어 자세한 발행사항을 확인하기 어렵다. 다만 목차 상에는 총 면수가 99면이 넘은 것으로 보이며, 표지는 구인회(具仁會), 컷은 구인회와 김영주(金榮柱)가 담당한 것으로 확인된다. 한편 제2권 제7호와 제3권 제9호의 판권 사항에는 편집·발행·인쇄는 김종완(金鐘琬), 발행처는 희망사(希望社, 본사 서울특별시 중구 북창동 84, 임시사무소 부산시 부평동 3가 52), 매월 1일 발행에 정가는 각각 5,000원, 100환으로 나와 있다. 이로 보아 『희망』 창간호는 전쟁으로 서울에서 부산으로 옮겨온 희망사의 김종완이 발행했음을 알 수 있다. 김종완은 1953년 7월 1일에 희망사에서 창간한 『문화세계』의 발행인으로 잡지 전문 출판인이기도 하다.

　창간호 목차에 앞서 '한국전쟁 1주년'을 기념하는 다양한 화보가 실려 있어 시대상을 잘 보여주고 있다. 또한 앞부분에 게재된 김일소(金一笑) 만화 「피

차일반』도 매우 이색적이다. 목차 여백에는 '당신의 인생 행로에 희망과 환희를'이라는 문구가 나와 있는데, 한국전쟁기 어려운 상황 가운데 희망의 메시지를 표방한 잡지 이름을 연상케 한다. 본문 구성은 모든 호수가 동일한데, 전체 분량 가운데 상당 부분이 문예면으로 채워진 점이 특징적이다. 창간호의 문예 작품을 소개하면 〈소설〉에는 김말봉(金末峰)의 연재장편소설 「파도에 부치는 노래」, 김광주(金光洲)의 장편소설 「동방(東方)이 밝아온다」, 김래성(金來成)의 탐정장편소설 「운명(運命)의 거울」, 손소희(孫素熙)의 심리소설 「충치(虫齒)」, 이영순(李永純)의 전쟁소설 「열원(熱願)」, 오영수(吳永壽)의 현지(現地)소설 「장전풍모(長箭風貌)」, 〈수필〉에는 김송(金松)의 「결전 하(決戰 下)의 편상(片想)」, 유동준(俞東濬)의 「피난(避亂)과 남도생활(南都生活)」, 허백년(許柏年)의 「깡뎀」,

〈시〉에는 서정주(徐廷柱)의 「민족(民族)의 소리」, 김종문(金宗文)의 「춘색시」, 〈동요〉에는 함처식(咸處植)의 「초롱박」 등이 실려 있다. 그밖에 해외 비화, 직업인의 생활 고백, 전란 중의 문화인 동태, 행복론 등 다양한 소재가 이채롭다.

　이처럼 『희망』은 한국전쟁기 부산에서 피난 생활을 하던 문인들에게 활동무대의 장을 마련해 준 잡지로 평가할 수 있으며 각 작가의 작품의 경향을 볼 수 있는 귀중한 자료이다. 개인이 소장한 『희망』 제1권 제1호, 제2권 제7호, 제3권 제9호를 DB화 하였다.

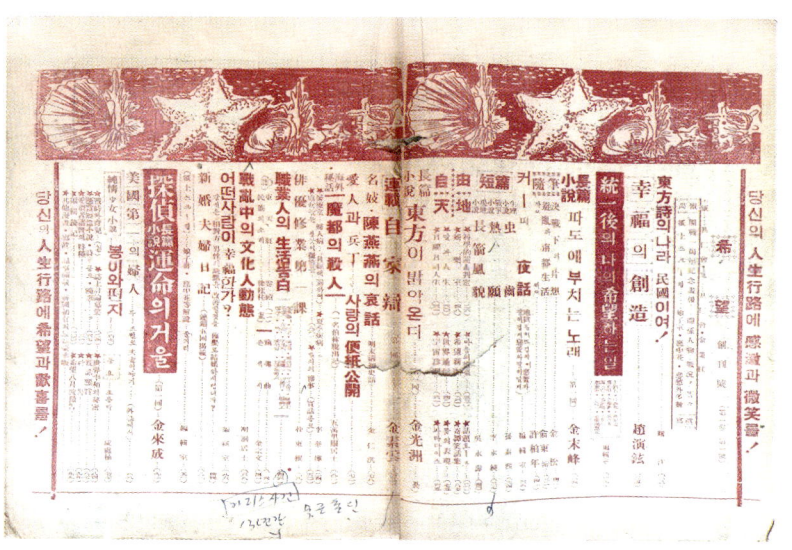

한국로컬리티총서 4

근현대 부산잡지 해제집(1900~1980)

인   쇄 2025년 10월 30일
발   행 2025년 11월 03일

발 행 처 신아출판사
발 행 인 서정환
기   획 국립군산대학교 인문도시센터
지 은 이 공종구, 김기성, 김민영, 서상진, 오원환,
        이정욱, 이지혜, 정   훈, 하채현, 황태묵
주   소 전북특별자치도 전주시 완산구 공북1길 16
전   화 (063) 275-4000
팩   스 (063) 274-3131
이 메 일 sina321@hanmail.net
출판등록 제465-1984-000004호

ISBN 979-11-94595-62-5 (93010)
값 30,000원